# GARTENBAU

## IN THEORIE UND PRAXIS

von

Horst Rüller
Kordula Schneider
Holger Seipel

Handwerk und Technik · Hamburg

Illustrationen und Umschlaggestaltung:
Marlies Meier, Hamburg.

ISBN 3.582.0**4154**.9



Verlag Handwerk und Technik G.m.b.H.,
Lademannbogen 135, 2000 Hamburg 63 – 1989

Gesamtherstellung: Himmelheber, Hamburg

# Vorwort

Gärten sind von Menschen gestaltete Lebensräume. Voraussetzung für erfolgreichen, umweltgerechten Gartenbau ist aber nicht nur Interesse am Garten oder Liebe zur Natur, sondern vor allem ein fundiertes Grundwissen über die Zusammenhänge zwischen Pflanzen- und Tierwelt, Boden und Klima und die sie beeinflussenden Kulturmaßnahmen.

Deshalb ist es das Ziel dieses Lehr- und Arbeitsbuches, dem Schüler im Umgang mit Pflanzen bzw. Garten ein breites Grundwissen sowohl in der Theorie als auch in der Praxis zu vermitteln. Dabei wird dem gestiegenen Umweltbewußtsein und den neuen Erkenntnissen auf den Gebieten des Pflanzenschutzes, der Pflanzenernährung und dem Schutz des Bodens Rechung getragen.

Das Buch entstand unter besonderer Berücksichtigung der in den Rahmenrichtlinien der einzelnen Bundesländer aufgeführten Lernziele und Lerninhalte des theoretischen und praktischen Unterrichts. Autoren und Verlag haben bei der Konzeption und Gestaltung besonderen Wert darauf gelegt, ein schülergerechtes und motivierendes Lehr- und Arbeitsbuch zu entwickeln. Der Bezug zwischen Theorie- und Praxisteil sowie die zahlreichen informativen, erklärenden oder illustrierenden Zeichnungen und Fotos tragen dazu wesentlich bei. Die Aufgaben zu den einzelnen Lerneinheiten ermöglichen eine Kontrolle des Lernerfolges bzw. eine selbständige Erarbeitung der Lerninhalte durch die Schüler; für die Unterrichtenden bieten sie Hilfe und Anregung bei der Vermittlung der Lerninhalte.

Wir wünschen allen Benutzern dieses Buches viel Freude am Gartenbau in Theorie und Praxis.

**Autoren**
**und**
**Verlag**

# Inhaltsverzeichnis

# 1 Der Garten

## 1.1 Gärten haben viele Gesichter

**Ein Balkon**

Herr und Frau Mot sind berufstätig und bewohnen eine Mietwohnung in Frankfurt. Wenn sie zu Hause sind, haben die beiden viel Freude an ihrem Balkon. Im Sommer sonnen sie sich gerne hier und genießen ihre freie Zeit. Mit verschiedenen Blumen sorgen sie im Sommer immer für ein farbenfrohes Bild. Auch im Winter wirkt ihr Balkon nicht trist, weil sie dann immergrüne Pflanzen in ihre Balkonkästen setzen.

**Eine Terrasse**

Herr und Frau Bunt sind Rentner und wohnen im Erdgeschoß eines 6-Familien-Hauses am Stadtrand von Hannover. Die Terrasse vor dem Wohnzimmer haben sie mit verschiedenen Sträuchern bepflanzt, um dadurch einen Wind- und Sichtschutz zu erhalten. An schönen Tagen sitzen sie hier gern bei Kaffee und Kuchen; an sonnigen Wochenenden, wenn ihre Kinder zu Besuch kommen, nutzen sie die Terrasse, um gemütlich beisammenzusitzen.

**Ein Wintergarten**

Frau Thome ist Sekretärin und lebt allein in einer 2-Zimmer-Wohnung in Düsseldorf. Ein besonderer Reiz ihrer Wohnung liegt in dem nach Süden ausgerichteten Wintergarten. Frau Thome genießt es, in ihrem „Urwald" aus verschiedenen großen und kleinen Pflanzen zu sitzen. Dies kann sie auch in der kalten Jahreszeit tun, da dann ihr Wintergarten beheizbar ist.

### Ein naturnaher Garten

Herr Habermann, Biologielehrer und Naturfreund, kaufte in der Nähe von Kiel ein älteres Haus, zu dem ein verwilderter Garten gehört. „Aus diesem Paradies werde ich keinen ‚englischen Rasen‘ machen“, erklärt er seinem Nachbarn, der sich ein ‚gepflegtes‘ Nachbargrundstück wünscht. „Bei mir sollen viele wildwachsende Pflanzen ihren Standort behalten“. Außerdem finden Eidechsen, Igel und andere Kleintiere hier Unterschlupf und Nahrung.

### Ein Schrebergarten

Familie Huber, zwei Kinder, hat einen Schrebergarten am Rande von München. Ihr Garten besteht hauptsächlich aus einer Rasenfläche, die mit Sträuchern und Blumen umgeben ist. Außer Beerensträuchern haben sie keine Nutzpflanzen. Viele ihrer Nachbarn bauen dagegen auch Gemüse an. Familie Huber verzichtet auf den Anbau von Gemüse, weil sie von ihrer Stadtwohnung einen langen Anfahrtsweg hat und nur am Wochenende bei schönem Wetter in ihren Garten kommt.

### Ein Landgarten

Herr und Frau Neder wohnen 20 km von Hamburg entfernt auf dem Land und bauen seit vielen Jahren ihr Obst und Gemüse im eigenen Garten an. Das kostet zwar viel Schweiß und Mühe, dafür können sie selbst Art und Menge des Düngers sowie der Pflanzenschutzmittel bestimmen. Den größten Vorteil sehen sie jedoch darin, vom Frühjahr bis zum Herbst frisches Gemüse zu haben.

## Aufgaben

1. Beschreiben Sie die sechs Gärten. Finden Sie Unterschiede hinsichtlich der Größe des Gartens und der Art ihrer Nutzung heraus.
2. Balkon, Terrasse und Wintergarten werden häufig als „Gartenersatz“ bezeichnet. Diskutieren Sie diese Behauptung.
3. Erkunden Sie Ihre nähere Umgebung. Welche Gärten sind dort am häufigsten vertreten?
   Fertigen Sie eine Skizze oder ein Foto von einem der Gärten an.

**Mögliche Bepflanzung von Gärten**

| | Ersatzgärten | | | Natur-naher-, Schreber-, Land-garten |
|---|---|---|---|---|
| | Balkon | Terrasse | Winter-garten | |
| Gemüse in Kübeln | x | x | x | |
| Gemüse in Kästen | x | x | x | |
| Gemüse | | | | x |
| Kräuter | x | x | x | x |
| Bäume | | | | x |
| Bäume/Zwergform | x | x | | |
| Sträucher | x | x | | x |
| Blumen | x | x | x | x |
| Kübelpflanzen | x | x | x | x |
| Blumenkästen | x | x | | |
| Topfblumen | x | x | x | |

## 1.2 Der Garten ist für alle da

### Aufgaben

1. Der **Wohngarten** (Ziergarten) dient hauptsächlich der Erholung. Der **Nutzgarten** dient hauptsächlich dem Anbau von Obst, Gemüse und Kräutern. Ordnen Sie die Zeichnungen den Begriffen Wohn- und Nutzgarten zu.
2. Unter **Ökologie** versteht man die Beziehung der Tiere und Pflanzen untereinander und zu ihrer Umwelt. Finden Sie anhand der Zeichnungen heraus, welche ökologische Bedeutung ein Garten haben kann.
3. Ordnen Sie die Zeichnungen folgenden Stichworten zu: Gesundheit, wirtschaftliche Bedeutung, ökologische Bedeutung, Freizeitwert, Arbeitsaufwand.

## 1.3 Ein Gartenplan entsteht

*Abb. 1 Familie Brückners Garten in der Perspektive*

Vor fünf Jahren hat die Familie Brückner ein Grundstück erworben, um dort ein Haus zu bauen. Nach dem Hausbau legten sie auch einen Garten an, der heute so aussieht, wie es die Abb. 1 wiedergibt.
Doch bevor es soweit war, mußten viele Schwierigkeiten überwunden werden. Zunächst schien es fast unmöglich, die unterschiedlichen Interessen von Herrn und Frau Brückner und der 10- und 16jährigen Töchter aufeinander abzustimmen. Nach mehreren gemeinsamen Gesprächen einigten sie sich auf folgende Bestandteile und deren Lage im Garten.
An das Wohnzimmer soll sich eine große Terrasse anschließen, die mit Natursteinen bepflastert ist. Ein Teil der Terrasse soll durch eine Pergola beschattet werden. Dazu werden einige Kletter- und Hängepflanzen eingeplant. Von der etwas höher gelegenen Terrasse soll eine Treppe zum Wohngarten führen. Hier soll ein Platz für einen Teich und eine windgeschützte Sitzecke zum Grillen angelegt werden.
Als Wind- und Sichtschutz soll der Wohngarten von Bäumen und Sträuchern umgeben sein. Es werden auch Obstbäume und Beerensträucher eingeplant, wofür genügend Licht und Platz vorhanden sein müssen. Überall sollen Blumenbeete für Farbe und Abwechslung sorgen. Auch einen Nutzgarten wollen Brückners haben.
Hier soll der Komposthaufen angelegt werden, der von der Küche aus gut zu erreichen sein sollte. Sie planen auch schon die Lage größerer Bäume und vor allem die Anlage der Wege.
Diese Mühe machen sie sich, weil ihr Nachbar bereits „am eigenen Leib“ zu spüren bekam, was man alles falsch machen kann. Er mußte nämlich eine schnell gewachsene hohe Birke vor dem Wohnzimmerfenster fällen, da sie bereits das ganze Zimmer verdunkelte. Für den Weg zum Kompostplatz mußte er jedes Mal einen Umweg ums Haus machen, weil die Anlage der Wege falsch war.
Um all diese Planungsüberlegungen umzusetzen, haben Brückners zunächst ihr Grundstück vermessen.

**Aufgabe**

1. Sie wollen einen Garten anlegen! Was ist bei der Planung zu berücksichtigen?

## 1.3.1 Wir vermessen und zeichnen einen Garten

Michaela Brückner hat die Absicht, ihr Praktikum in einer Landschaftsgärtnerei durchzuführen. Sie möchte daher ihrem Vater bei der Erstellung des Lageplanes helfen.

Der **Lageplan** enthält Grundstücksgrenzen sowie alle bereits vorhandenen baulichen Elemente (Haus, Garage, Mauern, Zufahrt und Wege). Alte Baumbestände werden ebenfalls im Lageplan erfaßt. Alle Maße im Lageplan sind maßstabsgerecht.

Um den Lageplan zu erstellen, müssen sie folgende Schritte durchführen:

1. Das Grundstück vermessen und die Maße in eine Aufmaßskizze übertragen (Abb. 1): In den vier Ecken des Grundstückes finden sie die amtlich eingemessenen Grenzsteine. Mit dem Maßband messen sie nun die Abstände zwischen den Steinen und tragen die so gefundenen Maße der Grundstücksgrenzen in eine Aufmaßskizze ein (Abb. 1).

Die **Aufmaßskizze** ist eine Zeichnung, in die während des Vermessens sämtliche ermittelten Maße eingetragen werden. Die Aufmaßskizze ist jedoch nicht maßstabsgerecht.

Zusätzlich vermessen sie die Lage des Wohnhauses und der Garage sowie alle bereits vorhandenen Einrichtungen wie Wasseranschlüsse, Wege und Toreinfahrten. Zuletzt vermessen sie die Lage von drei dicht zusammenstehenden Bäumen und notieren die Maße.

Aus der Aufmaßskizze muß nun ein maßstabsgerechter Lageplan entstehen.

2. Die gemessenen Werte maßstabsgerecht umrechnen:
Die in der Natur gemessenen Werte (in m) müssen dazu auf cm umgerechnet werden. Bei einem Maßstab von 1 : 100 ist das ganz einfach, weil dann 1 cm auf dem Papier 100 cm (= 1 m) in der Natur entspricht. Folglich entsprechen dann 3 m in der Natur 3 cm auf dem Papier. Beim Maßstab 1 : 100 ist es also immer der hundertste Teil des in der Natur gemessenen Wertes. Die Rechnung sieht demnach so aus:

$$\frac{300}{100}\ \text{cm} = 3\ \text{cm}$$

Etwas schwieriger wird es, im Maßstab 1 : 50 oder 1 : 200 umzurechnen. Wir haben dann auf dem Blatt nicht mehr den 100., sondern den 50. oder 200. Teil des in der Natur gemessenen Wertes.

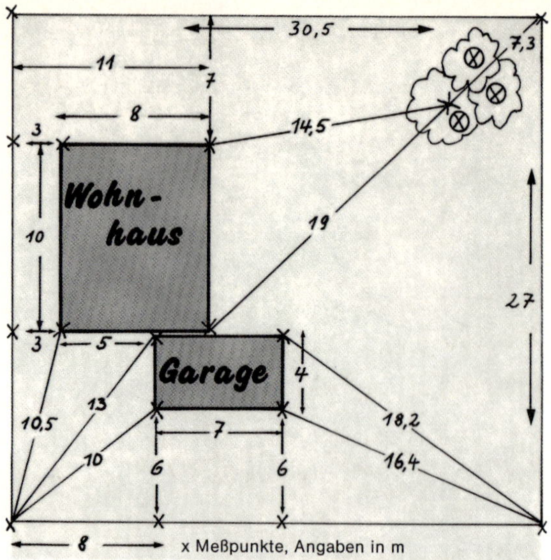

*Abb. 1 Übertragung der Werte in die Aufmaßskizze*

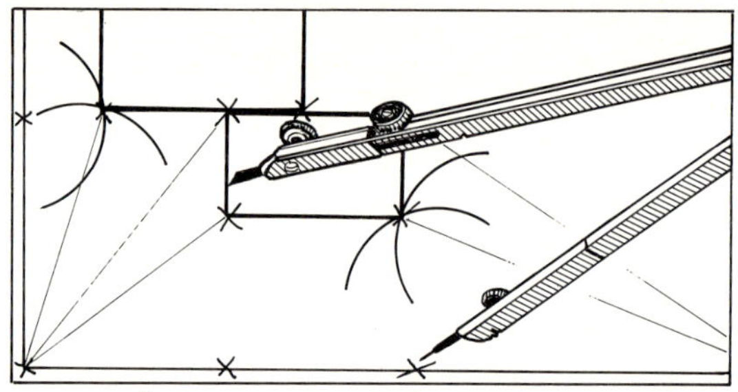
*Abb. 2 Übertragung der Maße in den Lageplan*

Beim Maßstab 1 : 50 und 3 m in der Natur ergibt sich daher:

$$\frac{300}{50}\ \text{cm} = 6\ \text{cm}$$

Beim Maßstab 1 : 200 ergibt sich:

$$\frac{300}{200}\ \text{cm} = 1{,}5\ \text{cm}$$

3. Zeichnung des Lageplans (Abb. 2):
Mit Bleistift und Lineal zeichnen sie die umgerechneten Maße für die Grundstücksgrenzen in ihren Lageplan ein. Die Abstände von den Grundstücksecken zu den Gebäudeecken und zur Baumgruppe tragen sie mit dem Zirkel ab (Abb. 2). Nachdem sie alle erforderlichen Verbindungslinien hergestellt haben, ist ihr Lageplan fertig (Abb. 1, S. 14).

### Aufgaben

1. Welcher Maßstab muß für ein DIN-A4-Blatt (21 x 30 cm) bei einem Garten mit den Maßen 30 x 20 m gewählt werden?
2. Zeichnen Sie den Lageplan des Grundstücks der Familie Brückner im Maßstab 1 : 100. Benutzen Sie dazu die Meßwerte der Aufmaßskizze in Abb. 1.

## 1.3.2 Wie groß muß ein Nutzgarten sein?

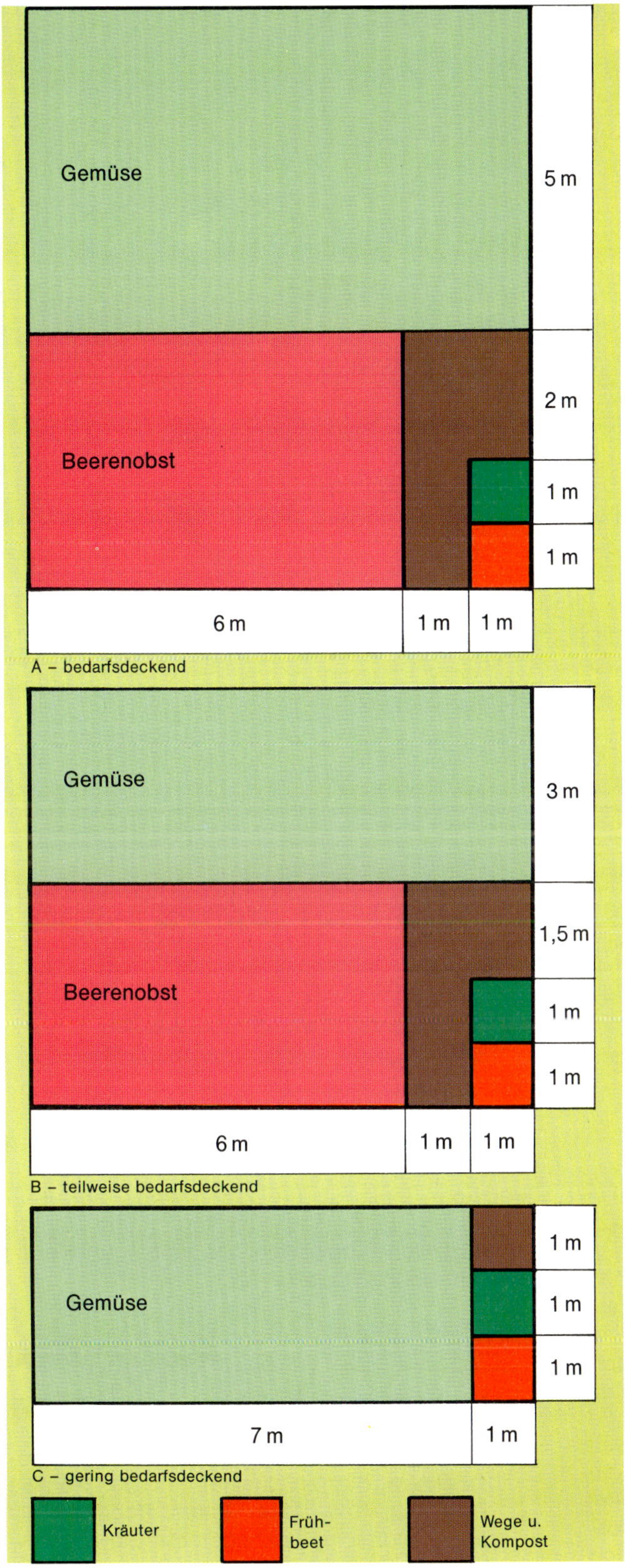


*Abb. 1 Arten der Selbstversorgung pro Person*

Familie Brückner hat sich für die Anlage eines Nutzgartens entschieden. Neben seiner Lage müssen sie vor allem über die Größe des Nutzgartens nachdenken. Wer sich z.B. ganz mit Beerenobst und Gemüse aus dem eigenen Garten bedarfsdeckend versorgen will, muß **etwa 70 m² pro Person** einplanen (Abb. 1, A). Wie kommt man gerade auf ca. 70 m²? Grundlage hierfür bildet der Bedarf an Obst und Gemüse. Pro Person und Tag sollte man ca. 250 g Gemüse (Putzabfall mitgerechnet) zu sich nehmen. Auf das Jahr umgerechnet, macht das etwa 90 kg ungeputztes Gemüse aus. Um diese Menge selber anzubauen, benötigt man ca. 40 m² Fläche pro Person. Ähnlich ist die Berechnung der Fläche für Beerenobst. Hierzu sind etwa 24 m² erforderlich. Außerdem müssen für Wege, Kompostplatz, Kräuter- und Frühbeet ca. 8 m² berechnet werden. Wer jedoch nicht soviel Platz hat oder nicht die notwendige Zeit für die Arbeit im Nutzgarten aufbringen kann oder will, – **jährlich 30 Minuten pro m²** –, der muß trotzdem nicht ganz auf eigene Produkte verzichten. Hier kann dann die Entscheidung für eine **teilweise** oder **geringe Selbstversorgung** fallen (Abb. 1, B, C).
Der Flächenbedarf für das Baumobst wurde bei dieser Berechnung nicht berücksichtigt.

## Aufgaben

1. In Abb. 1 sind drei verschiedene Arten der Selbstversorgung dargestellt.
   a) Stellen Sie fest, wieviel m² Fläche für bedarfsdeckende, teilweise bedarfsdeckende und gering bedarfsdeckende Selbstversorgung nötig sind.
   b) Ermitteln Sie die jeweiligen Anteile (in m²) für Gemüse, Beerenobst, Kräuter, Frühbeet und Wege bzw. Kompostplatz.
2. Familie Brückner (4 Pers.) will sich bedarfsdeckend selbst versorgen. Berechnen Sie die nötige Fläche für Gemüse, Beerenobst, Wege und Kompostplatz. Wie groß ist die Gesamtfläche? Wieviel Zeit muß jährlich insgesamt für den Nutzgarten aufgewendet werden?

## 1.3.3 Aus dem Lageplan wird ein Gartenplan

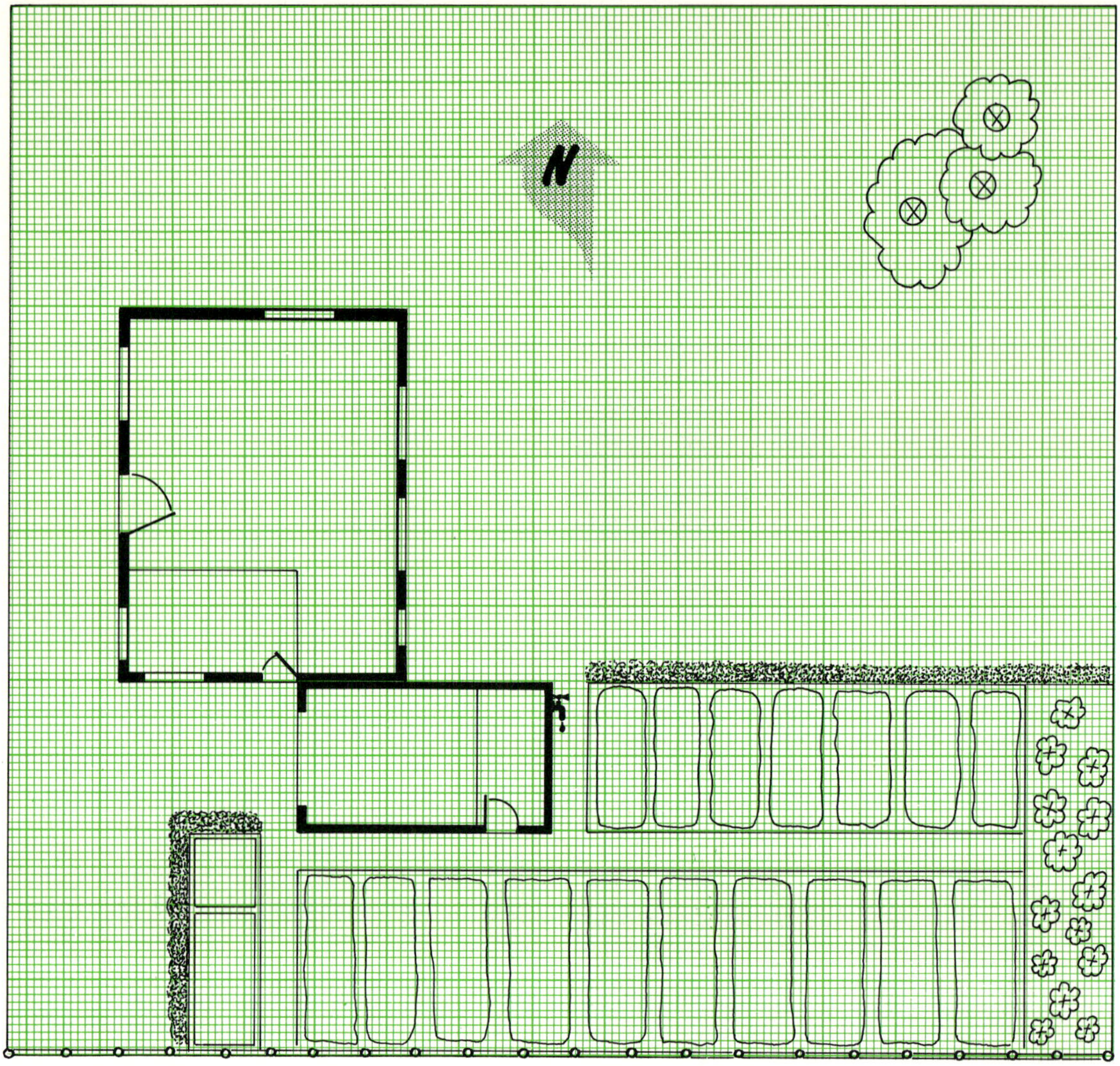


*Abb. 1 Lageplan mit eingezeichnetem Nutzgarten*

In der Abb. 1 ist der Lageplan der Familie Brückner dargestellt. Die Größe ihres Nutzgartens haben sie bereits berechnet und schon in den Gartenplan eingezeichnet. Bei der Größe ihres Nutzgartens gingen sie davon aus, daß sie sich für ihren Vierpersonenhaushalt teilweise bedarfsdeckend versorgen wollen. Bei der Planung der Lage haben sie darauf geachtet, daß der Nutzgarten möglichst sonnig liegt und der Weg von der Küche zum Garten nicht zu weit ist. Keine Gedanken mußten sie sich über die Neuanlage eines Wasseranschlusses machen, da an der Garagenwand bereits ein Wasserhahn installiert war. Mit einem Schlauch sind von hier aus alle Bereiche des Nutzgartens erreichbar. Platz für die Gartengeräte gibt es in der Garage. Eine Hecke im Norden und Westen schützt den Nutzgarten vor kalten und austrocknenden Winden.

### Aufgaben

1. Nach welchen Gesichtspunkten ist die Lage des Nutzgartens zu planen?
2. Messen Sie die Gesamtfläche des Grundstücks und des Nutzgartens der Familie Brückner in der Abb. 1 aus. Rechnen Sie diese Werte maßstabsgerecht auf tatsächliche Größe um.

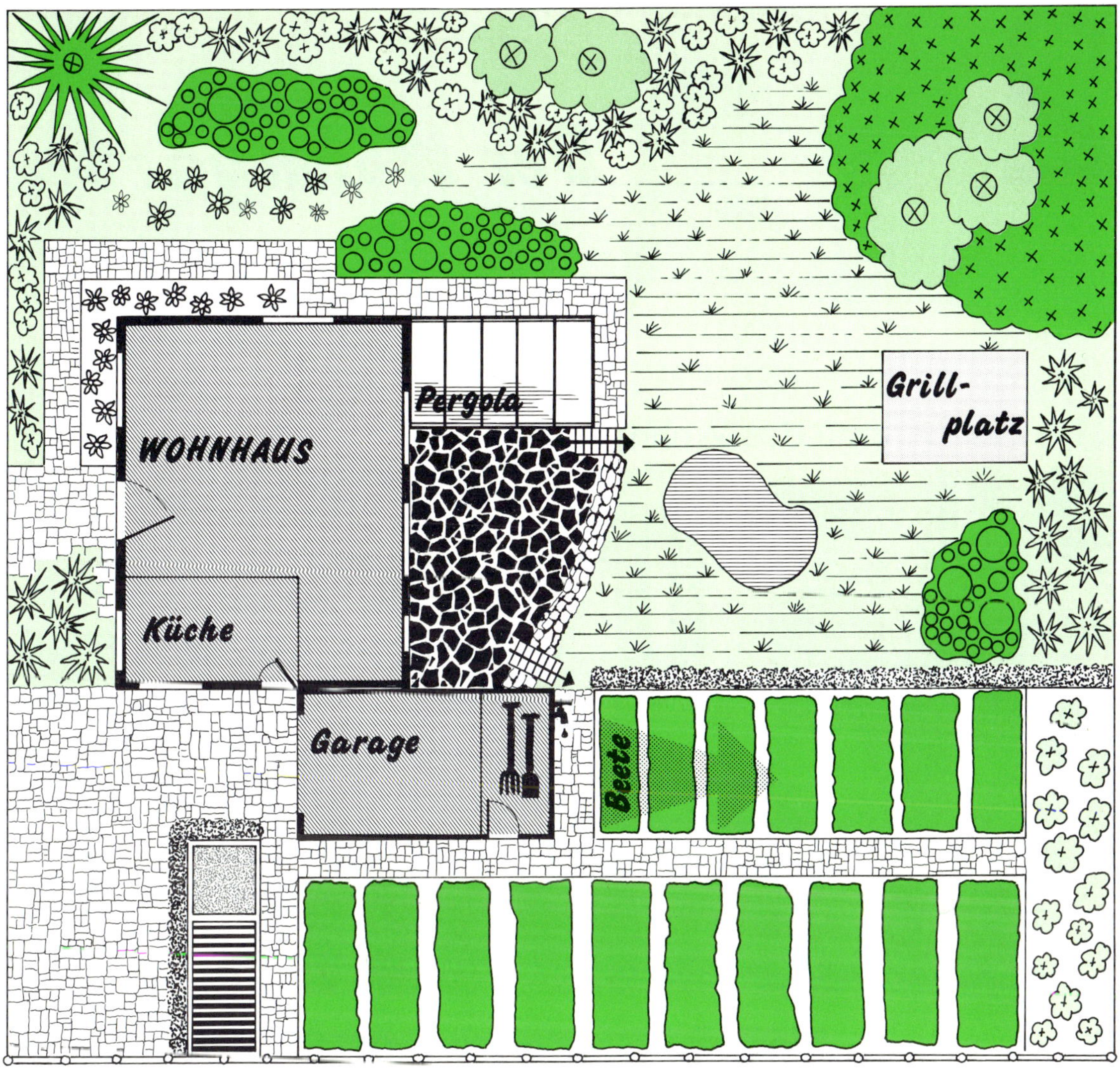


*Abb. 1 Familie Brückners Gartenplan*

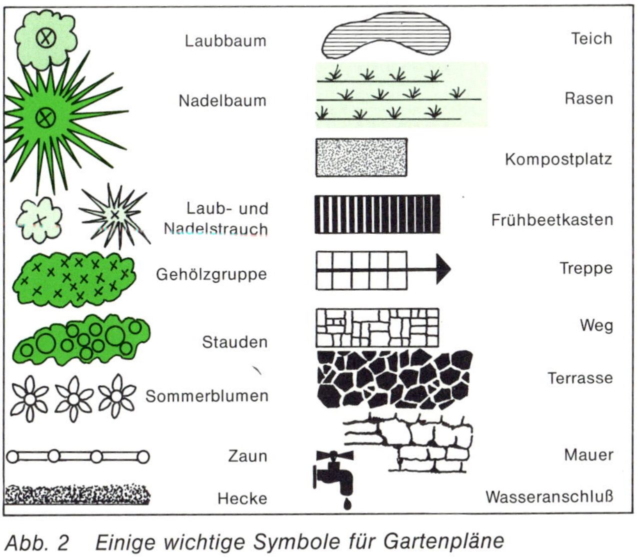


*Abb. 2 Einige wichtige Symbole für Gartenpläne*

## Aufgaben

1. Betrachten Sie die Abb. 1, und erläutern Sie die einzelnen Symbole. Nehmen Sie Abb. 2 zu Hilfe.
2. Aus welchen Gründen ist es wichtig, einen Gartenplan zu erstellen?
3. Welche Verbesserungsvorschläge fallen Ihnen zum Gartenplan der Brückners ein?
4. Welche Schritte sind bis zur Fertigstellung eines Gartenplanes erforderlich?

# 2 Der Wohngarten

## 2.1 Das Gerippe des Wohngartens

*Abb. 1*
*Terrasse –*
*das Wohnzimmer*
*im Freien*

*Abb. 2*
*Sandkasten –*
*immer im Blick*

*Abb. 3 Pergola – ein Hauch des Südens*

*Abb. 4 Die Sitzecke – ein ruhiges Plätzchen*

Wege, Treppen, Mauern, Sitzplätze und Terrassen sind zusammen mit einigen anderen baulichen Elementen fest installierte Bestandteile des Gartens. Für diese Bauteile werden unterschiedliche Materialien verwandt. Sie sollen nach Möglichkeit dem Charakter des Hauses angepaßt sein, wobei es sinnvoll ist, auf regional gewonnene Baustoffe zurückzugreifen. Es ist auch möglich, gebrauchte Materialien einzusetzen. Eine Art von Recycling stellt z. B. die Verwendung von Bahnschwellen (Vorsicht: sie können krebserregende Imprägnierstoffe enthalten) und Abbruchziegeln dar. In keinem Fall sollten zuviel unterschiedliche Materialien verwendet werden, da dann die Gefahr besteht, daß keine Harmonie zwischen den einzelnen Bauteilen erreicht wird.

Im Sommer stellt die **Terrasse** eine willkommene Erweiterung des Wohnraumes dar. Sie sollte zur Sonnenseite ausgerichtet sein, windgeschützt liegen und eine Ebene mit dem Wohnraum bilden. Zum Garten hin kann die Terrasse mit einer Böschung oder einer Mauer verbunden sein (s. S. 16, Abb. 1). Der Belag der Terrasse kann entweder aus Holz oder aus Stein bestehen. Glatte Flächen lassen sich gut reinigen, wirken jedoch eher kalt; Holz hingegen strahlt Wärme aus, ist aber witterungsanfälliger, bei Nässe besteht Rutschgefahr. Die Größe der Terrasse sollte mindestens 20 $m^2$ betragen, so daß sie genügend Sitz- und Liegemöglichkeiten bietet. Auch Gäste sollten in den Genuß des „grünen Zimmers" kommen können.

Liegt der Garten an einem Hang, so sind Stufen und Rampen fast unvermeidbar. **Treppen** sollten jedoch nicht nur Funktionscharakter haben, sondern auch als gestalterisches Element das Gartenbild prägen. Auch hier sind Überlegungen hinsichtlich des Materials für den Bau der Stufen anzustellen (Abb. 1). Läßt es die Grundstücksgrenze des Gartens zu, so sollte bereits bei der Planung ein zusätzlicher **Sitzplatz** außerhalb der Terrasse berücksichtigt werden. Dabei können verschiedene Gesichtspunkte eine Rolle spielen:

- Der Sitzplatz sollte geschützt und beschattet liegen;
- Er kann zusätzlich mit einem Grill ausgestattet werden und zum Wäschetrocknen mitbenutzt werden.

Wird eine **Einfriedung** geplant, so sollten nach Möglichkeit alte Baum- und Strauchbestände einbezogen werden. Viele Menschen verbinden mit der Einfriedung Sicherheit und markieren hierdurch auch nach außen die Grenzen ihres Privatbereiches. Begrenzungen des Grundstückes dienen dem Schutz von Kleinkindern oder dem Sichtschutz und verhindern das Weglaufen und Eindringen von Haustieren. Gebaute Einfriedungen können Mauern oder Zäune sein. Gegenüber gepflanzten Einfriedungen haben sie den Vorteil, schneller einen Schutz gegen Wind zu geben. Mauern können aus Ziegeln, Naturstein oder Beton gebaut sein. Sie wirken besonders natürlich, wenn sie begrünt sind. Für Zäune kommen Materialien wie z. B. Holz, Metall, Kunststoff oder Reet in Frage.

Eine **Spielecke** oder ein **Sandkasten** im Garten kann häufig der einzig sichere Ort sein, an dem Kinder ungestört spielen können. Sie sollten im Sichtbereich des Hauses liegen (s. S. 16, Abb. 2). Der gewaschene Sand ist in einem Kasten (mindestens 1,5 $m^2$) aus Holz, Beton oder Ziegelsteinen gut untergebracht.

Die eigentliche Funktion der **Pergola** besteht darin, Schatten zu spenden; diesen Zweck erfüllt sie in ihren Ursprungsländern, im Süden Europas. Bei uns stellt die Pergola meist das Bindeglied zwischen Haus und Garten dar und wirkt durch den Bewuchs mit Schling- und Kletterpflanzen zudem als Wind- und Regenschutz. Das geeignete Material für den Bau einer Pergola ist Holz.

Eine Schlechtwetterperiode wird jeden **Gartenweg** auf die Probe stellen. Pflastersteine oder andersartig verlegte Platten aus Naturstein, Beton, Klinker oder Holz ermöglichen das Betreten des Gartens auch bei Regenwetter. Lebendig wirken Wege vor allen Dingen dann, wenn Moose, Gräser und Blumen aus ihren Fugen wachsen können (Abb. 1).

*Abb. 1 Treppen und Wege aus Holz und Stein*

## 2.2 Die lebenden Elemente des Wohngartens

### 2.2.1 Gehölze bringen den Garten in Form

*Abb. 1 Einteilung der Gehölze*

*Abb. 2 Bodendecker (A), Klettergehölz (B)*

Wir waren schlank wie die Tannen und zitterten bei Kälte wie Espenlaub, trotzdem waren wir standhaft wie die Eichen. Solche Vergleiche zeigen: Der Mensch ist eng mit den Bäumen verbunden. Durch ihre Größe und erst recht durch ihr Alter – Mammutbäume werden einige tausend Jahre alt – nehmen Bäume eine herausragende Stellung unter den Pflanzen ein. Auch im Garten kommt ihnen eine wichtige Bedeutung zu. Gemeinsam mit den Sträuchern sind sie dort wesentliche raumgestaltende Elemente.

Die meisten **Laubgehölze** legen im Herbst und Winter eine Wachstumspause ein, die Blätter verfärben sich und fallen schließlich ab. Ausnahmen hiervon bilden **immergrüne Gehölze** wie Rhododendron, die auch in der kalten Jahreszeit ihre Blätter behalten. **Nadelgehölze (Koniferen** = Zapfenträger) verlieren ihre Nadeln (nadelförmige Blätter) ebenfalls. Dies wird allerdings kaum bemerkt, da laufend neue Nadeln gebildet werden und nicht alle Nadeln gleichzeitig abfallen. So behalten gesunde Tannen ihre Nadeln bis zu 12 Jahre, Fichten 6 bis 10 Jahre und Kiefern bis zu 4 Jahre.

Auffällig unter den Gehölzen sind einerseits die extrem niedrigen **Bodendecker,** andererseits die zum Teil sehr hoch wachsenden **Klettergehölze.**

*Abb. 1 Pflanzmöglichkeiten von Gehölzen: A Hausbaum (Solitärbaum), B Vorpflanzung, C freiwachsende Hecke, D Formschnitthecke*

Welche Gehölze passen in unseren Garten? Zunächst begrenzen Klima und Bodenbeschaffenheit die Auswahl: In Frage kommen daher hauptsächlich einheimische Gehölze. Die endgültige Wuchshöhe (s. S. 20, Abb. 1) ist ein weiterer wichtiger Gesichtspunkt, um z. B. ein Überschatten des Hauses oder anderer Pflanzen zu verhindern. Ebenso muß ein genügend großer Pflanzabstand eingehalten werden, damit sich die Gehölze auch nach mehreren Jahren nicht in ihrem Wachstum behindern. Kombination und Aufgaben der Gehölze können sehr unterschiedlich sein:

**In Einzelstellung**

Soll ein Baum oder ein Strauch besonders zur Geltung kommen, weil sein Wuchs, seine Blüte oder seine Herbstfärbung auffallend schön sind, pflanzt man ihn in Einzellage, als sogenannten **Solitärbaum** oder **Solitärstrauch.**

Wird ein Solitärbaum nur einige Meter vom Haus entfernt gepflanzt, hat dies unterschiedliche Gründe: Er soll die Terrasse oder bestimmte Teile des Hauses beschatten oder aber das Haus verschönern. Wegen seiner direkten Beziehung zum Haus wird ein solcher Baum auch **Hausbaum** genannt (Abb. 1, A).

**In Gruppenstellung**

Mehrere Bäume können zu einer Baumgruppe oder mit Sträuchern zu einer Gehölzgruppe gepflanzt werden. Die Pflanzabstände richten sich nach Größe und Wachstumsgeschwindigkeit der jeweiligen Gehölze.

Bei Pflanzung einer Hecke müssen die Abstände etwas geringer gewählt werden. Wenn Sträucher unter Bäume gepflanzt werden, sind solche auszuwählen, die sich als **Unterpflanzung** eignen, also schattenliebend sind. Bei Pflanzung von Sträuchern vor einer höheren Gehölzgruppe kann man die lichtbedürftigen wählen, sie bilden eine **Vorpflanzung** (Abb. 1, B).

Gehölzgruppen übernehmen wesentliche Aufgaben:

- Sie sind Raumbildner, d. h., sie schaffen Gartenräume zwischen einzelnen Gebäudeteilen oder verbinden Gartenelemente, können aber auch auflockernd wirken, indem sie z. B. in eine Rasenfläche hineinragen.
- Sie stellen eine Begrenzung sowie einen Licht-, Wind- und Wärmeschutz dar. Dies kann in Form einer Gehölzgruppe oder einer dichten Hecke innerhalb des Gartens oder längs der Grundstücksgrenzen geschehen.
- Sie bieten Vögeln und anderen Tieren Schutz und Nahrung.

## Aufgaben

1. Nach welchen Gesichtspunkten lassen sich Gehölze unterscheiden?
2. Beschreiben Sie die Unterschiede zwischen einer Formschnitthecke und einer freiwachsenden Hecke (s. Abb. 1, C und D).
3. Nennen Sie mindestens 5 Verwendungsmöglichkeiten von Gehölzen im Garten.

*Abb. 1 Gehölze im Größenvergleich (Durchschnittshöhe ausgewachsener Gehölze)*

„Vorsicht – aber keine Panik", so warnt die Verbraucherzentrale vor **Giftpflanzen.** Sie können zu Sehstörungen, Erbrechen, Krämpfen, Bewußtlosigkeit oder sogar zum Tode führen. Bei einigen giftigen Gehölzen sind es die Früchte, die gern von Kindern probiert werden. Ob diese Gehölze in den Garten gehören, sollte daher reiflich überlegt werden. Für die Anpflanzung im eigenen Garten spricht die Möglichkeit, Kinder mit Giftpflanzen bekannt machen zu können.

| Name | Giftige Pflanzenteile |
|---|---|
| Efeu *(Hedera helix)* | Blätter, Fruchtfleisch |
| Eibe *(Taxus baccata)* | alle Pflanzenteile |
| Goldregen *(Laburnum-Arten)* | alle Pflanzenteile |
| Lebensbaum *(Thuja occidentalis)* | Zweigspitzen, Zapfen |
| Liguster (Rainweide) *(Ligustrum vulgare)* | Blätter, Rinde, Früchte |
| Pfaffenhütchen *(Euonymus europaeus)* | alle Pflanzenteile |
| Rhododendron-Arten | Früchte |
| Schneeball *(Viburnum opulus)* | vor allem Früchte |
| Stechpalme *(Ilex aquifolium)* | Früchte |

*Abb. 2 Einige giftige Gehölze*

| **Wildsträucher** | Name | Höhe/ Meter |
|---|---|---|
| nicht weitergezüchtet | Kornelkirsche *(Cornus mas)* | 1 – 5 |
| | Roter Hartriegel *(Cornus sanguinea)* | 1 – 5 |
| | Weißdorn *(Crataegus monogyna)* | 1 – 5 |
| **Ziersträucher** | Name | Höhe/ Meter |
| eingeführte und heimische Arten, die weitergezüchtet wurden | Berberitze *(Berberis thunbergii)* | 0,3 – 2 |
| | Sternmagnolie *(Magnolia stellata)* | 2 – 3 |
| | Teerose *(Rosa odorata)* | 0,6 – 1 |
| | Weigelia *(Weigelia florida)* | bis 3 |
| **Nutzsträucher** | Name | Höhe/ Meter |
| einheimische oder eingeführte Arten, die weitergezüchtet wurden, um der menschlichen Ernährung zu dienen | Himbeere *(Rubus idaeus)*, Johannisbeere *(Ribes rubrum)*, Stachelbeere *(Ribes uva-crispa)* | je nach Schnitt und Sorte |

*Abb. 3 Einteilung der Sträucher mit Beispielen*

## Aufgaben

1. Erklären Sie den Unterschied zwischen Wild- und Ziersträuchern.
2. Familie Schröder (drei Kinder) hat aus ihrem Garten alle Giftpflanzen entfernt. Wie beurteilen Sie diesen Entschluß?

**Interview mit dem Besitzer einer Baumschule und einer Ökologin**

**Reporter:**
*„Sie bieten weitaus mehr Ziersträucher als Wildsträucher an. Woran liegt das?“*

**Baumschulbesitzer:**
*„Ganz einfach, die meisten Kunden verlangen Ziersträucher. Sie wollen dekorative Pflanzen und keine, die sie auch bei ihrem Waldspaziergang finden. Trotzdem bemühen wir uns, eine Auswahl von Wildsträuchern für unsere Kunden bereitzuhalten.“*

**Reporter:**
*„Sie vertreten die Auffassung, daß mehr Wildsträucher in die Gärten gepflanzt werden sollen. Welche Gründe spielen hierbei für Sie eine Rolle?“*

**Ökologin:**
*„Einige unserer einheimischen Wildsträucher sind fast völlig verschwunden. Die Roten Listen werden immer länger, weil viele natürliche Lebensräume zerstört werden. Es wäre daher wichtig, in unseren Gärten vermehrt Wildsträucher aufzunehmen. Dies hätte auch positive Auswirkungen auf die Tierwelt, da viele Insekten, Vögel und Säugetiere mehr Nahrung und Unterschlupf fänden.“*

**Reporter:**
*„Können Ziergehölze diese Aufgaben nicht wahrnehmen?“*

**Ökologin:**
*„Leider können sie das nicht in dem Umfang wie unsere heimischen Gehölze. Eine nicht unbeträchtliche Zahl der Tierarten ist nämlich auf Wildsträucher spezialisiert; Blüten von Ziersträuchern sind dagegen für viele Insekten als Nahrungs- und Brutort uninteressant. Im Extremfall sind sie sogar tödlich, wie bei der nordamerikanischen Silberlinde. Deren Nektar ist für unsere Hummelarten giftig, so daß sie nach dessen Genuß sterben.“*

**Reporter:**
*„Und die Früchte von Ziersträuchern, sind die auch nicht freßbar?“*

**Ökologin:**
*„Sie werden ebenfalls nur in geringem Umfang von Vögeln und Säugetieren gefressen. Einige sind unfruchtbar gezüchtet worden oder kommen wegen ungünstiger klimatischer Bedingungen nicht zur Fruchtbildung oder Fruchtreife.“*

**Reporter:**
*„Aber wenn wir jetzt mit Wildsträuchern viele Vögel in unsere Gärten locken, richten sie dann nicht Schäden z. B. an der Saat an?“*

**Ökologin:**
*„Gegen solche Schäden kann man sich leicht schützen. Auf der anderen Seite darf man nicht übersehen, daß z. B. Vögel eifrige Schädlingsvertilger und daher Nützlinge sind.“*

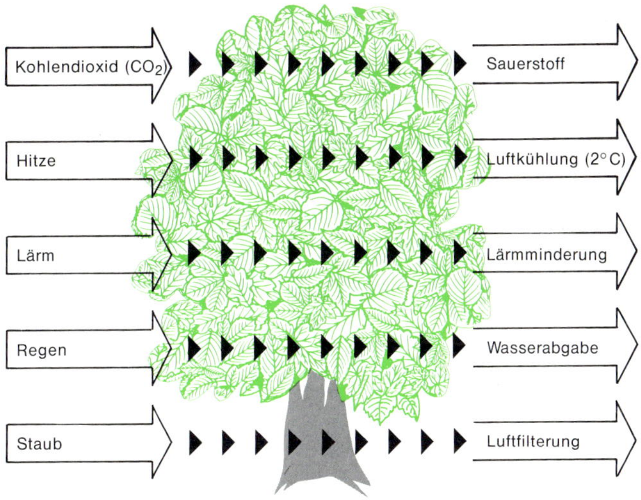


*Abb. 1 Wirkung einer ausgewachsenen Buche*

*Abb. 2 Gehölzgruppe – ein Lebensraum für Tiere*

## Aufgaben

1. Was würde geschehen, wenn es keine Bäume und Sträucher mehr gäbe? (Ziehen Sie dazu Abb. 1 und 2 heran)
2. Würden Sie lieber Zier- oder Wildsträucher pflanzen? Begründen Sie Ihre Ansicht.
3. Besuchen Sie eine Baumschule, und erkundigen Sie sich nach dem Bestand an Wild- und Ziersträuchern. Erstellen Sie dazu eine Liste.

## 2.2.2 Vom Zierrasen zur Wiese

*A* *B* *C*

*Abb. 1 Von Menschenhand geschaffen (A + B), der Natur überlassen (C)*

Sie haben sich bestimmt auch so manches Mal über das lästige Rasenmähen geärgert. **Rasenflächen** kosten zwar Mühe, haben aber auch viele Vorteile: Sie begrünen Flächen, deren frisches Grün wohltuend für das Auge ist. Außerdem können sie für Sport und Spiel genutzt werden und bieten einigen Insekten und Vögeln Nahrung. Bei all diesen Vorzügen ist der Rasen jedoch relativ artenarm.

Wesentlich artenreicher ist die **Wiese.** Untersuchungen haben ergeben, daß auf Zierrasenflächen höchstens 7 Vogelarten vorkommen, während es auf Wiesenflächen bis zu 17 sein können. Diese stellen sich ein, weil eine Wiese im Vergleich zum Rasen eine Vielfalt von Gräsern, Kräutern und Blumen aufweist. Die Wiese bietet daher eine große Nahrungsvielfalt. Sie darf allerdings nicht so häufig betreten werden. Daher ist eine Kombination aus Rasen und Wiese sinnvoll: So können wir eine Wiese an Rändern des Rasens und um Bäume herum anlegen.

Wer aus einem Rasen eine Wiese machen will, hat drei Möglichkeiten:

- Er schneidet seinen Rasen nur noch zweimal jährlich und wartet mehrere Jahre, bis sich nach und nach eine üppige Wiese einstellt.
- Wer weniger Geduld hat, sticht einige Rasensoden aus und sät eine Wiesenmischung ein.
- Wer bereits im ersten Jahr eine Wiese haben möchte, gräbt den Rasen unter und sät eine Wiese ein.

### Aufgaben

1. Was passiert mit einem Rasen, bei dem keine Unkrautbekämpfung, keine Düngung, keine Bewässerung und kein häufiger Schnitt mehr durchgeführt wird?
2. Bestimmen Sie je einen Befürworter für Rasenflächen und für Wiesen. Versuchen Sie, ein Rollenspiel bzw. Planspiel durchzuführen.
3. Welche Auswirkungen hat die Schnitthäufigkeit auf die Artenvielfalt (Abb. 2)?

| | Zierrasen  | Gebrauchsrasen  | Wiese  |
|---|---|---|---|
| Schnitt | 1 bis 2 mal pro Woche | 1 bis 2 mal pro Monat | 1 bis 2 mal pro Jahr |
| Düngung | regelmäßig | gering | – |
| Unkrautbekämpfung | regelmäßig | – | – |
| Bewässerung | regelmäßig | nur bei starker Trockenheit | – |
| Artenvielfalt | 3 bis 4 Gräser | ca. 12 Gräser, einige Kräuter und Blumen | ca. 20 bis 50 Gräser, viele Kräuter und Blumen |
| Funktion | Spielfläche, Zierde | Spielfläche, Zierde | Zierde, Verwendung für Schnitt- u. Trockenblumen |
| Tiere | artenarm | zunehmend | artenreich |

*Abb. 2 Rasen und Wiese im Vergleich*

## 2.2.3 Sommerblumen geben dem Garten Farbe

*Abb. 1 Blumenbeet*

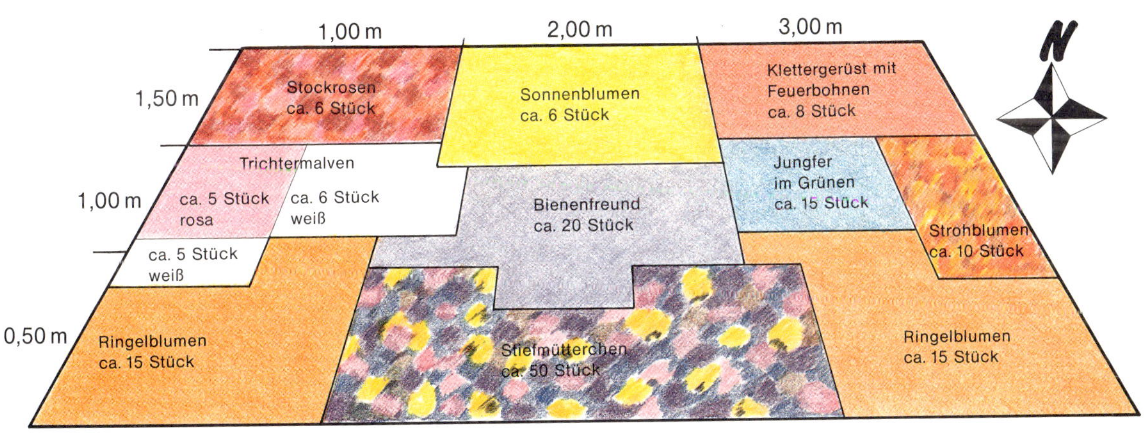


*Abb. 2 Pflanzschema zum Blumenbeet (oben)*

Eine Sommerblume blüht nur einmal in ihrem Leben – und dann auch nur für einige Wochen. Die einjährigen Sommerblumen erleben diese Blütezeit in ihrem ersten Lebensjahr, das auch gleichzeitig ihr letztes ist. Die zweijährigen Sommerblumen wachsen, ohne zu blühen, im ersten Jahr heran. Sie überwintern, treiben im Frühjahr aus und entwickeln dann ihre Blüten. Danach sterben auch sie ab.

**Sommerblumen** gehören zu den krautigen Gewächsen. Krautig werden alle Pflanzen genannt, die nicht verholzen.

Wie aber gestaltet man mit Sommerblumen ein ansprechendes, üppig blühendes Blumenbeet? Der Fachhandel bietet dazu preiswert Saat in Tüten an. Wer jedoch wahllos aussät, wird nur mäßigen Erfolg haben. Es müssen dann nämlich Zeiten ohne blühende Pflanzen, ungewollte bzw. unglückliche Farbkompositionen in Kauf genommen werden. Noch schlimmer ist es, wenn hochwachsende Pflanzen vor niedrigeren stehen, so daß sie ihnen Licht und Nährstoffe wegnehmen und dadurch deren Entwicklung verhindern. Für die Aussaat von Sommerblumen gilt daher, Wuchshöhe, Blütezeit, Blütenfarbe und Aussaatzeiten in die **Planung des Beetes** einzubeziehen.

| Name | einjährig | zweijährig | Blütezeit, Blütenfarbe, Höhe cm | Aussaat ohne | Aussaat mit Vorkultur | Einzeln | Reihe | Gruppe | Schnittblume | Pflanzabstände (cm) | Besonderes |
|---|---|---|---|---|---|---|---|---|---|---|---|
| Sonnenblume *(Helianthus annuus)* | x | | VII–X gelb, braun bis 300 | ab V | ab III | x | x | x | x | 40–60 | Vogelnahrung |
| Feuerbohne *(Phaseolus coccineus)* | x | | VI–IX weiß, rot bis 500 | ab V | ab IV | x | x | | | 60–100 | Nutzpflanze, Kletterpf. |
| Stockrose *(Alcea rosea)* | x Hybr. | x | VII–IX weiß bis rot bis 250 | VI | Hybr. ab III | x | x | x | x | 70–100 | Bauernblume viele Sorten |
| Trichtermalve *(Lavatera trimestris)* | x | | VII–X weiß, rosa 40–80 | ab III | | | | x | | 20–30 | |
| Ringelblume *(Calendula officinalis)* | x | | VI–X gelb bis orange 30–60 | ab III/IV | | | | x | x | 20–30 | Heilpflanze |
| Jungfer im Grünen *(Nigella damascena)* | x | | VI–IX blau, weiß, rot, rosa 40–60 | ab III oder IV | | | x | x | x | 10–15 | für Trockensträuße, Heilmittel |
| Strohblume *(Helichrysum bracteatum)* | x | | VI–X gelb, weiß, rot 40–80 | ab V | | | | x | x | 20–30 | Trockensträuße |
| Bienenfreund *(Phacelia tanacetifolia)* | x | | VI–IX weiß, blau 40–60 | IV/V | | | | x | | 10–15 | Bienenweide, Gründüngung Nutzpfl. |
| Stiefmütterchen *(Viola-Wittrockiana-Hybriden)* | | x | IV–V, VIII gelb, blau, lila | VI | | | x | x | | 15–20 | Beet, Balkon, Kübel |

*Abb. 1 Einige ein- und zweijährige Sommerblumen*

Genauso entscheidend für den Erfolg ist die Lage des Beetes: Sommerblumen sind nämlich licht- und wärmebedürftige Pflanzen, die oft aus wärmeren Ländern stammen. Sie gehören daher in den sonnigsten, vor kalten Winden geschützten Teil des Gartens.

**Verwendung von ein- und zweijährigen Sommerblumen:**

- für das bunte Sommerblumenbeet
- für Lücken zwischen Stauden oder Gehölzen
- für Beeteinfassungen und Kantenbepflanzung
- zur Berankung von Pergolen, Zäunen und Klettergerüsten
- als Verwendung für Schnittblumen- oder Trockenblumensträuße

## Aufgaben

1. Nennen Sie den Unterschied zwischen ein- und zweijährigen Sommerblumen.
2. Welche Verwendungsmöglichkeiten gibt es für Sommerblumen?
3. Wie stellen Sie sich eine harmonische Farbkomposition für ein Blumenbeet vor? Dies können Sie experimentell herausfinden. Sie benötigen dazu: 1 DIN-A4-Blatt, farbiges Transparentpapier, Schere und Kleber. Schneiden Sie aus verschiedenfarbigen Transparentblättern unterschiedliche Flächen (z. B. Quadrate, Kreise, Rechtecke) aus. Legen Sie diese Flächen so auf dem Blatt zusammen, daß Ihnen Ihre Farbkomposition gefällt. Vergleichen und diskutieren Sie Ihre Ergebnisse mit Ihren Mitschülern.
4. Legen Sie ein Pflanzschema für ein Beet an, in dem von Mai bis Oktober mindestens drei verschiedene Sommerblumen blühen.

## 2.2.4 Stauden – ausdauernd über viele Jahre

*Abb. 1 Die Tulpe im Jahreswechsel*

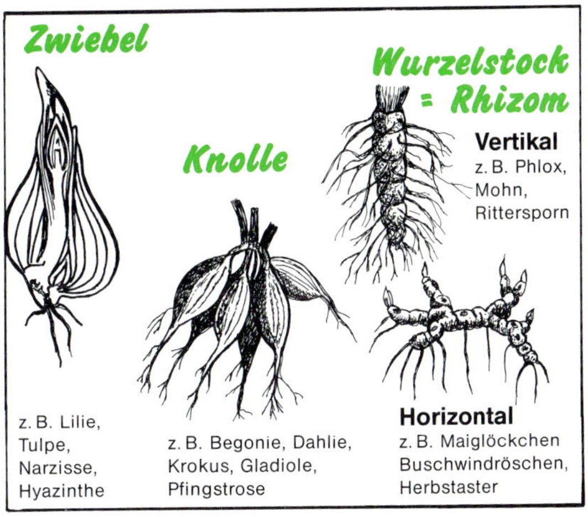


*Abb. 2 Stauden überwintern vielfältig*

Oft ist der Winter noch nicht ganz vorbei und schon recken sich die ersten Blüten von Schneeglöckchen und Krokus der Sonne entgegen.

Ihre Lebensgeister sind von den ersten Wärmestrahlen geweckt worden. Es sind Zwiebel- und Knollengewächse, die zur großen Gruppe der **Stauden** gehören. Wie die ein- und zweijährigen Sommerblumen sind auch sie krautige Pflanzen; die Stauden überleben die ein- und zweijährigen Pflanzen jedoch um viele Jahre, da sie auch den Winter überstehen, d. h. sie **überwintern.** Diese Überwinterungskünste verdanken sie ihren unterirdischen Bestandteilen, aus denen sie jedes Jahr wieder neu austreiben (Abb. 1 und 2).

Eine **Zwiebel** besteht aus mehreren übereinandergelagerten Schichten, wobei die fleischig geschwollenen Blätter die Nährstoffspeicherung übernehmen. Die Zwiebel wird auch als unterirdische Knospe bezeichnet, da sie bereits Blätter, Stengel und Blütenanlagen besitzt.

Die **Knollen** sind verdickte Wurzeln, die der Speicherung der Nährstoffe dienen.

**Wurzelstöcke oder Rhizome** sind unterirdisch verlaufende Sproßachsen, die entweder horizontal oder vertikal ausgerichtet sind.

Die im Frühjahr oder Sommer neu gebildeten Triebe sterben bei den meisten Stauden im Winter wieder ab. Nur wenige Stauden, dazu gehören einige der anspruchslosen Steingartengewächse, bleiben auch im Winter grün.

Ursprungsregionen vieler Stauden sind sonnige, nährstoffarme Standorte: auf unseren nährstoffreichen Böden entwickeln sie daher oft ein so üppiges Wachstum, daß sie gestützt werden müssen. Viele Stauden haben jedoch andere natürliche Standorte; so können sie beispielsweise an das Halbdunkel eines Waldes oder die Feuchte eines Sumpfes angepaßt sein. In unseren Gärten sollten wir ihnen daher einen Standort suchen, der ihrem natürlichen **Lebensbereich** möglichst nahe kommt (Abb. 1, S. 26). Dabei eignen sich einige, wie das Pampasgras oder der einheimische Herkules, sehr gut als Solitärpflanzen; die Mehrzahl der Stauden liebt jedoch die Geselligkeit einer Gemeinschaftspflanzung. Bei einer relativ kurzen Blütezeit von zwei bis vier Wochen sollte bei der Pflanzung von Staudenbeeten auf eine entsprechende Auswahl von Stauden mit zeitlich versetzter Blütezeit geachtet werden.

Stauden bringen dann fast zu jeder Jahreszeit viel Abwechslung in den Garten. Außerdem eignen sich viele von ihnen auch als Schnittblumen.

### Aufgaben

1. Geben Sie an, wodurch sich Stauden von ein- und zweijährigen Pflanzen unterscheiden.
2. Nennen Sie die unterirdischen Bestandteile, mit denen Stauden überwintern.
3. Beschreiben Sie die Lebensbedingungen der in Abb. 1 (S. 26) dargestellten Pflanzen. Ziehen Sie dazu auch die Abb. 2 (S. 26) hinzu.
4. Erklären Sie die Begriffe Leit-, Begleit- und flächendeckende Stauden, geben Sie jeweils zwei Beispiele.
5. Erkundigen Sie sich in einer Gärtnerei oder Baumschule nach dem Unterschied zwischen Pracht- und Wildstauden.
6. Erstellen Sie einen nach Lebensbereichen geordneten Staudenkatalog. Verwenden Sie dazu eigene Fotos oder Bilder aus Prospekten.

*Abb. 1 Einige Stauden in verschiedenen Lebensbereichen*

| Lebensbereich | Name | Blütenfarbe | Blütezeit | Höhe (cm) |
|---|---|---|---|---|
| **Gehölz** (schattig) | Akelei (B) *(Aquilegia-Hybriden)* | blau, rot, weiß | V–VI | 60 |
| | Maiglöckchen (B) *(Convallaria majalis)* | weiß | V | 20 |
| **Gehölzrand** (halbsch.) | Osterglocke (B) *(Narcissus-Hybriden)* | gelb, weiß | IV–V | 30 |
| **Freiflächen** (sonnig) | Thymian (F) *(Thymus pseudolanuginosus)* | rosa, weiß | VI–VII | 5 |
| | Schafgarbe (L) *(Achillea filipendulina)* | gelb, rot, weiß | VI–IX | 125 |
| **Steingarten** (sonnig) | Blaukissen (L) *(Aubrieta-Hybriden)* | blau, rosa, lila | IV–V | 10 |
| | Polsterphlox (L) *(Phlox subulata)* | weiß, rot, lila | V–VI | 15 |
| **Beet** (sonnig bis schattig) | Rittersporn (L) *(Delphinium-Hybriden)* | Blautöne | VI–VII | 160 |
| | Schwertlilie (L) *(Iris germanica)* | blau, gelb | V–VI | 90 |
| | Pfingstrose (L) *(Paeonia officinalis)* | rosa, rot | V–VII | 80 |
| | Bunte Margerite (B) *(Chrysanthemum coccineum)* | rot, rosa, weiß | V–VI | 80 |
| | Trollblume (B) *(Trollius europaeus)* | gelb, orange | V–VI | 60 |
| **Wasserrand und Sumpf** | Sumpfdotterblume *(Caltha palustris)* | gelb | IV–V | 20 |
| | Rohrkolben *(Typha latifolia)* | schwarz-braun | VII–VIII | 250 |
| **Wasser** | Seerose *(Nymphaea alba)* | weiß, rosa | VI–IX | 150 |

L = Leitstauden beherrschen während der gesamten Vegetationsperiode das Staudenbeet
B = Begleitstauden werden nach der Blütezeit unansehnlich
F = Flächendeckende Stauden sind meist niedrig oder halbhoch

*Abb. 2 Einige Stauden und ihre Lebensbereiche*

## 2.2.5 Der Gartenteich – ein Feuchtgebiet aus zweiter Hand

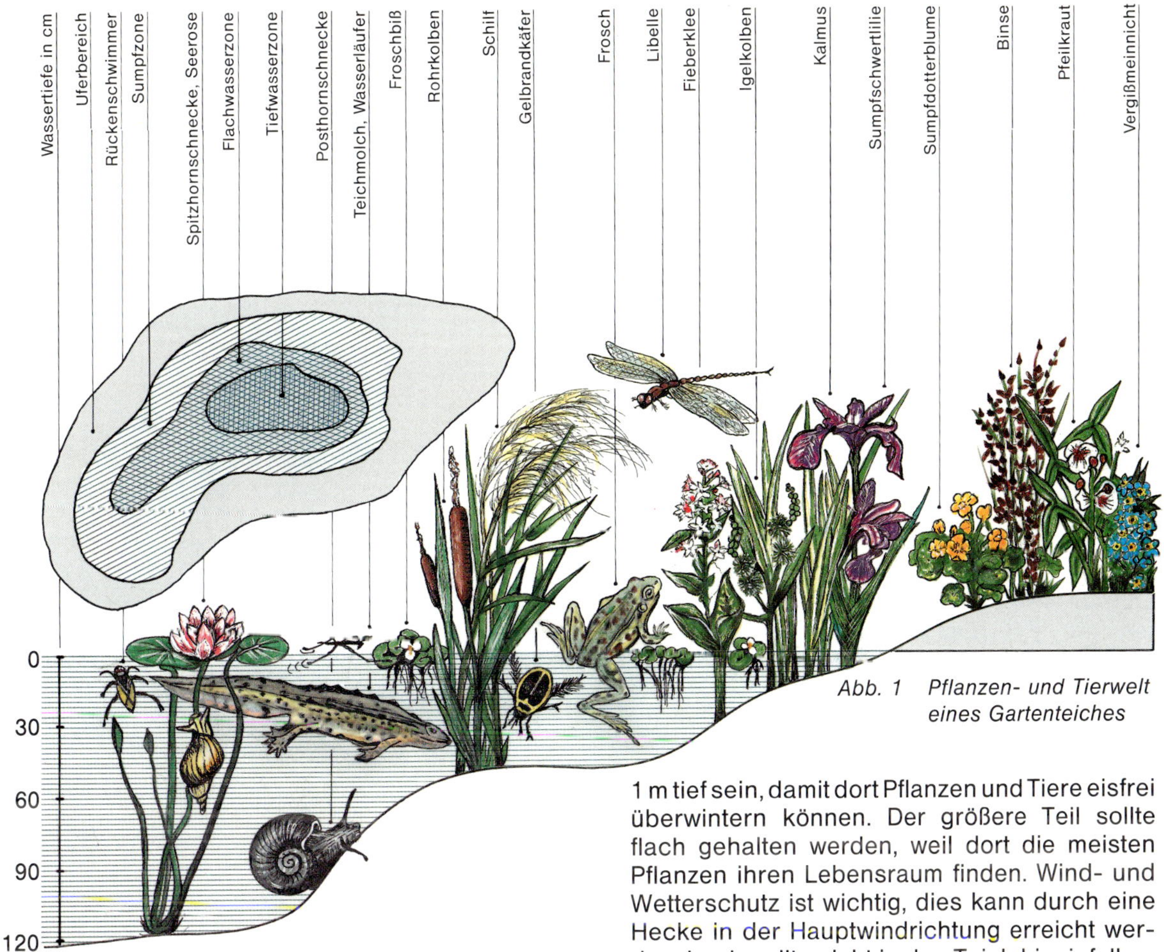


*Abb. 1 Pflanzen- und Tierwelt eines Gartenteiches*

Der Wunsch nach Wasser im eigenen Garten, sei es ein Swimmingpool, Springbrunnen oder Teich, ist weit verbreitet. Ein **Gartenteich** ist nicht nur schön anzusehen, sondern übernimmt auch **ökologische Aufgaben.** Dies ist besonders hervorzuheben, weil viele der Feuchtgebiete, vor allem unsere Moore, trockengelegt wurden. Dadurch haben viele auf das Wasserleben spezialisierte Tiere und Pflanzen ihren Lebensraum verloren. Gartenteiche schaffen ihnen neue Lebensräume. Um günstige Lebensbedingungen zu schaffen, sollten bei der Lageauswahl folgende Gesichtspunkte berücksichtigt werden:
Die Fläche sollte möglichst groß sein, damit sich eine hohe **Artenvielfalt** entwickeln kann. Um einen Gartenteich möglichst naturnah zu gestalten, sollte er mit einheimischen Sumpf- und Wasserpflanzen, die unserem Klima angepaßt sind, bepflanzt werden. Tiere brauchen nicht in den Teich gesetzt zu werden, da sie sich von selber dort einstellen. Auf Fische kann verzichtet werden, da sie Laich und Kaulquappen fressen. Eine Stelle des Teiches sollte mindestens 1 m tief sein, damit dort Pflanzen und Tiere eisfrei überwintern können. Der größere Teil sollte flach gehalten werden, weil dort die meisten Pflanzen ihren Lebensraum finden. Wind- und Wetterschutz ist wichtig, dies kann durch eine Hecke in der Hauptwindrichtung erreicht werden. Laub sollte nicht in den Teich hineinfallen, da es sich zersetzt und dabei Sauerstoff verbraucht. Der Teich sollte einige Sonnenstunden pro Tag bekommen, damit das Pflanzenwachstum angeregt wird.
Der Garten wird durch die Anlage eines Teiches um ein Vielfaches reicher, nicht nur weil wir für das Wasser typische Tiere und Pflanzen beobachten können, sondern gleichzeitig Helfer zur Schädlingsbekämpfung (Nützlinge) im Garten halten. Stellt sich zum Beispiel eine Kröte zur Laichzeit im Gartenteich ein, steht der **Schädling** Schnecke auch auf ihrem Speiseplan.

### Aufgaben

1. Welche Bedeutung kann ein Gartenteich für den Besitzer und für die Umwelt haben?
2. Was muß bei der Standortwahl und der Anlage eines Gartenteiches beachtet werden?
3. In welcher Teichzone sind die meisten Pflanzen beheimatet?
4. Fragen Sie Besitzer von Gartenteichen nach Beweggründen für die Anlage ihres Teiches.

## 2.3 Gärten – Kopie der Natur?

Wie ein Teppich bedecken Pflanzen in der Natur den Boden. Nur selten besteht die Pflanzendecke aus einer einzigen Pflanzenart, vielmehr vereinigen sich unterschiedliche Arten zu **Pflanzengesellschaften.** Deren Zusammensetzung ist nicht zufällig. Die **Standortbedingungen** bestimmen, welche Pflanzen sich ansiedeln und standorttypische Gesellschaften bilden. Z. B. wachsen Seerosen nur im Süßwasser und dort am liebsten bei ca. 1 m Wassertiefe. Sie bilden zusammen mit der gelben Teichrose und einigen weiteren Arten die Gesellschaft der Schwimmblattpflanzen. An diesen Standort sind sie so gut angepaßt, daß sie alle anderen Pflanzen verdrängen. Wie die Schwimmblattpflanzen gibt es eine Vielzahl weiterer Pflanzengesellschaften wie z. B. Eichen/Buchenwälder oder Löwenzahnwiesen. Auch sie sind aufgrund standortgemäßer Eigenschaften anderen Pflanzen überlegen.

In unseren Gärten können wir ebenfalls das „Sichdurchsetzen“ standortgemäßer Pflanzen beobachten. Diese Pflanzen sind die sogenannten **Unkräuter** – besser sollten sie **Wildkräuter** genannt werden. Unerwünschten Wildkräutern, die sich gegenüber unseren Zier- und Nutzpflanzen durchsetzen würden, müssen wir daher mit verschiedenen Mitteln zu Leibe rücken. Wenn wir bei der Auswahl unserer Pflanzen deren Standortgemäßheit berücksichtigen und insgesamt bei der Anlage eines Gartens eine möglichst naturnahe Gestaltung wählen, haben wir den geringsten Pflegeaufwand.

A

B

C

*Abb. 1 Vegetationsschema: A einer Naturlandschaft*
*B eines naturnahen Gartens*
*C eines herkömmlichen Gartens*

## Aufgaben

1. Vergleichen Sie Abb. 1A bis C miteinander. Welche Unterschiede und Gemeinsamkeiten erkennen Sie?
2. Welche wesentlichen Unterschiede erkennen Sie zwischen dem naturnahen und dem herkömmlichen Garten? Welcher der beiden Gärten verlangt einen höheren Pflegeaufwand?
3. Erklären Sie den Begriff Ökosystem am Beispiel der Nahrungskette in einem Teich (s. S. 29).

## Kleines Ökologie-Lexikon

**Biotop:** der Lebensraum, der Wohnort einer Art

**Biozönose:** Lebensgemeinschaft verschiedener Tier- und Pflanzenarten

**Konsumenten:** Lebewesen, die sich von tierischen oder pflanzlichen Bestandteilen ernähren.

Pflanzenfresser:
Konsumenten 1. Ordnung
Fleischfresser:
Konsumenten 2. Ordnung

**Ökologie:** Lehre von den Wechselbeziehungen zwischen den Lebewesen sowie zwischen ihnen und ihrer Umwelt

**Ökosystem:** die Lebensgemeinschaft von Tieren, Pflanzen (und Menschen) innerhalb eines Biotops

**Pflanzengesellschaft:** Pflanzen, denen die Ansprüche an den Standort, d. h. an Klima und Boden, gemeinsam sind

**Produzenten:** Pflanzen, die Nährsalze (anorganische Stoffe) aufnehmen und diese in Nährstoffe (organische Stoffe) für pflanzenfressende Lebewesen umwandeln

**Reduzenten:** Kleinstlebewesen (Mikroorganismen), die Tierkadaver und abgestorbene Pflanzenreste zu Humus und Nährsalzen umwandeln

**Standort:** die Gesamtheit der Einflüsse, die auf ein Lebewesen oder eine Gemeinschaft von Lebewesen einwirken. Das Klima, der Boden und die Oberflächenformen sind damit gemeint. Die Einflüsse, die Lebewesen untereinander ausüben, gehören ebenfalls dazu

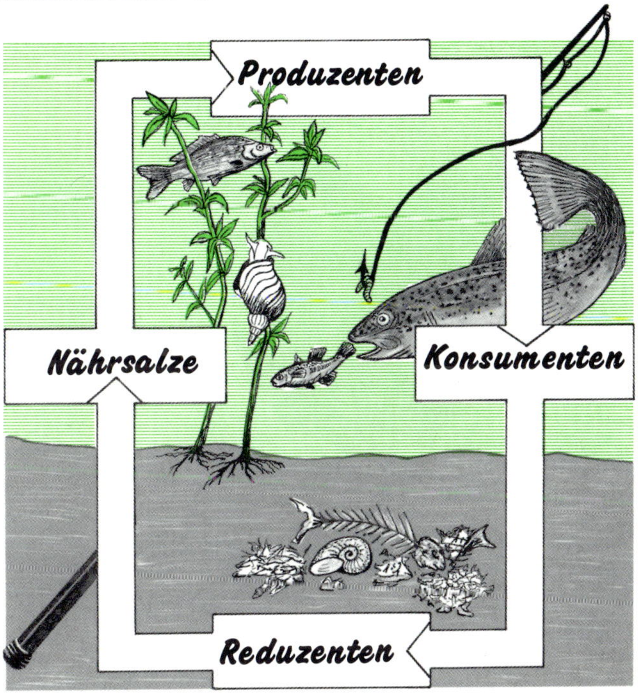


*Abb. 1 Nahrungskette im Ökosystem Teich*

### Exkurs: Nachbarrecht

Die überhängenden Äste, der knatternde Rasenmäher oder die schattenwerfende, hohe Hecke vom Nachbargrundstück lösen immer wieder Streitigkeiten aus. Diese und ähnliche Probleme werden im Nachbarschaftsrecht, das in den einzelnen Bundesländern unterschiedlich gehandhabt wird, geregelt. (Erkundigung bei Stadt- und Gemeindeverwaltungen)
Einige allgemeinverbindliche Regelungen enthält das Bürgerliche Gesetzbuch (BGB).

Aus dem BGB
§ 910 **Überhang.** Der Eigentümer eines Grundstücks kann Wurzeln eines Baumes oder eines Strauches, die von einem Nachbargrundstück eingedrungen sind, abschneiden und behalten. Das gleiche gilt bei herüberragenden Zweigen, wenn der Eigentümer dem Besitzer des Nachbargrundstückes eine angemessene Frist zur Beseitigung bestimmt hat und die Beseitigung nicht innerhalb der Frist erfolgt. Dem Eigentümer steht dieses Recht nicht zu, wenn die Wurzeln oder die Zweige die Benutzung des Grundstückes nicht beeinträchtigen.
§ 911 **Überfall.** Früchte, die von einem Baum oder einem Strauch auf ein Nachbargrundstück hinüberfallen, gelten als Früchte dieses Grundstückes.

# 3 Der Nutzgarten

## 3.1 Der Gemüsegarten

### 3.1.1 Aussaat, Keimung und Pflanzung

*Abb. 1 Lebenszyklus einer Brokkolipflanze*

*Tomate* *Paprika* *Kürbis* *Gurke*

*Abb. 2 Samengewinnung*

## Aufgaben

1. Beschreiben Sie den Lebenszyklus einer Brokkolipflanze. Beginnen Sie mit der Aussaat. Ziehen Sie dazu Abb. 1 heran.
2. Aus welchem Bestandteil der Pflanze wird der Brokkoli-Samen gewonnen?
3. Legen Sie eine Samensammlung der wichtigsten Gemüsepflanzen an. Verwenden sie dabei folgendes Schema:

| Samen | Name | Aussaatzeit | Erntezeit |
|---|---|---|---|
| | Palerbse | ab III | ab VI |

(Benutzen Sie dazu das Gemüselexikon von Seite 54 bis 67!)

*Abb. 1  Die guten ins Töpfchen, die schlechten ins Kröpfchen*

*Abb. 2  Keins ist wie das andere*

*Abb. 3  Samen in unterschiedlichen Angebotsformen*

Eine interessante Aufgabe ist die Samengewinnung von eigenen Pflanzen. Da dies für viele Gartenpflanzen gleichermaßen schwierig wie aufwendig ist, wird in der Regel auf das im Handel angebotene Saatgut zurückgegriffen.
Saatgut gibt es in den verschiedensten Formen, Größen und Farben (Abb. 2). Der Handel bietet unterschiedlich aufbereitete Sämereien an:

**Samen aus der Tüte**
Verpackung in Papier- oder Keimschutztüten; preiswerteste und gebräuchlichste Handelsform.

**Samen vom Band**
Samenkörner in Papiervlies gehüllt; Pflanzabstand daher bereits vorgegeben und kein Vereinzeln der Pflanzen nötig; Papierhülle wird im Boden zu Humus zersetzt.

**Samen in der Pille**
Saatkörner sind durch Ton- oder Torfschicht geschützt; die Pillen sind leicht einzeln auszusäen; das Vereinzeln der Pflanzen entfällt daher.

**Samen am Stäbchen**
Durch Markierung ist die Saattiefe vorgegeben.

| Reihensaat | Lochsaat, Dibbelsaat | Breitsaat |
|---|---|---|
| Küchenkräuter und Gemüse | Gemüse | Küchenkräuter und Gemüse |
| Bohnenkraut, Dill, Karotten, Majoran, Mangold, Möhren, Petersilie, Pflücksalat, Radieschen, Rettich, Rote Rübe, Schwarzwurzel, Sellerie, Zwiebel | Buschbohnen, Erbsen, Große Bohnen, Gurken, Kapuzinerkresse, Kürbis, Mais, Stangenbohnen | Bohnenkraut, Dill, Gartenkresse, Gründüngung, Majoran, Radieschen, Spinat |
| Vorteil | | |
| Bodenbearbeitung und Wildkrautbekämpfung wird erleichtert | kein Vereinzeln der Pflanzen notwendig, da Pflanzabstände von vornherein bestimmt werden können, erleichtert den Keimlingen das Durchstoßen der Erdschicht | gute Platzausnutzung, rasche Durchführung (wird bevorzugt, wenn Sämlinge nach wenigen Tagen pikiert oder gepflanzt werden) |

*Abb. 1 Aussaatformen und Gemüsearten*

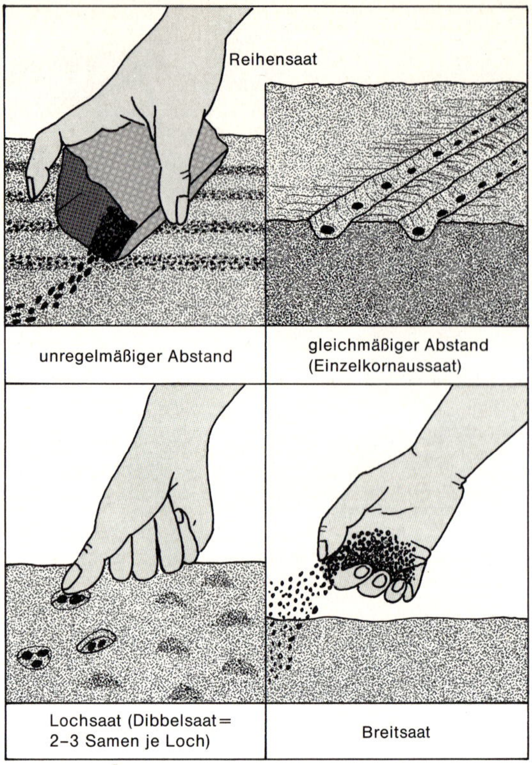


*Abb. 2 Verschiedene Aussaatformen*

| Gemüseart | Gramm je m² |
|---|---|
| Feldsalat | 1,5 – 2 |
| Spinat | 4 – 6 |
| Möhren | 0,5 – 1 |
| Schwarzwurzeln | 1 |
| Stangenbohnen | 8 – 15 |
| Dicke Bohnen | 20 – 25 |
| Erbsen | 20 – 30 |
| Gurken | 0,5 – 1 |
| Buschbohnen | 10 – 15 |
| Radieschen | 6 – 10 |
| Pflücksalat | 1,5 |

*Abb. 3 Saatgutmenge für einige Gemüsearten*

### Was ist was?

**Beizen:** Mit chemischen und pflanzlichen Mitteln werden Samen behandelt, um sie vor Schädlingen und Krankheiten zu schützen. Beizmittel gibt es in flüssig und als Pulver.

**Bodenschluß:** Der Kontakt des Samens mit dem Boden. Der für die Keimung notwendige Kontakt wird durch Andrücken oder Gießen erreicht.

**Markiersaat:** Einige Samen (z. B. die der Zwiebel) haben eine lange Keimdauer. Wildkräuter lassen sich jedoch nicht soviel Zeit. Um die Saatreihe dennoch erkennen zu können, wird schnell keimender Samen (z. B. von Radieschen) zur Aussaat hinzugegeben. Hierdurch ist eine Markierung der Saat gegeben.

**Saattiefe:** Sehr feines Saatgut sollte lediglich auf der geglätteten Aussaaterde leicht angedrückt werden (Bodenschluß). Für größeres Saatgut schwankt die Aussaattiefe je nach Größe des Saatgutes. Faustregel: Tiefe = dreifache Kornstärke.

## Aufgaben

1. Worauf ist bei der Aussaat zu achten?
2. Führen Sie einen Preisvergleich der verschiedenen Angebotsformen von Samen (Möhre, Zwiebel, Porree) durch.
3. Berechnen Sie den Samenbedarf für 10 m² Möhrenanbau, 4 m² Feldsalat und 15 m² Stangenbohnen.

*Abb. 1 Feuerbohnensamen*

### In jedem Samen steckt eine neue Pflanze

In jedem Samen verbirgt sich ein kleines lebendes (!) Pflänzchen **(Embryo** oder **Keimling** genannt). Es befindet sich in einer Art Tiefschlaf. Kommt der Samen mit Wasser in Berührung, quillt er. Dabei wird der Druck im Samen so groß, daß die Samenschale platzt. Jetzt kann der im Samen enthaltene Embryo sein unterbrochenes Wachstum wieder aufnehmen (= **Keimung** des Samens). Um jedoch an die Erdoberfläche zu gelangen, bedarf es einer großen Kraftanstrengung. Die Mutterpflanze hat jedoch dafür gesorgt, daß sich **im Samen auch Nährstoffe befinden.** Aus diesen schöpft das kleine Pflänzchen die Energie, die es zum Durchwachsen des Bodens benötigt. Diese Nährstoffe, von denen der ruhende Embryo mehrere Jahre zehren kann, werden während des Keimungsprozesses in wenigen Tagen verbraucht. Sobald sich die Keimblätter über dem Erdboden befinden, entfalten sie sich und werden grün. Mit Hilfe dieser grünen Blätter kann das kleine Pflänzchen die zum Leben notwendigen Nährstoffe nun selbst herstellen. Damit ist der Keimvorgang beendet! Wenn der **Keimling** die ersten Laubblätter gebildet hat, braucht er die Keimblätter nicht mehr. Sie verfärben sich, vertrocknen und fallen ab.

### Aufgaben

1. Nennen Sie die Bestandteile des Samens (3) und des Embryos (3).
2. Beschreiben Sie die Keimung einer Buschbohne (Abb. 2).
3. Erklären Sie, warum Saatgut mit zunehmendem Alter an Keimfähigkeit verliert und warum es kühl und trocken gelagert werden muß.
4. Bei manchen Pflanzenarten gelangen die Keimblätter nicht an die Erdoberfläche, sondern verbleiben im Boden (Abb. 3).
   a) Welche Aufgaben haben die Keimblätter dann?
   b) Wann ist bei diesen Pflanzen der Keimvorgang beendet?

*Abb. 2 Keimung einer Buschbohne*

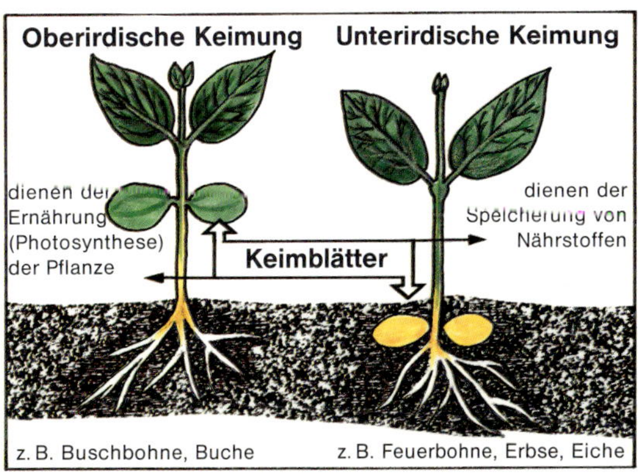


*Abb. 3 Oberirdische und unterirdische Keimung*

## Versuche zur Keimung

*Versuchsfrage:* Was braucht der Samen zur Keimung?

### Versuch 1

*Versuchsdurchführung:*

- 50 Erbsensamen, davon 40 in Wasser einlegen, bis sie gequollen sind.
- 5 Petrischalen mit den Buchstaben A bis E beschriften.
- Pro Petrischale jeweils 10 Erbsensamen auslegen. Gegen Verdunstung sollten die Petrischalen mit Glas abgedeckt werden.

*Versuchsanordnung:*

A

Ungequollene Erbsensamen auf trockene Watte auslegen

B

Gequollene Erbsensamen auf trockene Watte auslegen

C

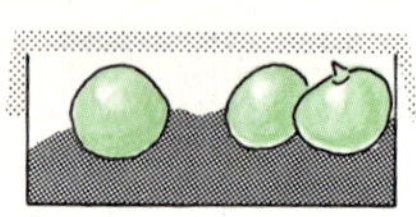

Gequollene Erbsensamen auf feuchter Watte auslegen

D

Gequollene Erbsensamen auf feuchter Watte auslegen. Mit Karton abdecken

E

Gequollene Erbsensamen mit Wasser bedecken (Luftabschluß)

*Aufgabe:*

Beobachten Sie die Keimung der Erbsensamen vom 2. bis zum 10. Tag. Halten Sie Ihre Beobachtungen in einem Protokollbogen fest.

*Protokollbogen*

| | Gefäß | | | | | Sonstige Bemerkungen |
|---|---|---|---|---|---|---|
| | A | B | C | D | E | |
| 1. Tag | | | | | | |
| 2. Tag | | | | | | |
| 3. Tag | | | | | | |
| 4. Tag | | | | | | |
| 5. Tag | | | | | | |
| 6. Tag | | | | | | |
| 7. Tag | | | | | | |
| 8. Tag | | | | | | |
| 9. Tag | | | | | | |
| 10. Tag | | | | | | |

Anzahl der gekeimten Samen

### Versuch 2

*Versuchsdurchführung:*

- 20 gequollene Erbsensamen.
- 2 Petrischalen mit den Buchstaben A und B beschriften.
- Pro Petrischale je 10 Erbsensamen auslegen und in den Kühlschrank, bzw. auf die Fensterbank stellen.

*Aufgabe:*

Zählen Sie nach 7 Tagen in beiden Petrischalen die gekeimten Samen aus. Vergleichen Sie die Ergebnisse.

**Einfluß der Temperatur auf die Keimung**

Wie bei Versuch 2 erkennbar war, hat die Temperatur einen entscheidenden Einfluß auf die Keimung. Es gibt Samen, denen schon eine relativ niedrige Temperatur genügt; andere Samen, wie z. B. Gurken oder Tomaten, benötigen Temperaturen über 15 °C. Dies erklärt auch, daß einige Samen erst nach den Eisheiligen (15. Mai), wenn keine kalten Temperaturen mehr zu erwarten sind, im Freien ausgesät werden können.

**Aufgabe**

Nennen Sie je vier Gemüsearten, deren Samen bei der Keimung mit niedrigeren Temperaturen auskommen bzw. höhere Temperaturen benötigen. (Orientieren Sie sich an den Aussaatterminen im Gemüselexikon.)

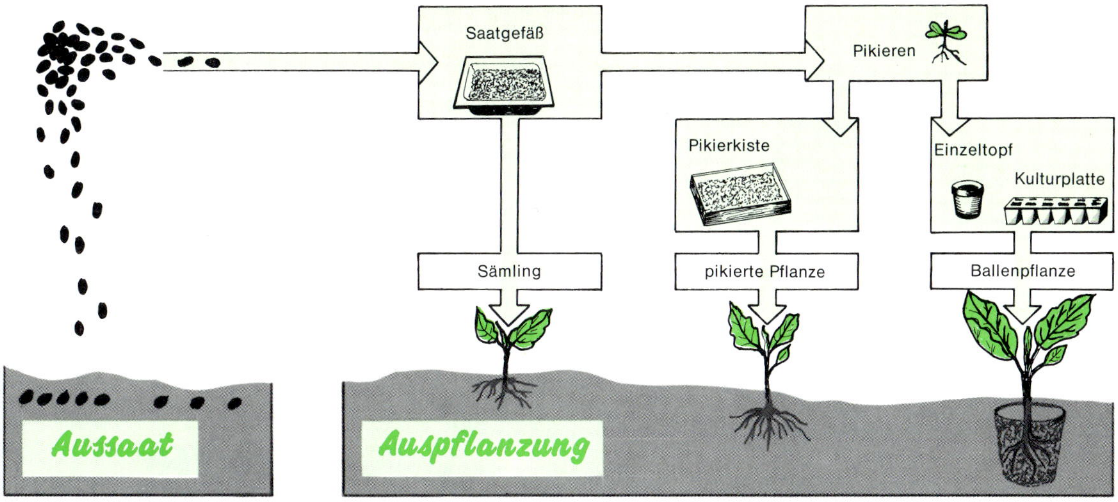


*Abb. 1 Verschiedene Anzuchtmöglichkeiten aus Samen*

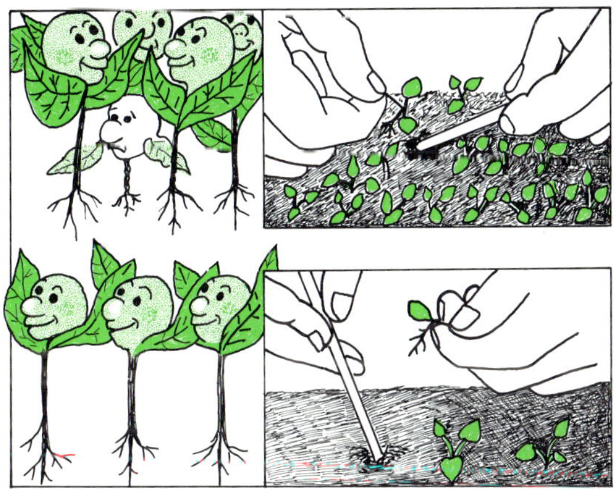

*Abb. 2 Pikiervorgang*

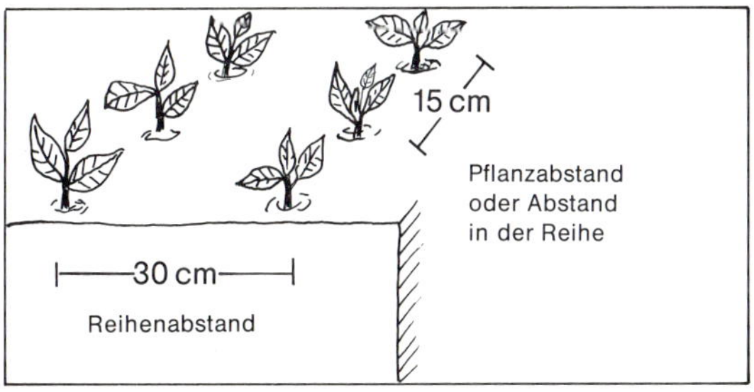


*Abb. 3 Pflanz-, Reihenabstand*

**Erst pikieren, dann pflanzen**

Ein Samenkorn ist gekeimt. Mühsam hat sich der Keimling seinen Weg durch das Erdreich an die Erdoberfläche gebahnt. Keim- und Laubblätter bekommen jetzt Tageslicht. Der junge Sämling ist jedoch nicht allein. Er gehört zu den Spätzündern und mußte sich daher an vielen anderen Sämlingen vorbeidrängen. Er hat kaum Platz, sich zu entfalten, weil ihm die Wurzeln und Keimblätter seiner Nachbarn bereits „auf den Pelz" rücken. Doch plötzlich bekommt er Platz. Links und rechts neben ihm werden die anderen Sämlinge aus der Erde herausgenommen, bis auch er an die Reihe kommt. Nach einem kurzen Luftweg wird er 5 cm neben einem anderen Sämling in die Erde einer Pikierkiste gepflanzt. Er ist jetzt **„pikiert"** und fühlt sich viel wohler, weil er genügend Platz zum Wachsen hat: 3 Wochen später hat sich unser Sämling zu einer Jungpflanze entwickelt. Jetzt wird er mit seinem Wurzelballen aus der Pikierkiste herausgenommen und im richtigen **Pflanzabstand** ins Freiland gepflanzt (Abb. 3).

Aussäen und Pikieren kann nicht nur in Töpfen und Schalen, sondern auch im Freiland stattfinden. Es müssen jedoch nicht alle Sämlinge pikiert werden. Bei vielen ist auch eine Direktaussaat möglich. Hierzu gehören z. B. folgende

**Gemüsearten:** Bohnen, Fenchel, Erbsen, Möhren, Petersilie, Radieschen, Rettich, Salat, Schwarzwurzeln

**Sommerblumen:** Godetien, Goldmohn, Kapuzinerkresse, Ringelblumen, Sonnenblumen

## Aufgaben

1. Erklären Sie den Begriff „Pikieren".
2. Überlegen Sie, welche Vor- und Nachteile das Pikieren im Vergleich zur Direktaussaat hat.
3. Berechnen Sie den Flächenbedarf für 50 Porreepflanzen und 30 Kopfsalatpflanzen (Pflanz- und Reihenabstand siehe Gemüselexikon).

## 3.1.2 Fruchtfolge – ein Mittel gegen Bodenmüdigkeit

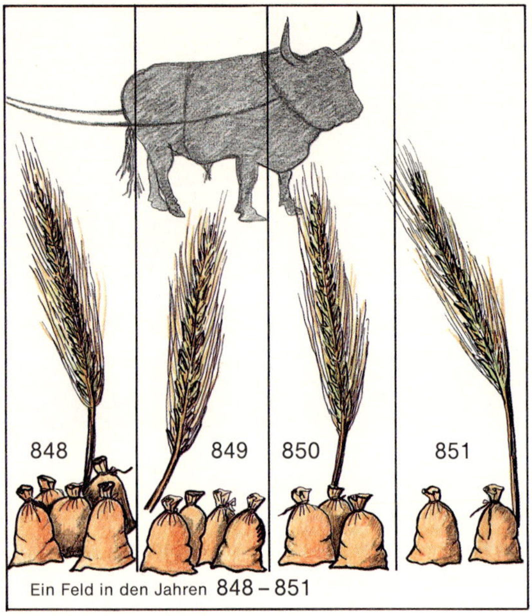


*Abb. 1 Einfelderwirtschaft*

*Abb. 2 Fruchtfolge*

In schlechten Jahren mußte die Familie hungern. Auch in guten Jahren reichte die Ernte gerade aus, um satt zu werden. Vor einigen hundert Jahren bestellten die Bauern ihre Felder immer wieder mit der gleichen Frucht, sie betrieben eine Einfelderwirtschaft (Abb. 1). Da jede Pflanze ihren speziellen Nährstoffbedarf hat, wurden dem Boden über einen längeren Zeitraum immer wieder dieselben Nährstoffe entzogen (Abb. 3). Hinzu kam, daß sich Ausscheidungen der Wurzeln im Boden sammelten. Diese wirkten wachstumshemmend auf die nachfolgenden Pflanzen der gleichen Art. Gleichzeitig konnten sich im Boden Schädlinge, die auf eine Pflanze spezialisiert sind, vermehren. Einseitiger Nährstoffentzug, Wurzelausscheidungen und Schädlinge führten zur sogenannten **Bodenmüdigkeit.** Die Folge waren ständig abnehmende Ernteerträge.

Nach und nach erkannten die Bauern, daß ihre Ernten besser ausfielen, wenn sie jedes Jahr eine andere Frucht auf demselben Feld anbauten. Die im Boden vorhandenen Nährstoffe wurden jetzt besser genutzt. Außerdem waren die Wurzelausscheidungen der im Jahr zuvor angebauten Pflanze für die Folgepflanze nicht schädlich. Der über mehrere Jahre eingehaltene wechselnde Anbau von Nutzpflanzen wird **Fruchtfolge** oder Fruchtwechsel genannt. Trotzdem nahmen die Erträge im Laufe mehrerer Jahre ab, weil auch jetzt dem Boden mehr Nährstoffe entzogen wurden als neu hinzukamen. So wurde nach 2 bis 3 Anbaujahren ein Jahr eingeschoben, in dem der Acker unbestellt blieb. Diesen unbestellten Zustand nennt man **Brache.** Statt des Brachejahres wurden dann auch Grünpflanzen wie Lupine, Klee oder Raps ausgesät. Diese Grünpflanzen wurden jedoch nicht geerntet, sondern blieben auf dem Acker und wurden im Boden zu Nährstoffen umgewandelt **(= Gründüngung).** Diese Maßnahmen zur Nährstoffanreicherung verbesserten die Ernteerträge.

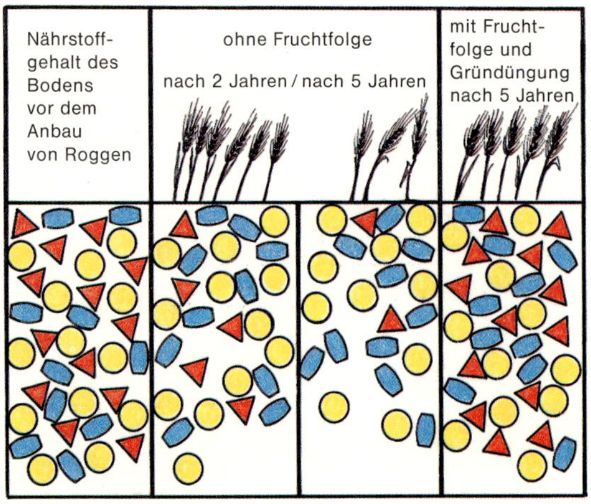


*Abb. 3 Nährstoffe im Boden bei unterschiedlichem Anbau*

### Aufgabe

Erklären Sie die Begriffe Bodenmüdigkeit, Brache, Fruchtfolge und Gründüngung.

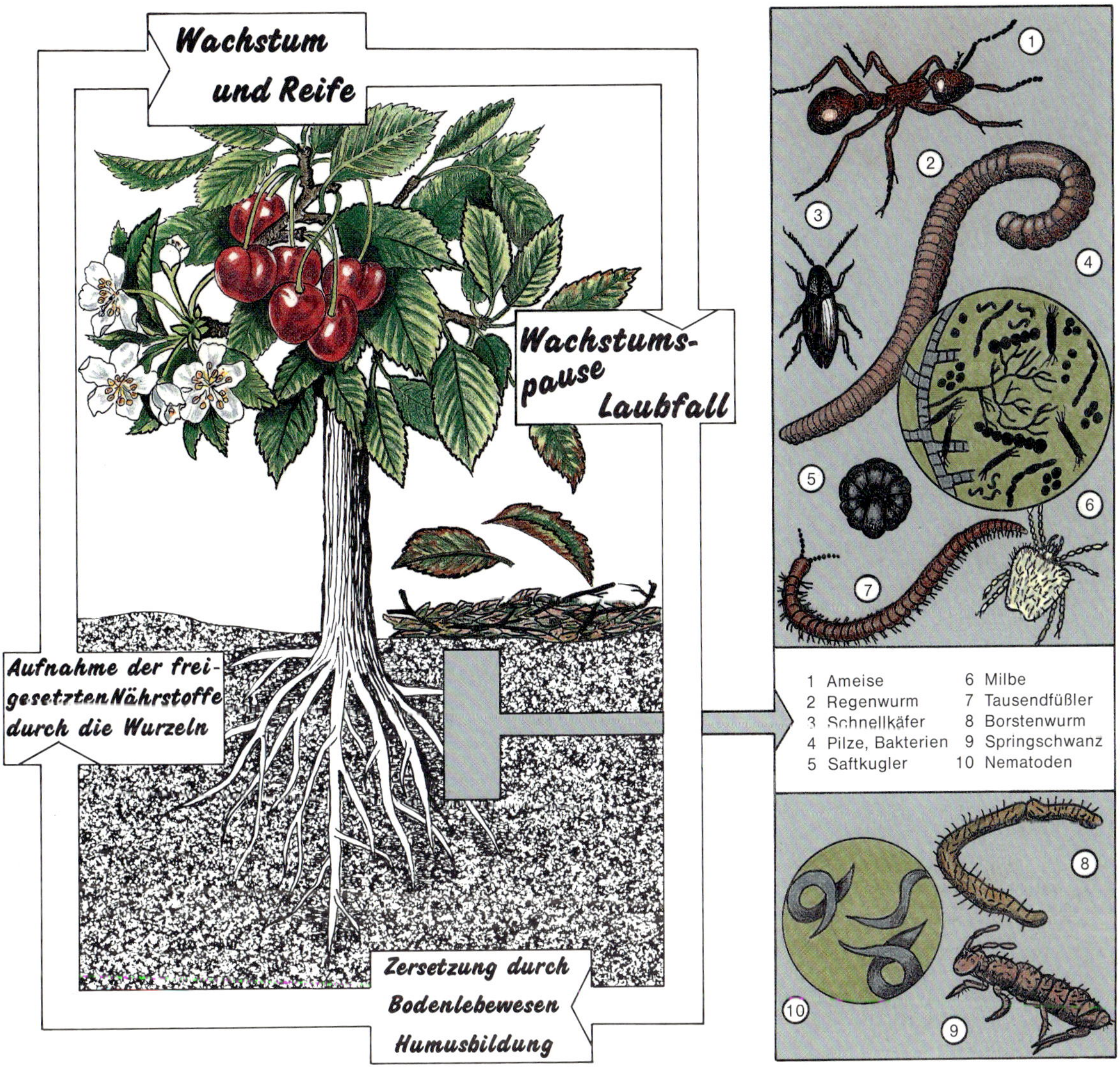


*Abb. 1 Bodenlebewesen erhalten die natürliche Bodenfruchtbarkeit*

Zum Schutz gegen Krankheiten und für ein gutes Wachstum von Pflanzen ist eine ausreichende **Versorgung mit Nährstoffen** nötig. Unzählige **Bodenlebewesen** ersetzen die Nährstoffe, die dem Boden durch Pflanzen entzogen werden, durch Zersetzung tierischer und pflanzlicher Reste (z. B. Tierleichen, Äste, Blätter und Wurzeln). „Tatort“ dieser zersetzenden Aktivität sind die oberen Schichten des Bodens. Hier beginnt ein grober Abbau durch Kleintiere wie Würmer, Asseln und Tausendfüßler. Durch die Arbeit unzähliger Mikroorganismen (Pilze, Bakterien, Algen) erfolgt die feinere Zersetzung zu **Humus** (organisch) und **Nährstoffen** (anorganisch). Diese Nährstoffe werden dann wiederum von den Pflanzenwurzeln aufgenommen und der Pflanze zugeführt. Durch die Aufrechterhaltung dieses natürlichen **Nährstoffkreislaufs** wird Nährstoffmangel verhindert.

Die Anzahl der Bodenlebewesen wird auch durch die Auswahl des Düngers entscheidend mitbestimmt. Bei entsprechenden Untersuchungen wurden in mineralisch gedüngten Böden 20 Würmer pro $m^3$, in organisch gedüngten über 100 Würmer pro $m^3$ gefunden.

## Aufgaben

1. Beschreiben Sie den Nährstoffkreislauf in der Abb. 1.
2. Warum ist das Bodenleben für die Nährstoffversorgung der Pflanzen so wichtig?

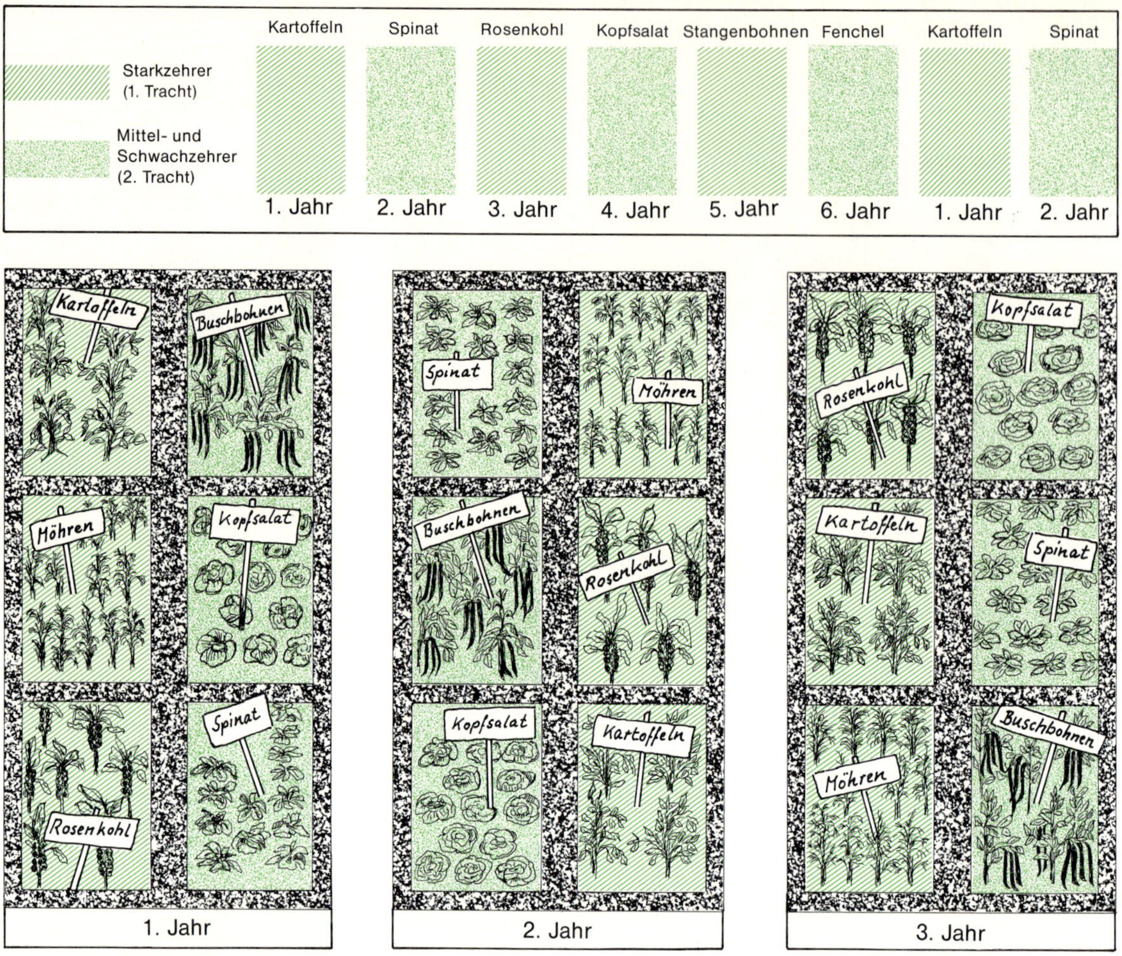


*Abb. 1 Fruchtfolgeplan*

Wie im Ackerbau wird auch im Gartenbau auf eine Fruchtfolge geachtet. Dazu ist die Einteilung des Gartens in mindestens zwei Trachten erforderlich. Die **1. Tracht** ist stark gedüngt, die **2. Tracht** ist zuletzt im Vorjahr gedüngt worden. Dieses wird deshalb gemacht, um den unterschiedlichen Nährstoffansprüchen der Pflanzen gerecht zu werden. Gemüsepflanzen, die große Mengen von Nährstoffen benötigen – sogenannte **Starkzehrer** –, werden nämlich auf der 1. Tracht angebaut. **Mittel- und Schwachzehrer,** die geringere Nährstoffansprüche an den Boden stellen, werden auf der 2. Tracht gepflanzt. Diese 2. Tracht wird im nächsten Jahr frisch gedüngt und damit zur 1. Tracht (für Starkzehrer). Die 1. Tracht wird demnach im nächsten Jahr zur 2. Tracht (für Mittel- und Schwachzehrer). Damit eine Tracht viele verschiedene Gemüsearten aufnehmen kann, ist sie in mehrere **Beete** aufgeteilt (Abb. 1). Auf demselben Beet darf jedoch erst im 7. Jahr wieder dieselbe Frucht angebaut werden (7jähriger **Fruchtfolgeplan).** Es gibt auch Fruchtfolgepläne, bei denen der Rhythmus kürzer ist (z.B. 3jähriger Fruchtfolgeplan).

| Starkzehrer | Mittelzehrer | Schwachzehrer |
|---|---|---|
| Chicorée | Endivien | Buschbohnen |
| Bohnen | Fenchel | Erbsen |
| Frühkartoffeln | Gurken | Feldsalat |
| Kartoffeln | Kohlrabi | Kräuter |
| Kohlarten | Kopfsalat | Kresse |
| Möhren | Krachsalat | Radieschen |
| Porree | Paprika | |
| Rote Bete | Pastinaken | |
| Sellerie | Petersilie | |
| Spargel | Rettich | |
| Tomaten | Schwarzwurzeln | |
| Zucchini | Schnittlauch | |
| Zwiebeln | Spinat | |

*Abb. 2 Einige Stark-, Mittel- und Schwachzehrer*

## Aufgaben

1. Warum wird der Garten in verschiedene Trachten eingeteilt?
2. Erstellen Sie einen Fruchtfolgeplan über 7 Jahre (je Tracht 5 Beete) mit Gemüsearten Ihrer Wahl (Ziehen Sie dazu Abb. 2 heran).

## 3.1.3 Kulturfolge erlaubt mehrmaliges Ernten im Jahr

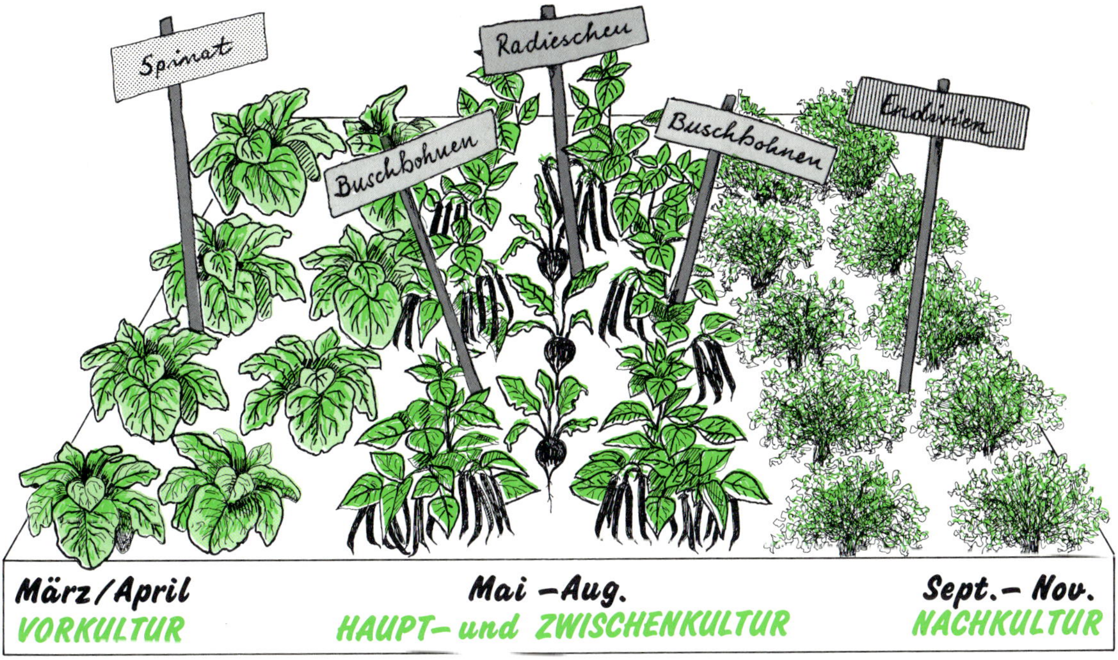


*Abb. 1 Ein Beet*

Um eine Gartenfläche das Jahr über mehrmals zu nutzen, werden verschiedene Gemüsearten nacheinander angebaut. Die fast ständige Bedeckung mit Pflanzen hat noch folgende Vorteile: Austrocknung und Verwehung des Bodens durch Sonne und Wind werden verhindert. Übermäßiger Unkrautbewuchs tritt nicht auf. Niederschläge waschen keine Nährstoffe aus bzw. verschlämmen nicht den Boden.
Die Abfolge mehrerer Gemüsearten in einem Jahr nennt man **Kulturfolge**; diese läßt sich mittels Vor-, Haupt-, Zwischen- und Nachkulturen durchführen.

**Vorkulturen** sind schnellwachsende Pflanzen, die ab März/April den Platz vor einer Hauptkultur nutzen.
Nach der **Hauptkultur** richtet sich die Auswahl der Pflanzen für die Vor-, Zwischen- und Nachkultur, da die Hauptkultur die längste Wachstumsperiode einnimmt. Die Eisheiligen (15. Mai) sind ein wichtiger Termin für frostempfindliche Hauptkulturen; sie sollten erst nach diesem Datum gepflanzt werden. Einige frostunempfindliche Hauptkulturen können bereits ab März in das Freiland gepflanzt werden. Wintergemüse, das als Hauptkultur gepflanzt werden soll, wird erst Ende Mai ins Beet gebracht und im Winter geerntet. In diesem Fall bleibt das Beet ohne Nachkultur.

**Zwischenkulturen** sind wie Vorkulturen schnellwachsende Pflanzen, die den Platz zwischen oder neben den Reihen der Hauptkultur zusätzlich nutzen und vor der Hauptkultur geerntet werden.

**Nachkulturen** sind schnellwachsende Pflanzen, die ab Juli bis September einer Hauptkultur folgen können.
Eine Kulturfolge kann auch aus einer Vor- und Hauptkultur oder einer Haupt- und Nachkultur bestehen. Die Auswahl der Pflanzen für die Bestellung der Beete sollte möglichst in einem dafür anzulegenden Gartenbuch festgehalten werden. Erst hierdurch läßt sich die Einhaltung der Frucht- und Kulturfolgen gewährleisten.

### Aufgaben

1. Erklären Sie die Kulturfolge innerhalb eines Gartenjahres auf einem Beet. Ziehen Sie dazu Abb. 1 heran.
2. Erläutern Sie die Begriffe Vorkultur, Hauptkultur, Zwischenkultur und Nachkultur.
3. Welche Bedingungen sollten Pflanzen, die als Vor- und Nachkultur gepflanzt werden, erfüllen?
4. Warum richtet sich die Kulturfolge nach der Hauptkultur?
5. Nennen Sie Vorteile der Kulturfolge.
6. Welches ist der wesentliche Unterschied zwischen einer Kulturfolge und einer Fruchtfolge?
7. Erstellen Sie für 2 Beete einen Kulturfolgeplan. Ziehen Sie für die Pflanzzeiten das Gemüselexikon heran (S. 54 bis 67).

| | | | | | | | |
|---|---|---|---|---|---|---|---|
| Vorkultur | Starkzehrer | Frühkartoffeln | | Frühmöhren | | | |
| | Mittel- und Schwachzehrer | Kohlrabi | Spinat | Petersilie | Kopfsalat | Radieschen | Kresse |
| Hauptkultur | Starkzehrer | Mais | Tomaten | Möhren | Sellerie | Stangenbohnen | Kartoffeln |
| | | Blumenkohl | Zwiebeln | Chicoree | Rotkohl | Weißkohl | |
| | Mittel- und Schwachzehrer | Gurken | Buschbohnen | Schwarzwurzeln | Fenchel | | |
| Nachkultur | Starkzehrer | Grünkohl | Rosenkohl | Chinakohl | Blumenkohl | Porree | |
| | Mittel- und Schwachzehrer | Radieschen | Feldsalat | Kopfsalat | Endivie | | |
| Zwischenkultur | Starkzehrer | Rote Bete | | | | | |
| | Mittel- und Schwachzehrer | Kohlrabi | Spinat | Petersilie | Kresse | Kopfsalat | Radieschen |

vorgezogene Pflanzen     frostempfindliche Pflanzen

*Abb. 1 Einige Gemüsepflanzen für verschiedene Kulturen*

## Aufgabe

Familie Schmidt bestellt seit 2 Jahren ihren Nutzgarten. Sie hat zwei Beete bepflanzt. Das zweite Beet brachte in beiden Jahren gute Erträge. Mit den Erträgen des ersten Beetes waren sie dagegen nicht zufrieden. Welche Fehler wurden bei der Auswahl der Pflanzen für die Kulturfolge und Fruchtfolge gemacht?

*Abb. 2 Die beiden Beete der Familie Schmidt*

## 3.1.4 Mischkultur – nicht ganz einfach

A

B

*Abb. 1 (A, B) Mischkultur – Chaos im Garten?*

Jeder, der Zwischenkulturen anbaut, betreibt **Mischkultur,** da bereits Zwischenkultur und Hauptkultur eine einfache Form der Mischkultur darstellen (Abb. 2). Bei der ausgeprägten Mischkultur sind es bereits drei oder noch mehr Gemüsearten, die in Reihen versetzt nebeneinanderstehen. Das auf sorgfältig ausgerichtete Reihen trainierte Auge des Gartenliebhabers kann jedoch durchaus erschrecken, wenn es ein scheinbar wild gemischtes, manchmal sogar mit Blumen durchsetztes Gemüsebeet erblickt (Abb. 1). Was neben der „Unordnung" sofort ins Auge fällt, ist die dichte Bepflanzung. Die Reihenabstände sind nämlich geringer als bei herkömmlichem Anbau. Das Gartenland wird also intensiv genutzt. Rasenschnitt, Pflanzenreste oder Laub bedecken den Raum zwischen den Reihen, dabei entsteht wertvoller Humus. Diese ständige Bodenbedeckung ist der Natur abgeschaut. Auch dort verhindert ständig dichte Pflanzenbedeckung eine Austrocknung des Bodens sowie die Auswaschung von Nährstoffen. Im Garten vermeidet die dichte Bodenbedeckung zudem das üppige Wachstum von Wildkräutern. Durch den Wechsel verschiedener Pflanzen wird starkem Schädlingsbefall vorgebeugt.

*Abb. 2 Mischkultur mit Hauptkultur und Zwischenkultur*

*Abb. 3 Mischkultur mit 3 Gemüsearten und einer Blumenart*

### Aufgaben

1. Beschreiben Sie anhand der Abb. 1 bis Abb. 3 das Erscheinungsbild der Mischkultur.
2. Erklären Sie, wodurch bei Mischkulturen der Garten intensiver genutzt wird (Ziehen Sie dazu auch die Seite 42 heran).

*Abb. 1 Mischkultur mit Vor-, Haupt- und Nachkultur*

Die Planung für den Anbau von Mischkulturen sollte bereits in den Wintermonaten vorgenommen werden.

Bei der Anbauplanung müssen zunächst die Nährstoffansprüche der Pflanzen berücksichtigt werden:
Auf der 1. Tracht werden starkzehrende Kulturen angebaut. Würden hier auch Schwach- und Mittelzehrer angebaut, käme es zur Überdüngung. Auf der 2. Tracht werden schwachzehrende Kulturen angebaut. Sollen hier auch Stark- oder Mittelzehrer angebaut werden, müssen sie mit entsprechenden Kopfdüngungen versorgt werden. Soll z. B. Fenchel (Mittelzehrer) als Hauptkultur angebaut werden, geschieht dies auf der 2. Tracht (Abb. 1). Bevor die langsam wachsenden Fenchelpflanzen zum erntereifen Fenchel herangewachsen sind, reift neben ihnen eine schnellwachsende Vor- und Zwischenkultur, z. B. Kopfsalat, heran. Wenn der Fenchel größer wird und mehr Platz beansprucht, kann der Salat bereits geerntet werden. Der Platz für den später geernteten Fenchel wird durch eine Nachkultur, z. B. Endivien, genutzt.

Das Nebeneinander schnell und langsam wachsender Pflanzen ermöglicht einen Reihenabstand, der um ca. 20 % geringer ausfällt als bei herkömmlichem Anbau. Hierzu tragen folgende Gründe bei:

- die unterschiedlich langen Kulturzeiten nebeneinander wachsender Gemüsearten,
- sich im Blattbereich ergänzende Pflanzen. Die Pflanzabstände müssen so eng gewählt werden, daß eine Bodenbedeckung erreicht wird; sie müssen so weit gewählt werden, daß die Blätter nach Regenfällen oder Bewässerung wieder abtrocknen können,
- sich im Wurzelbereich ergänzende Pflanzen,
- unterschiedliche Nährstoffansprüche.

Die Auswahl der Pflanzen richtet sich aber auch nach günstigen Nachbarschaftsverhältnissen (s. S. 43). So sollten z. B. Gemüsearten der gleichen Familie (Korbblütler, Kreuzblütler usw.) nicht nebeneinander angebaut werden, da sie ähnliche Nährstoffansprüche haben. Außerdem sind sie häufig für die gleichen Schädlinge anfällig. Bei einem Nebeneinander verschiedener Pflanzenarten kommt es nicht zu einer massenhaften Ausbreitung eines Schädlings. Viele Schädlinge haben sich nämlich auf bestimmte Pflanzenarten oder Pflanzenfamilien spezialisiert. Zusätzlich können unterschiedliche Pflanzen Schädlinge von anderen Pflanzen fernhalten. So können Tagetes die Ausbreitung von Fadenwürmern oder Älchen (Nematoden) verhindern.

### Freundschaften und Feindschaften unter Pflanzen

Erfahrungen haben gezeigt, daß Zwiebeln und Knoblauch die Erdbeere vor Pilzbefall schützen können. Buschbohnen hemmen ihr eigenes Wachstum durch Wurzelausscheidungen, weil diese von der Buschbohne nicht vertragen werden. Die an den Wurzeln des Frühwirsingkohls lebenden Mikroorganismen machen die Wurzelausscheidungen der Buschbohne unschädlich. Wie diese Beispiele zeigen, gibt es Pflanzen, die sich gegenseitig begünstigen.

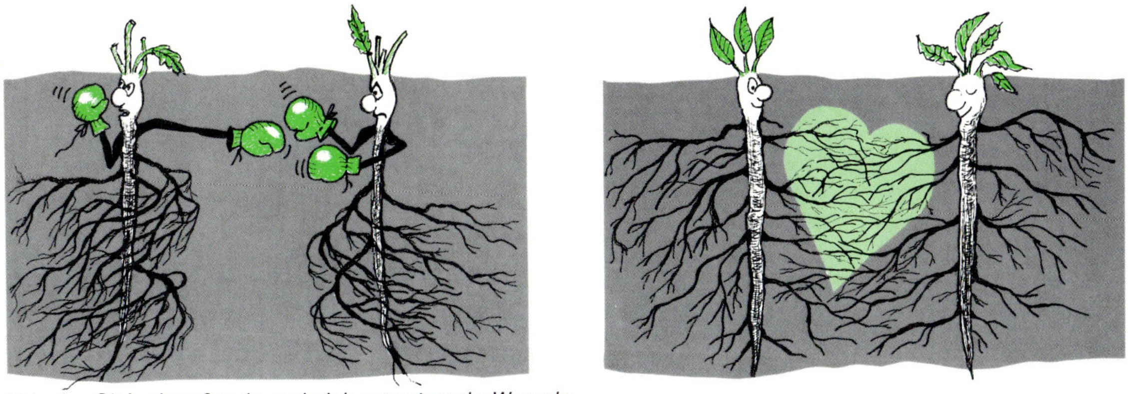

*Abb. 1 Sich abstoßende und sich vernetzende Wurzeln*

Dies ist darauf zurückzuführen, daß Pflanzen bestimmte Wirkstoffe abgeben, die das Wachstum anderer Pflanzen begünstigen können oder sogar Schädlinge von anderen Pflanzen fernhalten. Umgekehrt gibt es Pflanzen, die sich „nicht riechen" können.

| | Zwiebeln | Zucchini | Zichoriensalat | Tomaten | Stangenbohnen | Spinat | Spargel | Sellerie | Schwarzwurzeln | Salbei | Rhabarber | Rote Bete | Radi/Rettich | Pflücksalat | Pfefferminze | Petersilie | Obstbäume | Neuseel. Spinat | Meerrettich | Mangold | Mais | Lauch | Kopfsalat | Kohlrabi | Kohlgewächse | Knoblauch | Kartoffeln | Karotten/Möhren | Kamille | Gurken | Fenchel | Erdbeeren | Erbsen | Endivien | Dill | Buschbohnen |
|---|---|---|---|---|---|---|---|---|---|---|---|---|---|---|---|---|---|---|---|---|---|---|---|---|---|---|---|---|---|---|---|---|---|---|---|---|
| Buschbohnen | − | | | + | | | | + | | | + | + | + | + | | | | | | + | | − | + | + | + | − | + | | | + | − | + | − | | | − |
| Dill | + | | | | | | + | | | | | + | | + | | | | | | | | | + | | | | | + | | + | | | + | | | |
| Endivien | | | | | + | | | | | | | | | | | | | | | | | + | | | + | | | | | | + | | | | | |
| Erbsen | | | | − | − | | | | | | | | + | | | | | | | | | − | + | + | + | − | − | + | | | + | | | | + | |
| Erdbeeren | + | | | | | + | | | | | | + | + | | | + | | | | | | + | + | | + | + | | | | | | | | | | + |
| Fenchel | | | + | − | − | | | | | + | | | | + | | | | | | | | | + | | | | | | | + | | | + | + | | − |
| Gurken | + | | | | + | | + | | | | | + | − | | | | | | | | | | + | | + | + | | | | | + | | | | + | + |
| Kamille | + | | | | | | | | | | | | | | | | | | | | | | | | | | | | | | | | | | | |
| Karotten/Möhren | + | | + | + | | | | | + | | | | + | | | | | | | + | | + | | | | + | | | | | | | + | | + | |
| Kartoffeln | | | | − | | + | | − | | | | − | | | + | | | | + | | | | | + | − | | | | | | | | − | | + | + |
| Knoblauch | | | | + | − | | | | | | | + | | | | | + | | | | | | | | − | | | + | | + | | + | − | | | − |
| Kohlgewächse | − | | | + | + | + | | + | | | + | | + | + | | | | | | + | | + | + | | − | − | − | | | + | | + | + | + | | + |
| Kohlrabi | | | | + | + | + | + | + | + | | | + | + | | | | | | | | | + | + | | | | + | | | | | | + | | + | |
| Kopfsalat | + | | + | + | + | | + | | + | | + | | + | | + | − | | | | | + | + | | + | + | | | | | + | + | + | + | | + | + |
| Lauch | | | | + | − | | | + | + | | | − | | | | | | | | | | | + | + | + | | | + | | | | + | − | + | | − |
| Mais | | | | + | | | | − | | | | − | | | | | | | | | | | + | | | | | | | | | | | | | |
| Mangold | | | | | | | | | | | | | + | | | | | | | | | | | | + | | | + | | | | | | | | + |
| Meerrettich | | | | | | | | | | | | | | | | | + | | | | | | | | | | + | | | | | | | | | |
| Neuseel. Spinat | | | | + | | | | | | | | | | | | | + | | | | | | | | | | | | | | | | | | | |
| Obstbäume | | | | | | | | | | | | | | | | | | + | + | | | | | | | + | | | | | | | | | | |
| Petersilie | | | | + | | | | | | | | | + | | | | | | | | | | − | | | | | | | | | + | | | | |
| Pfefferminze | | | | + | | | | | | | | | | | | | | | | | | | + | | | | | + | | | | | | | | |
| Pflücksalat | | | | + | | | + | | + | | + | + | + | | | | | | | | | | | | + | | | | | | + | | | | + | + |
| Radi/Rettich | | | | + | + | + | | | | | | | | | | + | | + | | + | | | + | + | + | | | + | | − | | + | + | | | + |
| Rote Bete | + | | | | | | | | | | | | | + | | | | | | | − | − | | + | | + | − | | | + | | + | | | + | + |
| Rhabarber | | | | | | + | | | | | | | | + | | | | | | | | | + | | + | | | | | | | | | | | + |
| Salbei | | | | | | | | | | | | | | | | | | | | | | | | | | | | | | | + | | | | | |
| Schwarzwurzeln | + | | | | | | | | | | | | | + | | | | | | | | + | + | + | | | | + | | | | | | | | |
| Sellerie | | | | + | + | + | | − | | | | | | | | | | | | | − | + | + | + | + | | − | | | + | | | | | | + |
| Spargel | | | | | | | | | | | | | | + | | | | | | | | | + | + | | | | | | | | | | | + | |
| Spinat | | | | + | + | | | + | | | + | | + | | | | | | | | | | | + | + | | + | | | | | + | | | | |
| Stangenbohnen | − | + | + | | | + | | + | | | | | + | | | | | | | | | − | + | + | + | − | | | | + | − | | − | + | | |
| Tomaten | | | + | | | + | | + | | | | | + | + | + | + | | + | | | + | + | + | + | + | + | − | + | | | − | | − | | | + |
| Zichoriensalat | | | | + | + | | | | | | | | | | | | | | | | | | + | | | | | + | | | + | | | | | |
| Zucchini | + | | | | + | | | | | | | | | | | | | | | | | | | | | | | | | | | | | | | |
| Zwiebeln | | + | | | − | | | | + | | | + | | | | | | | | | | | + | | − | | | + | + | + | | + | | | + | − |

+ = günstig für Misch- und Nachbarschaftskulturen, − = ungünstig für Misch- und Nachbarschaftskulturen, Rest = neutral

*Abb. 2 Gute und schlechte Nachbarn*

*Abb. 1 Auf gute Nachbarschaft kommt es an*

## Aufgaben

1. Nennen Sie fünf Pflanzen, die gut zusammenpassen, und fünf Pflanzen, die nicht miteinander harmonieren. (s. S. 43, Abb. 2)
2. Was wurde falsch gemacht? (Ziehen Sie dazu Abb. 1 heran.)
   a) Die Möhren von Herrn Becker sind von der Möhrenfliege befallen worden.
   b) Die Blätter von Rettich und Radieschen wurden vom Erdfloh durchlöchert.
   c) Salat und Bohnen sind von Läusen befallen.
   d) Die Gurkenpflanzen vertrockneten, weil Mehltau die Blätter befallen hatte.

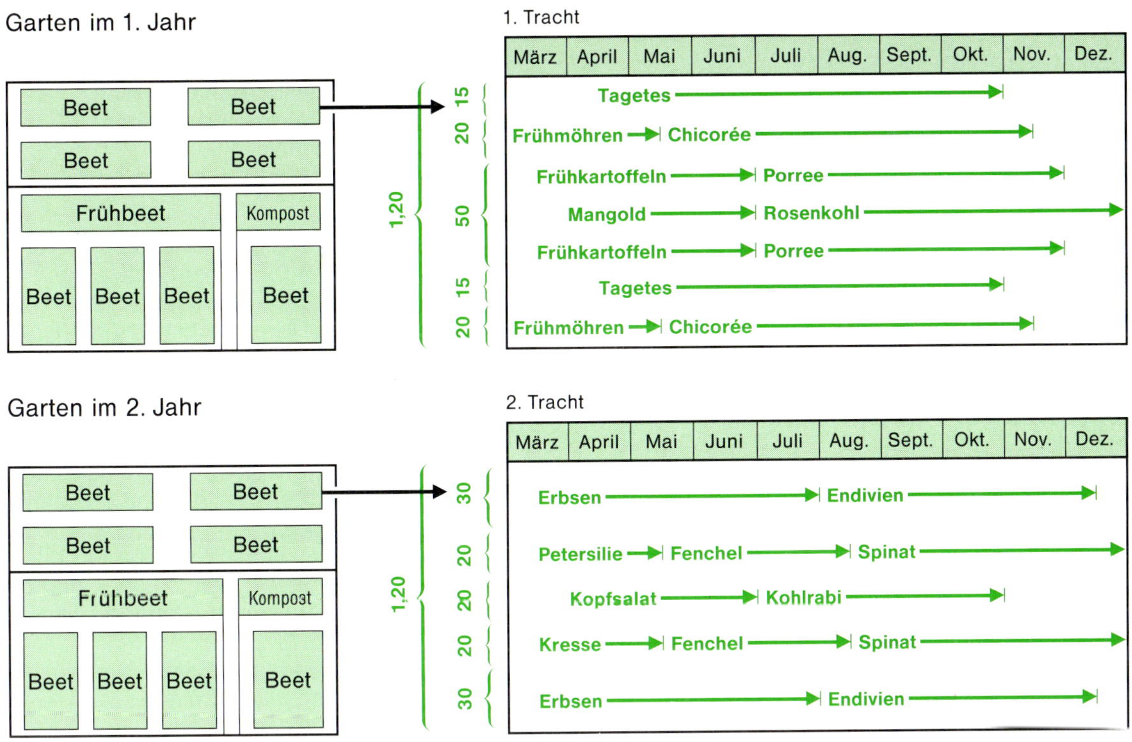


*Abb. 1 Anbauplan für ein Beet in Mischkultur in 2jähriger Fruchtfolge*

Um Mischkultur erfolgreich durchführen zu können, sollten folgende Regeln eingehalten werden:

- Pflanzenkombinationen auswählen, die sich im Wachstum fördern bzw. Schädlinge abwehren oder sich zumindest neutral zueinander verhalten;
- Einhaltung einer Fruchtfolge beachten;
- die Kulturfolge richtet sich nach der Hauptkultur; Starkzehrer auf der 2. Tracht erhalten eine Kopfdüngung;
- die Kulturfolge enthält Gemüsearten mit unterschiedlichen Reifezeiten, so daß der Boden ständig von Pflanzen bedeckt bleibt;
- Bodenbedeckung wird weiterhin durch günstige Blattverteilung sowie durch Mulch erreicht;
- abgeerntete Stellen werden neu eingesät oder neu bepflanzt;
- Reihenabstände gegenüber herkömmlichem Anbau um ca. 20% verringern (Pflanzabstand bleibt erhalten).

## Aufgaben

1. Beschreiben Sie die Mischkultur in Abb. 1
   a) innerhalb eines Jahres
   b) innerhalb von zwei Jahren
   c) Was muß beim Kohlrabi beachtet werden?
2. Warum können bei der Mischkultur Starkzehrer und Schwachzehrer auf ein gemeinsames Beet gepflanzt werden?
3. Erkundigen Sie sich bei Verwandten oder Bekannten über vorhandene Mischkulturen. Erstellen Sie hierzu eine Tabelle mit folgenden Gesichtspunkten:
   - Kombination der Gemüsearten
   - Schädlingsbefall
   - Arbeitseinsatz
   - hohe/geringe Ernteerträge

   Stellen Sie Ihre Ergebnisse der Klasse vor.
4. Listen Sie Vor- und Nachteile der Mischkultur auf. Teilen Sie die Klasse in zwei Gruppen, und diskutieren Sie die verschiedenen Standpunkte als Gegner und Befürworter der Mischkultur.
5. Die Mischkultur setzt Kenntnisse über Pflanzen und ihre Verträglichkeit untereinander voraus. Versuchen Sie, einen Jahresplan für ein Beet zu erstellen (Beachten Sie besonders Abb. 1, S. 40 und 2, S. 43).

### 3.1.5 Unter Glas und Folie früher und länger ernten

| | A | B | C |
|---|---|---|---|
| Vorteile: | gute Wurzelbildung, sehr gute Ballenbildung, kein Austopfen erforderlich | dauerhaft, geringes Gewicht, keine Veralgung | guter Luft- und Wasseraustausch, kaum Gießschäden, feste Wurzelballen |
| Nachteile: | hoher Preis, geringe Standfestigkeit | weniger feste Wurzelballen, häufiger Gießschäden, schlechte Standfestigkeit | bruchgefährdet, Austrocknung, hohes Gewicht |

*Abb. 1 Anzuchttöpfe aus A) Torf, B) Kunststoff, C) Ton*

Vorteile:
platzsparende Aussaat, niedriger Preis, lange Haltbarkeit
Nachteil:
Pikieren erforderlich

*Abb. 2 Saatschale*

Vorteile:
gute Handhabung, glatte Ballenbildung
Nachteil:
relativ teuer

*Abb. 3 Multitopfplatte/Topfplatte*

Vorteile:
platzsparende Aussaat,
lange Haltbarkeit,
feuchtwarmes Klima
Nachteile:
relativ teuer,
regelmäßiges Lüften erforderlich

*Abb. 4 Keimbox*

**Verlängern Sie Ihr Gartenjahr!**
Wollen Sie früher und länger ernten? Wir halten das passende Gewächshaus für Sie bereit ...

Mit solchen und ähnlichen Annoncen werben Firmen für die verschiedenen Hilfsmittel zur Ernteverfrühung. Es muß jedoch nicht gleich ein Gewächshaus sein. Die einfachste Methode der Ernteverfrühung beginnt mit der Anzucht von Pflanzen auf der Fensterbank. Hierzu stehen Gefäße aus unterschiedlichem Material zur Verfügung:

**Tontöpfe** ermöglichen einen guten Luft- und Wasseraustausch. Weitere Vor- und Nachteile gibt die Abb. 1 wieder.

**Kunststofftöpfe** sind dagegen luftundurchlässig, dafür aber hygienischer, da ihre glatten Wände Krankheitserregern keinen Unterschlupf bieten (Abb. 1).

**Torftöpfe** fördern in idealer Weise die Wurzelbildung. Zudem sind sie arbeitssparend, weil die Jungpflanzen zusammen mit dem Topf ins Freiland gepflanzt werden können (Abb. 1).

In **Saatschalen** aus Ton, Kunststoff oder Holz kann platzsparend ausgesät werden (Abb. 2).

**Multitopfplatten** werden aus weichem Kunststoff hergestellt. Sie ersetzen viele kleine Töpfe und die Pflanzen lassen sich leicht herausdrükken (Abb. 3).

In der **Keimbox,** die aus einer Schale und einer lichtdurchlässigen Haube besteht, läßt sich ein feuchtwarmes Klima erreichen (Abb. 4). Von einer **Warmbox** spricht man dann, wenn zusätzlich eine Heizung eingebaut ist oder eine Heizplatte unter die Box gestellt wird. Keim- und Warmbox ermöglichen höhere Temperaturen als die offenen Anzuchtgefäße und beschleunigen daher das Pflanzenwachstum. Alle anderen Anzuchtgefäße werden nicht nur hinter der Fensterscheibe, sondern auch im Frühbeet oder Gewächshaus eingesetzt.

#### Aufgaben

1. Erkundigen Sie sich im Fachhandel oder anhand von Katalogen, in welchen Größen es Töpfe, Schalen und Boxen gibt.
2. Karin will 40 Kohlrabipflanzen vorziehen. Dazu braucht sie Töpfe mit einem Durchmesser von 5 cm. Sie möchte möglichst wenig Geld dafür ausgeben. Was (Ton-, Kunststoff-, Torftopf oder Multitopfplatte) würden Sie ihr empfehlen?
3. Erläutern Sie die Vor- und Nachteile der in den Abb. 1 bis 4 vorgestellten Anzuchtgefäße.

*Abb. 1 Schwarze Flachfolie (Mulchfolie)*

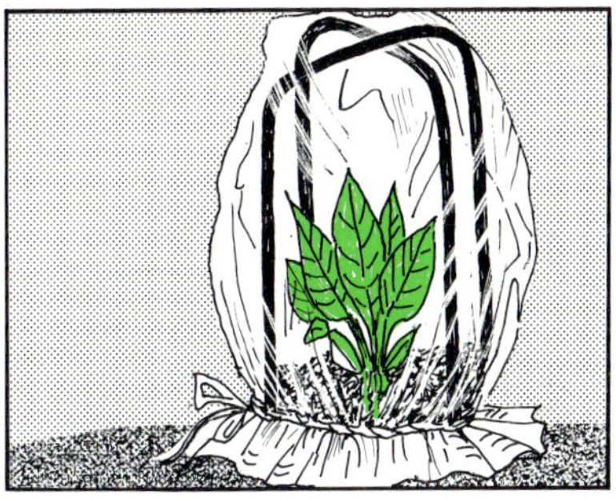

*Abb. 3 Folienhaube*

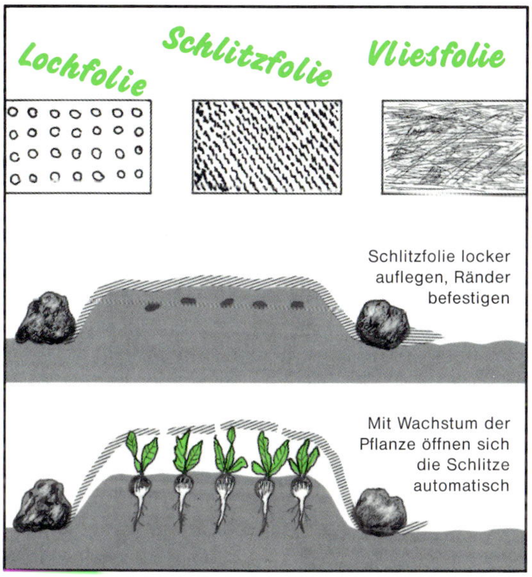


*Abb. 2 Mulchfolienarten*

*Abb. 4 Tunnel aus Folie und Plexiglas*

Für die **Ernteverfrühung im Freiland** spielen Folien eine immer größere Rolle. Es gibt zwei große Gruppen: die **Folientunnel** und die **Flachfolien.** Die **schwarze Flach-** oder **Mulchfolie** liegt direkt auf dem Boden auf und sorgt für eine Erwärmung der Erde um ca. 5° C. Außerdem schränkt diese lichtundurchlässige Folie das Keimen und üppige Wachstum von Wildkräutern ein. Die zweite Gruppe der Flachfolien sind die licht- und wasserdurchlässigen „mitwachsenden" Folien. Es gibt sie als **Schlitz-, Loch-** und **Viiesfolien.** Sie passen sich der zunehmenden Pflanzengröße an (Abb. 2). Vlies- und Lochfolie müssen dazu locker genug verlegt werden. Vliesfolie eignet sich vor allem für Blattgemüse, da sie aufgrund ihres äußerst geringen Gewichtes auch bei stärkerem Wind kaum Schlagschäden verursacht. Die Vorteile, die mitwachsende Folien bieten, müssen allerdings mit dem dreifachen Preis einer Flachfolie bezahlt werden. Die Schlitzfolie hat ca. 30 000 Schlitze pro m$^2$, die sich mit dem Wachstum der Pflanze zunehmend öffnen. Die Anzahl der Löcher einer Lochfolie (100 bis 1000 pro m$^2$) entscheidet mit über den Grad der Ernteverfrühung: Viele Öffnungen erlauben eine bessere Belüftung, vermindern jedoch den Effekt der Ernteverfrühung. Bei weniger Öffnungen kann es infolge der schlechteren Belüftung zu Hitze- oder Frostschäden kommen. Durch die höhere Temperatur wird jedoch ein früheres Ernten möglich.

Andere Verwendungen der Folie bestehen darin, mit Drahtgestellen **Hauben** oder **Tunnel** aus ihnen zu bauen (Abb. 3, 4). Tunnel können auch aus Hartplastik oder Glas bestehen. Ihr Vorteil gegenüber den Folien liegt darin, daß sie in verschiedenen Höhen erhältlich sind und daher auch größere Pflanzen unter ihnen reifen können. Nachteilig wirkt sich die wasserundurchlässige Haut des Tunnels aus. Es muß daher künstlich bewässert und auch gelüftet werden. Dazu werden die Seitenwände hochgeschoben.

*Abb. 1 Kaltes Frühbeet*

| | Holz | Metall/Aluminium |
|---|---|---|
| Vorteile | wärme-speichernd | leicht aufstellbar, transportierbar |
| Nachteile | pflegebedürftig (unschädliche Imprägnierung verwenden) | speichern keine Wärme |

*Abb. 2 Verschiedene Materialien für Frühbeetkästen*

Das **Frühbeet** (Kaltbeet, Kulturkasten) ist eine alte und bewährte Methode der Ernteverfrühung. Es schützt gegen kalte Winde, während die Abdeckung aus Glas, Plexiglas oder Folie für höhere Temperaturen sorgt (Abb. 1). Die Wände sind in der Regel aus Holz oder Stein gebaut. Für Wanderkästen sind Aluminium oder Kunststoff wegen des geringen Gewichtes besonders geeignete Materialien (Abb. 2). Äußerlich vom kalten Frühbeet kaum zu unterscheiden ist das warme Frühbeet (Mistbeet): Eine Packung aus Pferde- oder Kuhmist, Kompost oder anderen organischen Abfällen sorgt für zusätzliche Wärme von unten. Diese Wärme wird von Bakterien erzeugt, die das organische Material für ihre Ernährung nutzen. Bei der Zersetzung dieser „Nahrung" wird Wärme frei (Abb. 3).

Kaltes und warmes Frühbeet eignen sich sowohl zur Pflanzenanzucht als auch zur Kultur von Pflanzen. Dabei ist das warme Frühbeet bereits ab Februar und bis in den Dezember hinein nutzbar. Bei starker Sonneneinstrahlung muß bei kaltem und warmem Frühbeet zur Vermeidung von Überhitzung gelüftet werden. Dies geschieht je nach Wärmeentwicklung durch unterschiedlich weites Öffnen der Fenster.

## Aufgabe

Erklären Sie den Unterschied zwischen einem kalten und einem warmen Frühbeet. Nennen Sie auch die entsprechenden Wärmequellen.

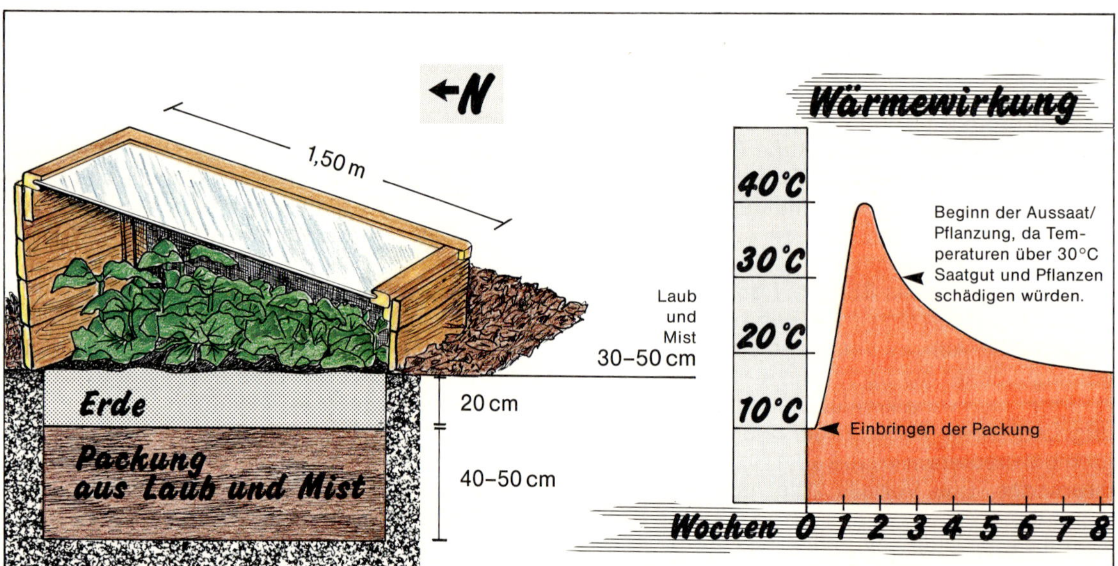


*Abb. 3 Warmes Frühbeet*

Das **Gewächshaus** (Treibhaus) erfüllt die gleichen Aufgaben wie Früh- und Mistbeet. Es bietet darüber hinaus den Vorteil, daß auch höherwüchsige Nutzpflanzen mit großem Wärmebedarf wie Schlangengurken, Paprika oder Tomaten, aber auch sehr wärmebedürftige Pflanzen wie Kakteen oder Orchideen hier wachsen können. Das **kalte Gewächshaus** wird allein durch die Sonne erwärmt (Abb. 3), das **warme Gewächshaus** zusätzlich durch eine Heizung. Je nach Höhe der Temperaturen ist das Gewächshaus bis zu zwölf Monate im Jahr nutzbar.
Es verursacht jedoch auch einen höheren Arbeitsaufwand und höhere Kosten als der Freilandanbau: Künstliche Bewässerung ist in jedem Fall notwendig. Bei stärkerer Sonneneinstrahlung muß ein Gewächshaus belüftet (Abb. 4) und schattiert werden. Die Belüftung ist deshalb sehr wichtig, weil sonst eine zu starke Luftfeuchtigkeit entsteht. Hierdurch würde die Verbreitung von Krankheitserregern stark gefördert. Eine **Schattierung** kann durch aufrollbare Matten oder durch Kalken der Scheiben erreicht werden.
Gewächshäuser werden in unterschiedlichen Bauweisen und Materialien angeboten. Für das Gerippe wird heute überwiegend Aluminium verwandt, da es weniger Pflege als Holz erfordert. Dach und Wände bestehen aus Glas oder lichtdurchlässigen Kunststoffen.

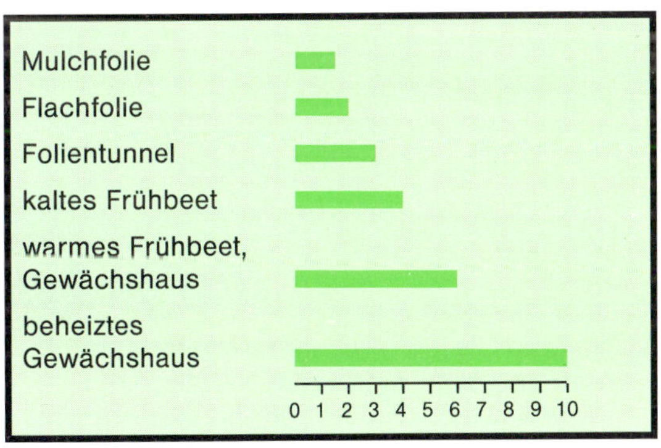


*Abb. 1 Ernteverfrühung in Wochen*

*Abb. 2 Gewächshaus*

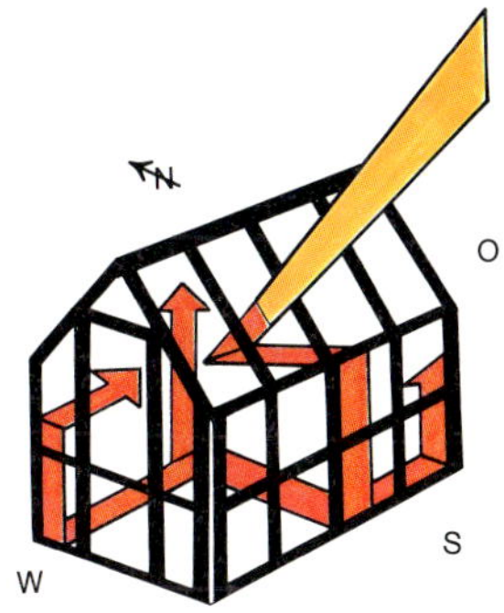


Ost-West-Aufstellung ergibt im Winter einen um 12% höheren Lichtgewinn als eine Nord-Süd-Aufstellung

1. Kurzwellige Lichtstrahlen dringen ein.
2. Kurzwellige Lichtstrahlen (gelb) werden im Gewächshaus zu langwelligen Wärmestrahlen (rot) umgewandelt.
3. Langwellige Strahlen dringen nur schwer durch das Glas nach außen, die Luft im Gewächshaus wird daher erwärmt.

*Abb. 3 Gewächshauseffekt*

Wenn die Temperaturen zu hoch ansteigen, muß erwärmte Luft abgeführt werden:
a) Fenster und Türen werden geöffnet.
b) Warme Luft (roter Pfeil) kann nach oben entweichen.
c) Von unten (blaue Pfeile) strömt kalte Luft nach.

*Abb. 4 Gewächshauslüftung*

## Aufgaben

1. Beschreiben Sie, wie Erwärmung und Belüftung von Gewächshäusern funktionieren.
2. Nennen Sie Vor- und Nachteile eines Gewächshauses.
3. Sie wollen Auberginen, Feldsalat, Kohlrabi, Melone, Zucchini, Blumenkohl, Kopfsalat, Möhren, Paprika, Schlangengurke und Tomate kultivieren. Ihr Gewächshaus bietet jedoch nur vier Gemüsearten Platz. Für drei weitere Pflanzen haben Sie in Ihrem Frühbeet Platz, den Rest müssen Sie im Freiland anbauen. Wo würden Sie die verschiedenen Gemüsearten anbauen? (Benutzen Sie für diese und die nächste Aufgabe das Gemüselexikon, Kap. 3.1.8)
4. Erstellen Sie eine Kulturfolge (Vor-, Haupt-, Nachkultur) für ein Gewächshaus. Legen Sie auch die Monate für Aussaat, Pflanzung und Ernte fest.

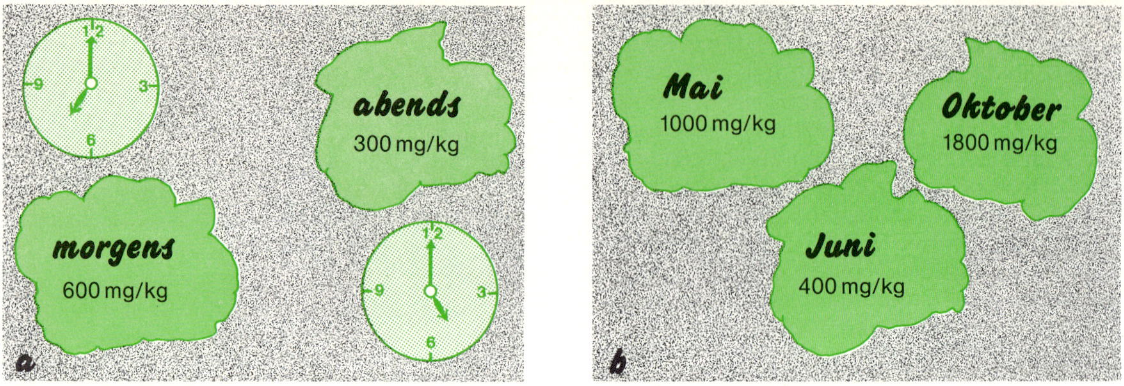


*Abb. 1 Nitratgehalt von Salat entsprechend der Tageszeit (a) und der Jahreszeit (b)*

**Anbau unter Glas und Folie bringt nicht nur Vorteile**

Nitrat ist ein natürlicher Bestandteil des Bodens. Es wird von der Pflanze aufgenommen, um den darin enthaltenen Stickstoff für die eigene Ernährung zu nutzen. Das Nitrat wird von der Pflanze in Blättern und Stengeln gespeichert. Es wird jedoch wenig Nitrat gespeichert bzw. gespeichertes Nitrat in Eiweiß umgewandelt, wenn die Sonneneinstrahlung sehr hoch ist (Abb. 1). Der Nitratgehalt von Nahrungsmitteln ist außerdem von der Düngung, der Beschattung, der Lagerung und Zubereitung abhängig.

Beim Verzehr wird Nitrat zu Nitrit und weiter zu Nitrosaminen umgewandelt (Abb 3). Säuglinge sind in besonderem Maße durch Nitrit gefährdet, da es die lebensgefährliche sogenannte Blausucht verursachen kann.

Geringe Mengen von Nitrat sind zwar für den Menschen ungefährlich, trotzdem sollte die Nitrataufnahme möglichst niedrig gehalten werden. Beim Gemüseanbau sollte daher in der lichtarmen Jahreszeit der Anbau nitratarmer Gemüse bevorzugt werden (Abb. 2). Da Anbau unter Glas und Folie die Ernte in die lichtärmeren Monate verlagert, sollte hier besonders auf die Bevorzugung nitratarmer Gemüse geachtet werden.

| Nitratgehalte | | | |
|---|---|---|---|
| hohe ca. 1000 – 4000 mg/kg | mittlere ca. 500 – 1000 mg/kg | niedrige ca. 500 – 100 mg/kg | sehr niedrige unter 100 mg/kg |
| Chinakohl<br>Endivie<br>Feldsalat<br>Fenchel<br>Grünkohl<br>Kopfsalat<br>Mangold<br>Radieschen<br>Rettich<br>Rote Bete<br>Spinat<br>Weißkohl<br>Wirsing | Auberginen<br>Blumenkohl<br>Kohlrabi<br>Lauch<br>Möhren<br>Rotkohl<br>Sellerie | grüne Bohnen<br>Chicorée<br>Rosenkohl<br>Kartoffeln<br>Zwiebeln | Tomaten<br>Erbsen<br>Gurken<br>Paprika |

*Abb. 2 Nitratgehalt von Gemüsearten*

## Aufgaben

1. Nennen Sie je drei Gemüsearten mit sehr hohem und sehr niedrigem Nitratgehalt.
2. Welche Maßnahmen können Sie ergreifen, wenn Sie den Nitratgehalt Ihres Gemüses möglichst niedrig halten wollen?

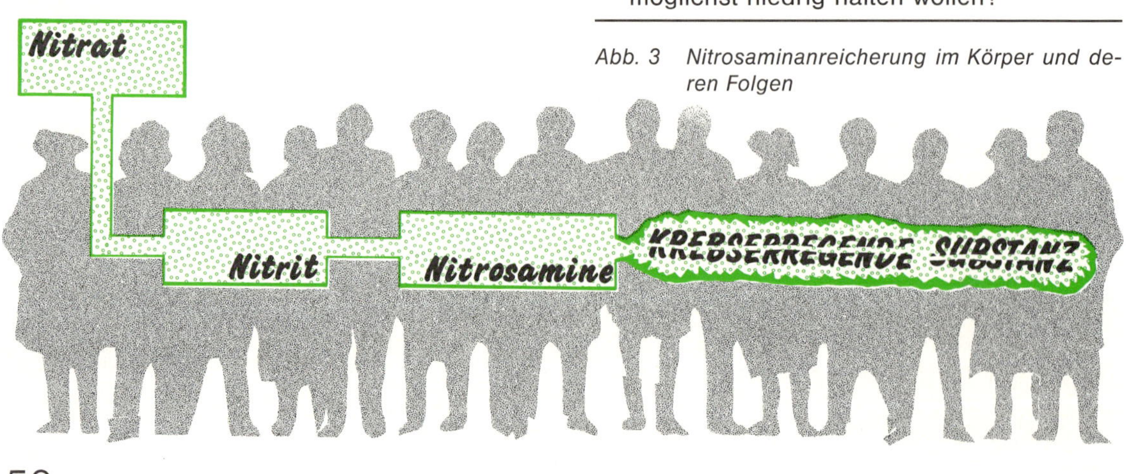


*Abb. 3 Nitrosaminanreicherung im Körper und deren Folgen*

## 3.1.6 Ökologische Anbaumethoden

**Ziel:**
Erzeugung gesundheitlich unbedenklicher Pflanzen von hoher Qualität

**Grundsatz:**
Erhaltung des naturgemäßen Kreislaufs zwischen Boden, Pflanze, Tier und Mensch durch:

Förderung des Bodenlebens
- schonende Bodenbearbeitung
- Zufuhr von Stallmist } organische
- Zufuhr von Pflanzenresten } Düngung

vielseitige Fruchtfolge
biologisch-mechanische Unkraut- und Schädlingsbekämpfung

| Warenzeichen | Bioland® | Demeter | Bio Kreis e.V. Ostbayern |
|---|---|---|---|
| Gründer, Gründungsjahr | Dr. Hans Müller<br>Dr. Hans-Peter Rusch<br>1930 | Rudolf Steiner<br>(Begründer der Anthroposophie)<br>1924 | regionale Organisation, Zusammenschluß von Erzeugern und Verbrauchern<br>1979 |
| Richtlinien | Die Vertreter der hier aufgeführten Anbauformen sind in der Stiftung Ökologischer Landbau o. V. zusammengeschlossen, die Rahmenrichtlinien für die Produktion vorgibt. Daneben haben die Organisationen ihre eigenen Erzeugungsrichtlinien und führen Kontrollen durch. | | |
| Besonderheiten | Grundlage ist die Erkenntnis, daß die Gesundheit von vollwertigen Lebensmitteln abhängt, die auf einem gesunden Boden erzeugt wurden. Bodenanalysen, Geschmackstests und Rückstandsuntersuchungen werden durchgeführt. | Der landwirtschaftliche Betrieb wird als Ganzheit, eingebunden in menschliche, soziale, ökonomische und kosmische Bedingungen, gesehen. Die Ziele sind, Umweltschäden zu vermeiden, die Nahrungsqualität zu verbessern und Fremdenergien und Rohstoffe einzusparen. | Ziel: Vollwertige Nahrungsmittel nach ökologischen Prinzipien zu erzeugen. |
| Warenzeichen der Umstellungsbetriebe | Aufschrift: „Bioland“ Erzeugnisse aus dem Umstellungsbetrieb – Umstellungszeit: mind. 2 Jahre | Aufschrift: „biodyn“ Umstellungszeit: mindestens 3 Jahre | |

*Abb. 1 Drei ökologische Landbauverfahren im Vergleich*

**Exkurs**
Das **biologisch-dynamische Anbauverfahren** bezieht den Einfluß der Gestirne in den Anbau von Gemüse ein. Daher müssen je nach Gemüseart für Aussaat, Pflanzung, Bodenbearbeitung und Pflegemaßnahmen bestimmte Mondphasen berücksichtigt werden. So soll bei zunehmenden Mond Frucht- und Blattgemüse und bei abnehmenden Mond Wurzelgemüse gesät und gepflanzt werden.

*zunehmend* *abnehmend*

*Abb. 2 Die Stellung des Mondes bestimmt Sä- und Pflanztermine*

## 3.1.7 Ökologischer und herkömmlicher Anbau im Vergleich

*Abb. 1 „Bioprodukte“*

*Abb. 2 A: Apfel aus konventionellem Anbau B: Apfel aus ökologischem Anbau*

Mit dem Namen „Bio“ wird allgemein etwas Natürliches, Gesundes verbunden. Die Hersteller verschiedener Produkte – vom Waschmittel bis zum Lebensmittel – werben mit dieser Aufschrift. Auch die Verpackungen von Produkten, die im Garten Verwendung finden (Abb. 1), tragen häufig das Wort „Bio“. In Reformhäusern, Bioläden und auf dem Wochenmarkt wird „Biogemüse“ angeboten. Der Zusatz „Bio“ wird häufig mißbraucht, da es für seine Verwendung keine gesetzlichen Bestimmungen gibt. Anders ist es bei Produkten aus dem Gartenbau, hier existieren mehrere gesetzlich geschützte Zeichen. Diese geben Herkunftsbezeichnungen an, die den drei wesentlichen Richtungen innerhalb des ökologischen Landbaus zuzuordnen sind (s. S. 51, Abb. 1).

Ökologische Anbaumethoden sind einmal aus dem Gedanken an einen möglichst naturnahen Anbau entstanden, zum anderen aus dem Wunsch vieler Verbraucher nach möglichst gesunder Nahrung. Der Verbraucher muß in der Regel für solche Produkte mehr Geld ausgeben. Es stellt sich daher die Frage, ob er auch tatsächlich bessere Qualität erhält.

Nach Untersuchungen des Auswertungs- und Informationsdienstes für Ernährung, Landwirtschaft und Forsten (AID) ergibt sich folgendes Bild:

Die **Qualität eines Nahrungsmittels** setzt sich aus verschiedenen Eigenschaften zusammen. Der herkömmliche (konventionelle) Anbau erfüllt vor allem Erwartungen des Verbrauchers hinsichtlich der **inneren und äußeren Beschaffenheit.** Hierzu zählen: Form, Farbe, Größe, Unversehrtheit, Fehlen von Schädlingen und Krankheiten, Festigkeit, Frischezustand. Käufer ökologischer Anbauprodukte erwarten eher „innere Qualität“, das heißt keine Rückstände aus Pflanzenschutz- und Düngemitteln sowie einen hohen Gehalt an Nähr- und Wirkstoffen (z. B. Eiweiß, Vitamine). Zu Einbußen der inneren Qualität kommt es bereits durch Über- oder Unterdüngung. Da im konventionellen Anbau die Höhe der Erträge an erster Stelle steht, kommt es hier häufiger als im ökologischen Anbau zu Überdüngung.

Entscheidenden Einfluß hat jedoch nicht nur die Menge, sondern auch die Art des Düngers: Nachweislich fördert der im ökologischen Anbau überwiegend eingesetzte organische Dünger (bei geringeren Mengen mineralischen Düngers) die Widerstandsfähigkeit der Pflanzen gegenüber Krankheiten. Dies ist einer der Gründe, warum im ökologischen Anbau weniger Schädlingsbekämpfungsmittel eingesetzt werden müssen. Außerdem werden höhere Ausfälle und niedrigere Erträge in Kauf genommen. Der herkömmliche Anbau setzt dagegen vermehrt Mineraldünger ein.

Untersuchungen erwiesen, daß konventionell erzeugte Nahrungsmittel häufiger **Rückstände aus Pflanzenschutzmitteln** enthielten als ökologisch produzierte. Diese Rückstände liegen jedoch nur selten über den gesetzlich festgelegten Höchstmengen. Trotzdem fürchten viele Verbraucher um ihre Gesundheit, weil noch viele Fragen ungeklärt sind. Vor allem weiß man nicht, welche Wirkung langfristig durch die Ansammlung von Schadstoffen im Körper ausgelöst wird. Auch ist nicht bekannt, inwieweit sich verschiedene Rückstände in ihrer Wirkung schädigend ergänzen.

Schadstofffreie Produkte kann jedoch auch der ökologische Anbau nur im Hinblick auf Dünge- und Pflanzenschutzmittel erreichen, den übrigen Umweltbelastungen ist auch er ausgesetzt.

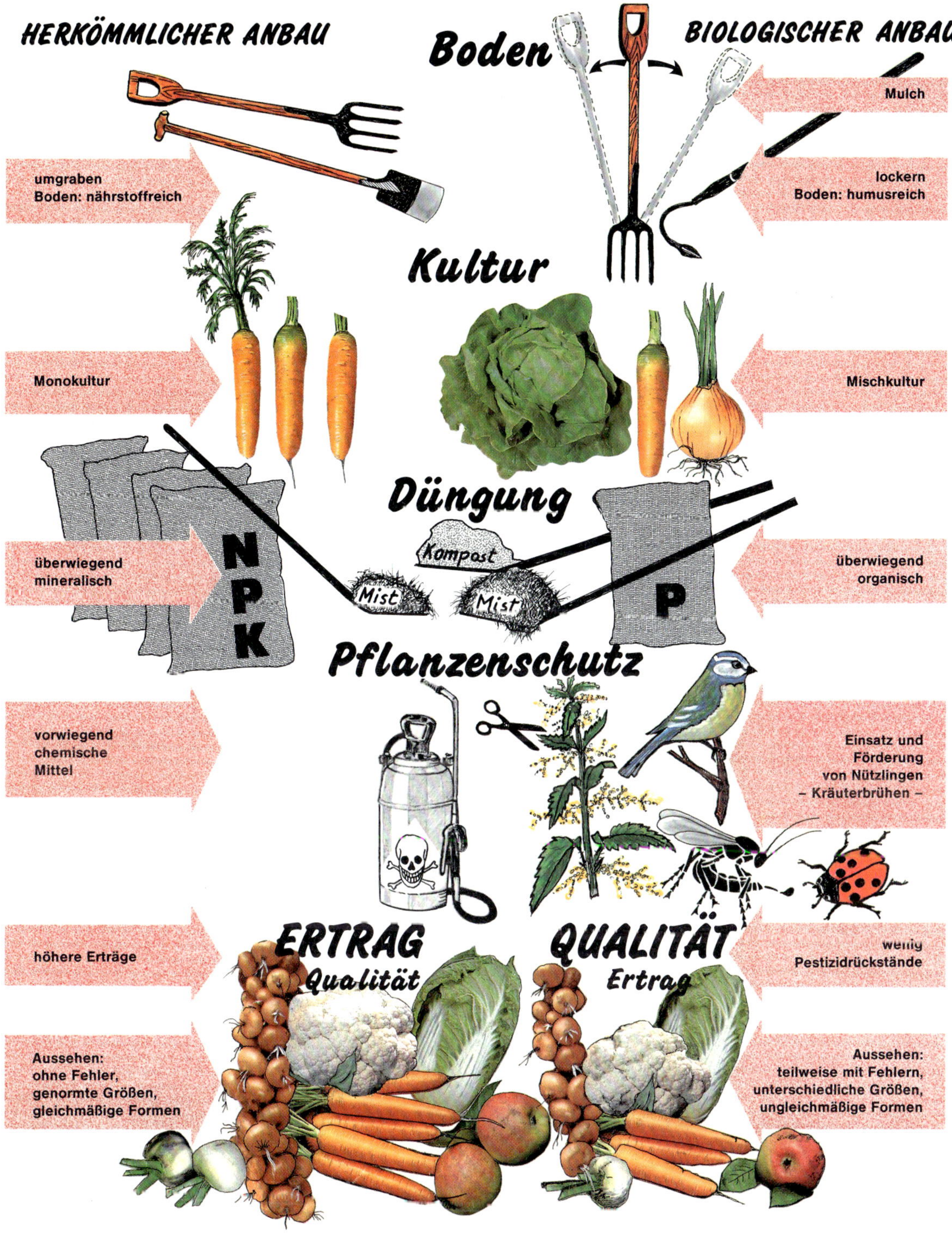


*Abb. 1 Herkömmlicher und ökologischer Anbau im Vergleich*

Im Hausgarten sind die Übergänge zwischen herkömmlichem und ökologischem Anbau fließend. So wird in einem Garten, für den hauptsächlich Merkmale des herkömmlichen Anbaus erkennbar sind, häufig auch kompostiert. Andererseits kommt es vor, daß auch dort, wo nach ökologischen Gesichtspunkten gearbeitet wird, chemische Schädlingsbekämpfungsmittel eingesetzt werden, wenn andere Mittel nicht mehr helfen.

## 3.1.8 Gemüselexikon

Benutzen Sie das Gemüselexikon!

### Aufgaben

1. Das Gemüselexikon enthält mehrere Abbildungen von verschiedenen Gemüsearten. Um welche Gemüsearten handelt es sich?
2. Finden Sie je zwei Blattgemüse, Kohlgemüse, Fruchtgemüse, Wurzelgemüse, Zwiebelgemüse und Stengelgemüse heraus.
3. Welche Gemüsearten dürfen erst nach den Eisheiligen (15. Mai) ins Freiland gepflanzt werden?
4. Nennen Sie fünf Gemüsearten, die durch Einsanden gelagert werden können, und fünf, die durch Einfrieren haltbar gemacht werden.
5. Welche Gemüsearten werden häufig von Schnecken befallen?
6. Zählen Sie sechs Gemüsearten auf, die im Winter geerntet werden können.
7. Welcher Salat eignet sich für Frühanbau und welcher für Spätanbau?

AG Aussaat unter Glas
AF Aussaat Freiland
PG Pflanzung unter Glas
PF Pflanzung Freiland
E Ernte

**Artischocke** *(Cynara scolymus)*
Pflanzenfamilie: Korbblütler
Gemüseart: Blütengemüse
Standortansprüche: Mittelmeerpflanze, in Bundesrepublik Deutschland daher in Weinanbaugebieten an sonnigen, geschützten Standorten. Bei der Aussaat ist eine Temperatur von mind. 18 °C erforderlich: Starkzehrer
Keimdauer: 7–10 Tage Saattiefe: 1 cm
Pflanzabstand/Reihenabstand: 45 cm/100 cm

| J./F. | März | April | Mai | Juni | Juli | Aug. | Sept. | Okt. | N./D. |
|---|---|---|---|---|---|---|---|---|---|
| AG → | →\| | | | | | | | | |
| | | AF →\| | | | | | | | |
| | | | PF →\| | | | | | | |
| | | | | | E → | → | → | →\| | |

Lagerung: einwecken (pasteurisieren), in Öl/Essig einlegen. Nur gekocht genießbar
Bemerkungen: Die Pflanze ist mehrjährig. Die Blütenköpfe werden geerntet, wertvollster Bestandteil ist der Blütenboden; die fleischigen Verdickungen der Blätter können ebenfalls gegessen werden. Verwendung als Zierpflanze

**Aubergine** *(Solanum melongena)*
Pflanzenfamilie: Nachtschattengewächs
Gemüseart: Fruchtgemüse
Standortansprüche: in den Tropen und Subtropen beheimatet, daher bei uns in der Regel unter Folie oder im Gewächshaus, Außentemperatur mind. 16 °C; Starkzehrer
Keimdauer: 15–18 Tage Saattiefe: 2–3 cm
Pflanzabstand/Reihenabstand: 50 cm/70 cm

| J./F. | März | April | Mai | Juni | Juli | Aug. | Sept. | Okt. | N./D. |
|---|---|---|---|---|---|---|---|---|---|
| | AG →\| | | PG → | →\| | | E → | → | →\| | |

Lagerung: nur Frischverzehr
Bemerkungen: Wegen der ovalen Form auch Eierfrucht genannt. Nur gekocht zu verzehren.

**Bindesalat** → Römischer Salat

**Blaukraut** → Kopfkohlarten

**Bleichsellerie** → Sellerie

**Blumenkohl** *(Brassica oleracea var. botrytis)*
Pflanzenfamilie: Kreuzblütler
Gemüseart: Kohlgemüse
Standortansprüche: Starkzehrer
Keimdauer: 4–8 Tage Saattiefe: 3–4 cm
Pflanzabstand/Reihenabstand: 50 cm/50 cm

| J./F. | März | April | Mai | Juni | Juli | Aug. | Sept. | Okt. | N./D. |
|---|---|---|---|---|---|---|---|---|---|
| AG → | →\| | | | | | | | | |
| | | AF → | →\| | | | | | | |
| | | PF → | → | →\| | | | | |
| | | | | | E → | → | → | →\| | |

Lagerung: sauer einlegen, einfrieren
Schädlinge: Kohlfliege, Raupe, Schnecke, Läuse, auf leichten Böden Kohlhernie (Pilzkrankheit)
Sorten: für Früh-, Sommer- und Herbstanbau
Bemerkungen: um eine Gelbfärbung der weißen Blütenknospen durch die Sonne zu verhindern, einige Außenblätter über die sich bildende Blattrosette knicken. Wird auch Karfiol genannt

**Braunkohl** → Grünkohl

**Brokkoli** *(Brassica oleracea var. italica)*
Pflanzenfamilie: Kreuzblütler
Gemüseart: Kohlgemüse
Standortansprüche: Starkzehrer

Keimdauer: 5–10 Tage Saattiefe: 2 cm
Pflanzabstand/Reihenabstand: 50 cm/50 cm

| J./F. | März | April | Mai | Juni | Juli | Aug. | Sept. | Okt. | N./D. |
|---|---|---|---|---|---|---|---|---|---|
| | AG→| | | | | | | | | |
| | | AF→| | | | | | | | |
| | | PF→ | → | → | | | | | |
| | | | | | E→ | → | → | →| | |

Lagerung: einfrieren
Schädlinge: Kohlfliege, Kohlhernie (Pilzkrankheit)
Sorten: Calabrese (grüne Blüten), Lila Brokkoli (lila Blüten), Weißer Spargelkohl (weiße Blüten)
Bemerkungen: Der Hauptsproß wird zunächst geerntet, danach entwickeln sich Seitentriebe, die in der Folge geerntet werden

**Buschbohne** *(Phaseolus vulgaris var. nanus)*
Pflanzenfamilie: Schmetterlingsblütler
Gemüseart: Fruchtgemüse
Standortansprüche: warmer, windgeschützter Standort; Schwachzehrer
Keimdauer: 4–12 Tage Saattiefe: 3–5 cm
Pflanzabstand/Reihenabstand: 40/40 cm

| J./F. | März | April | Mai | Juni | Juli | Aug. | Sept. | Okt. | N./D. |
|---|---|---|---|---|---|---|---|---|---|
| | AG→ | → | →| | | | | | | |
| | | | AF→ | → | →| | | | | |
| | | | E→ | → | → | → | →| | | |

Lagerung: einwecken, trocknen, einsalzen, einfrieren
Schädlinge: Blattlaus, Spinnmilbe, Made der Bohnenfliege, Grauschimmelpilz, Schwarze Bohnenlaus, Bakterienkrankheiten
Sorten: grüne Sorten, gelbe Sorten (Wachsbohnen), Filetbohnen (Keniabohnen, Haricotvert) werden früher geerntet und sind noch klein und zart
Bemerkungen: Wurzeln binden Stickstoff der Luft im Boden. Die Wurzeln sollten daher als natürliche Stickstoffanreicherung im Boden verbleiben (Gründüngung). Rohe Bohnen enthalten Phasin und sind daher giftig. Durch Kochen wird das Phasin zerstört. Wird auch Strauchbohne genannt

**Cardy** *(Cynara cardunculus)*
Pflanzenfamilie: Korbblütler
Gemüseart: Blattgemüse
Standortansprüche: Starkzehrer
Keimdauer: 10 Tage Saattiefe: 1 cm
Pflanzabstand/Reihenabstand: 100 cm/100 cm

| J./F. | März | April | Mai | Juni | Juli | Aug. | Sept. | Okt. | N./D. |
|---|---|---|---|---|---|---|---|---|---|
| | | | AF→ | →| | | | E→ | → | →| |

Lagerung: im Spätherbst mit Wurzeln ausgraben und im Keller überwintern lassen. Die Blätter können weiter geerntet werden
Bemerkungen: Ab September bindet man die Blätter zusammen und umhüllt sie mit schwarzer Folie oder einer Bastmatte, damit sie ausbleichen. Dies dient der geschmacklichen Verbesserung der fleischigen Stengel, die gegessen werden. Verwendung auch als Zierpflanze

**Chicorée** *(Cichorium intybus var. foliosum)*
Pflanzenfamilie: Korbblütler
Gemüseart: Blattgemüse
Standortansprüche: Starkzehrer
Keimdauer: 7–14 Tage Saattiefe: 2 cm
Pflanzabstand/Reihenabstand: 10 cm/30 cm

| J./F. | März | April | Mai | Juni | Juli | Aug. | Sept. | Okt. | N./D. |
|---|---|---|---|---|---|---|---|---|---|
| | | | AF→ | →| | | | | | E→ |

Sorten: frühe und mittelfrühe
Bemerkungen: im Oktober/November werden die Chicoréewurzeln ausgegraben und die Blätter abgetrennt. Die Wurzeln werden in einen mit Erde-Sand-Gemisch gefüllten Behälter gesteckt. Sie müssen dann in einem dunklen Raum bei 15 bis 18 °C stehen. Nach ca. 4 Wochen treiben Sprosse aus den Wurzeln.
Unter 12 °C findet kein Treiben statt.
Die Sprosse können nach und nach geerntet werden. Chicorée wird auch **Salatzichorie** genannt

**Chinakohl** *(Brassica pekinensis)*
Pflanzenfamilie: Kreuzblütler
Gemüseart: Kohlgemüse
Standortansprüche: Starkzehrer
Keimdauer: 3–10 Tage Saattiefe: 4 cm
Pflanzabstand/Reihenabstand: 30 cm/40 cm

| J./F. | März | April | Mai | Juni | Juli | Aug. | Sept. | Okt. | N./D. |
|---|---|---|---|---|---|---|---|---|---|
| | | | | AF→| | | | | E→ | →| |

Schädlinge: Erdfloh, Raupe
Bemerkungen: kann als Gemüse und Salat gegessen werden. Zu frühes Aussäen führt zum Schießen der Köpfe

1

2

3

4

5

6

7

8

9

10

11

12

13

14

15

16

17

Gemüsearten: 1 Artischocke, 2 Cardy, 3 Sellerie, 4 Gurke, 5 Melone, 6 Kürbis, 7 Zucchini, 8 Dicke Bohne, 9 Schwarzwurzel, 10 Möhre, 11 Rote Bete, 12 Aubergine, 13 Paprika, 14 Fenchel, 15 Feuerbohne, 16 Stangenbohne, 17 Erbsen

**Dicke Bohne** *(Vicia faba)*
Pflanzenfamilie: Schmetterlingsblütler
Gemüseart: Fruchtgemüse
Standortansprüche: hoher Feuchtigkeitsbedarf; Starkzehrer
Keimdauer: 10–14 Tage Saattiefe: 4–6 cm
Pflanzabstand/Reihenabstand: 50 cm/20 cm

| J./F. | März | April | Mai | Juni | Juli | Aug. | Sept. | Okt. | N./D. |
|---|---|---|---|---|---|---|---|---|---|
| | AF — | —→\| | | E — | — | —→\| | | | |

Schädlinge: Schwarze Bohnenlaus
Bemerkungen: auch als **Puffbohne, Saubohne, Pferdebohne** und **Große Bohne** bekannt. Vor der Aussaat einen Tag quellen lassen

**Eierfrucht** → Aubergine

**Eissalat** *(Lactuca sativa var. capitata)*
Pflanzenfamilie: Korbblütler
Gemüseart: Blattgemüse
Standortansprüche: hoher Wasserbedarf; Mittelzehrer
Keimdauer: 6–12 Tage Saattiefe: 1 cm
Pflanzabstand/Reihenabstand: 35 cm/35 cm

| J./F. | März | April | Mai | Juni | Juli | Aug. | Sept. | Okt. | N./D. |
|---|---|---|---|---|---|---|---|---|---|
| | AG — | —→\| | | | | | | | |
| | | AF — | —→\| | | | | | | |
| | | PF — | — | →\| | | | | |
| | | | | E — | — | — | —→\| | | |

Lagerung: 1–2 Wochen im Kühlschrank
Bemerkungen: wegen der knackigen Blätter auch **Krachsalat** genannt

**Endivie** *(Cichorum endiva)*
Pflanzenfamilie: Korbblütler
Gemüseart: Blattgemüse
Standortansprüche: Mittelzehrer
Keimdauer: 6–10 Tage Saattiefe: 1 cm
Pflanzabstand/Reihenabstand: 35 cm/35 cm

| J./F. | März | April | Mai | Juni | Juli | Aug. | Sept. | Okt. | N./D. |
|---|---|---|---|---|---|---|---|---|---|
| | | AG — | →\| | | | | | | |
| | | | AF — | — | —→\| | | | | |
| | | | PF | — | — | —→\| | | | |
| | | | | | E — | — | — | — | →\| |

Lagerung: durch Einsanden des Wurzelballens mehrere Wochen im Keller haltbar
Schädlinge: Erdraupe, Wurzel- und Blattlaus

Sorten: für Sommer- und Herbstanbau, selbstbleichende Sorten, deren Blätter zum Bleichen nicht zusammengebunden werden müssen (durch Bleichen wird der Pflanze der bittere Geschmack genommen)

**Erbsen** *(Pisum sativum)*
Pflanzenfamilie: Schmetterlingsblütler
Gemüseart: Fruchtgemüse
Standortansprüche: Schwachzehrer
Keimdauer: 6–12 Tage Saattiefe: 3 cm
Pflanzabstand/Reihenabstand: 5 cm/40 cm

| J./F. | März | April | Mai | Juni | Juli | Aug. | Sept. | Okt. | N./D. |
|---|---|---|---|---|---|---|---|---|---|
| | AF — | — | —→\| | E — | — | —→\| | | | |

Lagerung: einfrieren, trocknen
Schädlinge: Erbsenwickler, Erbsenblattrandkäfer
Sorten: Palerbsen (frühe Sorte), Markerbse (späte Sorte, süßer im Geschmack)
Bemerkungen: Wurzeln sind Stickstofflieferanten, daher nach der Ernte im Boden belassen

**Fenchel** *(Foeniculum vulgare var. azoricum)*
Pflanzenfamilie: Doldenblütler
Gemüseart: Stengelgemüse
Standortansprüche: sonniger Standort bei gleichmäßiger Feuchtigkeit; Mittelzehrer
Keimdauer: 15–25 Tage Saattiefe: 1 cm
Pflanzabstand/Reihenabstand: 20 cm/40 cm

| J./F. | März | April | Mai | Juni | Juli | Aug. | Sept. | Okt. | N./D. |
|---|---|---|---|---|---|---|---|---|---|
| | | | | AF — | —→\| | | E — | —→\| | |

Lagerung: einsanden Schädlinge: Schnecke
Bemerkungen: Es handelt sich um eine sogenannte „Scheinknolle", deren verdickte Blattstiele wir als Fenchelknolle ernten. Mit Fenchel wird auch noch das gleichnamige Kraut bezeichnet

**Feldsalat** *(Valerianella locusta)*
Pflanzenfamilie: Baldriangewächse
Gemüseart: Blattgemüse
Standortansprüche: Schwachzehrer
Keimdauer: 10–16 Tage Saattiefe: 1 cm
Pflanzabstand/Reihenabstand: 5 cm/15 cm

| J./F. | März | April | Mai | Juni | Juli | Aug. | Sept. | Okt. | N./D. |
|---|---|---|---|---|---|---|---|---|---|
| | | | | | | AF — | —→\| | E — | —→\| |

Bemerkungen: auch **Ackersalat, Rapunzel** oder **Nüßli-Salat** genannt

**Feuerbohne** *(Phaseolus vulgaris)*
Pflanzenfamilie: Schmetterlingsblütler
Gemüseart: Fruchtgemüse
Standortansprüche: Mittelzehrer
Keimdauer: 6–12 Tage Saattiefe: 3 cm
Pflanzabstand/Reihenabstand: 80 cm/100 cm

| J./F. | März | April | Mai | Juni | Juli | Aug. | Sept. | Okt. | N./D. |
|---|---|---|---|---|---|---|---|---|---|
| | | | AF → | → | | E → | → | → | |

Lagerung: einwecken, einfrieren, trocknen
Sorten: rot- und weißblühende Bohnen
Bemerkungen: auch Prunkbohne genannt

**Fleischkraut** → Zuckerhutsalat

**Gelbe Rübe** → Möhren

**Große Bohne** → Dicke Bohnen

**Grünkohl** *(Brassica oleracea var. sabellica)*
Pflanzenfamilie: Kreuzblütler
Gemüseart: Kohlgemüse
Standortansprüche: wenig licht- und wärmebedürftig; Starkzehrer
Keimdauer: 5–7 Tage Saattiefe: 4 cm
Pflanzabstand/Reihenabstand: 50 cm/50 cm

| J./F. | März | April | Mai | Juni | Juli | Aug. | Sept. | Okt. | N./D. |
|---|---|---|---|---|---|---|---|---|---|
| | | | AF → | → | | | | | |
| | | | | PF → | → | | | E → | → |

Lagerung: einfrieren
Bemerkungen: Ernte nach dem ersten Frost verbessert den Geschmack; Grünkohl wird auch **Braunkohl** genannt

**Gurke** *(Cucumis sativus)*
Pflanzenfamilie: Kürbisgewächs
Gemüseart: Fruchtgemüse
Standortansprüche: warme, windgeschützte, sonnige bis halbschattige Lage; Mittelzehrer
Keimdauer: 5–10 Tage Saattiefe: 3 cm
Pflanzabstand/Reihenabstand: 30 cm/100 cm

| J./F. | März | April | Mai | Juni | Juli | Aug. | Sept. | Okt. | N./D. |
|---|---|---|---|---|---|---|---|---|---|
| | | AG → | AF → | → | | | | | |
| | | | | | E → | → | → | | |

Lagerung: einwecken mit Essig
Schädlinge: Mehltau, Gurkenkrätze, Blattbrand (Pilzkrankheit)
Sorten: Einlegegurken weniger witterungsempfindlich als Freilandgurken; bei Freilandgurken Folienverwendung empfehlenswert. Schlangengurken (auch Salat- oder Gewächshausgurke) nur im Gewächshaus anbauen.
Nicht mit kaltem Wasser bewässern

**Karfiol** → Blumenkohl

**Karotte** → Möhre

**Kartoffel** *(Solanum tuberosum)*
Pflanzenfamilie: Nachtschattengewächs
Gemüseart: Knollengewächs
Standortansprüche: Starkzehrer
Keimdauer: vorkeimen lassen
Pflanztiefe: 10 cm
Pflanzabstand/Reihenabstand: 40 cm/50 cm

| J./F. | März | April | Mai | Juni | Juli | Aug. | Sept. | Okt. | N./D. |
|---|---|---|---|---|---|---|---|---|---|
| | PF → | → | | E → | → | | | | |
| | | PF → | → | | | | E → | → | |

Schädlinge: Kartoffelkäfer; Pilzerkrankungen: Kartoffelschorf, Kraut- und Knollenfäule, Kartoffelälchen (Nematoden)
Lagerung: kühl und dunkel einkellern
Sorten: verschiedene frühe, mittelfrühe und mittelspäte Sorten, mehlig oder festkochend

**Knoblauch** *(Allium sativum)*
Pflanzenfamilie: Liliengewächse
Gemüseart: Zwiebelgemüse
Standortansprüche: sonnig; Mittelzehrer
Pflanztiefe: 3–5 cm
Pflanzabstand/Reihenabstand: 15 cm/20 cm

| J./F. | März | April | Mai | Juni | Juli | Aug. | Sept. | Okt. | N./D. |
|---|---|---|---|---|---|---|---|---|---|
| | | PF → | | | E → | → | | | |

Lagerung: trocknen, Öl/Essig einlegen

**Knollenfenchel** → Fenchel

**Knollensellerie** → Sellerie

**Kochsalat** → Römischer Salat

**Kohlrabi** *(Brassica oleracea var. gongylodes)*
Pflanzenfamilie: Kreuzblütler
Gemüseart: Kohlgemüse
Standortansprüche: Mittelzehrer
Keimdauer: 5–6 Tage Saattiefe: 3 cm
Pflanzabstand/Reihenabstand: 25 cm/30 cm
Lagerung: einfrieren
Schädlinge: Kohlblattlaus
Sorten: Früh-, Mittel- und Spätsorten: blauer und weißer Kohlrabi

1

2

3

4

5

6

7

8

Gemüsearten, Bild 1–8:
1 Rotkohl
2 Weißkohl
3 Kohlrabi
4 Rosenkohl
5 Grünkohl
6 Blumenkohl
7 Mangold
8 Brokkoli

1

2

3

4

5

6

7

8

Salatsorten, Bild 1–8: 1 Pflücksalat (Eichblatt), 2 Eissalat (Krachsalat), 3 Endivie, 4 Zuckersalat, 5 Kopfsalat, 6 Radiccio, 7 Feldsalat, 8 Schnittsalat

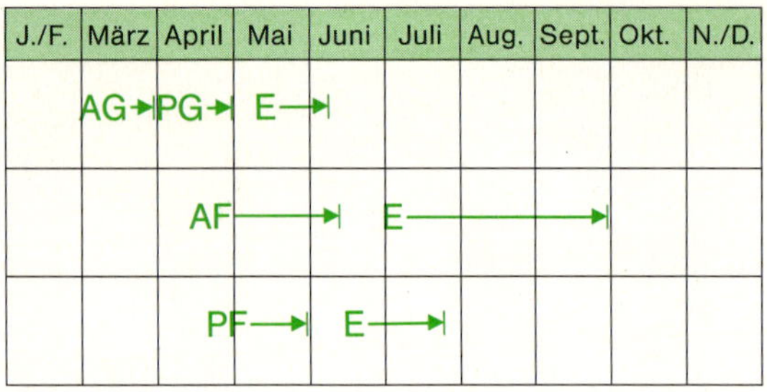


## Kopfkohlarten

*(Brassica oleracea var. capitata)*
Pflanzenfamilie: Kreuzblütler
Gemüseart: Kohlgemüse
Standortansprüche: hoher Feuchtigkeitsbedarf; tiefgründige Böden; Starkzehrer
Keimdauer: 6–8 Tage Saattiefe: 2 cm
Pflanzabstand/Reihenabstand: 50 cm/50 cm
Lagerung: Spätsorten mehrere Wochen bei kühlen Temperaturen im Keller, aus Weißkohl Sauerkrautherstellung durch Einsalzen, Wirsing einfrieren, Rotkohl zubereitet einfrieren
Schädlinge: Kohlfliege, Kohlhernie (Pilzkrankheit), Raupe, Blattlaus, Erdfloh
Sorten: Rot-Weiß- und Wirsingkohl als Früh- und Spätsorten. Frühsorten des Weißkohls werden unter dem Namen **Spitzkohl** geführt
Bemerkungen: **Weißkohl** wird auch **Weißkraut** und **Weißkabis, Rotkohl** auch **Blaukraut** und **Rotkabis** genannt

Rotkohl

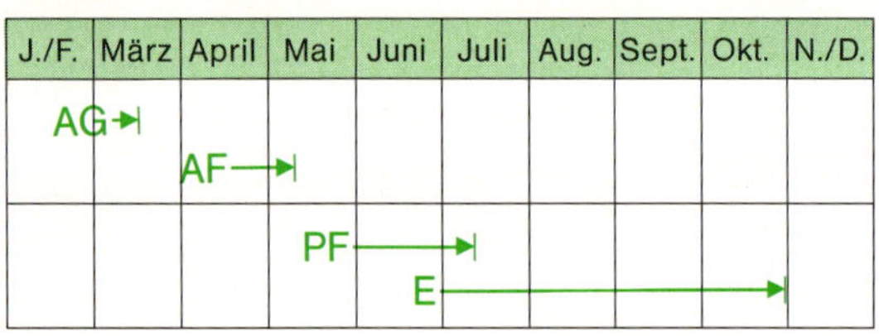


Weißkohl

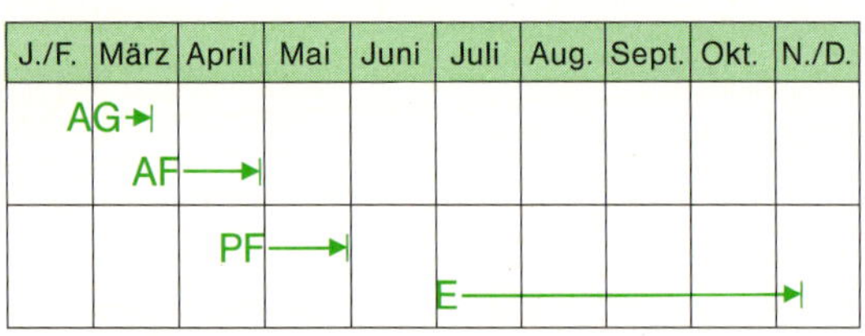


Wirsingkohl

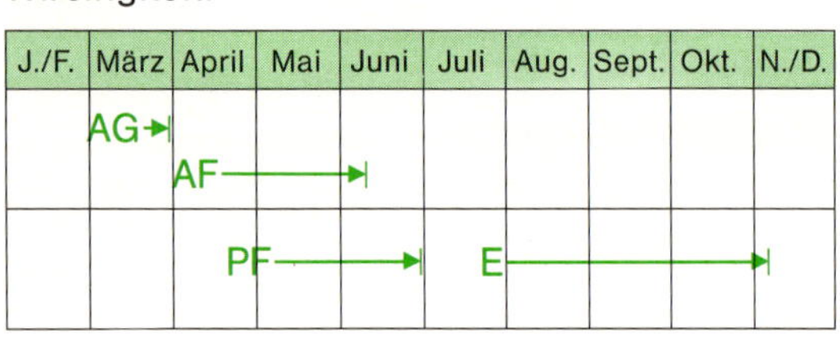


**Kopfsalat** *(Lactuca sativa var capitata)*
Pflanzenfamilie: Korbblütler
Gemüseart: Blattgemüse
Standortansprüche: gleichmäßig feuchter Boden; geringe Lichtansprüche; Mittelzehrer
Keimdauer: 8–12 Tage Saattiefe: 1,5 cm
Pflanzabstand/Reihenabstand: 30 cm/35 cm

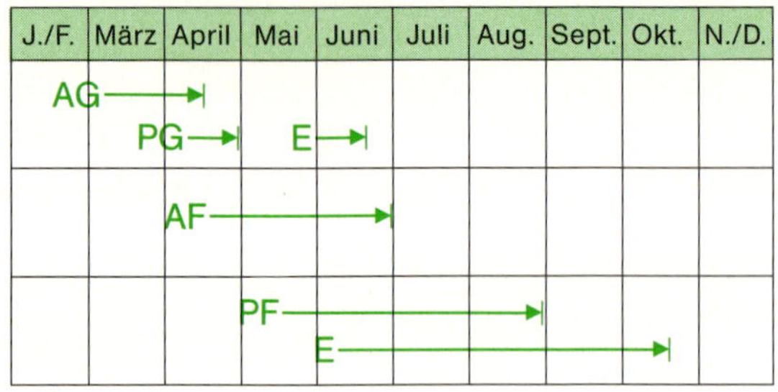


Schädlinge: Salatfäule (Pilze, Bakterien), Blattlaus, Erdraupe, Schnecke
Sorten: für Früh-, Mittel- und Spätaussaat
Bemerkungen: Bei zunehmender Tageslänge und intensiverer Sonneneinstrahlung muß Salat schnell geerntet werden, weil er sonst blüht (schoßt) und dann ungenießbar ist

**Krachsalat** → Eissalat

**Kren** → Meerrettich

**Kürbis** *(Cucurbita maxima)*
Pflanzenfamilie: Kürbisgewächse
Gemüseart: Fruchtgemüse
Standortansprüche: Starkzehrer
Keimdauer: 10 Tage Saattiefe: 3 cm
Pflanzabstand/Reihenabstand: 100 cm/150 cm

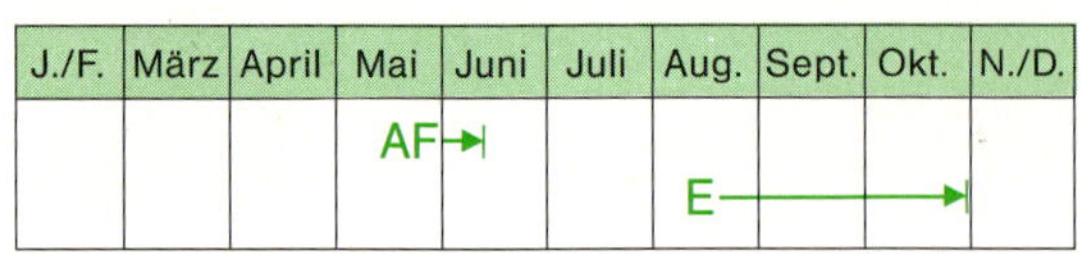


Lagerung: einige Monate im Keller lagerbar, süß-sauer einwecken
Bemerkungen: Kürbis kann bis zu 50 kg schwer werden; reif ist er, wenn die Frucht beim Anklopfen hohl klingt. Ranken nach der Fruchtbildung einkürzen

**Mais** → Zuckermais

## Mangold

*(Beta vulgaris ssp. vulgaris var. vulgaris)*
Pflanzenfamilie: Gänsefußgewächse
Gemüseart: Blattgemüse
Standortansprüche: Starkzehrer
Keimdauer: 14 Tage Saattiefe: 3–4 cm
Pflanzabstand/Reihenabstand: 40 cm/30 cm

| J./F. | März | April | Mai | Juni | Juli | Aug. | Sept. | Okt. | N./D. |
|---|---|---|---|---|---|---|---|---|---|
| | AF→ | →\| | | | | | | | |
| | | | | E→ | → | → | →\| | | |

Lagerung: einfrieren
Bemerkungen: wird auch als **Römischer Kohl** bezeichnet. Wenn man die Wurzeln im Winter mit Laub oder Stroh abdeckt, treibt er schon im März wieder aus. Geerntet werden immer die äußeren Blätter, damit sich die inneren weiter entwickeln können

**Meerrettich** *(Armoracia rusticana)*
Pflanzenfamilie: Kreuzblütler
Gemüseart: Wurzelgemüse
Standortansprüche: Hoher Feuchtigkeitsbedarf; Mittelzehrer
Pflanzung: In der Regel pflanzt man im März/ April nur eine Wurzel (ca. 30 cm tief), die sich zu einer Staude entwickelt. Wenn die Wurzel im Frühjahr eingegraben wurde, können im nächsten Jahr Teile der sich entwickelnden Wurzel geerntet werden
Schädlinge: Meerretticherdfloh, Meerrettichblattkäfer
Lagerung: einsanden

**Möhre** *(Daucus carota ssp. sativus)*
Pflanzenfamilie: Doldengewächse
Gemüseart: Wurzelgemüse
Standortansprüche: tiefgründiger und feuchtigkeitshaltender Boden, Mittelzehrer
Keimdauer: 15–30 Tage (wegen langer Keimdauer möglichst Markiersaat, z. B. Radieschen und Dill säen) Saattiefe: 2 cm
Pflanzabstand/Reihenabstand: 5 cm/25 cm

| J./F. | März | April | Mai | Juni | Juli | Aug. | Sept. | Okt. | N./D. |
|---|---|---|---|---|---|---|---|---|---|
| | AF→ | → | →\| | E→ | → | →\| | | | |
| | | AF→ | → | →\| | E→ | → | → | →\| | |

Lagerung: Früh- u. Spätmöhren einfrieren, Spätmöhren auch einsanden
Schädlinge: Möhrenfliege, Blattlaus
Sorten: zahlreiche Früh- u. Spätsorten

**Neuseeländer Spinat**
*(Tetragonia tetragonioides)*
Pflanzenfamilie: Portulakgewächse
Gemüseart: Blattgemüse
Standortansprüche: Mittelzehrer
Keimdauer: 10–30 Tage Saattiefe: 2 cm

| J./F. | März | April | Mai | Juni | Juli | Aug. | Sept. | Okt. | N./D. |
|---|---|---|---|---|---|---|---|---|---|
| | AG→ | →\| | | | | | | | |
| | | | PF→\| | E→ | → | → | → | → | →\| |

Pflanzabstand/Reihenabstand: 100 cm/100 cm
Lagerung: einfrieren
Bemerkungen: Bevor die Ranken sich ausdehnen und den gesamten Platz in Anspruch nehmen, können schnellwachsende Frühgemüse (z. B. Salat, Rettich, Radieschen) angebaut werden

**Paprika** *(Capsicum annuum)*
Pflanzenfamilie: Nachtschattengewächse
Gemüseart: Fruchtgemüse
Standortansprüche: Hoher Wärmeanspruch, daher bei kühlerem Klima Anbau nur im Gewächshaus möglich. Gleichmäßige Wasserversorgung, Mittelzehrer
Keimdauer: 5–15 Tage Saattiefe: 3 cm
Pflanzabstand/Reihenabstand: 40 cm/40 cm

| J./F. | März | April | Mai | Juni | Juli | Aug. | Sept. | Okt. | N./D. |
|---|---|---|---|---|---|---|---|---|---|
| | AG→ | PG→ | →\| | | E→ | → | →\| | | |

Lagerung: einlegen in Öl und Essig
Schädlinge: Blattläuse, Spinnmilben, weiße Fliege, Pilze, Virosen
Sorten: Grün-, Rot- und Gelbfärbungen sind keine unterschiedlichen Sorten, sondern verschiedene Reifestadien. Im ersten Reifestadium sind sie grün, dann gelb und dann rot. Neben diesem Gemüsepaprika gibt es Gewürzpaprika (Peperoni), das zu Cayenne-Pfeffer verarbeitet wird. Gewürzpaprika hat schmale, längliche Früchte.

**Pastinake** *(Pastinaca sativa)*
Pflanzenfamilie: Doldengewächse
Gemüseart: Wurzelgemüse
Standortansprüche: wasserhaltende Böden, Mittelzehrer
Saattiefe: 2 cm
Keimdauer: 20–35 Tage (wegen langer Keimdauer möglichst Markiersaat, z. B. Radieschen
Pflanzabstand/Reihenabstand: 15 cm/30 cm

| J./F. | März | April | Mai | Juni | Juli | Aug. | Sept. | Okt. | N./D. |
|---|---|---|---|---|---|---|---|---|---|
| | AF→ | →\| | | | | | | E→ | →\| |

Lagerung: einsanden
Bemerkungen: Wegen ihres besonders guten Wachstums auf Moorböden wird sie auch **Moorrübe** genannt

**Pflücksalat** *(Lactuca sativa var. crispa)*
Pflanzenfamilie: Korbblütler
Standortansprüche: geringe Lichtansprüche; Mittelzehrer
Keimdauer: 5–14 Tage Saattiefe: 1,5 cm
Pflanzabstand/Reihenabstand: 20 cm/25 cm

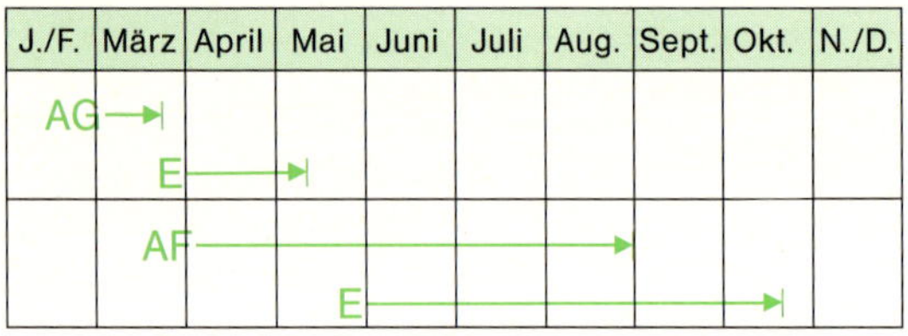


Bemerkungen: Pflücksalat wächst an einem ca. 50 cm hohen Mitteltrieb, es werden immer nur die äußeren, älteren Blätter gepflückt

**Porree** *(Allium porrum)*
Pflanzenfamilie: Liliengewächse
Gemüseart: Zwiebelgemüse
Standortansprüche: hoher Feuchtigkeitsbedarf; tiefgründiger Boden; Starkzehrer
Keimdauer: 12–18 Tage Saattiefe: 1 cm
Pflanzabstand/Reihenabstand: 15 cm/30 cm

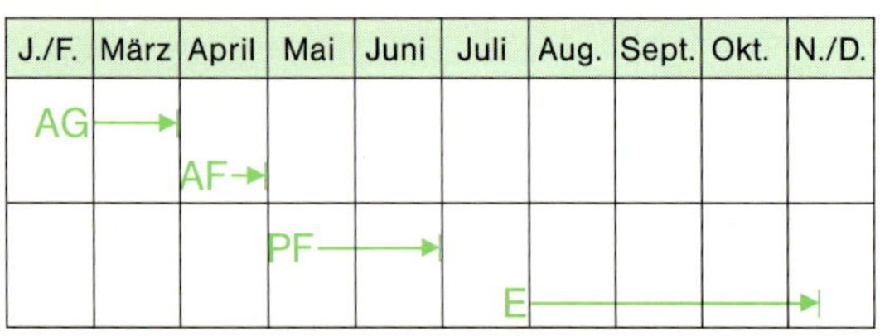


Lagerung: einfrieren, einsanden
Schädlinge: Zwiebelfliege, Lauchmotte
Sorten: für Frühjahr-, Sommer- und Herbstanbau
Bemerkungen: Porree wird auch **Lauch** genannt. Bei Winterporree müssen die Pflanzen vor Frostbeginn mit Erde angehäufelt werden, damit sie nicht erfrieren. Die Ernte kann dann bis März des nächsten Jahres durchgeführt werden

**Puffbohne** → Dicke Bohne

**Radi** → Rettich

**Radicchio** *(Cichorium intybus var. foliosum)*
Pflanzenfamilie: Korbblütler
Standortansprüche: Mittelzehrer
Keimdauer: 6–10 Tage Saattiefe: 1,5 cm
Pflanzabstand/Reihenabstand: 15 cm/25 cm

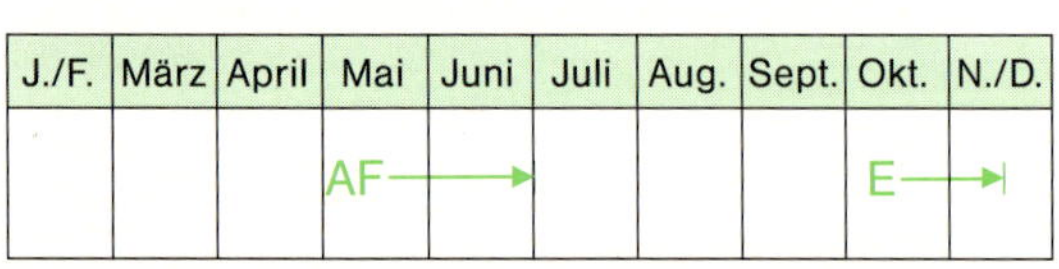


Lagerung: 1–2 Wochen im Kühlschrank
Bemerkungen: gehört zu den Salatzichorien, muß jedoch nicht wie der Chicorée getrieben werden

**Radieschen** *(Raphanus sativus var. sativus)*
Pflanzenfamilie: Kreuzblütler
Gemüseart: Knollengemüse
Standortansprüche: hoher Feuchtigkeitsbedarf; Schwachzehrer
Keimdauer: 3–8 Tage Saattiefe: 1 cm
Pflanzabstand/Reihenabstand: 5 cm/15 cm

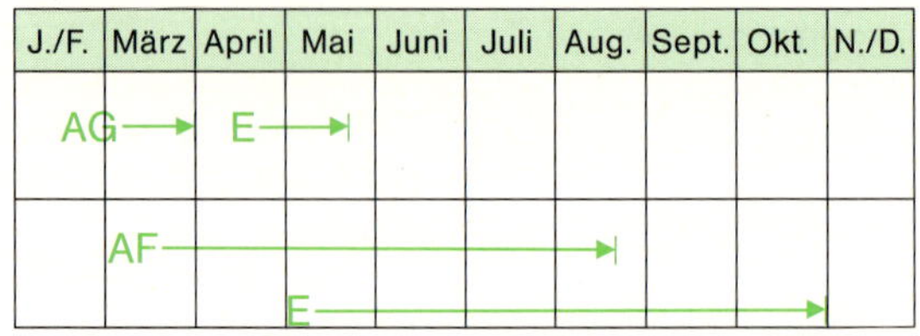


Schädlinge: Maden der Kohlfliege, Erdfloh
Sorten: für Frühjahr- und Herbstanbau, kugelige oder längliche Knollen
Bemerkungen: längliche Knollen, auch Eiszapfen genannt

**Rahnen** → Rote Bete

**Rapunzel** → Feldsalat

**Rettich** *(Raphanus sativus var. niger)*
Pflanzenfamilie: Kreuzblütler
Gemüseart: Wurzelgemüse
Standortansprüche: gleichmäßige Wasserversorgung; Mittelzehrer
Keimdauer: 4–10 Tage Saattiefe: 2–3 cm
Pflanzabstand/Reihenabstand: 20 cm/25 cm

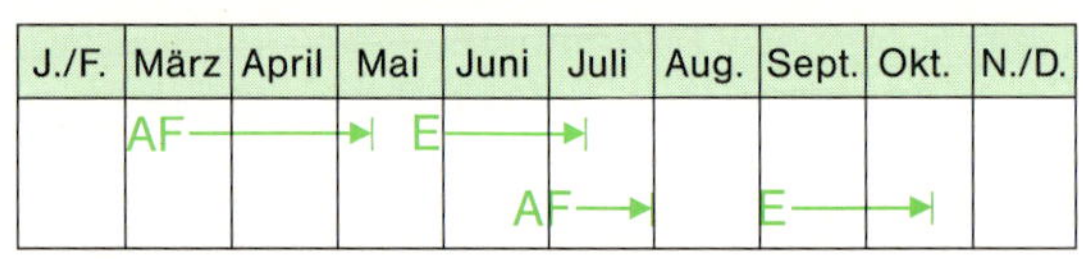


Lagerung: einsanden
Schädlinge: Erdfloh, Kohlfliege, Kohlhernie (Pilzkrankheit), Rettichschwärze
Sorten: Sommerrettich: weiße, längliche Knollen; Winterrettich: ovale Knollen
Bemerkungen: wird auch **Radi** genannt

**Rhabarber** *(Rheum rhaponticum)*
Pflanzenfamilie: Knöterichgewächs
Gemüseart: Stengelgemüse
Standortansprüche: gut durchfeuchteter Boden, Starkzehrer
Pflanzabstand/Reihenabstand: 100 cm/100 cm

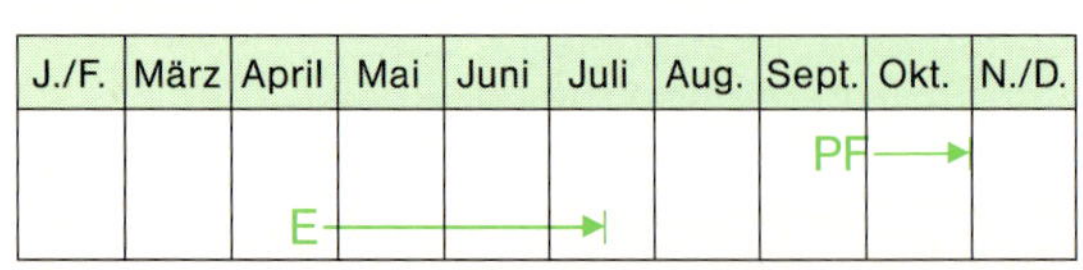


Lagerung: einfrieren, Marmeladenherstellung
Sorten: grünstielige, rotstielige (im Geschmack weniger sauer)
Bemerkungen: enthält hohen Oxalsäureanteil

**Römischer Kohl** → Mangold

**Römischer Salat** *(Lactuca sativa var. longifolia)*
Pflanzenfamilie: Korbblütler
Gemüseart: Blattgemüse
Standortansprüche: Mittelzehrer
Keimdauer: 6–10 Tage Saattiefe: 1,5 cm
Pflanzabstand/Reihenabstand: 30 cm/30 cm

| J./F. | März | April | Mai | Juni | Juli | Aug. | Sept. | Okt. | N./D. |
|---|---|---|---|---|---|---|---|---|---|
| | AG → | →\| | | | | | | | |
| | | | PF → | →\| E → | → | →\| | | | |

Schädlinge: Mehltau
Sorten: grüner und gelber Römischer Salat
Bemerkungen: auch unter den Namen **Bindesalat, Kochsalat** und **Sommerendivie** bekannt

**Rosenkohl** *(Brassica oleracea var. gemmifera)*
Pflanzenfamilie: Kreuzblütler
Gemüseart: Kohlgemüse
Standortansprüche: hoher Feuchtigkeitsbedarf, Starkzehrer
Keimdauer: 4 Tage Saattiefe: 4 cm
Pflanzabstand/Reihenabstand: 60 cm/60 cm

| J./F. | März | April | Mai | Juni | Juli | Aug. | Sept. | Okt. | N./D. |
|---|---|---|---|---|---|---|---|---|---|
| | AG → | →\| | | | | | | | |
| | | | AF → | →\| | | | | |
| | | | | PF → | →\| | | E → | → | →\| |

Lagerung: einfrieren
Schädlinge: Erdfloh, Kohlfliege, Raupe und Kohlblattlaus
Sorten: erhebliche Unterschiede in Reifezeit und Winterhärte
Bemerkungen: Rosenkohl ist zweijährig; nach der Ernte im ersten Jahr bilden sich im zweiten Jahr Blüten und Samen. Die Ernte beginnt mit den ersten entwickelten Röschen (Achselknospen). Bei nicht zu niedrigen Temperaturen wachsen ständig Röschen nach, so daß über mehrere Wochen geerntet werden kann

**Rote Bete** *(Beta vulgaris var. conditiva)*
Pflanzenfamilie: Gänsefußgewächs
Gemüseart: Wurzelgemüse
Standortansprüche: Starkzehrer
Keimdauer: 9–14 Tage Saattiefe: 3 cm
Pflanzabstand/Reihenabstand: 30 cm/15 cm

| J./F. | März | April | Mai | Juni | Juli | Aug. | Sept. | Okt. | N./D. |
|---|---|---|---|---|---|---|---|---|---|
| | | AF → | → | → | →\| | E → | → | →\| | |

Lagerung: einsanden, einwecken (in Öl und Essig)
Bemerkungen: auch unter den Namen **Rote Rübe** und **Rahnen** bekannt. Bei früher Aussaat besteht die Gefahr des Verholzens

**Rotkohl** → Kopfkohlarten

**Saubohne** → Dicke Bohne

**Schalotte** *(Allium ascalonicum)*
Pflanzenfamilie: Liliengewächse
Gemüseart: Zwiebelgemüse
Standortansprüche: Starkzehrer
Pflanztiefe: 3 cm
Pflanzabstand/Reihenabstand: 15 cm/30 cm

| J./F. | März | April | Mai | Juni | Juli | Aug. | Sept. | Okt. | N./D. |
|---|---|---|---|---|---|---|---|---|---|
| | PF → | →\| | | | E → | →\| | | | |

Lagerung: kühl, trocken und dunkel lagern
Schädlinge: Gelbstreifigkeit (Virus), Zwiebelbrand
Bemerkungen: Wenn das Laub niederliegt, sind Zwiebeln erntereif.

**Schwarzwurzel** *(Scorzonera hispanica)*
Pflanzenfamilie: Korbblütler
Gemüseart: Wurzelgemüse
Standortansprüche: Mittelzehrer
Keimdauer: 12–20 Tage Saattiefe: 1 cm
Pflanzabstand/Reihenabstand: 10 cm/30 cm

| J./F. | März | April | Mai | Juni | Juli | Aug. | Sept. | Okt. | N./D. |
|---|---|---|---|---|---|---|---|---|---|
| | AF → | →\| | | | | | | E → | →\| |

Lagerung: einsanden
Schädlinge: Echter und Falscher Mehltau (Pilzerkrankung)
Bemerkungen: Schwarzwurzeln sind mehrjährig. Im zweiten Jahr bilden sie Blüten und Samen. Die Wurzeln sind auch dann noch weich und bekömmlich

**Sellerie** *(Apium graveolens)*
Pflanzenfamilie: Doldengewächse
Gemüseart: Wurzelgemüse – Blattgemüse
Standortansprüche: Starkzehrer
Keimdauer: 15–25 Tage Saattiefe: 1 cm

Bleichsellerie *(Apium graveolens var. dulce)*
Pflanzabstand/Reihenabstand: 30 cm/30 cm

| J./F. | März | April | Mai | Juni | Juli | Aug. | Sept. | Okt. | N./D. |
|---|---|---|---|---|---|---|---|---|---|
| | AG → | →\| | | | | | | | |
| | | | | PF → | →\| | E → | → | → | →\| |

<u>Bemerkungen:</u> auch selbstbleichende Sorten sollten durch Anhäufeln oder Umwickeln der Staude mit schwarzer Folie gebleicht werden. Wird auch **Stangen-** oder **Staudensellerie** genannt

Knollensellerie
*(Apium graveolens var. rapaceum)*
<u>Pflanzabstand/Reihenabstand:</u> 40 cm/40 cm

| J./F. | März | April | Mai | Juni | Juli | Aug. | Sept. | Okt. | N./D. |
|---|---|---|---|---|---|---|---|---|---|
| | AG →\| | | PF → | →\| | | | | E → | →\| |

<u>Lagerung:</u> einsanden

**Silberzwiebel** *(Allium cepa)*
<u>Pflanzenfamilie:</u> Liliengewächse
<u>Gemüseart:</u> Zwiebelgemüse
<u>Standortansprüche:</u> Starkzehrer
<u>Keimdauer:</u> 10–25 Tage <u>Saattiefe:</u> 1 cm
<u>Pflanzabstand/Reihenabstand:</u> 15 cm/30 cm

| J./F. | März | April | Mai | Juni | Juli | Aug. | Sept. | Okt. | N./D. |
|---|---|---|---|---|---|---|---|---|---|
| | AF → | → | →\| | | E → | → | →\| | | |

<u>Lagerung:</u> kühl, trocken und dunkel, in Essig einlegen

**Sojabohnen** *(Glycine hispida)*
<u>Pflanzenfamilie:</u> Schmetterlingsblütler
<u>Gemüseart:</u> Fruchtgemüse
<u>Standortansprüche:</u> warme, windgeschützte Lage (Mittelzehrer). Sie sollten mehrere Jahre auf der gleichen Fläche verbleiben
<u>Keimdauer:</u> 7–12 Tage <u>Saattiefe:</u> 3 cm
<u>Pflanzabstand/Reihenabstand:</u> 30 cm/20 cm

| J./F. | März | April | Mai | Juni | Juli | Aug. | Sept. | Okt. | N./D. |
|---|---|---|---|---|---|---|---|---|---|
| | | AG →\| | | | | | | | |
| | | | | AF | | | | | |
| | | | | PF →\| | | E →\| | | | |

<u>Lagerung:</u> trocknen
<u>Bemerkungen:</u> Getrocknete Bohnen können im Winter auf der Fensterbank (z. B. auf feuchtem Tuch oder Teller mit wenig Wasser) zum Keimen gebracht werden. Die Keime lassen sich roh als Salat oder gedünstet als Gemüse essen

**Spargel** *(Asparagus officinalis)*
<u>Pflanzenfamilie:</u> Liliengewächse
<u>Gemüseart:</u> Stengelgemüse
<u>Standortansprüche:</u> warme, geschützte Lage, Starkzehrer <u>Pflanztiefe:</u> 20 cm
<u>Pflanzabstand/Reihenabstand:</u> 40 cm/150 cm

| J./F. | März | April | Mai | Juni | Juli | Aug. | Sept. | Okt. | N./D. |
|---|---|---|---|---|---|---|---|---|---|
| | PF → | →\| | | | | | | | |
| | | | E → | →\| | | | | | |

<u>Lagerung:</u> einfrieren, einwecken
<u>Sorten:</u> Bleich- und Grünspargel
<u>Bemerkungen:</u> In der Bundesrepublik Deutschland wird überwiegend Bleichspargel angebaut, da er weniger Wärme bedarf als Grünspargel. Spargelpflanzen sind 8 bis 10jährig, die erste Ernte erfolgt im dritten Jahr

**Speisezwiebel** → Zwiebeln

**Spinat** *(Spinacia oleracea)*
<u>Pflanzenfamilie:</u> Gänsefußgewächse
<u>Gemüseart:</u> Blattgemüse
<u>Standortansprüche:</u> Mittelzehrer
<u>Keimdauer:</u> 7–10 Tage <u>Saattiefe:</u> 2 cm
<u>Pflanzabstand/Reihenabstand:</u> dicht/20 cm

| J./F. | März | April | Mai | Juni | Juli | Aug. | Sept. | Okt. | N./D. |
|---|---|---|---|---|---|---|---|---|---|
| | AF → | → | →\| | | | | | | |
| | | | E → | →\| | | | | | |
| | | | | | | AF → | →\| | E → | →\| |

<u>Lagerung:</u> einfrieren
<u>Sorten:</u> für Frühjahr- und Sommeraussaat
<u>Bemerkungen:</u> enthält hohen Oxalsäureanteil

**Spitzkohl** → Kohl

**Stangenbohne** *(Phaseolus vulgaris)*
<u>Pflanzenfamilie:</u> Schmetterlingsblütler
<u>Gemüseart:</u> Fruchtgemüse
<u>Standortansprüche:</u> wärmebedürftig; Starkzehrer <u>Keimdauer:</u> 4–12 Tage <u>Saattiefe:</u> 3 cm
<u>Pflanzabstand/Reihenabstand:</u> 60 cm/100 cm

| J./F. | März | April | Mai | Juni | Juli | Aug. | Sept. | Okt. | N./D. |
|---|---|---|---|---|---|---|---|---|---|
| | | | | AF →\| | | E → | → | →\| | |

<u>Lagerung:</u> einfrieren, einwecken, trocknen
<u>Schädlinge:</u> Rostkrankheit
<u>Sorten:</u> verschiedene Sorten, die nach Geschmack, Ertrag und Klimaansprüchen unterschieden werden

**Stangensellerie** → Sellerie

**Staudensellerie** → Sellerie

**Strauchbohne** → Buschbohne

**Tomaten** *(Lycopersicon lycopersicum)*
Pflanzenfamilie: Nachtschattengewächse
Gemüseart: Fruchtgemüse
Standortansprüche: sonniger, warmer, windgeschützter Platz; Starkzehrer
Keimdauer: 6–14 Tage Saattiefe: 2 cm

| J./F. | März | April | Mai | Juni | Juli | Aug. | Sept. | Okt. | N./D. |
|---|---|---|---|---|---|---|---|---|---|
| | AG → | →\| | | E → | → | → | → | →\| | |
| | | | PF → | →\| | | E → | →\| | | |

Lagerung: einfrieren
Schädlinge: Kraut- und Braunfäule (Pilzerkrankung)
Sorten: Buschtomaten, Fleischtomaten
Bemerkungen: Tomaten wachsen besser, wenn sie jedes Jahr den gleichen Standort erhalten.

**Wachsbohne** → Buschbohne

**Weißkohl** → Kopfkohlarten

**Weißkraut** → Kopfkohlarten

**Winterspargel** → Schwarzwurzeln

**Wirsingkohl** → Kopfkohlarten

**Wurzel** → Möhre

**Wurzelpetersilie**
*(Petroselinum crispum, ssp. tuberosum)*
Pflanzenfamilie: Doldengewächse
Gemüseart: Wurzelgemüse
Standortansprüche: keine
Keimdauer: 20–30 Tage Saattiefe: 1 cm
Pflanzabstand/Reihenabstand: 10 cm/25 cm

| J./F. | März | April | Mai | Juni | Juli | Aug. | Sept. | Okt. | N./D. |
|---|---|---|---|---|---|---|---|---|---|
| | AF → | →\| | | | | | | E → | →\| |

Lagerung: in Sand einschlagen
Sorten: nach der Wurzelform werden „kurze, dicke" mit kleiner Wurzel und früher Ernte von „halblangen" und „langen glatten" unterschieden.
Bemerkungen: wegen langer Keimdauer Markiersaat (z. B. Radieschen) der Aussaat beimischen

**Zichoriensalat** → Zuckerhutsalat

**Zucchetti** → Zucchini

**Zucchini** *(Eucurbita pepo)*
Pflanzenfamilie: Kürbisgewächse
Gemüseart: Fruchtgemüse
Standortansprüche: Starkzehrer
Keimdauer: 6–14 Tage Saattiefe: 1–2 cm
Pflanzabstand/Reihenabstand: 80 cm/80 cm

| J./F. | März | April | Mai | Juni | Juli | Aug. | Sept. | Okt. | N./D. |
|---|---|---|---|---|---|---|---|---|---|
| | | AG → | →\| | | | | | | |
| | | | PF → | →\| | E → | → | → | →\| | |

Schädlinge: Schnecken
Bemerkungen: werden auch **Zucchetti** oder **Courgette** genannt. Können ca. 50 cm lang werden, sollten aus geschmacklichen Gründen jedoch bereits bei einer Länge von 20–30 cm geerntet werden

**Zuckerhutsalat** *(Cichoricum intybus)*
Pflanzenfamilie: Korbblütler
Gemüseart: Blattgemüse
Standortansprüche: Mittelzehrer
Keimdauer: 6–10 Tage Saattiefe: 1,5 cm
Pflanzabstand/Reihenabstand: 30 cm/30 cm

| J./F. | März | April | Mai | Juni | Juli | Aug. | Sept. | Okt. | N./D. |
|---|---|---|---|---|---|---|---|---|---|
| | | | AF → | →\| | | | | E → | →\| |

Lagerung: bei kühler Aufbewahrung 2–3 Monate
Bemerkungen: wird auch **Zichoriensalat** oder **Fleischkraut** genannt

**Zuckermais** *(Zea mays con var. saccharata)*
Pflanzenfamilie: Gräser
Gemüseart: Fruchtgemüse
Standortansprüche: Starkzehrer
Keimdauer: 8–21 Tage Saattiefe: 3 cm
Pflanzabstand/Reihenabstand: 20 cm/50 cm

| J./F. | März | April | Mai | Juni | Juli | Aug. | Sept. | Okt. | N./D. |
|---|---|---|---|---|---|---|---|---|---|
| | | | AF → | →\| | | E → | →\| | | |

Lagerung: süß-sauer einlegen, einfrieren

**Zwiebel** *(Allium cepa)*
Pflanzenfamilie: Liliengewächse
Gemüseart: Zwiebelgemüse
Standortansprüche: Starkzehrer
Keimdauer: 10–25 Tage Saattiefe: 2–3 cm
Pflanzabstand/Reihenabstand: 5 cm/25 cm

| J./F. | März | April | Mai | Juni | Juli | Aug. | Sept. | Okt. | N./D. |
|---|---|---|---|---|---|---|---|---|---|
| | AF → | →\| | | | E → | → | →\| | | |

Lagerung: kühl, trocken und dunkel lagern
Bemerkungen: 1. Jahr Produktion von Steckzwiebeln, 2. Jahr Auslegen der Steckzwiebeln

## 3.2 Der Kräutergarten

### 3.2.1 Rund ums Kraut

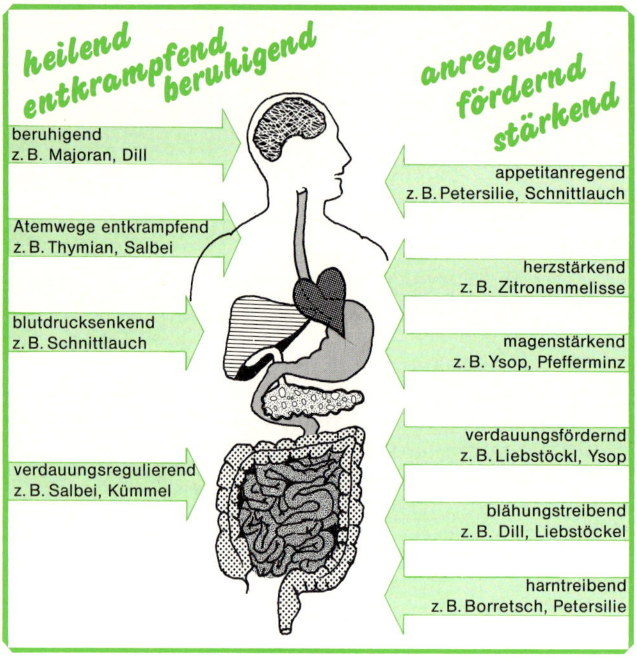


*Abb. 1 Wirkung von Kräutern auf den menschlichen Organismus*

Brennessel, Beinwell oder Löwenzahn gehören zu den seit alters her bekannten einheimischen **Heil- und Würzkräutern.** Frisch oder getrocknet wirken sie als Tee aufgebrüht gegen Frühjahrsmüdigkeit, Rheuma oder anregend auf Leber und Galle. Diese wilden Kräuter werden, wenn sie sich in unseren Gärten ansiedeln wollen, häufig als „Unkraut" behandelt. Die ihnen eigenen Inhaltsstoffe haben jedoch nicht nur heilsame Wirkungen auf den menschlichen Organismus, sondern fördern auch die Gesundheit von Gemüsepflanzen. Es ist daher sinnvoll, eine Ecke des Gartens der Brennessel oder anderen Wildkräutern zu überlassen. Der Grundstoff für eine der vielen Kräuterbrühen ist dann jederzeit verfügbar.

Wie die Abb. 1 zeigt, rufen Kräuter unterschiedliche, zum Teil heilende Wirkungen auf unseren Organismus hervor. Auch hierbei sollte natürlich nicht vergessen werden, daß ein Übermaß auch schädigend wirken kann.

Kräuter waren viele Jahrhunderte die wichtigsten Grundstoffe zur Herstellung von Arzneien.

Gleichzeitig finden Kräuter eine immer breitere Verwendung als Gewürze in unseren Küchen. Da Kräuter oft heilende und würzende Eigenschaften gleichzeitig besitzen, ist der Übergang zwischen Heil- und Würzkräutern fließend.

Der jeweilige Geschmack sowie der besondere Geruch eines Krautes wird vor allem durch den Anteil der in ihm enthaltenen ätherischen Öle bestimmt.

Da diese sehr oft erst freigesetzt werden, wenn das Gewebe der Pflanze verletzt wird, sollten Würzkräuter möglichst immer zerkleinert verwendet werden.

Kräuter tragen durch ihren hohen Mineralstoffgehalt, vor allem an Eisen, Calcium, Kalium und Phosphor, zu einer gesunden Ernährung bei. Die in ihnen enthaltenen Vitamine fördern die körpereigenen Abwehrstoffe.

Als Vitamin-C-Lieferant kommt den Kräutern besonders im Winter eine wichtige Bedeutung zu. Wenn uns dann nämlich frisches Obst und frisches Gemüse weniger reichhaltig zur Verfügung stehen, lassen sich Petersilie, Kresse oder Schnittlauch immer noch recht mühelos auf der Fensterbank ziehen.

Borretsch, Petersilie, Schnittlauch, Dill und einige andere Kräuter sind bei uns heimisch. Rosmarin, Lavendel, Majoran oder Thymian stammen dagegen aus dem Mittelmeerraum. Andere wie Estragon und Kerbel haben ihre Heimat in Asien.

Wenn wir diese fremdländischen Kräuter bei uns anbauen, sollten wir bei der Standortwahl deren andersgearteten Ansprüche an das Klima berücksichtigen.

### Aufgaben

1. Welche Kräuter würden Sie bei folgenden Krankheiten empfehlen: Blähungen, Verdauungsbeschwerden, Schlaflosigkeit, Erkältung, Bluthochdruck (s. Abb. 1)?
2. Nennen Sie einige wichtige Gründe für den Anbau von Kräutern (s. auch S. 69).
3. Versuchen Sie einige der Kräuter auf S. 70 zu bestimmen.

Zudem müssen mehrjährige Kräuter aus warmen Klimaregionen im Winter besonders geschützt werden. Am sichersten ist es, sie in der kalten Jahreszeit ins Haus zu holen. Viele unserer heimischen Kräuter sind einjährig, so daß eine jährliche Neuaussaat erforderlich ist.

In einem eigens eingerichteten Kräutergarten oder in einer **Kräuterspirale** (Abb. 1) kann man die verschiedenen Kräuter selber ziehen und sie immer frisch für die Küche zur Verfügung haben. Viele Kräuter erweisen sich aber auch als nützlich für Mischkulturen im Gemüsegarten, da sie dort helfen, Schädlinge abzuwehren. So soll Lavendel Blattläuse und Ameisen abwehren oder Thymian vor Kohlweißlingsraupen und Blattläusen schützen. Andere wirken geschmacksverbessernd, z.B. Kresse für Radieschen oder Kümmel für Kartoffeln, Gurken und Kohl.

Die violetten Blüten von Salbei, Ysop oder Lavendel, aber auch die blauen Blüten von Borretsch und Rosmarin geben nicht nur dem Nutzgarten schöne Farbtupfer, sondern sind auch ein willkommener Schmuck für jeden Ziergarten. Ob als Würz- oder Heilkraut, als Zierpflanze oder „Schädlingsbekämpfer", Kräuter sind in jedem Fall ein nützlicher Bestandteil eines jeden auch noch so kleinen Gartens.

## Aufgaben

1. Rosmarin ist mehrjährig. Warum kann er trotzdem nicht so einfach im Garten überwintern?
2. Bestimmen Sie anhand der Fotos auf Seite 70 verschiedene Küchenkräuter.
3. Bringen Sie Küchenkräuter von zu Hause mit, und bestimmen Sie diese.
4. Legen Sie eine Kräuterfibel an. Dazu müssen Sie verschiedene Küchenkräuter pressen und anschließend auf Papier aufkleben. Schreiben Sie zu jedem Küchenkraut Informationen über Anbau, Kulturmaßnahmen und Verwendung in der Küche auf. Ziehen Sie dazu Gebrauchsanweisungen auf Samentüten, Kochbücher und den Praxisteil über Kräuter heran.

**Die steinerne Schnecke**

Petersilie und Kresse gedeihen auf feuchtem Boden; Majoran und Salbei lieben wie die meisten mehrjährigen Kräuter einen trocknen, warmen Standort. Wie sind diese unterschiedlichen Ansprüche im Garten zu vereinbaren? Eine interessante Lösung stellt die Kräuterspirale dar (Abb. 1). Trockenheit und Wärme liebende Kräuter werden im oberen, nach Süden ausgerichteten Teil der schneckenförmig angelegten Spirale angepflanzt. Dort wirkt die umgebende Steinmauer wärmespeichernd und der Untergrund wasserdurchlässig. Die Erdfüllung besteht hier aus Gartenerde, Sand und nach unten hin aus kleineren und größeren Steinen. Außerdem sollte diese Füllung Kalkmörtel enthalten, damit ein für diese Kräuter wichtiges basisches Milieu entsteht. Zum niedrigeren Teil der Spirale, wo feuchtigkeitsliebende Kräuter wachsen sollen, besteht die Füllung aus möglichst feuchtigkeitspeichernder Gartenerde.

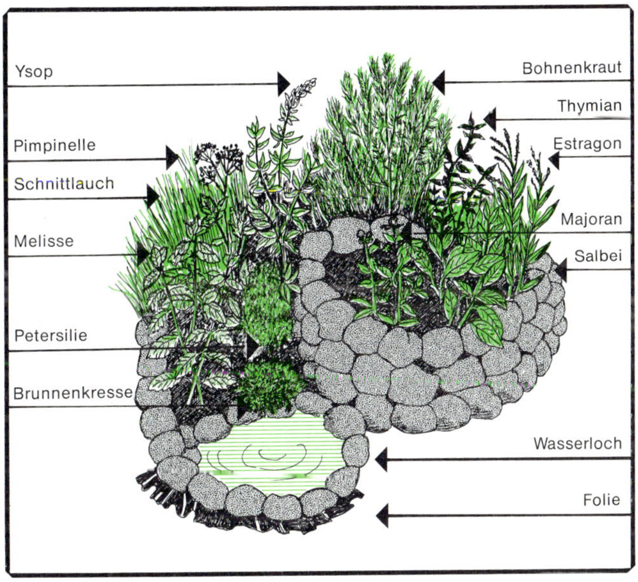


*Abb. 1 Kräuterspirale*

Damit auch die niedrigeren Pflanzen genügend Licht bekommen, werden die höheren Kräuter nicht an dem äußeren, sondern dem inneren Rand der Spirale angebaut. Im unteren Teil werden Kräuter mit dem höchsten Wasserbedarf gepflanzt. Hier am unteren Ende der Spirale kann ein mit Erde, Sand und Wasser gefüllter Bottich eingelassen werden. Die von der Wasserfläche reflektierten Sonnenstrahlen erwärmen zusätzlich die Steine. Steine und Wasser geben die gespeicherte Wärme nachts wieder an ihre Umgebung ab, wodurch es zu einem ausgeglicheneren Kleinklima kommt.

## 3.2.2 Wir bestimmen Küchenkräuter

1

2

3

4

5

6

7

8

9

1 Borretsch, 2 Estragon, 3 Majoran, 4 Liebstöckel, 5 Thymian, 6 Rosmarin, 7 Salbei, 8 Pimpinelle, 9 Ysop

## 3.2.3 Verschiedene Kräuter

| Einjährige Kräuter | Wuchshöhe (in cm) | Aussaat | Keimzeit (in Tagen) | Ernte |
|---|---|---|---|---|
| **Basilikum,** Basilienkraut, Königskraut *(Ocimum basilicum)* | bis zu 40 | ab Mitte V (frostempfindlich) | 10–14 | VI–VIII |
| **Bohnenkraut,** Pfefferkraut, Gartenquendel *(Satureja hortensis)* | 30–40 | IV–V | 15–20 | V–VII (Vollblüte) |
| **Borretsch,** Gurkenkraut, Borgel *(Borago officinalis)* | 40–80 | IV–VII | 3–8 | V–IX |
| **Dill,** Gartendill, Kümmerlingskraut *(Anethum graveolens)* | 40–80 | III–VI | 15–20 | VI–IX (vor der Blüte) |
| **Gartenkresse,** Kressekraut, Kresse *(Lepidium sativum)* | 3–4 | III–IX | 2–3 | IV–X |
| **Kerbel,** Küchenkraut, Körfel *(Anthriscus cerefolium)* | 30–50 | III–VII | 10–14 | V–X |
| **Majoran,** Wurstkraut, Mairan *(Majorana hortensis)* | 30–50 | ab Mitte V (frostempfindlich) | 14–20 | VII–IX (vor der Blüte) |
| **Petersilie,** Peterling, Felswurzel *(Petroselinum crispum)* (kann auch mehrjährig sein) | 10–15 | III–VIII | 20–25 | VI–X |

| Mehrjährige Kräuter | Wuchshöhe (in cm) | Kulturmaßnahmen | Bemerkungen | Ernte |
|---|---|---|---|---|
| **Estragon,** Bertram, Dragon *(Artemisia dracunculus)* | 80–150 | Wurzelausläufer, Standortwechsel alle 3 Jahre | 1 Pflanze in der Regel ausreichend | V–IX |
| **Kümmel,** Köm, Kämen *(Carum carri)* | bis 120 | trägt erst im 2. Jahr Samen | | V–VI |
| **Lavendel,** Zitterblume, Nervenkräutlein *(Lavendula angustifolia)* | 20–60 | Teilung oder Stecklingsvermehrung | im Herbst stark zurückschneiden | VII–X |
| **Liebstöckel,** Maggikraut, Badekraut *(Levisticum officinale)* | bis 200 | Teilung, Standortwechsel alle 10 Jahre | 1 Pflanze in der Regel ausreichend | IV–XI |
| **Oregano,** kretischer Dost, Schusterkraut *(Origanum vulgare)* | bis 50 | Wurzelausläufer, Teilung | 2–3 Pflanzen in der Regel ausreichend | VII–X |
| **Pfefferminze,** Katzenbalsam, Flachskraut *(Mentha piperita)* | 60–80 | alle 3 Jahre Wurzeln teilen und umpflanzen | vermehren sich stark durch Wurzelausläufer | VI–X |
| **Pimpinelle,** Bibernelle, Kleiner Wiesenknopf *(Sanguisorba minor)* | ca. 50 | Teilung, nach 5–6 Jahren umpflanzen | | V–X |
| **Rosmarin,** Brautkraut, Kid *(Rosmarinus officinalis)* | bis zu 200 | Stecklingsvermehrung | frostempfindlich | IV–VI |
| **Salbei,** Muskatellerkraut, Fischsalve *(Salvia officinalis)* | 50–100 | Teilung, Stecklingsvermehrung | im Herbst stark zurückschneiden, frostempfindlich | VI–X |
| **Schnittlauch,** Graslauch, Schnittling *(Allium schoenoprasum)* | bis 30 | nach 3 Jahren teilen und verpflanzen | im Winter abdecken | IV–X |
| **Thymian,** Kuttelkraut, Römischer Quendel *(Thymus vulgaris)* | bis 25 | alle 3 Jahre umpflanzen | 2 Pflanzen in der Regel ausreichend | V–VIII |
| **Ysop,** Eisenkraut, Bienenkraut *(Hyssopus officinalis)* | bis 50 | Teilung oder Stecklingsvermehrung, alle 4–5 Jahre umpflanzen | im Winter abdecken | VII–X |
| **Zitronenmelisse,** Gartenmelisse, Billerkraut *(Melissa officinalis)* | bis 60 | Wurzelausläufer, alle 3–5 Jahre verpflanzen | Pflanzen in der Regel ausreichend | VII–X |

*Abb. 1 Ein- und mehrjährige Kräuter*

## 3.3 Der Obstgarten

### 3.3.1 Früchte aus dem Garten

Abb. 1 Johannisbeere: von der Blüte zur Frucht

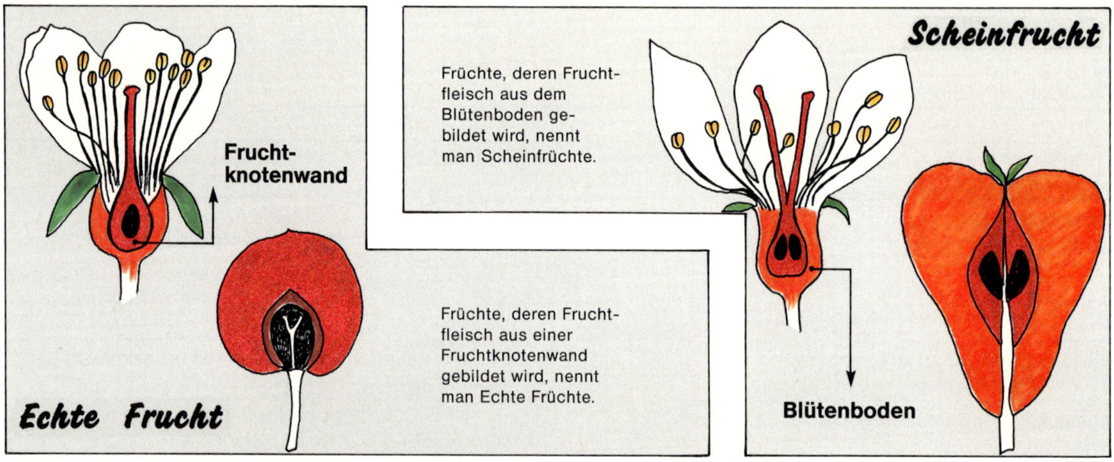


Abb. 2 Bildung von Schein- und Echten Früchten

Die Blütenbildung allein entscheidet noch nicht über den späteren Fruchtansatz. So werden Frühblüher wie der Pfirsich bei uns nicht selten von Spätfrösten überrascht, so daß die erhoffte Ernte ausbleibt. Auch kann ein zu kalter oder zu feuchter April den Bienenflug während der Blüte unserer Obstbäume stark einschränken und dadurch eine reichliche Befruchtung verhindern. Wassermangel während der Fruchtreife kann ebenfalls die Bildung großer, gesunder Früchte beeinträchtigen. Ein zu spät erkannter Schädlingsbefall stellt ein weiteres Risiko für den Ernteerfolg dar. Wichtig beim Obstanbau sind auch richtige Pflanzabstände (s. Abb. 2, S. 75) sowie die Berücksichtigung jeweiliger Standortanforderungen. Wo wir diese nicht annähernd im eigenen Garten schaffen können, sollten wir lieber auf die Pflanzung bestimmter Sorten oder Arten verzichten. Zu den entsprechenden Standortbedingungen gibt die nebenstehende Übersicht Auskunft.

| | |
|---|---|
| **Apfel** | gleichmäßige Wasserversorgung (Flachwurzler) |
| **Aprikose** | überaus anspruchsvoll an Wärme, daher nur in Weinbaugebieten |
| **Birne** | geschützte sonnige Lage; tiefgründiger leichter Boden; kein zu hoher Grundwasserstand |
| **Himbeere** | halbschattige geschützte Lage |
| **Kirsche** | schwere bis mittelschwere, nicht zu nasse, neutrale Böden |
| **Johannisbeere (rote u. weiße)** | feuchte humusreiche Böden; sonnige Lage |
| **Pfirsich** | viel Wärme; humusreicher Boden; geschützter Standort |
| **Pflaume/ Zwetsche** | anspruchslos; benötigen viel Wasser |
| **Quitte** | sonnige Lage; leichte bis mittelschwere Böden; günstig in Teich- oder Flußnähe |
| **Reneklode/ Mirabelle** | anspruchslos an den Boden; benötigen Wärme |
| **Stachelbeere** | kalkhaltige lehmige Böden; sonnige Lage |

Abb. 3 Standortansprüche einiger Obstarten

## 3.3.2 Ungezähmte Früchte für den Garten

*Abb. 1 Vogelbeere oder Eberesche (Sorbus aucuparis)*
Reifezeit: Spätherbst
Geschmack: bitter
Wirkung: harntreibend, blutstillend, gegen Magenverstimmung, viel Vitamin C

*Abb. 2 Hagebutte oder Heckenrose oder Hunds-Rose (Rosa canina)*
Reifezeit: Herbst
Geschmack: herb, würzig, säuerlich
Wirkung: harntreibend, viel Vitamin C

*Abb. 3 Sanddorn (Hippophae rhamnoides)*
Reifezeit: Spätsommer
Geschmack: herb, süß
Wirkung: blutstillend, harntreibend, viel Vitamin C

Die wilden Vorfahren unserer kultivierten Apfel- und Birnenbäume sind der Holzapfel und die Holzbirne. Die Früchte dieser und anderer **Wildobstbäume** sind sehr klein und schmecken häufig bitter, weshalb viele von ihnen nur gekocht zu genießen sind. Um saftigere, süßere und größere Früchte zu erhalten, wurden einige von ihnen zu unseren heutigen **Kulturobstsorten** gezüchtet. Als Nachteil erwies sich eine größere Anfälligkeit gegenüber Schädlingen. Bei einigen der Arten ging die neu gewonnene Größe der Frucht zu Lasten des Geschmacks. So sind z. B. die Gartenerdbeere und die Gartenhimbeere weniger aromatisch als ihre wildwachsenden Geschwister. Für unseren Garten können nicht zuletzt aus diesem Grund die züchterisch unbeeinflußten Wildobstarten ein Gewinn sein. Viele der vitaminreichen Beerenfrüchte lassen sich zu Säften, Wein, Gelees und Marmeladen verarbeiten, getrocknet als Gewürz verwenden oder auch roh essen. Darüber hinaus bringen sie zusätzlich Farbe in unsere Nutz- und Wohngärten oder dienen als Vogelnahrung.

*Abb. 4 Holunderbeere oder Fliederbeere (Sambucus nigra)*
Reifezeit: Spätsommer
Geschmack: herb, süß
Wirkung: abführend, harntreibend, schweißtreibend, blutreinigend, gegen fiebrige Erkältungen

*Abb. 5 Preiselbeere oder Kronsbeere (Vaccinium vitis-idaea)*
Reifezeit: Hochsommer
Geschmack: herb, sauer
Wirkung: harntreibend, harnwegdesinfizierend, gegen Durchfall

*Abb. 6 Schlehe oder Schwarzdornbeere (Prunus spinosa)*
Reifezeit: Herbst
Geschmack: sauer
Wirkung: blutreinigend, abführend, keimtötend, blutstillend

### Aufgaben

1. Vergleichen Sie den Vitamin-C-Gehalt von Wildfrüchten mit dem von züchterisch beeinflußten Obstarten (Abb. 1, S. 75).
2. Nennen Sie Vor- und Nachteile von Wildfrüchten im Vergleich zu gezüchteten Obstarten.
3. Erkunden Sie (mit Hilfe eines Bestimmungsbuches) Ihre Wohngegend hinsichtlich des Bestandes an Wildobstarten.

### 3.3.3 Obstinfo

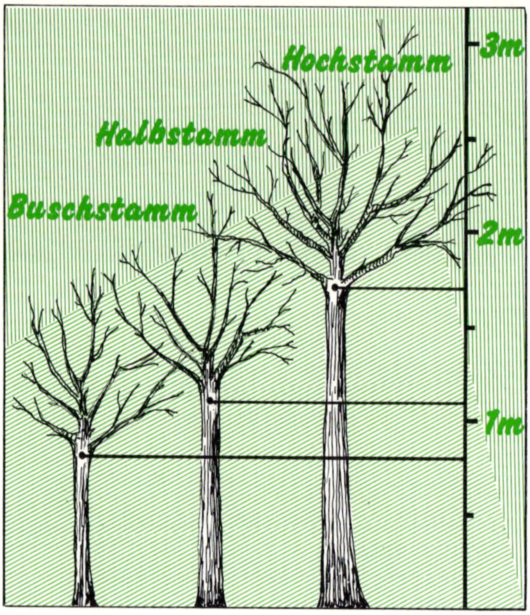


*Abb. 1 Kulturformen von Obstgehölzen*

Die meisten Obstarten haben typische Wuchsformen entwickelt: So wachsen Johannis- und Stachelbeere als Busch; Himbeere und Brombeere sind ebenfalls Sträucher, sie entwickeln jedoch lange Ranken. Erdbeeren bilden eine Ausnahme unter dem Beerenobst, da sie kleine krautige Pflanzen bilden. Weinreben werden als Strauch- oder Kletterpflanzen kultiviert.
Apfel, Birne, Kirsche, Pflaume, Reneklode und Pfirsich sind Arten, die an Bäumen, zumeist in Form von Hochstämmen, wachsen.
Für Obstplantagen oder Gärten, in denen es wenig Platz gibt, sind in den Baumschulen durch entsprechende Schnitte kleinere Formen, wie Busch, Nieder- oder Halbstamm, entwickelt worden (Abb. 1). Obstarten, ob als Stein-, Kern-, Schalen- oder Beerenobst, von süß bis sauer, mineralstoff- und vitaminreich, bereichern unseren Speiseplan. Frisch geerntet können wir sie von Mai bis November essen. Getrocknet, eingekocht, eingefroren oder kühl gelagert stehen sie uns das ganze Jahr über zur Verfügung.
Die wilden Vorfahren des Kulturobstes wuchsen ursprünglich im Wald. Im Garten sollte ihnen daher ein möglichst ähnlicher Boden geboten werden. Eine dem Waldboden ähnelnde Bodenbedeckung kann durch reichliches Mulchen mit Rasenschnitt, Blättern oder Zweigen erreicht werden. Der Boden selbst sollte leicht sauer sein, d.h. einen pH-Wert von 6 bis 6,5 aufweisen (s. Kap. 6, S. 126). Bei den Obstarten unterscheidet man **selbstverträgliche** und **selbstunverträgliche** Arten. Die selbstverträglichen Arten wie Nektarine, Aprikose und Pfirsich können mit ihrem eigenen Pollen bestäubt werden. Bei den selbstunverträglichen Arten wie Süßkirsche, Apfel und Birne müssen andere Sorten des gleichen Obstes angepflanzt werden, damit sie sich gegenseitig befruchten können. Wichtig ist außerdem noch, daß die jeweiligen Sorten der gleichen Bestäubungsgruppe angehören. Es werden folgende Gruppen unterschieden:

- frühblühend
- mittelfrühblühend
- mittelspätblühend
- spätblühend

Genauere Auskünfte erteilen die jeweiligen Baumschulen.

Wo es keinen Platz für eine Obstwiese gibt, können einige Obstbäume in die Randbepflanzung des Gartens einbezogen werden. Auf keinen Fall sollten große Obstbäume zwischen den Gemüsebeeten stehen, da sie dort den Pflanzen zuviel Licht und Nährstoffe entziehen würden. Beerensträucher eignen sich ebenfalls gut für die Randbepflanzung oder als Windschutz für den Gemüsegarten. Erdbeeren dagegen können sehr gut in den Gemüseanbau einbezogen werden.
Weniger häufig anzutreffen, deshalb jedoch nicht weniger reizvoll sind viele wildwachsende und gezüchtete Obstarten, darunter auch das Schalenobst, zu denen Hasel- und Walnuß zählen. Eine Reihe weiterer Wildobstarten ist auf den Abb. 1 bis 6 auf S. 73 zu sehen.
Die sogenannten Südfrüchte wie Apfelsine oder Banane gedeihen bei uns höchstens in Gewächshäusern, da sie relativ hohe Temperaturen zum Reifen benötigen.

## Aufgaben

1. Erklären Sie den Unterschied zwischen Echten Früchten und Scheinfrüchten. Ziehen Sie dazu die Abb. 2, S. 72 heran.
2. Ermitteln Sie anhand der Informationen auf den Seiten 72 bis 75 Obstarten, die für den Anbau im Schulgarten in Frage kommen.
3. Berechnen Sie den Flächenbedarf für 4 Apfelbäume (Hochstamm), 2 Pfirsichbäume (Niederstamm) und 2 Kirschbäume (sauer, Halbstamm). Die Bäume sollen in zwei Reihen stehen.
4. Nennen Sie jeweils zwei vitaminreiche und zwei vitaminarme Apfelsorten.
5. Zeichnen Sie den Grundriß eines beliebig großen Gartens, und berücksichtigen Sie dabei Standorte für verschiedene Beerenobstarten.

| Obstart | Erntemonate | Vitamin-C-Gehalt (mg/100 g) im Durchschnitt |
|---|---|---|
| Apfel | 7–11 | 12 |
| Aprikose | 7– 8 | 9 |
| Birne | 8–10 | 5 |
| Brombeere | 7–10 | 17 |
| Erdbeere | 5– 7 | 64 |
| Hagebutte | 11–12 | 1250 |
| Heidelbeere (wild) | 7– 8 | 22 |
| Himbeere | 6– 8 | 40 |
| Holunderbeere | 9–10 | 46 |
| Johannisbeere (rot) | 6– 7 | 18 |
| (schwarz) | | 36 |
| (weiß) | | 177 |
| Kirsche (süß) | | 15 |
| (sauer) | 6– 7 | 12 |
| Mirabelle | 7– 8 | 7 |
| Pfirsich | 7– 9 | 10 |
| Pflaume | 7– 8 | 5 |
| Preiselbeere | 9–10 | 12 |
| Reneklode | 8 | 6 |
| Quitte | 10 | 13 |
| Sanddornbeere | 8–10 | 450 |
| Stachelbeere | 6– 7 | 35 |
| Vogelbeere (Eberesche) | 10–12 | 98 |
| Weintrauben | 8–10 | 4 |

*Abb. 1 Erntezeit und Vitamin-C-Gehalt*

| Obstart | Hochstamm | Halbstamm | Buschbaum | Spalier | Strauch |
|---|---|---|---|---|---|
| | a b | a b | a b | a b | a b |
| Apfel | 10/10 | 10/10 | 6/6 | 4/1 | |
| Aprikose | | | 7/7 | | |
| Birne | 10/10 | 10/10 | 5/5 | 4/1 | |
| Brombeere | | | | | 0,80/1,50 |
| Himbeere | | | | | 0,40/1,50 |
| Johannisbeere (rot) | | | 1/1,5 | | 1,50/2,00 |
| (schwarz) | | | | | 2,00/2,50 |
| Pfirsich | | | 5/5 | 4/1 | |
| Quitte | | | 5/5 | | |
| Stachelbeere | | | 1/1 | | 1,50/2,00 |
| Kirsche (süß) | 10/10 | 10/10 | 5/5 | | |
| (sauer) | | 8/ 8 | 4/4 | | |
| Pflaume | | 7/ 7 | | | |
| Walnuß | 12/12 | | | | |

a = Abstand in der Reihe; b = Reihenabstand (Angabe in m)

*Abb. 2 Pflanzabstand verschiedener Obstgehölze*

| | Johannisbeere (rot) | Johannisbeere (schwarz) | Stachelbeere | Erdbeere | Himbeere | Brombeere |
|---|---|---|---|---|---|---|
| Pflanzzeit | Herbst oder Frühjahr | Herbst oder Frühjahr | Herbst oder Frühjahr | Juli bis September | Herbst oder Frühjahr | Frühjahr |
| Standort | sonnig geschützt | halbschattig, kälteempfindlich, feuchtigkeitsempfindlich | sonnig bis halbschattig | sonnig | halbschattig, leicht saurer Boden | vollsonnig, feuchtigkeitsliebend |
| Rückschnitt | tragen am 2–3jährigem Holz, alte Triebe abschneiden, Rückschnitt nach der Ernte (8 bis 12 Triebe stehenlassen) | tragen am einjährigen Holz, daher ständig verjüngen (höchstens 8 Hauptäste stehenlassen) | tragen am einjährigen Holz (8 bis 12 ein- bis zweijährige Triebe stehenlassen) | unerwünschte Ausläufer und alte Blätter entfernen (alle 2 bis 3 Jahre an anderer Stelle Jungpflanzen setzen) | im Frühjahr Ruten auf 4 bis 5 Augen zurückschneiden, erwachsene Pflanze sollte 5 bis 7 Neutriebe haben | bilden 5 m lange Triebe, daher Gerüste verwenden, nach der Ernte Ranken dicht über dem Boden abschneiden |

*Abb. 3 Beerenobstinfo*

| Obstart | schützende/fördernde Nachbarn |
|---|---|
| Apfel | Kapuzinerkresse, Wermut |
| Brombeere | Erbsen, Bohnen, Zwiebeln |
| Erdbeere | Lauch, Knoblauch, Zwiebeln |
| Himbeere | Erbsen, Bohnen, Ringelblumen, Schneeglöckchen |
| Johannisbeere (rot) | Sauerkirschen |
| Johannisbeere (weiß) | Wermut, Farn |
| Stachelbeere | Johannisbeeren |

*Abb. 4 Obstarten und ihre guten Nachbarn*

| Apfelsorten | Vitamin-C-Gehalt (mg/100 g) |
|---|---|
| Freiherr v. Berlepsch | 23,5 mg |
| Ontario | 20,6 mg |
| Schöner aus Boskoop | 16,4 mg |
| Weißer Klarapfel | 15,3 mg |
| Jonathan | 8,8 mg |
| Golden Delicious | 8,0 mg |
| Gravensteiner | 7,8 mg |
| James Grieve | 6,8 mg |
| Landsberger Renette | 4,7 mg |
| Morgenduft | 3,6 mg |

*Abb. 5 Apfelsorten und ihr Vitamin-C-Gehalt*

## 3.4 Die Zauberformeln des Konservierens

**Warum konserviert man Obst und Gemüse?**

Nach der Ernte können Obst und Gemüse in der Qualität gemindert werden oder sogar verderben. Die folgenden Einflüsse können hierfür verantwortlich sein:

- zu geringe Luftfeuchtigkeit (Austrocknung)
- Frost (Zerstörung der Zellwände)
- zu hohe Temperatur (Austrocknung)
- zuviel Licht (Vitaminverlust)
- Mikroorganismen (Verderb)
- Enzymaktivität (Farbveränderung, Vitaminverlust)

*Abb. 1 Konservierung von Obst und Gemüse*

**Wie werden die Vermehrungs- und Lebensbedingungen von Mikroorganismen eingeschränkt?**

Nach der Ernte beginnen Pilze und Bakterien (Mikroorganismen) mit einer starken Vermehrung. Durch verschiedene Methoden der Konservierung (Haltbarmachung) werden diese Mikroorganismen entweder getötet oder ihre Lebensbedingungen entscheidend verschlechtert.

**Was benötigen Mikroorganismen zur Vermehrung?**

Vor allem brauchen sie Wasser, Nährstoffe, eine bestimmte Temperatur, einen bestimmten pH-Wert und Sauerstoff zum Atmen (die meisten).

**Was kann beim Konservieren falsch gemacht werden?**

Die Anwendung einer falschen Methode oder die unsachgemäße Durchführung einer Konservierungsmethode führt zu hohen Verlusten an Vitaminen, Mineralstoffen, Aroma und Farbe.

**Worauf ist die Wirkung einzelner Konservierungsmethoden zurückzuführen?**

Entnehmen Sie dies den Seiten 76 bis 79.

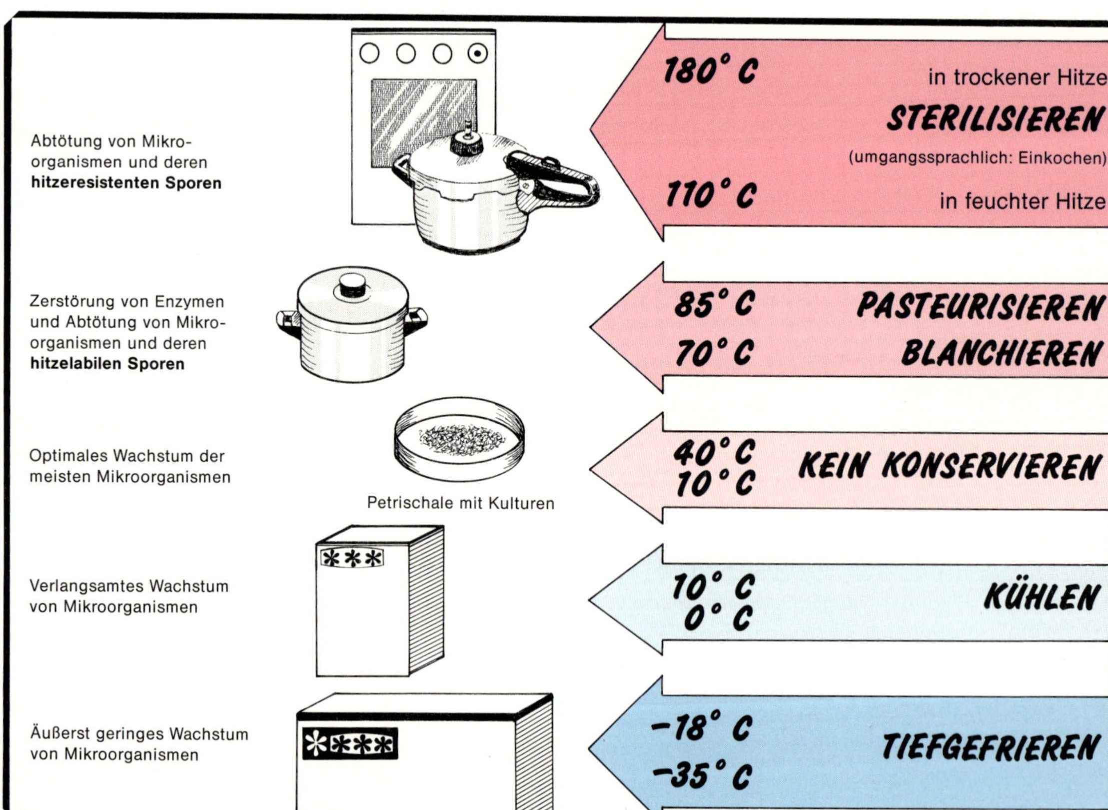


*Abb. 2 Einfluß der Temperatur auf Mikroorganismen und Konservierungsmethoden*

*Abb. 1 Wirkung von Salz und Zucker*

**Konservierung durch Wasserentzug**

Salz und Zucker sind seit langem gebräuchliche Konservierungsmittel. Sie entziehen nämlich Nahrungsmitteln das Wasser (Abb. 1), das lebensnotwendig für Mikroorganismen ist. Warum gibt die Pflanze Wasser ab, statt es aufzunehmen?

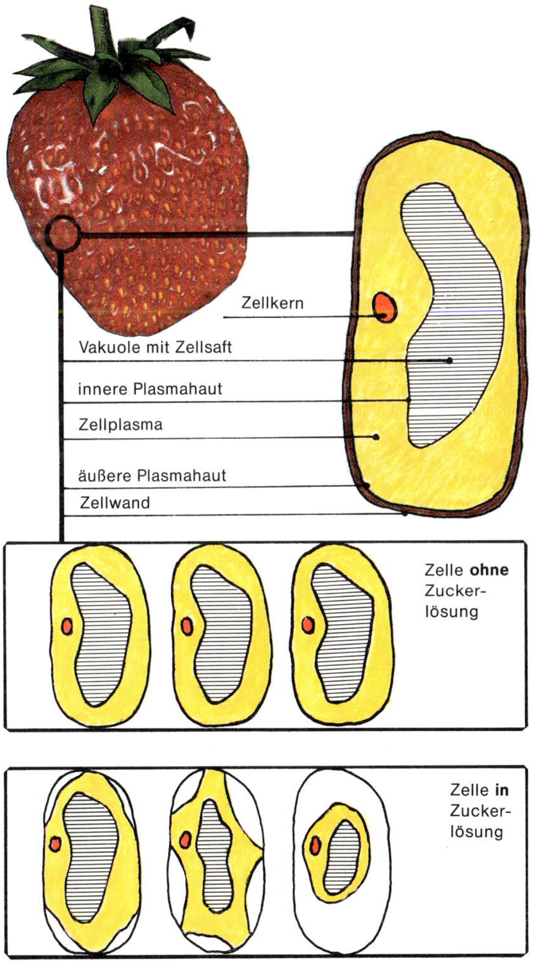


*Abb. 2 Die Zelle und ihre Reaktion auf unterschiedlich hohe Konzentrationen*

Durch Salz oder Zucker entsteht außerhalb der Zelle eine höhere Konzentration als in der Zelle. Es findet ein Konzentrationsausgleich zwischen der niedrigeren Konzentration im Zellinnern der Gurke oder Erdbeere und der höheren Konzentration statt. Die hohe Konzentration ist nämlich durch die Zugabe von Salz oder Zucker auf der Oberfläche der Gurke bzw. Erdbeere entstanden. Wasser tritt aus der **Vakuole** (Zellsaftraum) der **Zelle** in die höher konzentrierte Außenlösung. Bei diesem Vorgang findet die **Osmose** in umgekehrter Richtung statt (s. Kap. Die Pflanze, S. 84/85). Durch das Schrumpfen der Vakuole wird das Plasma von der Zellwand gelöst.

## Aufgaben

1. Erklären Sie, warum Obst und Gemüse durch Wasserentzug haltbar werden?
2. Ermitteln Sie in Ihrem Nahrungszubereitungsbuch je ein Rezept für das Einsalzen, das Einzuckern und das Einsäuern.
3. Erklären Sie den Begriff Osmose (siehe S. 84/85).
4. Diskutieren Sie Vor- und Nachteile des Einsatzes von Salz und Zucker bei der Nahrungsmittelzubereitung und der Konservierung.
5. Nennen Sie Vor- und Nachteile der für den Haushalt gebräuchlichsten Konservierungsmethoden (s. S. 78/79).
6. Nennen Sie Konservierungsmethoden, die a) wachstumshemmend, b) tötend auf Bakterien wirken (s. S. 79).

**Konservierung durch Entzug von Wärme**

Bereits durch kühle Lagerung (0 bis 10 °C) im Keller oder im Kühlschrank wird die Entwicklung der Mikroorganismen verlangsamt.

Sollen Obst und Gemüse über viele Monate durch Wärmeentzug haltbar gemacht werden, müssen sie tiefgefroren werden. Richtiges Tiefgefrieren läßt sich am aufgetauten Nahrungsmittel erkennen (Abb. 1A). Sachgemäßes Einfrieren geschieht bei Temperaturen zwischen –25 °C und –35 °C. Das Gefriergut kühlt dabei sehr schnell aus, so daß innerhalb und außerhalb der Zellen viele kleine Eiskristalle gebildet werden und die Zellwände unbeschädigt bleiben (Abb. 2A).

Wenn beim Einfrieren weniger tiefe Temperaturen vorliegen (über –25 °C), verbleiben die Nahrungsmittel wesentlich länger in einem ungünstigen Temperaturbereich (zwischen 0 °C und –5 °C). Die Folge ist das Wachstum großer Eiskristalle, durch welche die Zellwände zerstört werden und Wasser aus der Zelle austritt (Abb. 2B). Solches Gefriergut fällt dann beim Auftauen zusammen (Abb. 1B). Für das Lagern von Gefriergut genügen –18 °C.

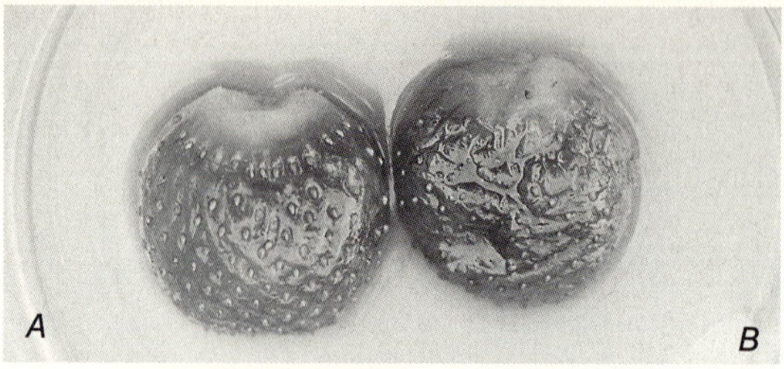


*Abb. 1 Aufgetaute Erdbeeren A richtig eingefroren B falsch eingefroren*

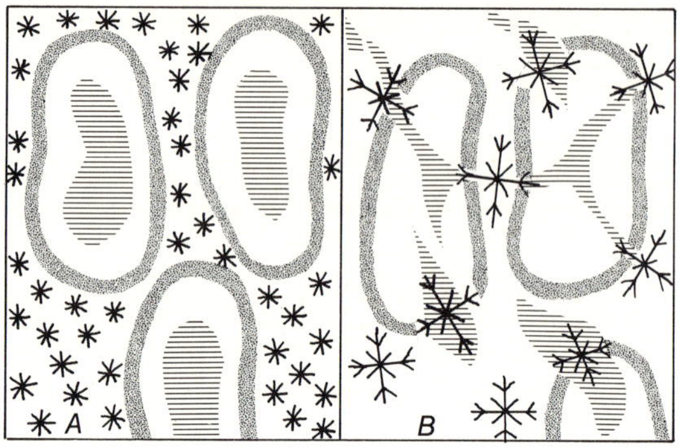


*Abb. 2 Eiskristallbildung zwischen den Zellen*

| Konservierungsmethode | Nahrungsmittel | Lagerdauer | Beurteilung |
|---|---|---|---|
| Kühlen<br>ca. 0 °C bis 10 °C | Gemüse, Obst<br><br>Kartoffeln, Möhren, Porree, Sellerie | mehrere Tage<br><br>mehrere Monate bei dunkler Lagerung durch Einsanden oder Erdmiete | keine großen Vitaminverluste, geeignete Lagerräume müssen vorhanden sein |
| Tiefgefrieren<br>ca. –18 °C bis –35 °C | Obst, Gemüse, Kräuter | bis zu einem Jahr | Blanchieren (kurzfristiges Aufkochen) meist erforderlich, damit Enzyme unwirksam gemacht werden, geringe Vitamin-C-Verluste, bessere Ausnutzung der B-Vitamine, kurze Garzeiten, insgesamt schonendes Konservierungsverfahren |
| Trocknen (Dörren)<br>ca. 50 °C bis 65 °C | Pilze, Hülsenfrüchte, Weißkohl, Tomaten, Äpfel, Kräuter | mehrere Jahre | gehört mit zu den ältesten Konservierungsverfahren, Farbveränderungen und Aromaverluste, Zerstörung von hitze- und sauerstoffempfindlichen Vitaminen |
| Säuern<br>mit Kochsalz<br>mit Essig | Bohnen, Gurken, Weißkohl, Kräuter, Rote Bete, Kürbis | einige Monate | relativ hoher Anteil von Kochsalz, Nährstoffe werden aus dem Nahrungsmittel herausgelöst, Farb- und Aromaveränderungen, säuerlich im Geschmack, gute Verdaulichkeit |
| Pasteurisieren<br>ca. 70 °C bis 85 °C | Obst, Gemüse | bis zu einem Jahr | Zerstörung von hitzeempfindlichen Vitaminen |
| Sterilisieren<br>ca. 110 °C bis 180 °C | Obst, Gemüse | mehrere Jahre | sehr starke Vitaminverluste, Farb- und Aromaverluste |
| Einlegen in Alkohol und Zucker | Obst | ein bis zwei Jahre | energiereich, hoher Alkoholgehalt, Farbveränderungen |

*Abb. 3 Gebräuchliche Konservierungsmethoden im Haushalt*

**Bakterien benötigen zur Entwicklung:**
- Wasser
- Nährstoffe
- Wärme
- pH-Wert
- Sauerstoff

→ wachstumshemmend / tötend

| Prinzipien | Verfahren |
|---|---|
| **wachstumshemmend** | |
| **Wasserentzug:** | *Trocknen*<br>Hitzeeinwirkung (natürlich durch die Sonne und künstlich durch einen Dörrapparat oder Backofen) entzieht dem Nahrungsmittel Wasser, bis ein Restwassergehalt von ca. 10% verbleibt; z. B. Pilze, Pflaumen, Kräuter<br>*Salzen* (15 bis 25%ige Kochsalzlösung)<br>Salz entzieht dem Nahrungsmittel osmotisch Wasser; z. B. Gurken, Kräuter<br>*Zuckern* (etwa 40–65% Rohr- oder Rübenzucker)<br>Zucker entzieht dem Nahrungsmittel Wasser |
| **Wärmeentzug:** | *Kühlen* (+2 °C bis +10 °C)<br>Kühlschrank, Keller<br>*Tiefgefrieren* (–18 bis –35 °C)<br>Tiefkühlgeräte<br>*Einsanden/Erdmiete* (+2 bis +5 °C)<br>hohe Luftfeuchtigkeit (90%), viel Frischluftzufuhr; z. B. Möhren, Sellerie, Äpfel |
| **tötend** | |
| **pH-Wert-Senkung:** (<pH 5,0) | *Säuern*<br>Durch die Bildung von Säure, z. B. Milchsäure bei der Sauerkrautherstellung, wird der pH-Wert gesenkt, die gleiche Wirkung wird durch Zugabe von Essig erreicht; z. B. Bohnen, Essiggurken |
| **Wasserentzug:** | *Alkohol* (über 14%); z. B. Rumtopf |
| **Wärmezufuhr:** | *Pasteurisieren* (kurzzeitige Hitzebehandlung unter 100 °C)<br>Sauerstoff wird entzogen, Mikroorganismen werden zum Teil getötet; z. B. Obst, Gemüsesäfte<br>*Sterilisieren* (Hitzebehandlung über 100 °C bis zu 135 °C<br>Sauerstoff wird entzogen; z. B. Säfte |
| **pH-Wert-Änderung:** | *Chemische Konservierungsmittel* (Schwefeldioxid, Sulfit, Sorbinsäure)<br>hemmen die Enzymtätigkeit und schädigen die Zellmembran; z. B. Wein, Gelee, Marmelade |

*Abb. 1 Übersicht der haushaltsüblichen Prinzipien und Verfahren zur Konservierung*

Die Qualität von Obst und Gemüse wird nicht nur beim Frischverzehr, sondern auch bei der Konservierung maßgeblich vom richtigen Erntezeitpunkt mitbestimmt. Eigenschaften wie Geschmack, Farbe, Geruch, Nährstoffgehalt sowie Haltbarkeit sind in der Regel dann am besten, wenn die optimale Reife erreicht ist. Beim Salat ist dies zum Beispiel dann gegeben, wenn ein fester, geschlossener Kopf ausgebildet ist; Spinat sollte vor dem „Schießen", d. h. der Blütenbildung, geerntet werden. Praktische Erfahrungen helfen, den günstigsten Zeitpunkt zu erkennen.
In jedem Fall sollte nach der Ernte, d. h. nach der Trennung von der Wurzel, für eine hohe Luftfeuchte und niedrige Temperaturen gesorgt werden. Niedrige Temperaturen setzen die Atmung und damit den Abbau von Reservestoffen herab. So beträgt die Atmungsrate bei 5 °C bei der Kartoffel nur ein Fünftel der bei 20 °C auftretenden Atmungsaktivität. Bei weiterer Absenkung der Temperatur findet sogar eine Verminderung auf 1/10 statt.

## Aufgaben

1. Was sollten Sie bei der Aufbewahrung von Obst und Gemüse vermeiden, wenn Sie die Entwicklung von Bakterien verhindern wollen?
2. Nennen Sie einige Konservierungsverfahren, bei denen gleichzeitig zwei konservierende Vorgänge zum Tragen kommen.
3. Nennen Sie für die folgenden Gemüsearten/Kräuter geeignete Konservierungsmethoden: Äpfel, Pflaumen, Erdbeeren, Tomaten, Bohnen, Porree, Kartoffeln, Salbei, Dill und Petersilie.
4. Warum müssen Sie für das Einfrieren Ihre Tiefkühltruhe auf niedrigere Temperaturen (unter –18 °C) stellen?
5. Erkundigen Sie sich bei Ihren Großeltern nach Konservierungsverfahren, wie sie früher angewandt wurden.

# 4 Die Pflanze

# 4.1 Die Grundorgane der Pflanzen

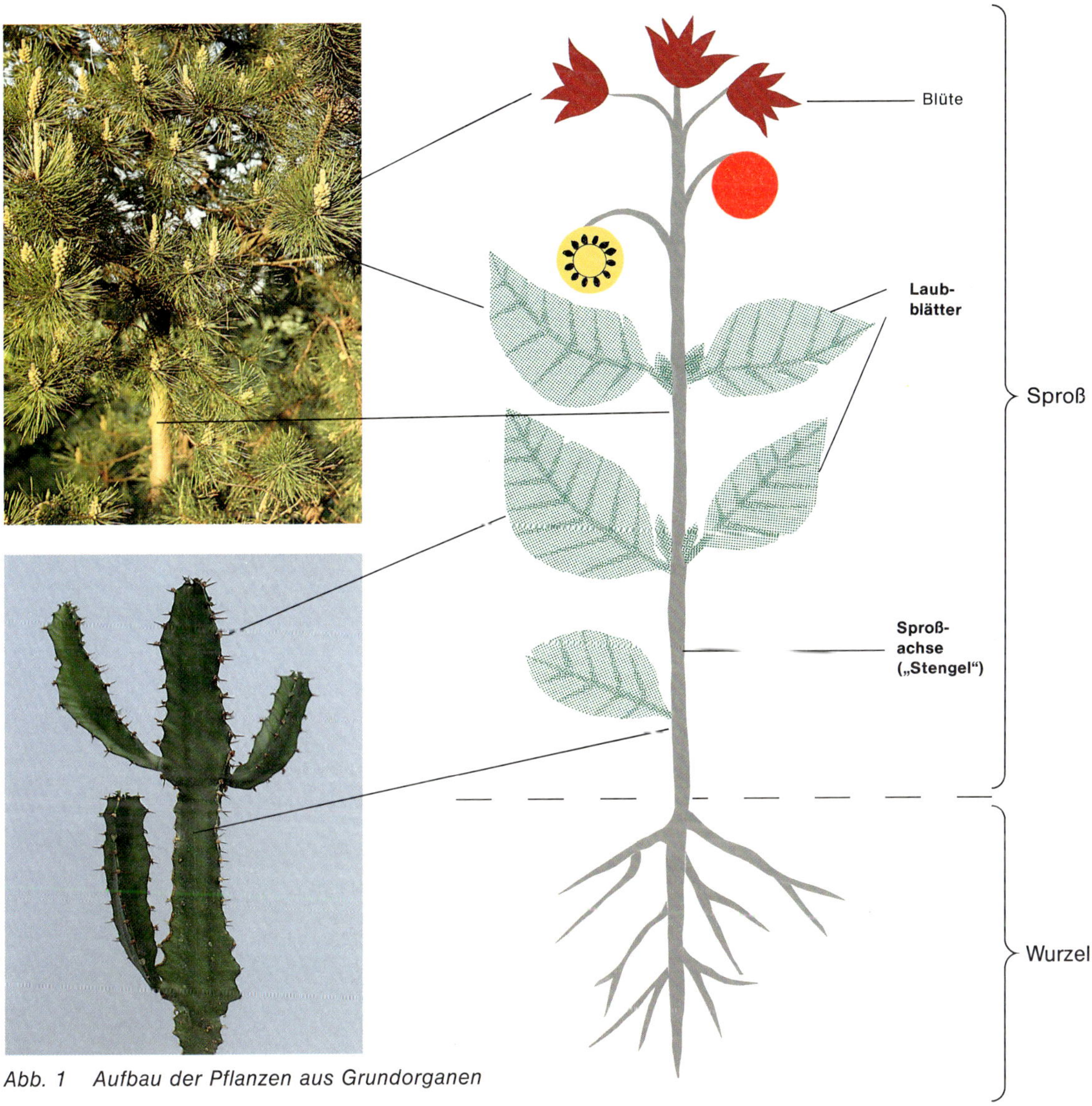


*Abb. 1 Aufbau der Pflanzen aus Grundorganen*

Die Pflanzen unserer Erde sind in ihrem äußeren Erscheinungsbild sehr vielgestaltig. Die Formenvielfalt ist unendlich groß und damit unüberschaubar. Wenn wir uns aber die Pflanzen in unseren Gärten und Häusern etwas näher anschauen, dann erkennen wir, daß sie alle, wenn auch in unterschiedlicher Form und Größe, die gleichen **Grundorgane** aufweisen: In der Erde befindet sich die **Wurzel** und an der Erdoberfläche der **Sproß,** der sich aus der **Sproßachse** (dem „Stengel“) und den daran befindlichen **Laubblättern** zusammensetzt. Ein weiteres wichtiges Organ ist die Blüte; da sie im Laufe der Entwicklung aus den Grundorganen Blätter und Sproßachse entstanden ist, wird sie nicht als Grundorgan bezeichnet.

## Aufgaben

1. Welche Teile der Pflanze werden von uns als Gemüse genutzt (s. S. 80)?
2. Nennen Sie je drei Wurzel-, Stiel-, Frucht- und Blattgemüse. Ziehen Sie dazu das Gemüselexikon heran.
3. Nennen Sie die drei Grundorgane einer Pflanze.
4. Was bezeichnet man bei einer Pflanze als Sproß, und woraus setzt er sich zusammen?

## 4.1.1 Die Wurzel – ein Grundorgan mit vielen Aufgaben

Die Pflanzenwurzel dient der **Verankerung** und der **Aufnahme von Wasser und Nährstoffen** aus dem Boden. Entsprechend diesen Aufgaben erschließt die Wurzel durch Wachstum und Verzweigung ständig neue Bodenräume. Dies führt dazu, daß die Pflanze einen besseren Halt bekommt und dem Boden größere Mengen an Nährstoffen und Wasser entziehen kann. Durch die Bildung von **Seitenwurzeln** und deren Verzweigung entwickelt sich mit der Zeit ein umfangreiches **Wurzelsystem.**

Die Entwicklung von der **Keimwurzel** zu einem Wurzelsystem erfolgt je nach Pflanzenart unterschiedlich. Beim Löwenzahn und allen anderen zweikeimblättrigen Pflanzen entwickelt sich die Keimwurzel zu einer kräftigen Hauptwurzel, die wie ein Pfahl **(= Pfahlwurzel)** in den Boden eindringt. Von der Pfahlwurzel gehen Seitenwurzeln ab, die den Boden durchziehen. Bei den Gräsern und allen anderen einkeimblättrigen Pflanzen hingegen stirbt die Keimwurzel sehr bald ab, und es entwickeln sich aus der Sproßbasis heraus neue gleich starke Wurzeln. Diese bezeichnet man als **Adventivwurzeln** (= neu hinzukommende Wurzeln). Auch diese können sich wieder verzweigen, so daß typische **Büschelwurzeln** entstehen (s. Abb. 1).
Je nach Tiefe des Wurzelwachstums unterscheidet man die Pflanzen ferner in **Tiefwurzler** (z. B. Schwarzwurzel, Tanne, Kiefer) und **Flachwurzler** (z. B. Salat, Erdbeere, Rasengräser, Kartoffel, Fichte), s. Abb. 2.

Da die Wurzel den Sproß mit Wasser und Nährstoffen versorgt, beeinflußt die Wurzelentwicklung die Entwicklung der gesamten Pflanze. Nun ist jedoch nicht die gesamte Wurzel in der Lage, Wasser und Nährstoffe aufzunehmen. Nur in der sogenannten **Ernährungszone,** ca. 2 cm von den Wurzelspitzen entfernt – einer sehr begrenzten Zone (wenige Millimeter!) – ist die Pflanze in der Lage, Wasser und Nährstoffe aufzunehmen. Um die aufzunehmende Oberfläche zu vergrößern, hat die Pflanze die äußersten Zellen ausgestülpt (ca. 18fache Vergrößerung). Diese Zellausstülpungen bezeichnet man als **Wurzelhaare.** Sie sind sehr klein (ca. 1 mm lang) und empfindlich, so daß sie leicht verletzt werden können. Ihre Lebensdauer ist jedoch auch ohne Verletzung nur sehr kurz. Da eine Pflanze jedoch ohne Wurzeln nicht leben kann, werden sie ständig neu gebildet (s. Abb. 3).
Viele gärtnerische Arbeiten (z. B. das Pikieren und Verpflanzen) fördern das Wurzelwachstum.

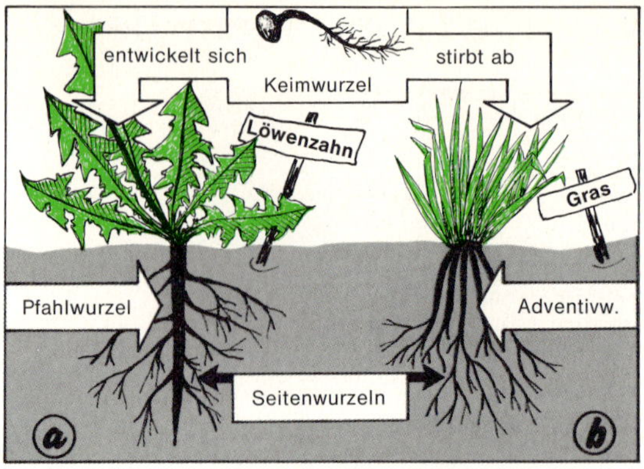


*Abb. 1 Wurzelsystem a) einer zweikeimblättrigen und b) einer einkeimblättrigen Pflanze*

*Abb. 2 Einfluß der Wurzeltiefe auf die Standfestigkeit*

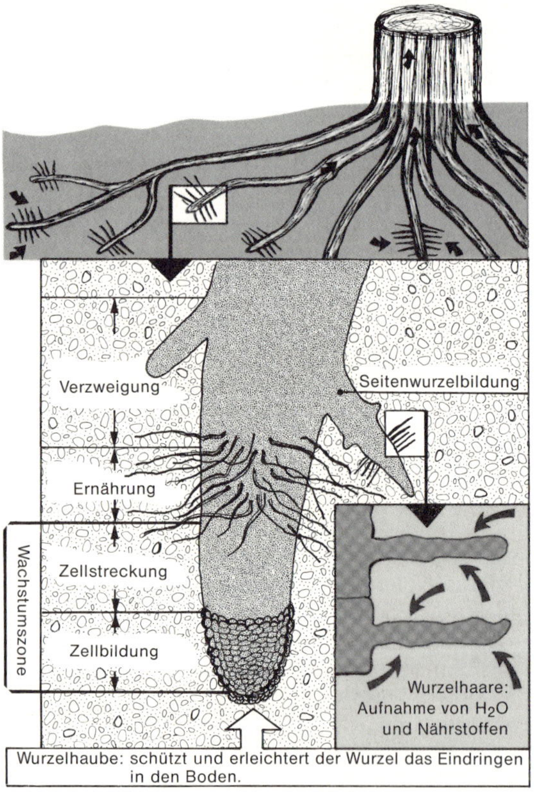


*Abb. 3 Aufbau einer Wurzelspitze*

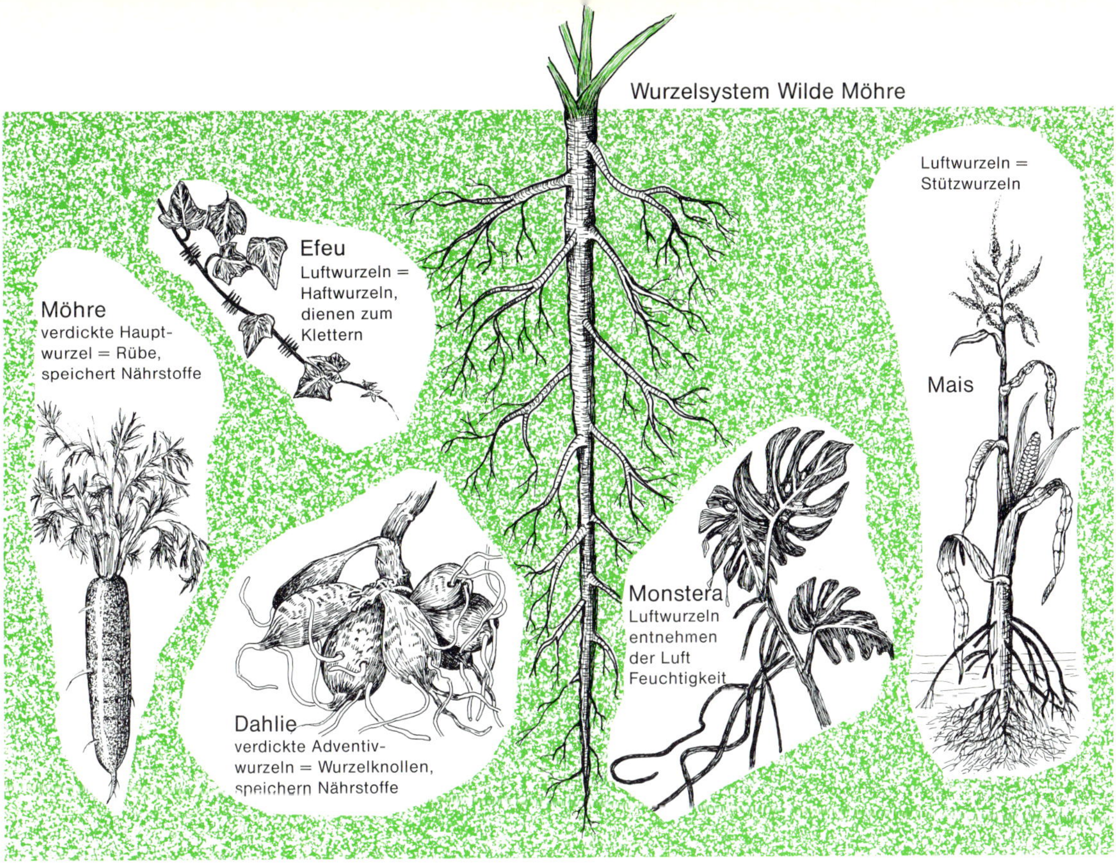


*Abb. 1 Anpassungsformen von Wurzeln*

Auch durch das **Anhäufeln** wird die Wurzelbildung gefördert (s. Abb. 2).
Die Wurzeln vieler Pflanzen haben sich durch **Umwandlung (Metamorphose)** an den jeweiligen Standort angepaßt. Dies kann so weit führen, daß die Wurzel ihren eigentlichen Lebensraum, den Erdboden, verläßt. In diesem Fall spricht man von **Luftwurzeln.** Durch die Umwandlung übernimmt das Grundorgan Wurzel neue Aufgaben (s. Abb. 1).

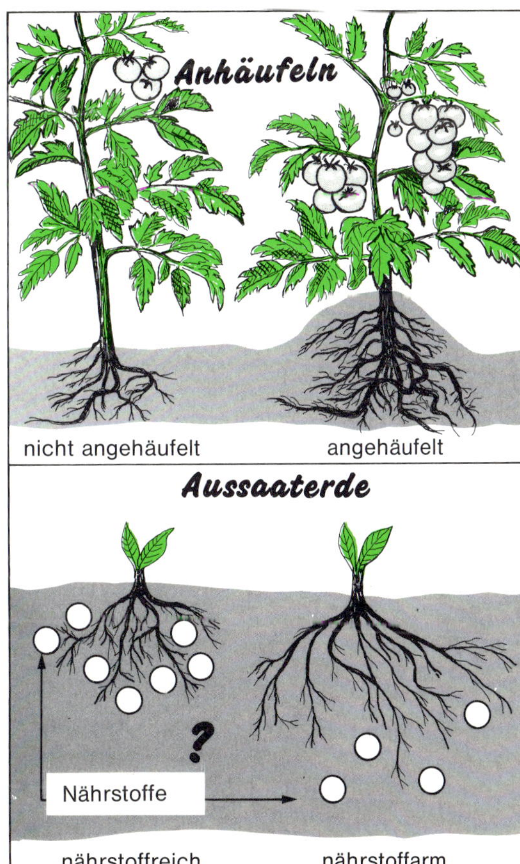


*Abb. 2 Maßnahmen zur Wurzelförderung*

## Aufgaben

1. Nennen Sie die Aufgaben des Grundorgans Wurzel.
2. Wie muß eine Pflanzenwurzel aufgebaut sein, um ihren Aufgaben gerecht zu werden?
3. Erklären Sie mit Hilfe der Abb. 2, warum die Wurzelbildung von Sämlingen und Stecklingen durch die Verwendung nährstoffarmer Substrate (Torf-Sand-Gemische) gefördert wird.
4. Warum dürfen Substrate (Erden), in denen bewurzelte Sämlinge und Stecklinge gepflanzt werden, nicht nährstoffarm sein?
5. Nennen Sie Gründe, die zu Wurzelumwandlungen geführt haben (s. Abb. 1).

## 4.1.2 Wie die Pflanzen Wasser und Nährstoffe aufnehmen

Die meisten Pflanzen, vor allem die krautigen, bestehen zu 80–95 % aus Wasser. Wenn unsere Pflanzen nicht genügend Wasser bekommen, stellen sie ihr Wachstum ein, welken und gehen ein.

Wenn wir Durst haben, können wir an den Wasserhahn gehen. Die Pflanze dagegen ist auf das Wasser im Boden angewiesen. Gehen wir einmal davon aus, daß im Boden genügend Wasser vorhanden ist. Dann stellt sich allerdings die Frage: Wie nimmt die Pflanze mit ihren Wurzelhaaren das Wasser auf? Um diesen Vorgang zu verstehen, muß der Begriff der **Diffusion** erklärt werden. Schauen Sie sich dazu folgenden Versuch an: Zwischen zwei mit Wasser gefüllten Gefäßen, befindet sich eine durchlässige Wand. In das eine Gefäß werden viele Nährstoffe gegeben, in das andere nur wenige. Die Folge ist: Wir haben zwei unterschiedlich konzentrierte Lösungen. Mit der Zeit werden nun Nährstoffe aus der höher konzentrierten Lösung in die niedriger konzentrierte Lösung wandern. Dies erfolgt so lange, bis ein Konzentrationsausgleich stattgefunden hat, d. h. beide Lösungen gleich hoch konzentriert sind. Diesen selbständig erfolgenden Konzentrationsausgleich zwischen zwei unterschiedlich konzentrierten Lösungen bezeichnet man als Diffusion (s. Abb. 1).

Im Boden ist Wasser gespeichert, und in diesem befinden sich gelöste Nährstoffe. Wir sprechen deshalb auch von **Bodenlösung.** Auch in den Pflanzenzellen befindet sich Wasser. Diese Lösung bezeichnet man als **Zellsaft.** Der Zellsaft enthält eine größere Menge an gelösten Stoffen als die Bodenlösung und ist damit höher konzentriert. Da die **Zellwand** der Pflanzenzelle für Wasser und darin gelöste Nährstoffe durchlässig ist, müßten nun bei Kontakt zwischen Wurzelhaarzelle und Bodenlösung die in der Pflanzenzelle gelösten Stoffe in den Boden wandern. Dieser Konzentrationsausgleich erfolgt aber nicht, weil sich innerhalb der Zelle eine Haut aus Plasma **(Plasmahaut)** an die Zellwand anlegt. Diese läßt zwar das Wasser hindurchdiffundieren, aber nicht die darin gelösten Nährstoffe. Sie ist also im Gegensatz zur Zellwand nur **halbdurchlässig.** Damit es zu einem Konzentrationsausgleich kommt, diffundiert Wasser aus der niedriger konzentrierten Bodenlösung in die höher konzentrierte Lösung, also in die Pflanzenzelle. Dadurch wird der Zellsaft verdünnt, die Konzentration sinkt. Dabei wird der Bodenlösung Wasser entzogen, so daß hier die Konzentration steigt. Dieser Vorgang verläuft so lange, bis ein Konzentrationsausgleich stattgefunden hat.

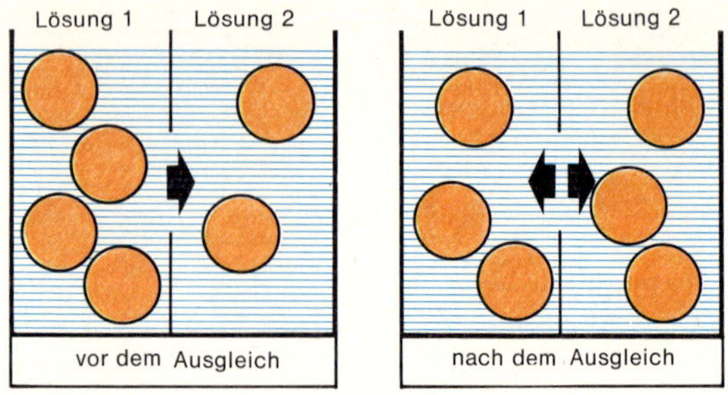


*Abb. 1 Konzentrationsausgleich durch Diffusion*

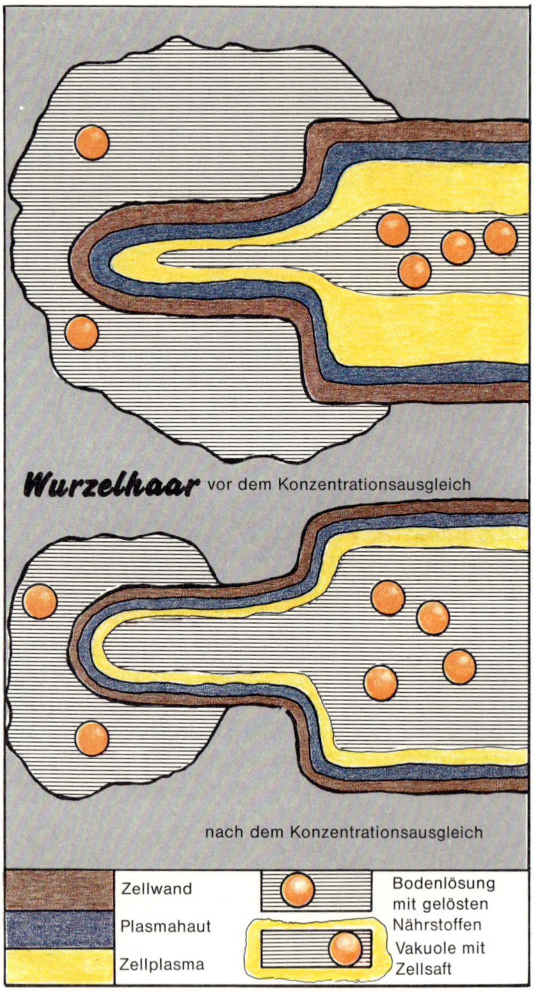


*Abb. 2 Wasseraufnahme durch Osmose*

### Aufgaben

1. Erklären Sie anhand der Abb. 2 die Wasseraufnahme durch Osmose (s. auch S. 85).
2. Worin unterscheiden sich Diffusion und Osmose?

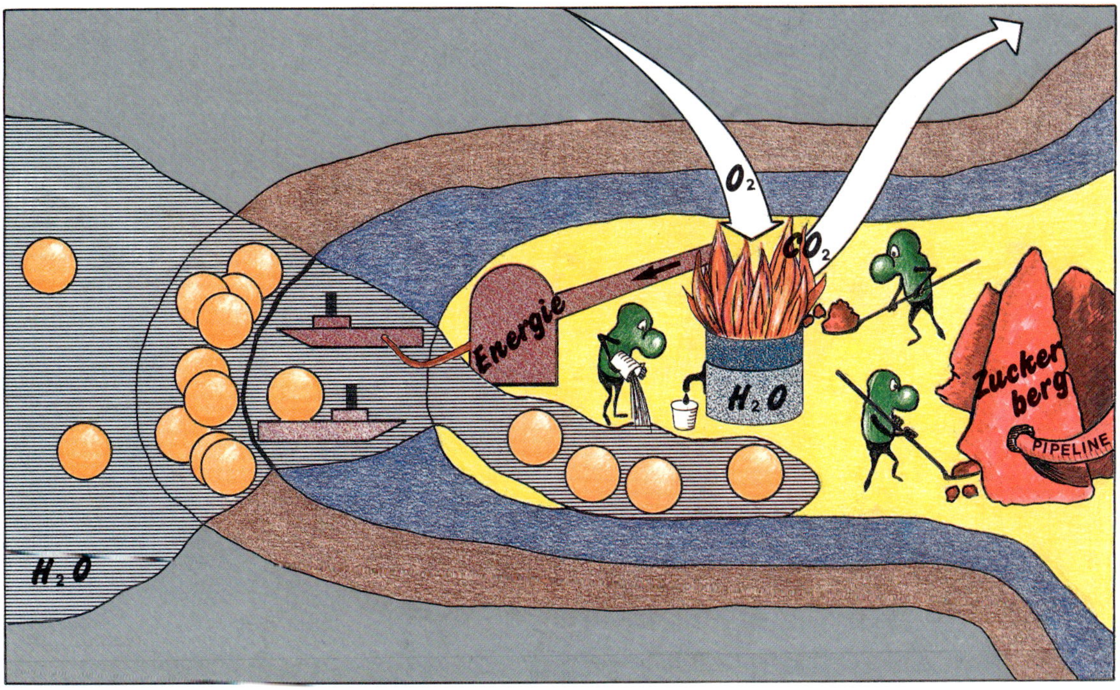


*Abb. 1 Nährstoffaufnahme durch ein Wurzelhaar*

Da jedoch die Pflanze ständig Wasser verbraucht und aus dem Boden ständig Wasser zur Wurzel nachläuft, kommt es nie zu einem Konzentrationsausgleich. Somit kann die Pflanze fortwährend Wasser aufnehmen. Die Diffusion durch eine halbdurchlässige Wand nennt man **Osmose.** Die Pflanze nimmt also Wasser durch Osmose auf (s. Abb. 2, S. 84).

Wie gelangen aber die Nährstoffe in die Pflanze? Durch die Plasmahaut können die Nährstoffe nicht hindurchdiffundieren, sie können aber hindurchtransportiert werden. Man geht davon aus, daß sich in der Plasmahaut organische Moleküle befinden, die wie eine Fähre von einem zum anderen Ufer in der Plasmahaut hin und her pendeln. Dabei transportieren sie die Nährstoffe von der Außenseite der Plasmahaut zur Innenseite, also in die Zelle hinein. Da der Zellsaft in den **Wurzelhaarzellen** höher konzentriert ist als die Bodenlösung, müssen die Nährstoffe, wenn sie in die Zelle wollen, entgegen einem Konzentrationsausgleich transportiert werden. Also anders als bei der Wasseraufnahme kommt es bei der Nährstoffaufnahme nicht zu einem Konzentrationsausgleich, sondern zu einer weiteren Konzentrationserhöhung in der Zelle. Die Nährstoffe müssen – im Gegensatz zum Wasser – gegen ein Konzentrationsgefälle transportiert werden. Für diesen Transport benötigt die Pflanze Energie. Diese Energie entnimmt sie dem Zucker, den die Blätter aufbauen. Um die Energie nutzen zu können, muß die Wurzel atmen! Damit die Wurzeln der Pflanzen gut atmen und somit Nährstoffe aufnehmen können, sollte der Boden locker sein. Nur so kann genügend sauerstoffreiche Luft in den Boden gelangen. Auch darf der Boden nicht zu naß sein, da sonst alle Bodenhohlräume mit Wasser gefüllt sind. Der Sauerstoff kann dann nicht mehr in den Boden eindringen. Ein zu trockener Boden ist ebenfalls nicht ideal, da dann die Wasseraufnahme, aber auch der Nährstofftransport zur Wurzel gehemmt wird. Es kommt also darauf an, einen Boden nicht zu naß und nicht zu trocken, sondern gleichmäßig feucht zu halten.

## Aufgaben

1. Welches Ziel hat die Diffusion?
2. Was versteht man unter Osmose?
3. Erklären Sie, warum durch eine Überdüngung des Bodens die Wasseraufnahme durch die Wurzel gehemmt wird.
4. Erklären Sie, warum die Nährstoffaufnahme durch die Pflanzen von folgenden Faktoren abhängig ist: a) vom Nährstoffgehalt des Bodens, b) von der Durchlüftung des Bodens, c) von der Bodenfeuchtigkeit und d) von der Durchwurzelung des Bodens.

## 4.1.3 Die Sproßachse – ein wichtiges Bindeglied

*Abb. 1 Bezeichnungen für Sproßachsen*

Wenn Sie durch Ihren Garten gehen, erkennen Sie sehr schnell, daß der Formenvielfalt im Sproßaufbau keine Grenzen gesetzt sind. Je nach Aufbau des Sprosses bezeichnet man die Sproßachse als **Stengel** (beblättert, evtl. verzweigt), **Halm** (beblättert, unverzweigt, dicke Blattknoten, hohl), **Schaft** (Blätter bilden eine Rosette, Blüte am Ende der Sproßachse) und **Stamm** (besonders dick, verholzt und verzweigt).

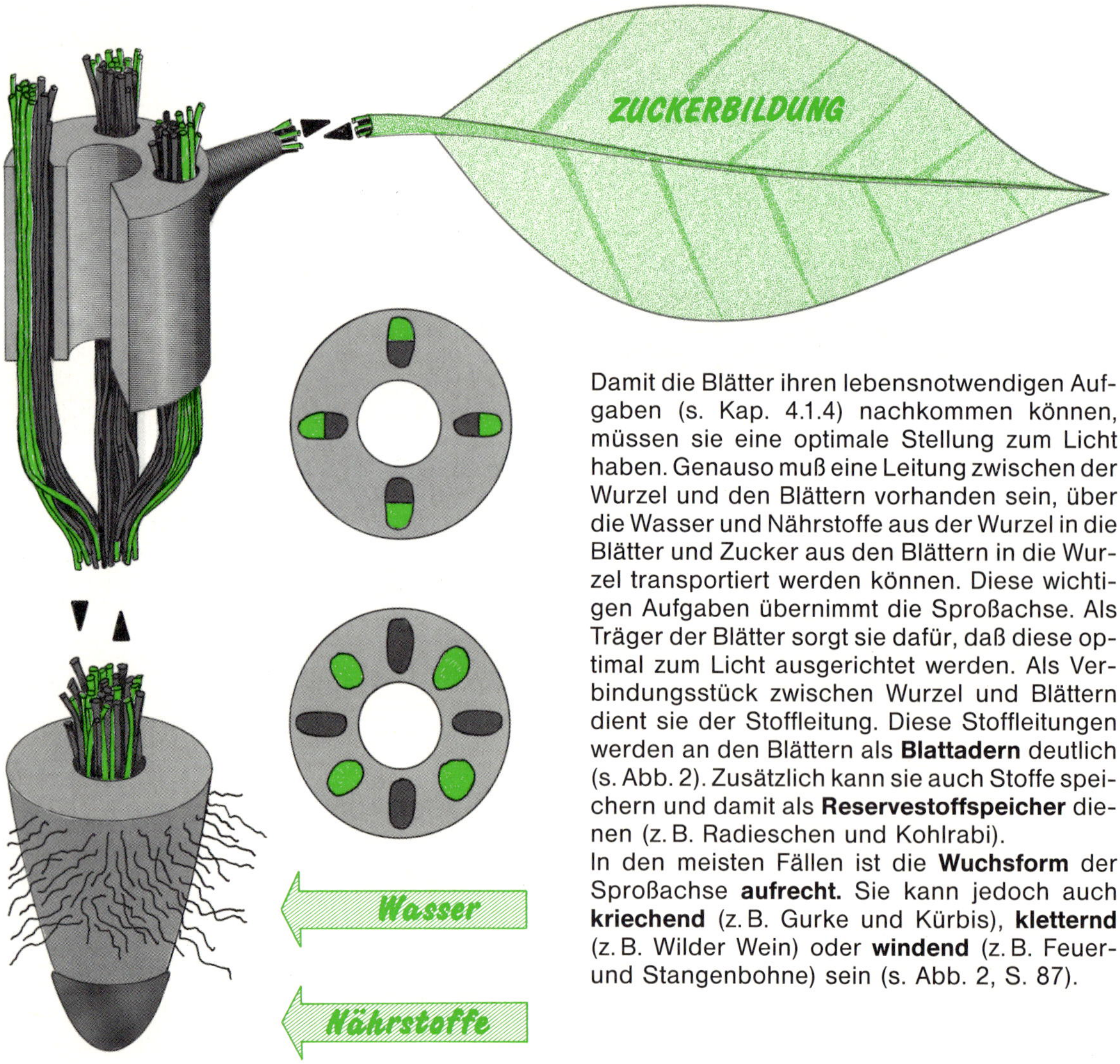


*Abb. 2 Wichtige Leitungen in der Pflanze*

Damit die Blätter ihren lebensnotwendigen Aufgaben (s. Kap. 4.1.4) nachkommen können, müssen sie eine optimale Stellung zum Licht haben. Genauso muß eine Leitung zwischen der Wurzel und den Blättern vorhanden sein, über die Wasser und Nährstoffe aus der Wurzel in die Blätter und Zucker aus den Blättern in die Wurzel transportiert werden können. Diese wichtigen Aufgaben übernimmt die Sproßachse. Als Träger der Blätter sorgt sie dafür, daß diese optimal zum Licht ausgerichtet werden. Als Verbindungsstück zwischen Wurzel und Blättern dient sie der Stoffleitung. Diese Stoffleitungen werden an den Blättern als **Blattadern** deutlich (s. Abb. 2). Zusätzlich kann sie auch Stoffe speichern und damit als **Reservestoffspeicher** dienen (z. B. Radieschen und Kohlrabi).
In den meisten Fällen ist die **Wuchsform** der Sproßachse **aufrecht.** Sie kann jedoch auch **kriechend** (z. B. Gurke und Kürbis), **kletternd** (z. B. Wilder Wein) oder **windend** (z. B. Feuer- und Stangenbohne) sein (s. Abb. 2, S. 87).

Wenn wir uns eine Sproßachse einmal genauer anschauen, können wir folgendes erkennen: An den Stellen, an denen sich die Blätter befinden, ist die Sproßachse mehr oder weniger knotig verdickt. Diese Stellen bezeichnet man auch als **Blattknoten.** Sie unterteilen die Sproßachse in einzelne Glieder. Die Anzahl der Blätter an diesen Knoten ist je nach Pflanzenart unterschiedlich. Alle Pflanzen besitzen jedoch in ihren Blattachseln Knospen, die sogenannten **Achselknospen.** Auch am Ende der Sproßachse befindet sich eine Knospe, die sogenannte **Endknospe.** Bei den Knospen handelt es sich um **teilungsfähiges Gewebe** (Vegetationspunkt), das von kleinen Blättchen, den Knospenschuppen, umhüllt ist.

Wenn sich die Zellen der Vegetationspunkte teilen, treiben die Knospen aus. Durch das Austreiben der Achselknospen bildet die Pflanze **Seitentriebe** (Seitenachsen). Sie sind genauso aufgebaut wie der **Haupttrieb.** Diese Seitentriebe (Seitentriebe 1. Ordnung) können wieder Seitentriebe (Seitentriebe 2. Ordnung) bilden usw. Auf diese Weise kann sich ein stark verzweigtes **Sproßsystem** entwickeln (s. Abb. 1). Je größer das Sproßsystem, um so mehr Blätter kann die Pflanze bilden, um so mehr Photosynthese (s. Kap. 4.1.4) kann sie betreiben, um so besser kann sie sich ernähren und damit wachsen.

An den Pflanzen befinden sich ferner Knospen, aus denen sich Blätter **(Blattknospen:** längliche, spitze Form) und Blüten **(Blütenknospen:** dicke, runde Form) entwickeln. So schließen viele Pflanzen ihr Triebwachstum mit der Bildung einer Blüte ab. Viele Knospen befinden sich auch in einer Art Ruhezustand, sie treiben erst im nächsten Jahr oder erst nach mehreren Jahren aus. Wenn die Pflanzen jedoch verletzt werden, d. h. mehrere Knospen verlorengehen, dann treiben diese „schlafenden“ Knospen auch aus. Diese Erkenntnis macht man sich zunutze, indem man Pflanzen zurückschneidet. Den Verlust an Knospen versucht die Pflanze durch verstärktes Austreiben wettzumachen. Dadurch bekommen viele Pflanzen einen kräftigeren Aufbau.

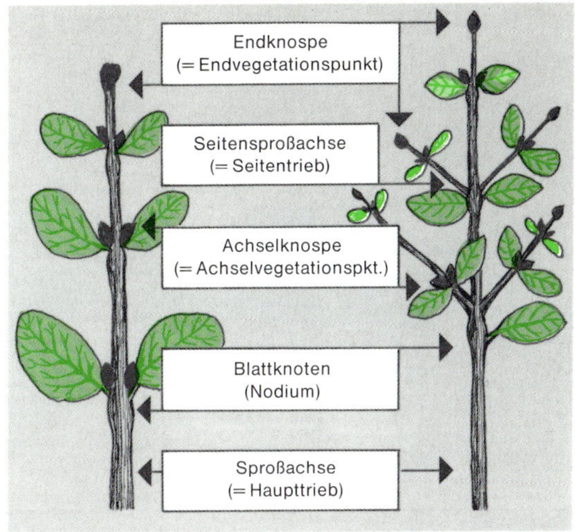


*Abb. 1 Sproßachse unverzweigt und verzweigt*

*Abb. 2 Wuchsformen der Sproßachse*

## Aufgaben

1. Suchen Sie im Garten jeweils drei Pflanzen mit einem Stengel, Schaft, Halm und Stamm.
2. Welche Aufgaben hat die Sproßachse?
3. Welche Aufgaben haben die Blattadern?
4. Was sind Blattknoten?
5. Wie kann sich ein Sproß verzweigen?
6. Warum werden viele Pflanzen durch einen Rückschnitt im Wachstum gefördert?
7. Nennen Sie zu den unterschiedlichen Wuchsformen der Sproßachse jeweils ein zusätzliches Beispiel.

## 4.1.4 Blätter – grüne Zuckerfabriken mit Solarenergie

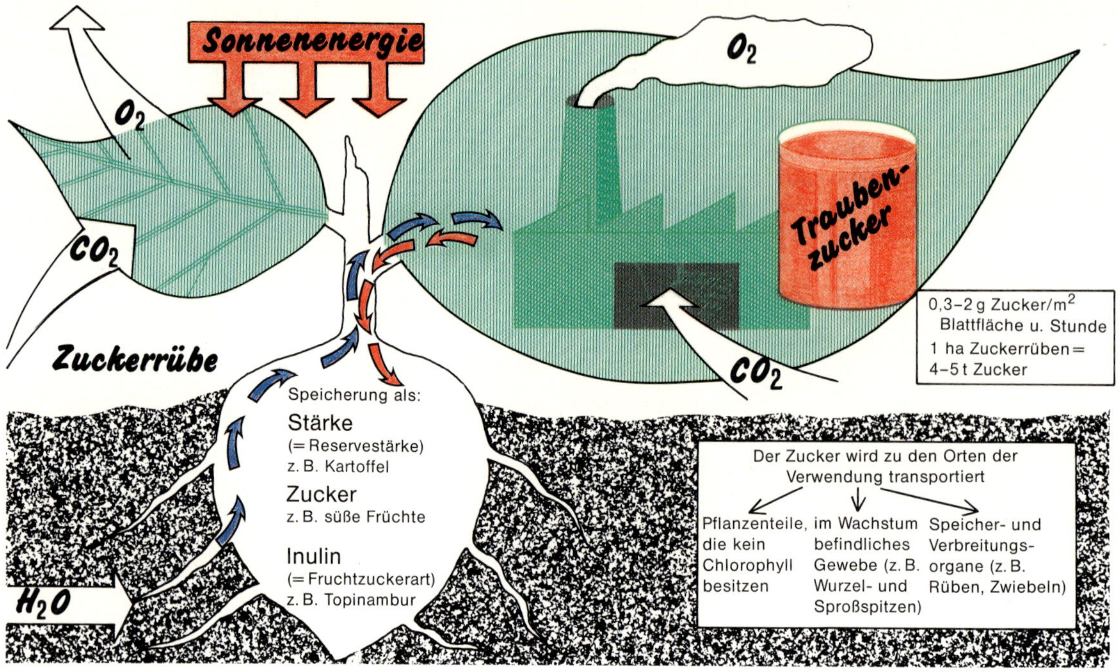


*Abb. 1 Die Pflanze als Produzent*

Die **grünen Blätter** der Pflanze sind mit Zuckerfabriken zu vergleichen. Sie produzieren aus Wasser ($H_2O$) und Kohlendioxid ($CO_2$) unter Mithilfe des Sonnenlichts Traubenzucker ($C_6H_{12}O_6$), der ja bekanntlich sehr energiereich ist. Diesen Vorgang bezeichnet man als **Photosynthese** (Stoffe werden mit Hilfe des Sonnenlichts umgewandelt) oder **Assimilation** (Umwandlung von Stoffen), die dabei entstehenden Stoffe als **Assimilate.** Photosynthese können nur grüne Pflanzenteile betreiben, da nur sie über den grünen Blattfarbstoff, das **Chlorophyll,** verfügen. Das Chlorophyll hat die einzigartige Fähigkeit, aus der **Lichtstrahlung** der Sonne die Energie zu entnehmen. In einem komplizierten Prozeß wird diese Energie dann in Form von Traubenzucker gespeichert. Aus energiearmen Stoffen wird also mit Hilfe des Chlorophylls und der Lichtenergie der Sonne ein energiereicher Stoff aufgebaut. Als „Abfallprodukt" wird bei diesem Vorgang **Sauerstoff** ($O_2$) freigesetzt (s. Abb. 1).

Der Vorgang der Photosynthese kann in Form einer chemischen Gleichung dargestellt werden:

$$\text{Kohlendioxid} + \text{Wasser} + \text{Licht} \xrightarrow{\text{Chlorophyll}} \text{Traubenzucker} + \text{Sauerstoff}$$

**oder** (genauer):

$$6\,CO_2 + 6\,H_2O + \underset{\text{Lichtenergie}}{2828\,kJ} \xrightarrow{\text{Chlorophyll}} C_6H_{12}O_6 + 6O_2$$

## Aufgaben

1. Beschreiben Sie den Ablauf der Photosynthese anhand der Abb. 1.
2. Warum benötigen Pflanzen Licht zum Leben?
3. Erklären Sie die Behauptung: Die Parkanlagen sind die Lungen der Großstädte.
4. Kleben Sie die Blätter einer Pflanze auf Papier, errechnen Sie die gesamte Blattfläche und die Tagesproduktion an Zucker.

## 4.1.5 Atmung – das „Feuer“ in der Pflanze

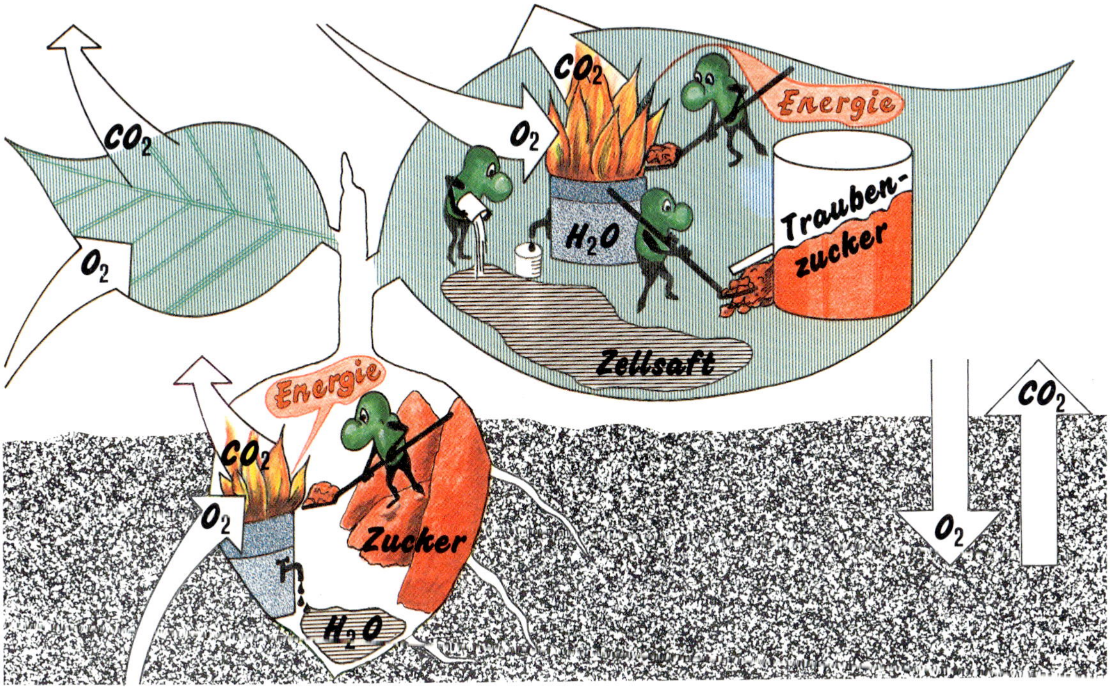


*Abb. 1 Das „Feuer“ in der Pflanze*

Zur Aufrechterhaltung ihrer Lebensvorgänge benötigt die Pflanze – genau wie Mensch und Tier – Energie. Diese gewinnt sie durch die Photosynthese, indem sie die Energie des Sonnenlichts in Form von Traubenzucker speichert. Alle Lebewesen – so auch die Pflanzen – müssen atmen, um gespeicherte Energie in eine für sie verwertbare Form zu überführen. Bei der **Atmung** „verbrennt“ die Pflanze den Traubenzucker und setzt dadurch die in ihm gespeicherte Sonnenenergie frei. Die Atmung läuft in allen lebenden Zellen ab, so auch in der Wurzel (s. Abb. 1). Auch die Atmung kann man in Form einer chemischen Gleichung darstellen:

Traubenzucker + Sauerstoff → Kohlendioxid + Wasser + Energie

**oder** (genauer):

$$C_6H_{12}O_6 + 6\,O_2 \rightarrow 6\,CO_2 + 6\,H_2O + 2828\text{ kJ Energie}$$

Bei der Atmung erfolgt also der umgekehrte Vorgang wie bei der Photosynthese: Traubenzucker wird mittels Sauerstoff zu Kohlendioxid und Wasser abgebaut, wobei Energie frei wird. Man bezeichnet die Atmung daher auch als **Stoffabbau** im Gegensatz zur Photosynthese, bei der ein **Stoffaufbau** erfolgt. Neben Zucker können auch Stärke und Fette sowie Eiweiße (nur im Hungerzustand) veratmet werden.

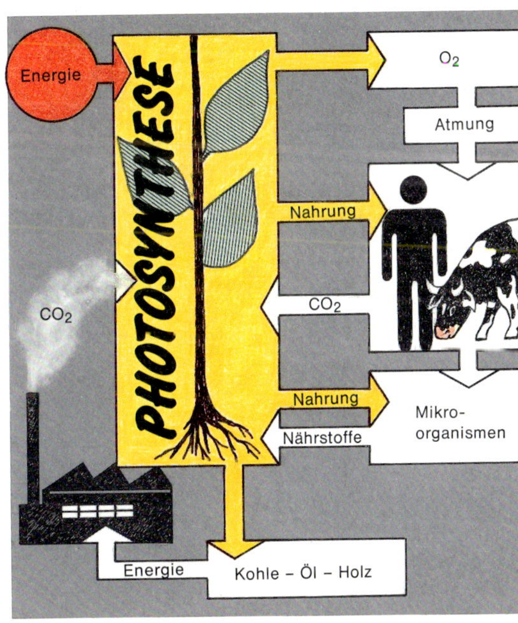


*Abb. 2 Bedeutung der Photosynthese*

### Aufgaben

1. Warum atmen Pflanzen?
2. Warum sollte der Boden gut gelockert sein?
3. Erläutern Sie, warum die Photosynthese für Pflanze, Mensch und Tier lebensnotwendig ist (s. Abb. 2).
4. Nennen Sie fünf Unterschiede zwischen Photosynthese und Atmung.

## 4.2 Photosynthese, Atmung und Temperatur im Zusammenspiel

*Abb. 1 Zusammenspiel von Licht und Temperatur für die Tomatenkultur*

Photosynthese und Atmung sind – wie alle Lebensvorgänge – chemische Reaktionen und werden daher von der Temperatur beeinflußt. Wenn es im Sommer schön warm ist, wachsen die Pflanzen besonders gut. Mit steigender Temperatur steigen Photosynthese und Atmung an. Für die Photosynthese liegt das Optimum je nach Pflanzenart zwischen 20 und 30 °C. Gurken, Tomaten, Paprika und Bohnen stellen z. B. hohe, Rettich, Radieschen und Schwarzwurzeln niedrige Temperaturansprüche. So führen hohe Temperaturen bei Radieschen leicht zur Pelzigkeit. Entsprechend sind sie für den Sommeranbau weniger gut geeignet.
Steigt die Temperatur über das Optimum an, nimmt die Photosynthese ab, die Atmung jedoch steigt. Sind Photosynthese (Stoffaufbau) und Atmung (Stoffabbau) in ihrer Intensität gleich, kann kein Wachstum stattfinden. Ist der Stoffabbau ständig größer als der Stoffaufbau, kümmert die Pflanze und stirbt. Wachstum kann also nur erfolgen, wenn die Photosynthese stärker ist als die Atmung. Entsprechend findet optimales Wachstum immer dann statt, wenn es am Tage sonnig, aber nicht heiß und in der Nacht kühl ist.
Die Kenntnis über die Zusammenhänge zwischen Photosynthese, Atmung und Temperatur macht sich der Gärtner zunutze, indem er in den Gewächshäusern über Nacht bzw. in der lichtarmen Zeit (Herbst und Winter) die Temperaturen absenkt und diese mit steigender Lichtintensität erhöht. Durch diese lichtabhängige Temperaturregulierung wird das Wachstum der Pflanzen positiv beeinflußt. Die optimale Temperatur für das Wachstum der Pflanzen hängt also von der **Lichteinstrahlung** ab (s. Abb. 1).

### Aufgaben

1. Wie wirken sich steigende Temperaturen auf die Photosynthese aus?
2. Warum wirkt eine Temperaturabsenkung über Nacht bzw. in der lichtarmen Jahreszeit positiv auf das Wachstum der Pflanzen?
3. Beschreiben Sie den Zusammenhang zwischen Licht und Temperatur mit Hilfe von Abb. 1.
4. Erklären Sie, warum es keine optimale Temperatur für die Tomatenkultur gibt.

## 4.3 Das Blatt als Wasserpumpe

Das Blatt benötigt zur Photosynthese nicht nur Licht, sondern auch Kohlendioxid und Wasser. Das **Kohlendioxid** nimmt die Pflanze aus der Luft durch winzige Spaltöffnungen (bis zu 400 pro $mm^2$) auf. Das **Wasser** hingegen wird von der Wurzel über Osmose aufgenommen. Wie aber gelangt das Wasser aus der Wurzel bis in die höchsten Wipfel der Bäume?
Das geschieht durch die Blätter. Sie geben an die Luft Wasser in Form von Wasserdampf ab. Diesen Vorgang nennt man **Verdunstung** oder **Transpiration.** Vor allem die äußersten Blattzellen verlieren durch Verdunstung Wasser. Da ihr Zellsaft dadurch stärker konzentriert wird als in den dahinterliegenden Zellen, ersetzen sie aus diesen über **Osmose** das verlorene Wasser. Die des Wassers beraubten Zellen verfahren in gleicher Weise. Dies setzt sich bis zu den Leitbahnen der Sproßachse fort. Hier entsteht, durch die Transpiration der Blätter hervorgerufen, ein Sog. Dieser **Transpirationssog** führt dazu, daß das Wasser aus der Wurzel heraus in die Blätter gesogen wird. In der Wurzel führt der Wasserverlust, genau wie im Blatt, zum Aufbau eines Konzentrationsgefälles. Den an den Leitbahnen liegenden Wurzelzellen wird Wasser entzogen, so daß ihr Zellsaft stärker konzentriert wird als in den dahinterliegenden Zellen. Somit haben sie die Möglichkeit, ihr verlorenes Wasser durch Osmose zu ersetzen. Die des Wassers beraubten Zellen verfahren ebenso. Dieser Vorgang setzt sich bis in die Wurzelhaarzellen fort, die wiederum ihren Verlust aus dem Bodenwasser decken. Auf diese Weise wird das durch die Transpiration der Pflanzen abgegebene Wasser ständig über die Wurzel aus dem Boden ersetzt. Im Boden entsteht ein regelrechter **Wasserstrom** zur Wurzel. Dies ist für die Ernährung der Pflanze sehr wichtig, da mit ihm die im Bodenwasser gelösten Nährstoffe an die Wurzel transportiert werden. Die in der Wurzel befindlichen Nährstoffe werden mit dem Wasser zusammen, also in gelöster Form, mit Hilfe des Transpirationssoges in die Blätter geleitet.

Die Wasserverdunstung kann beträchtliche Ausmaße annehmen. So beträgt z. B. die Verdunstung einer Sonnenblume etwa 1 Liter/Tag, die einer ausgewachsenen Buche etwa 400–500 Liter/Tag. Zur Verdunstung ist Wärme erforderlich, die der Umgebung entzogen wird. Die dabei entstehende Abkühlung bezeichnet man als Verdunstungskälte.

Da die Pflanzen bei der Transpiration das Wasser als Wasserdampf abgeben, ist die Transpiration nur möglich, wenn die Luft nicht mit Wasserdampf gesättigt ist. Eine Einschränkung der

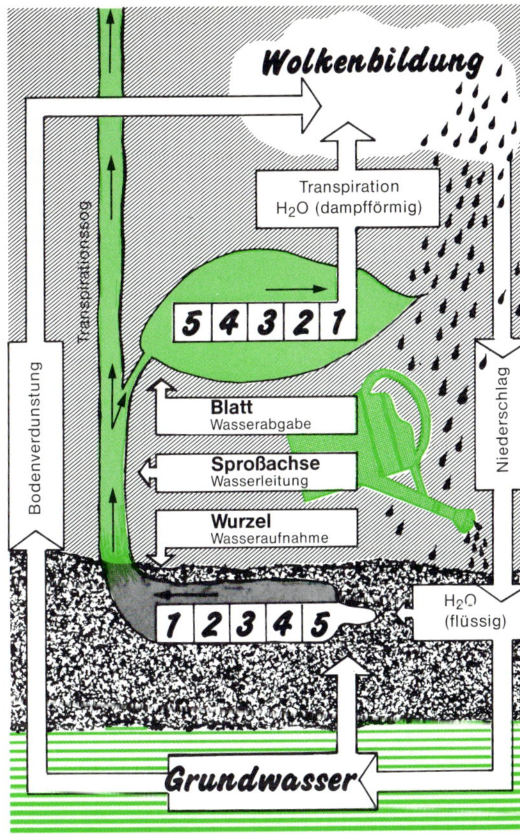


*Abb. 1 Wasserkreislauf*

Transpiration hemmt die Photosynthese und die Nährstoffaufnahme aus dem Boden und damit das Pflanzenwachstum. Wenn die Verdunstung sehr stark ist und im Boden nicht genügend Wasser vorhanden ist, sollte daher gegossen werden. Falls dies nicht möglich ist oder die Pflanzen das Wasser nicht schnell genug aufnehmen können, sollte die Transpiration z. B. durch Beschattung eingeschränkt werden, sonst welken die Pflanzen.

### Aufgaben

1. Beschreiben Sie, wie das Wasser aus dem Boden in die Blätter gelangt.
2. Warum kann man das Blatt als „Wasserpumpe" bezeichnen?
3. Warum spricht man von einem Wasserkreislauf (s. Abb. 1)?
4. Erklären Sie, warum durch die Transpiration das Wachstum der Pflanzen gefördert wird.
5. Erklären Sie, wodurch Pflanzen eine Überhitzung bei Sonneneinstrahlung verhindern.
6. Welche negativen Auswirkungen auf das Klima der Erde sind durch die Abholzung des Amazonasgebietes zu erwarten?

# 4.4 Sproßumwandlungen – eine Chance zum Überleben

Der Sproß ist wie die Wurzel für das Leben der Pflanze notwendig. Würde man z.B. alle Blätter einer Pflanze entfernen, würde sie eingehen, denn sie braucht die Blätter zur Photosynthese, Atmung und Wasserverdunstung (Transpiration). Schauen Sie sich aber einen Kaktus an, dann suchen Sie die Blätter vergebens. Kakteen besitzen keine Blätter – trotzdem leben sie! Bei den Kakteen hat die Sproßachse die Aufgaben der Blätter übernommen. Die Blätter selbst sind zu Dornen (Blattdornen) umgewandelt. Die Seitentriebe sind zu Haarpolstern reduziert. Beides führt zu einer starken Einschränkung der Wasserverdunstung. Dies ist für Kakteen lebensnotwendig, da sie in sehr trockenen und warmen Gebieten (Wüsten) wachsen. Sie müssen mit Wasser sehr sparsam umgehen, um nicht zu verdursten. Um die wenigen Niederschläge, die hin und wieder fallen, für die trockenen Zeiten speichern zu können, ist die Sproßachse stark verdickt. Pflanzen, die verdickt sind, um Wasser zu speichern, nennt man Sukkulenten (z.B. Kakteen, Kalanchoe, Echeveria, Bogenhanf).
Die Kakteen haben sich also durch Umwandlung ihres Sprosses an die lebensfeindlichen Bedingungen in Trockengebieten angepaßt. Aber nicht nur Kakteen, sondern auch viele andere Pflanzen haben sich durch Umwandlung ihres Sprosses (Sproßmetamorphosen) an bestimmte Standortbedingungen angepaßt, um überleben zu können (s. Abb. 2).

## Aufgaben

1. Erklären Sie, wodurch Kakteen an das Leben in Trockengebieten angepaßt sind.
2. Warum können Kakteen ohne Blätter leben?
3. Was sind Sukkulenten?
4. Unterscheiden Sie anhand der Abb. 1 Stacheln und Dornen.
5. Ordnen Sie die nachfolgend aufgeführten Aufgaben den in Abb. 2 dargestellten Pflanzen zu: a) Schutz gegen Tierfraß, b) Einschränkung der Verdunstung, c) Speicherung von Nährstoffen, d) Klettern, e) Verbreitung und Vermehrung der Art.

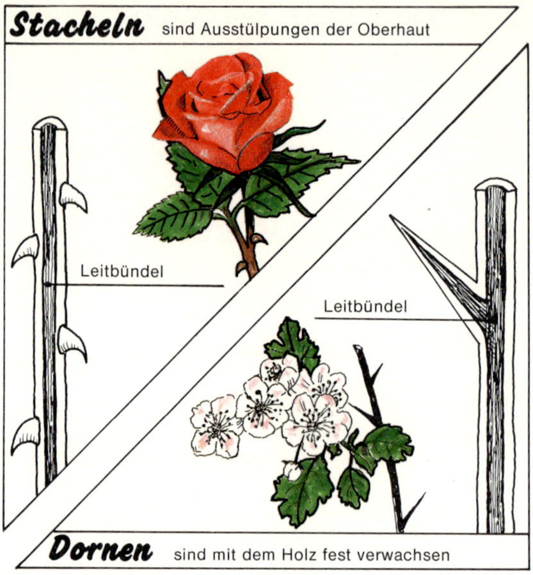


*Abb. 1 Stacheln oder Dornen*

*Abb. 2 Sproßumwandlungen*

# 4.5 Die Blüte im Dienst der Fortpflanzung

*Abb. 1 Männliche (♂) und weibliche (♀) Blüten (Kürbis)*

*Abb. 2 Zweigeschlechtliche (zwittrige) Blüte (Tulpe)*

Blüten enthalten die Sexualorgane der Samenpflanzen. Sie besitzen ein weibliches Geschlechtsorgan (Fruchtblatt) und ein oder mehrere männliche Geschlechtsorgane (Staubblatt). Enthalten Blüten nur ein Geschlechtsorgan, sind sie **eingeschlechtlich** (Abb. 1). Enthalten Blüten beide Geschlechtsorgane, sind sie **zweigeschlechtlich oder zwittrig** (Abb. 2).

Die Blüte entscheidet damit über das Geschlecht der Pflanze: Trägt die Pflanze männliche und weibliche Blüten, wird sie **einhäusig** genannt (Abb. 3, A). Trägt eine Pflanze nur weibliche oder nur männliche Blüten, wird sie **zweihäusig** genannt (Abb. 3, B).

Die Benennungen Fruchtblatt und Staubblatt weisen bereits darauf hin, daß die Blüte entwicklungsgeschichtlich eine Abwandlung der Blätter darstellt. Durch diese Umwandlung (Metamorphose) stellt die Samenpflanze ihre Fortpflanzung sicher. Die jährlich sich wiederholende Blütenbildung wird durch die im Frühjahr ansteigende Temperatur und Tageslänge (Dauer der Lichteinwirkung) in Gang gesetzt. So ist z. B. der Beginn der Apfelblüte klimatisch bedingt sehr unterschiedlich.

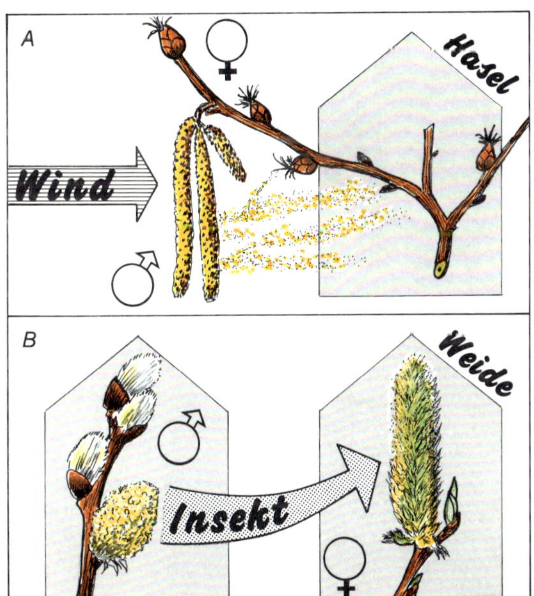


*Abb. 3 A: einhäusige Pflanze (Hasel), B: zweihäusige Pflanze (Weide)*

## Aufgaben

1. Erklären Sie den Unterschied zwischen ein- und zweigeschlechtlichen Blüten sowie zwischen ein- und zweihäusigen Pflanzen.
2. Finden Sie jeweils 3 Beispiele zu ein- und zweihäusigen Pflanzen.

## 4.5.1 Bestäubung und Befruchtung

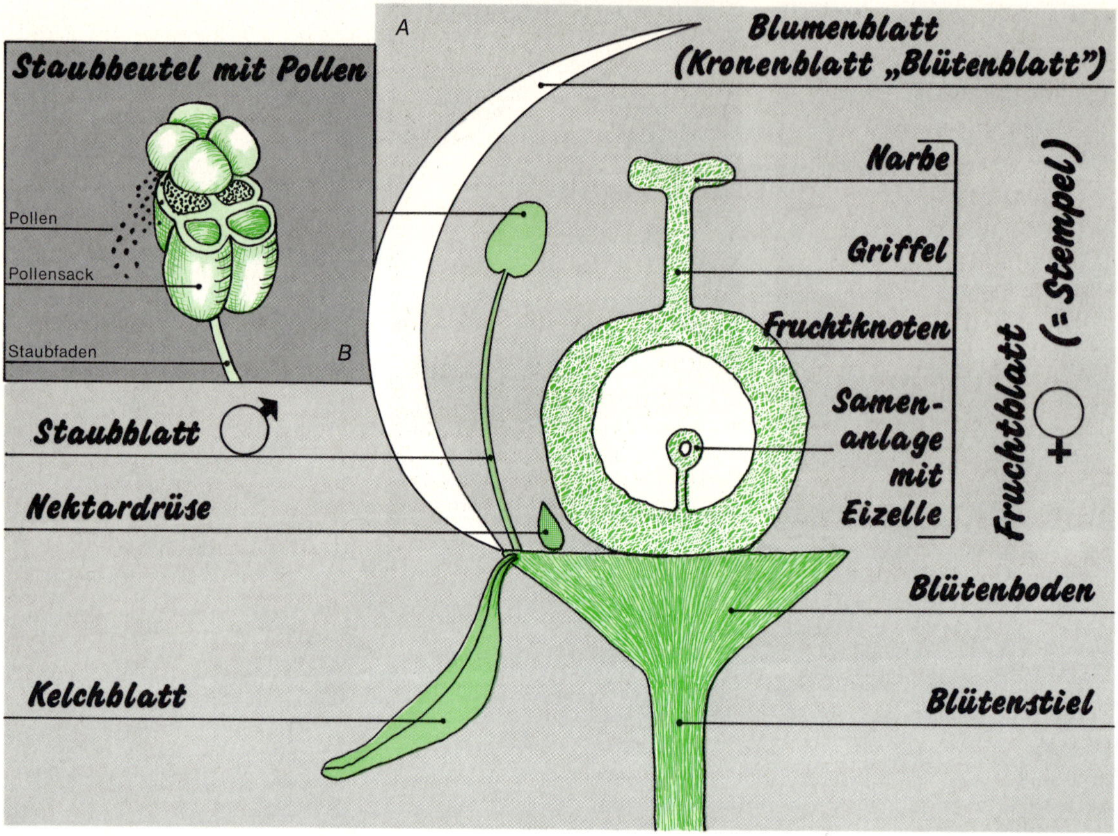


*Abb. 1 Blüte A: Längsschnitt, B: Staubbeutel*

Die Geschlechtsorgane von Samenpflanzen befinden sich, geschützt von **Kelch-** und **Blumenblättern,** in der Blüte (Abb. 1, A). Das weibliche Geschlechtsorgan (♀) ist das **Fruchtblatt.** Dieses besteht aus der Narbe, dem Griffel und dem Fruchtknoten. In dem Fruchtknoten befindet sich die Samenanlage, die die Eizelle enthält. Das männliche Geschlechtsorgan (♂) ist das **Staubblatt,** wovon die Blüte mehrere besitzt. Am oberen Ende der Staubblätter befinden sich je zwei Staubbeutel. In diesen wird der Blütenstaub, auch Pollen genannt, produziert (Abb. 1, B).

Damit es zu einer Befruchtung der Eizelle kommen kann, muß zunächst **Pollen** auf die Narbe des Griffels gelangen. Diese sehr wichtige Aufgabe erfüllen die Insekten, vor allem die Bienen. Warum tun sie das? Die Pflanze muß den Insekten schon etwas bieten, wenn diese ihr helfen sollen. Darum produziert sie sehr viel Pollen, die Hauptnahrung der Insekten. Damit jedoch nicht genug; da Insekten sehr gerne naschen, hat die Pflanze auf dem Blütenboden Drüsen gebildet, die **Nektar** ausscheiden. Aber was nützen diese paradiesischen Zustände, wenn die Insekten dies nicht bemerken? Auch hierzu gibt es eine Lösung. Die Pflanze verströmt wunderbare Düfte, die die Insekten anlocken. Zusätzlich bildet sie noch herrlich gefärbte Blumenblätter bzw. Blütenblätter aus. Diese dienen sozusagen als Positionslampen im grünen Blättermeer. Wenn sich nun Bienen am Nektar laben, streifen sie auch den Pollen, wobei sie ein Pollenkörnchen auf die Narbe des Griffels übertragen.

### Aufgaben

1. Nennen Sie die Bestandteile der Frucht- und Staubblätter.
2. Untersuchen Sie verschiedene Blüten hinsichtlich ihres Aufbaus. Unterscheiden Sie dabei Blumen-, Staub- und Fruchtblatt.
3. Welches Geschlecht haben die meisten der von Ihnen untersuchten Blüten?
4. Warum sind Bienen für die Erhaltung unserer Pflanzen so wichtig?
5. Die Kiwipflanze ist zweihäusig. Warum kann keine Bestäubung erfolgen, wenn in einem Garten nur eine Kiwipflanze wächst?

Dies ist zumal deshalb nicht selten, weil die Bienen die Narbe als Start- und Landebahn benutzen. Das Übertragen von Pollen auf die Narbe von Blüten nennt man **Bestäubung.** Die Biene ist dabei nur eine von vielen Insektenarten, die zur Bestäubung beitragen. Der Wind ist ein weiterer Helfer, der die leichten Pollen zur nächsten Blüte transportiert.
Die Biene hat Pollen auf die Narbe übertragen. Das Pollenkorn bildet nun einen Pollenschlauch, der durch das lockere Gewebe des Griffels in den Fruchtknoten hineinwächst. Der Pollenschlauch entläßt einen männlichen Geschlechtskern, wenn er bei der Samenanlage angekommen ist. Der Geschlechtskern wandert zur Eizelle und verschmilzt mit ihr. Die Befruchtung hat damit stattgefunden (Abb. 1). Die Eizelle scheint nur darauf gewartet zu haben, denn sobald sie befruchtet ist, fängt sie an zu wachsen. Die **befruchtete Eizelle (Zygote)** wächst zu einem **Embryo,** einem sehr kleinen Pflänzchen, heran. Dieses besitzt schon eine kleine Wurzel (Keimwurzel), kleine Blätter (die Keimblätter) und eine kleine Sproßachse mit Knospe (der Keimstengel mit der Keimknospe). Mit dem Wachstum des Embryos läuft das Wachstum der Fruchtknotenwand parallel. Sie vergrößert sich, wird weich und saftig – aus der Fruchtwand wird das Fruchtfleisch. Wenn die Frucht dann zu wachsen aufhört, unterbricht auch der Embryo sein Wachstum. Er umgibt sich, nachdem er noch von der Mutterpflanze mit Nährstoffen versorgt wurde, mit einer harten Schale, der Samenschale. Fruchtfleisch und Samen bilden nun die **Frucht** (Abb. 2).
Die reifen Früchte werden von Tieren, vor allem von den Vögeln, sehr gern gefressen. Im Magen der Tiere wird der Embryo vom Fruchtfleisch befreit und auf natürlichem Weg wieder an das Tageslicht befördert. Wenn der Samen nun günstige Bedingungen wie lockeren Boden, Wärme und Wasser findet, nimmt der Embryo sein unterbrochenes Wachstum wieder auf – der Samen keimt (s. S. 33). Unter günstigen Bedingungen wird die kleine Pflanze schnell wachsen und wiederum mit Hilfe der Insekten Nachkommen zeugen. Damit macht sie genau das, was die Natur vorgesehen hat, nämlich ihre Art vor dem Aussterben zu schützen.

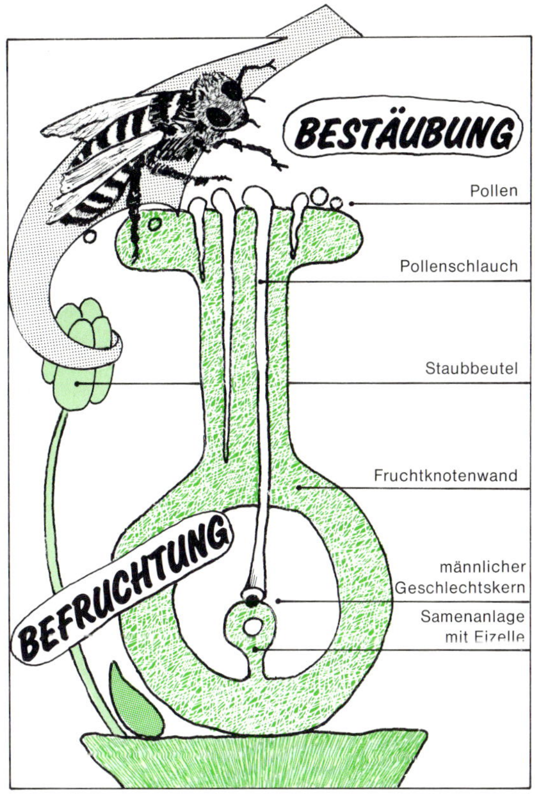


*Abb. 1 Befruchtung*

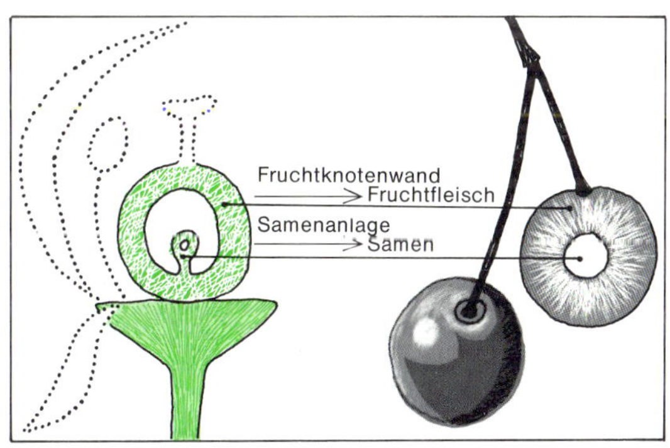


*Abb. 2 Fruchtbildung*

## Aufgaben

1. Erklären Sie den Unterschied zwischen Bestäubung und Befruchtung.
2. Was ist notwendig, damit eine Befruchtung stattfinden kann?
3. Aus welchen Grundorganen besteht ein Embryo?
4. Zur Blütezeit ist es kühl und regnerisch. Welche Folgen kann dies für die Bestäubung haben?
5. Warum entwickeln die Barbarazweige nur Blüten und keine Früchte?

## 4.5.2 Erscheinungs- und Verbreitungsformen von Blüten und Samen

*Abb. 1 Blüten- und Fruchtstände*

## Selbstverbreitung

**Beispiel**
Springkraut *(Impatiens balsamina)*

## Fremdverbreitung

**Beispiel für Wind**
Löwenzahn *(Taraxacum officinale)*

**Mensch**
Bewußte und unbewußte Verbreitung von Pflanzensamen

**Beispiel für Tiere**
Große Klette *(Arcticum lappa)*

**Beispiel für Wasser**
Seerose *(Nymphaea aba)*

*Abb. 1 Verbreitungsarten von Samen*

„Rührmichnichtan", so hat der Volksmund eine Pflanze genannt, die sehr empfindlich auf jede Berührung reagiert. Sie schleudert dann nämlich ihren Samen in ihre nächste Umgebung. Aufgrund dieser Besonderheit wurde ihr der Name Springkraut gegeben. Diese Pflanzen, zu denen auch Storchschnabel, Lupine, Wiesenschaumkraut und Sauerklee gehören, sorgen dadurch selbst für ihre Verbreitung **(Selbstverbreitung).**

Ein Propellerflieger wirbelt an uns vorbei. Es handelt sich dabei um die Frucht eines Ahorns. Ein starker Wind trägt die fallende und sich drehende Frucht, die den Samen enthält, viele Meter weit. Wie die Samen des Ahorns werden viele andere Samen segelnd oder fliegend weitertransportiert. Der Samen eines Löwenzahns kann bis zu zehn Kilometer weit fliegen. Bei der „Landung" des Schirms tragen kleine Härchen dazu bei, daß die Frucht am Boden oder sogar an Mauern verankert wird. Bei einigen Pflanzen transportiert das Wasser die Früchte. Es handelt sich dabei um Früchte mit einem Schwimmgewebe, deren Außenhülle mit viel Luft durchsetzt ist: Ein sehr auffälliger Vertreter ist die Kokospalme, deren Früchte von Insel zu Insel schwimmend für die Verbreitung gesorgt haben.

Manchmal betätigen wir uns selbst sogar als Verbreiter von Samen, wenn z. B. eine Klette an unserer Kleidung hängengeblieben ist. Wie die Klette gibt es noch andere Klettfrüchte (z. B. Klebkraut), deren Samen mit Haftvorrichtungen in Form von hakenförmigen Haaren oder spitzen Dornen ausgestattet sind.

Viele Früchte locken Vögel durch ihre Farben an und dienen ihnen als Nahrung. Dort, wo die unverdaulichen Samen ausgeschieden werden, wächst dann z. B. ein neuer Vogelbeerbaum heran. Diese Arten der Verbreitung nennt man **Fremdverbreitung.**

### Aufgaben

1. Ordnen Sie die Fotos der Blüten und Früchte in Abb. 1, S. 96 den entsprechenden Zeichnungen zu.
2. Überlegen Sie, warum eine Pflanze viele Blüten ausbildet.
3. Beschreiben Sie unterschiedliche Verbreitungsarten von Samen.

# 4.6 Ungeschlechtliche Vermehrung der Pflanze

In den Vegetationszyklus der **Erdbeere** ist die Bildung von Tochterpflanzen einprogrammiert. Dies macht die Mutterpflanze mit Hilfe spezialisierter Seitensprosse, den sogenannten Ausläufern. Wenn ein Ausläufer einen genügend großen Abstand zur Mutterpflanze erreicht hat, bilden sich an seinem Ende Knospen. Wurzeln werden gebildet, und eine neue Erdbeerpflanze wächst heran. Solange sich die Tochterpflanze nicht selbst ernähren konnte, wurde sie über den Ausläufer durch die Mutterpflanze ernährt. Sobald bei der Tochterpflanze Photosynthese sowie Atmung in ausreichendem Maße ablaufen und die Wurzelbildung weit genug fortgeschritten ist, stirbt der Ausläufer ab.

Die **Narzisse** bildet mehrere kleine Brutzwiebeln an der Mutterzwiebel aus. Diese entstehen aus Knospen am Zwiebelboden. Auf Verletzungen des Zwiebelbodens reagiert die Pflanze mit vermehrter Brutzwiebelbildung. Diese Regenerationsfähigkeit der Pflanze wird für eine vermehrte Heranzucht von Zwiebeln genutzt, indem der Zwiebelboden leicht eingeschnitten wird. Damit genügend Nährstoffe in die Brutzwiebeln gelangen können, werden nach der Blüte die verwelkten Pflanzenteile entfernt. Wenn die Brutzwiebeln groß genug sind, lassen sie sich leicht von der Mutterzwiebel lösen und werden im nächsten Jahr selbst zur Mutterzwiebel.

Das **Zypergras** ist eine Mittelmeerpflanze, die seit einigen Jahren auch auf vielen unserer Fensterbänke zu finden ist. Sie hat die Fähigkeit, in kurzer Zeit aus einem Blatt eine ganz neue Pflanze zu entwickeln. Zu dieser schnellen Vermehrung verhilft ihr der Mensch, indem er zunächst den Stengel einige Zentimeter unterhalb des Blattkranzes abschneidet. Die Blätter werden eingekürzt und umgedreht ins Wasser gestellt. Nach zwei bis drei Wochen treiben aus den Blattknospen Wurzeln und ein neuer Sproß. Wird die junge Pflanze in feuchte Erde gesteckt, wachsen schon nach wenigen Wochen viele neue Stengel mit schönen Blattrosetten nach.

*Abb. 1 Verschiedene vegetative Vermehrungsarten*

Wie die drei Beispiele oben zeigen, vermehren sich Samenpflanzen nicht nur über Samen, also **geschlechtlich** oder **generativ,** sondern auch durch Bildung von Tochterpflanzen oder durch Neubildung (Regeneration) verlorengegangener Organe. Diese Art der Vermehrung nennt man **ungeschlechtliche** oder **vegetative Vermehrung.** Die Fähigkeit der Regeneration hat sich der Mensch zunutze gemacht, um eine Vielzahl junger Pflanzen zu erhalten.
Vegetative Vermehrungsverfahren werden vor allem bei Zimmerpflanzen, Stauden, Gehölzen sowie bei Pflanzen angewandt, die nur wenige keimfähige Samen bzw. keine Blüten bilden. Vorteile der vegetativen Vermehrung liegen einmal in der schnellen und relativ einfachen Durchführung. Außerdem entsprechen die Jungpflanzen, die aus vegetativer Vermehrung hervorgehen, genau den Eigenschaften der Mutterpflanze, sie sind also erbgleich. Bei der generativen Vermehrung vermischt sich das Erbgut von einem weiblichen und einem männlichen Erbträger, so daß die Nachkommenschaft unterschiedlich ausfallen kann. Das bedeutet, daß z. B. Wuchshöhe, Wuchsform oder die Farbe wesentlich von der vorangegangenen Generation abweichen können.

## Aufgaben

1. Wie unterscheiden sich die Vermehrung von Erdbeerpflanzen und die Vermehrung von Zypergras?
2. Erklären Sie den Unterschied zwischen generativer und vegetativer Vermehrung.

## 4.6.1 Zellen teilen sich, wachsen und spezialisieren sich

Schneidet man ein Blatt der Begonia rex ab, und stellt es ins Wasser oder steckt es in feuchten Sand, so entwickeln sich im Laufe der Zeit an den Schnittstellen **Adventivwurzeln** (advenire = hinzukommen). Diese Fähigkeit der Pflanze, verlorengegangene oder fehlende Teile neu zu bilden, bezeichnet man als Erneuerung oder **Regeneration** (s. Abb. 1). Durchtrennt man zusätzlich bei dem Blatt der Begonia rex die Blattadern, so kommt es an den Schnittstellen zur Neubildung von kleinen Pflanzen (s. Abb. 1). Der Einschnitt in die Oberhautzelle (Epidermis) des Blattes übt einen auslösenden Reiz aus. Es ist, als ob schlafende, teilungsfähige Zellen geweckt werden. Der Wundreiz bewirkt, daß sich Oberhautzellen vielfach teilen. Die **Zellteilungen** sind zu Beginn noch richtungslos, bis sich ein Adventivsproß herausgebildet hat (s. Abb. 2). Für die Regeneration von neuen Pflanzenorganen gibt es drei Möglichkeiten:

| vorhandene Grundorgane | neu zu bildende Organe |
|---|---|
| Sproßachse (mit Blättern) | Wurzeln |
| Blatt | Sproßachse und Wurzel |
| Wurzel | Sproßachse und Blätter |

Diese Regenerationsfähigkeit erweitert die Möglichkeiten der vegetativen Vermehrung enorm, die sich der Mensch ebenfalls zunutze macht. Bis eine neue Pflanze jedoch herangewachsen ist, durchlaufen die Zellen verschiedene Wachstumsphasen. Unter **Wachstum** versteht man eine Volumenzunahme einer Pflanzenzelle oder gar einer Pflanze, die nicht mehr rückgängig zu machen ist. Dies erfolgt sowohl durch Neubildung von Zellen (Zellteilung) als auch durch Zellvergrößerung (Zellstreckung) (s. Abb. 3). Es werden 3 Wachstumsphasen unterschieden:

1. **Wachstum durch Zellteilung**
   Dieses Wachstum ist durch eine ständige Zellteilung gekennzeichnet. Normalerweise findet diese Zellteilung nur im Bildungsgewebe der Wurzeln und des Sprosses statt. Sie kann jedoch auch durch Wundreiz ausgelöst werden.
2. **Streckungswachstum**
   Es schließt sich an die Zellteilung an und führt zu einer Volumenvergrößerung und Formveränderung.
3. **Differenzierungswachstum**
   In dieser Phase erfährt die Zelle ihre endgültige Bestimmung, ob sie für die Photosynthese oder z. B. für die Speicherung ausgebildet wird.

*Abb. 1 Regeneration von Begonia rex*

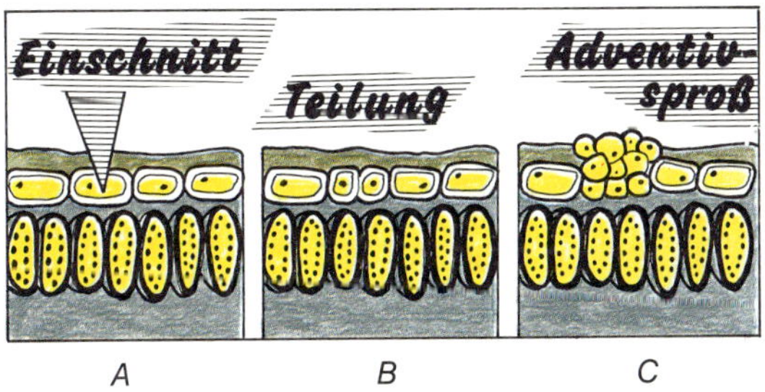


*A) Einschnitt in die Oberhautzelle (Epidermis)*
*B) Vermehrte Zellteilung*
*C) Bildung eines Adventivsprosses*
*Abb. 2 Wundreiz*

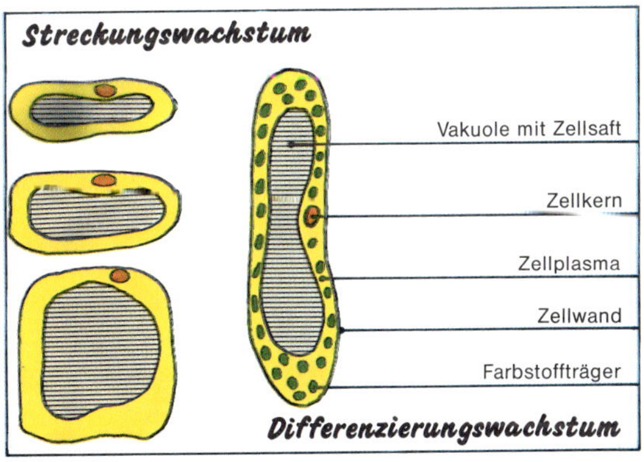


*Abb. 3 Streckungs- und Differenzierungswachstum*

## Aufgaben

1. Welche Zellen werden bei der Blattstecklingsvermehrung neu gebildet?
2. Erklären Sie den Unterschied zwischen Zellstreckung und Differenzierung.
3. Ist Wachstum durch Teilung ein Widerspruch?
4. Was haben Blattsteckling und Kopfsteckling, und was haben Ausläufer und Brutblatt gemeinsam (s. S. 101)?

## 4.6.2 Die Bewurzelung ist das A und O der Vermehrung

Für die Vermehrung ist es äußerst wichtig, daß möglichst schnell Wurzeln gebildet werden. Hierbei sind die folgenden **Wachstumsfaktoren** zu berücksichtigen:

**Wärme**

Durch Erhöhung der Bodentemperatur wird die Wurzelbildung in besonderem Maße angeregt. Dies kann durch eine Bodenheizung oder durch Aufstellung auf der Fensterbank (Heizkörper darunter) erreicht werden.
Damit nicht nur die Wurzeln, sondern auch Sproß und Blätter wachsen, ist nach der Wurzelbildung eine Senkung der Bodentemperatur notwendig. Für die meisten Pflanzen ist ein Temperaturbereich zwischen 18 und 20 °C am günstigsten.

**Wuchsstoffe**

Wuchsstoffe sind Präparate, die die Bildung von Adventivwurzeln fördern. Sie verstärken die Anzahl der ohnehin in der Pflanze vorhandenen Hormone, die u. a. für die Auslösung der Zellteilung sorgen.

**Luftfeuchtigkeit**

Wegen fehlender Wurzeln ist die Wasseraufnahme von Stecklingen sehr gering. Daher muß die Wasserabgabe möglichst stark reduziert werden. Dies kann durch Abdeckung mit Glas oder Folie erreicht werden, damit sich die Luftfeuchtigkeit erhöht. Ein ähnlicher Effekt wird durch Einkürzen der Blätter erzielt.

**Vermehrungssubstrat**

Zur Vermehrung eignen sich folgende Substrate: Torf-Sand-Gemisch, Steinwolle, Polyurethanharzschaum. Sie müssen frei von Krankheitserregern und nährstoffarm sein.

**Licht**

Licht (Strahlungsenergie durch die Sonne oder durch künstliche Lichtquellen) hat einen entscheidenden Einfluß auf das Wachstum der gesamten Pflanze (Photosynthese). Unsere Zimmerpflanzen stammen zu einem großen Teil aus tropischen und subtropischen Klimazonen, in denen die Sonneneinstrahlung wesentlich stärker ist als bei uns. Da sie an eine erheblich höhere Lichtintensität gewöhnt sind, sollten wir für die Vermehrung lediglich die Monate März bis September nutzen.
Entscheidend ist jedoch nicht nur die Lichtstärke, sondern auch die Dauer der Einstrahlung. Hier reagieren Pflanzen bzw. ihre Grundorgane sehr unterschiedlich. Chrysanthemen sind beispielsweise sogenannte Kurztagpflanzen, das heißt, sie kommen nur bei einer Tageslänge von weniger als 12 Stunden zum Blühen. Umgekehrt benötigen Langtagpflanzen wie Salat oder Spinat mehr als 12 Stunden Tageslänge, um Blüten zu bekommen.

### Aufgaben

1. Beschreiben Sie den Einfluß des Lichtes auf Wurzeln und Sproß bei der Vermehrung.
2. Wie wirken sich die weiteren oben genannten Wachstumsfaktoren auf die Vermehrung aus?
3. Warum schießt (blüht) Salat oder Spinat im Sommer besonders schnell?

## Vermehrung an der Mutterpflanze

Ableger

Es werden vorjährige Triebe (meist bei Laubhölzern) in ganzer Länge waagerecht in die Erde gelegt.
Beispiele: Blutjohannisbeere, Heckenkirsche

Abmoosen

Triebe der Mutterpflanze werden eingeschnitten und zur Bewurzelung mit Torf umgeben.
Beispiel: Gummibaum

Absenker

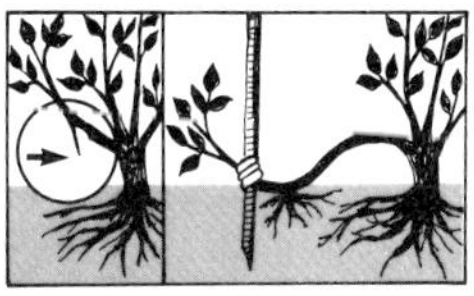

Triebe der Mutterpflanze werden bogenförmig in den Boden gesenkt.
Beispiele: Cambertusnuß, Zwergmispel, Hortensie, Efeu und andere Kletterpflanzen

Ausläufer

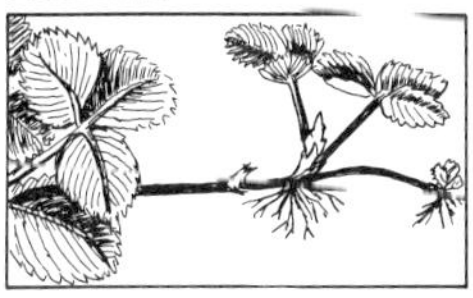

Die Mutterpflanze entwickelt Ausläufer, an deren Ende Jungpflanzen entstehen.
Beispiele: Judenbart, Grünlilie, Erdbeere

Brutblätter

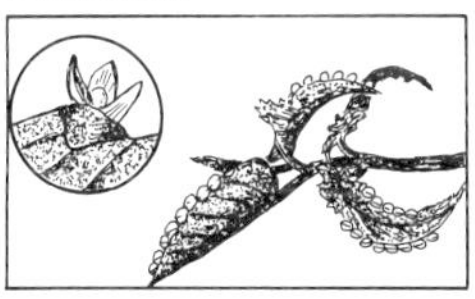

Auf den Blättern entwickeln sich junge, selbständige Pflanzen mit Wurzeln und Blättern.
Beispiel: Brutblatt

Brutknollen

Sie bilden sich an der Basis der Mutterknolle. (Bei Kartoffeln entstehen die Brutknollen am Ende der unterirdischen Ausläufer.)
Beispiele: Gladiolen, Krokus

Brutzwiebeln

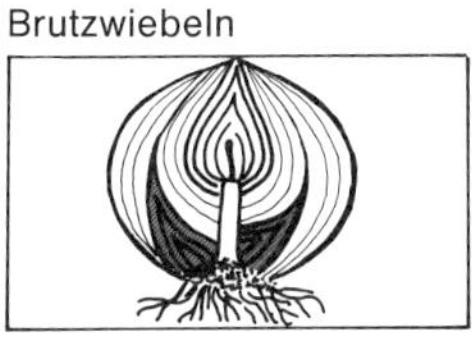

Sie entstehen aus Knospen, die am Zwiebelboden zwischen den Zwiebelschalen der Mutterpflanze sitzen.
Beispiele: Tulpe, Narzisse, Hyazinthe

Bulbillen

Es sind brutähnliche Organe, die oberirdisch an Blattachseln oder Blütenständen sitzen.
Beispiele: Feuerlilie, Tigerlilie

Kindel

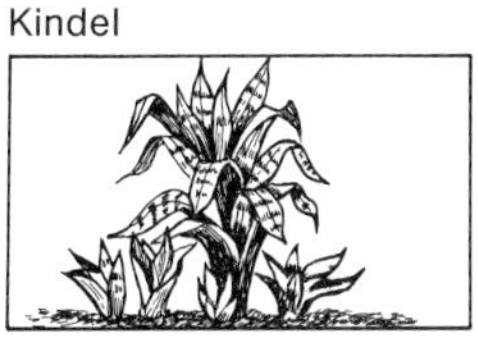

Es entstehen unmittelbar an der Mutterpflanze sogenannte Kindel- bzw. Tochterpflanzen.
Beispiele: Bromelie, Agave, einige Kakteen

## Vermehrung unabhängig von der Mutterpflanze

Blattgliedstecklinge

Die Pflanze ist aus Blattgliedern aufgebaut. Einzelne Glieder werden abgebrochen und in ein Erd-Sand-Gemisch gesteckt.
Beispiele: Weihnachts- und Osterkaktus

Blattstecklinge

Blätter der Mutterpflanze werden mit oder ohne Stiel geschnitten.
Beispiele: Begonien, Usambaraveilchen, Zwergpfeffer

Blattstückstecklinge

Es werden Blätter, die an den Blattadern eingeschnitten sind oder Blattstücke gesteckt.
Beispiele: Begonien, Drehfrucht, Bogenhanf

Kopfstecklinge

Es sind beblätterte krautige Triebspitzen mit endständiger Vegetationsknospe.
Beispiele: Chrysantheme, Pelargonie, Gartenhortensie, Fuchsien, Zwergmispel, Buchsbaum

Rißlinge

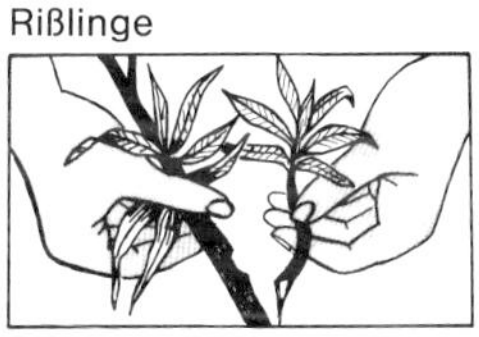

Es sind Triebstecklinge, die mit einem kleinen Rest Rinde (Kambium) abgerissen werden.
Beispiele: Chinesischer Wacholder, Gemeine Eibe, Scheinzypresse

Stammstecklinge

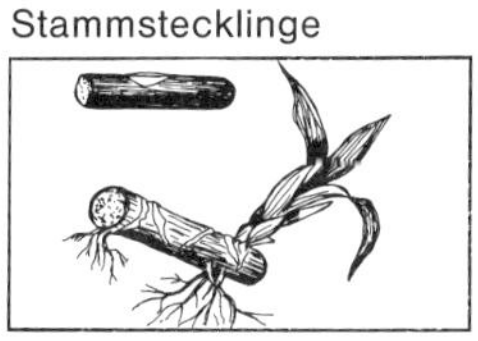

Es sind blattlose, kurze Stammteilstücke mit ruhenden Augen.
Beispiel: Dieffenbachie

Steckholz

Meist einjährige, nicht beblätterte, verholzte, ca. 20 cm lange Triebe
Beispiele: Liguster, Hartriegel, Blutjohannisbeere, Silberweide

Teilstecklinge

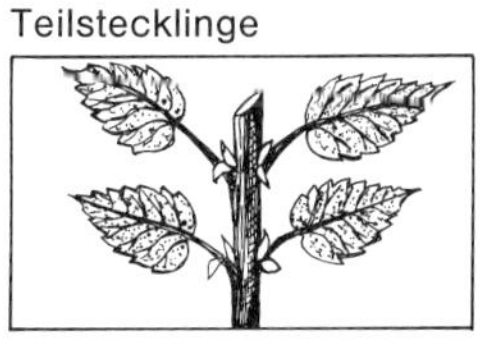

Es sind krautige Triebstücke mit mehreren Nodien ohne Endknospe.
Beispiele: Zwergmispel, Spindelstrauch, Heimischer Efeu, Fuchsien, Efeupelargonie

Wurzelschnittlinge

Dünne, kurze Wurzelstücke werden geschnitten und gesteckt oder ausgestreut.
Beispiele: Mohn, Tränendes Herz, Anemonen

# 5 Der Boden

## 5.1 Zusammensetzung und Entstehung des Bodens

Abb. 1 *Ein Blick in den Mutterboden*

*Abb. 2 Bodenprofil*

Er kann braun, schwarz, gelb oder rot sein. Sein Besitz gab häufig Anlaß zu Kriegen. Manchmal ist er schwer, manchmal fliegt er weg. Er ist so kostbar, daß seine Grenzen abgesteckt werden. Seine obersten 20 bis 30 Zentimeter sind für den Gärtner überaus interessant, weil hier die Pflanzen wurzeln. Diese oberste Schicht ist der **Mutterboden,** der also nur einen kleinen Teil des gesamten Bodens ausmacht. Dieser Teil und die darunter liegenden Schichten sind genau zu erkennen, wenn man ein tiefes Loch in den Boden gräbt und dadurch eine seitliche Ansicht, ein sogenanntes **Bodenprofil,** erhält.

Solch ein Profil setzt sich aus verschiedenen Schichten, den **Horizonten** zuammen. Die Horizonte können je nach ihrer Entstehungsgeschichte sehr unterschiedliche „Tiefen" (=Mächtigkeit), Farben sowie eine mehr oder weniger starke Verwitterung aufweisen:
Ein guter Gartenboden enthält in seiner obersten Schicht 3 bis 5 % Humus und Kleinstlebewesen. Diese organischen Bestandteile sind nur ein kleiner Teil der insgesamt 50 % festen Bestandteile eines Bodens. Je ca. 25 % des Bodens werden durch Wasser und Luft eingenommen.

## 5.1.1 Anorganische Bestandteile

„Felsen werden zu Böden." Ausgangsmaterial unserer Böden sind **anorganische Bestandteile,** nämlich die Gesteine unserer Erde. Durch die Einwirkung von Frost, Hitze, Wasser, Wind und zuletzt auch von Pflanzen sind diese festen Gesteine zu immer kleineren Steinen und Partikeln zersprengt und zerrieben worden. Dieser Vorgang, die **Verwitterung,** ist mit dem bloßen Auge jedoch nicht sichtbar, weil er unendlich langsam, d. h. in vielen tausenden Jahren vor sich geht. Das Ausgangs- oder Muttergestein, aus dem letztlich der Boden entsteht, kann von seiner Zusammensetzung her sehr unterschiedlich sein. Es kann z. B. aus Kalk, Basalt, Schiefer oder Granit bzw. mehreren verschiedenen Gesteinen gebildet worden sein. Aus den gesteinsbildenden Mineralen werden während der Verwitterung Mineralstoffe herausgelöst. So wird z. B. der Mineralstoff Calcium aus dem Mineral Kalkstein gelöst. Je nach der Art des Ausgangsgesteins enthält der Boden daher eine unterschiedliche Mineralstoffzusammensetzung. Einige Mineralstoffe sind äußerst wichtig für die Ernährung der Pflanze (vgl. Kapitel Ernährung).

Beim oben erwähnten Verwitterungsprozeß entstehen verschieden große Bodenteilchen. Entsprechend ihrer Größe werden sie in **Korngrößen** eingeteilt (Abb. 1).

Je nach dem prozentualen Anteil der Korngrößen können Böden in Sand-, Schluff- oder Tonböden eingeteilt werden. Annähernd gleiche Anteile von Sand, Schluff und Ton ergeben einen Lehmboden. Zwischen diesen vier Hauptbodenarten gibt es eine Reihe von Übergangsstufen. So wird z. B. ein Tonboden, der relativ viel Sand enthält, zu einem sandigen Ton oder ein Sandboden, der ein hohen Anteil an Schluff hat, zu einem schluffigen Sand (Abb. 2). Alle diese **Bodenarten** haben wiederum unterschiedliche Eigenschaften, die sich vor- oder nachteilig auf das Pflanzenwachstum auswirken können, d. h. die Bodenfruchtbarkeit mit bestimmen (Abb. 1, S. 112).

*Abb. 1 Anorganische Bestandteile des Bodens*

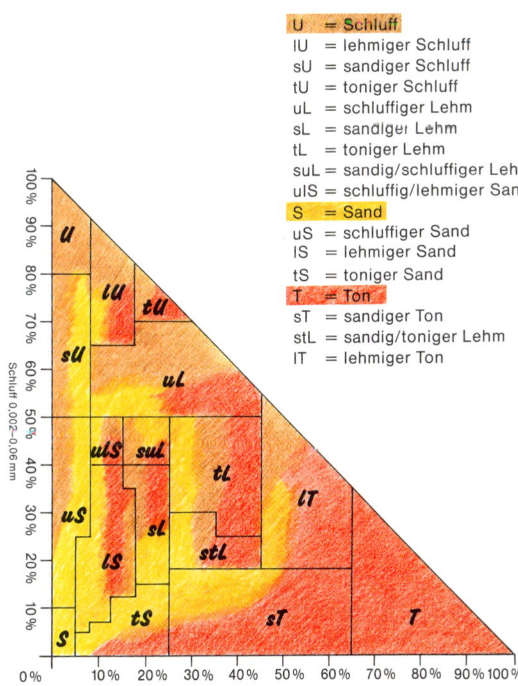


*Abb. 2 Korngrößenverteilung ergibt die Bodenart*

## Aufgaben

1. Was besagt der Satz „Felsen werden zu Böden"?
2. Erklären Sie den Begriff „Korngröße".
3. Ermitteln Sie die Bodenart, die aus 40 % Ton, 40 % Schluff (und 20 % Sand) besteht. Benutzen Sie dazu die Abb. 2.
4. Wie läßt sich die Wasserspeicherung eines Sandbodens, wie der Lufthaushalt eines Tonbodens verbessern (s. Abb. 1, S. 112)?

## 5.1.2 Organische Bestandteile

> **Ein Regenwurm erzählt:**
>
> *Ich heiße Terrestris. Die Menschen bezeichnen mich häufig als „Kuh unter dem Acker". In Wirklichkeit habe ich jedoch nichts mit einer Kuh gemeinsam. Nur weil ich genauso gerne den ganzen Tag über fresse, habe ich diesen Spitznamen bekommen. Zoologisch heiße ich Lubricus terrestris, zu deutsch „Regenwurm". Zusammen mit Springschwänzen, Milben, Larven und winzigsten Mikroorganismen mache ich mich über sämtliche abgestorbenen Pflanzenteile her. Zusammen sind wir eine freßkräftige Arbeitskolonne, allein an Regenwürmern gibt es außer mir noch über 200 unter einem Quadratmeter Boden. Dabei ist unser Hunger enorm, egal ob es sich um Blätter, Küchenabfälle oder andere organische Abfälle handelt. Beim Fressen läßt es sich leider nicht vermeiden, Erde mit hinunterzuschlucken. Das ist jedoch weiter nicht schlimm, weil mein ganzer Körper ein einziger langer Darm ist, der alles, was ich zu mir nehme, miteinander vermengt. Mein Verdauungssaft hilft mir dabei. Das meiste scheide ich als Kotkrümel wieder aus.*
>
> *Durch meine Bohrgänge durchlüfte ich nicht nur den Boden, sondern schaffe Hohlräume für das versickernde Regenwasser, das sich zusammen mit Nährstoffen um meine Kotkrümel lagert. Da ich insgesamt zu einer Verbesserung der Krümelstruktur des Bodens beitrage, freut sich mein Gärtner sehr über die Arbeit, die ich für ihn leiste. Er bedankt sich dafür mit einer schönen Mulchschicht, die mir neben neuer Nahrung auch eine angenehme feuchte Wärme garantiert.*

Zu den organischen Bestandteilen eines Bodens gehören sowohl alle **Bodenlebewesen (Fauna und Flora)** als auch Stoffe, die von abgestorbenen Tieren und Pflanzen stammen.

Die Gesamtheit aller abgestorbenen organischen Stoffe stellt die tote organische Masse des Bodens dar, die **Humus** genannt wird. Teilchen, die größer als 2 cm sind, werden nicht zum Humus gezählt.

Ein Teil des Humus dient den Pflanzen als Nährstoff. Die Pflanzen können die Nährstoffe jedoch nicht direkt aufnehmen, sondern müssen warten, bis dieser **Nährhumus** von den Mikroorganismen zu Mineralstoffen bzw. anorganischen Stoffen wie z. B. Phosphor, Calcium und Kalium abgebaut ist. Den Abbau der organischen Substanz in anorganische Pflanzennährstoffe nennt man **Mineralisierung.**

Ein Teil des Humus, der nicht so schnell mineralisiert wird, ist der sogenannte **Dauerhumus;** er dient der Bodenverbesserung. Statt der anorganischen Nährstoffe, die bei der Mineralisierung von Nährhumus freigesetzt werden, entstehen aus dem Dauerhumus sehr kleine organische Stoffe, sogenannte **Huminstoffe.** Diesen Prozeß nennt man **Humifizierung.** Die Huminstoffe können sich mit Tonmineralien zu **Ton-Humus-Komplexen** verbinden. Durch diese Anlagerung bilden sich viele kleine stabile Krümel, zwischen denen sich Luft und Wasser ansammeln können.

Der Boden bekommt dadurch eine lockere, krümelige Struktur.

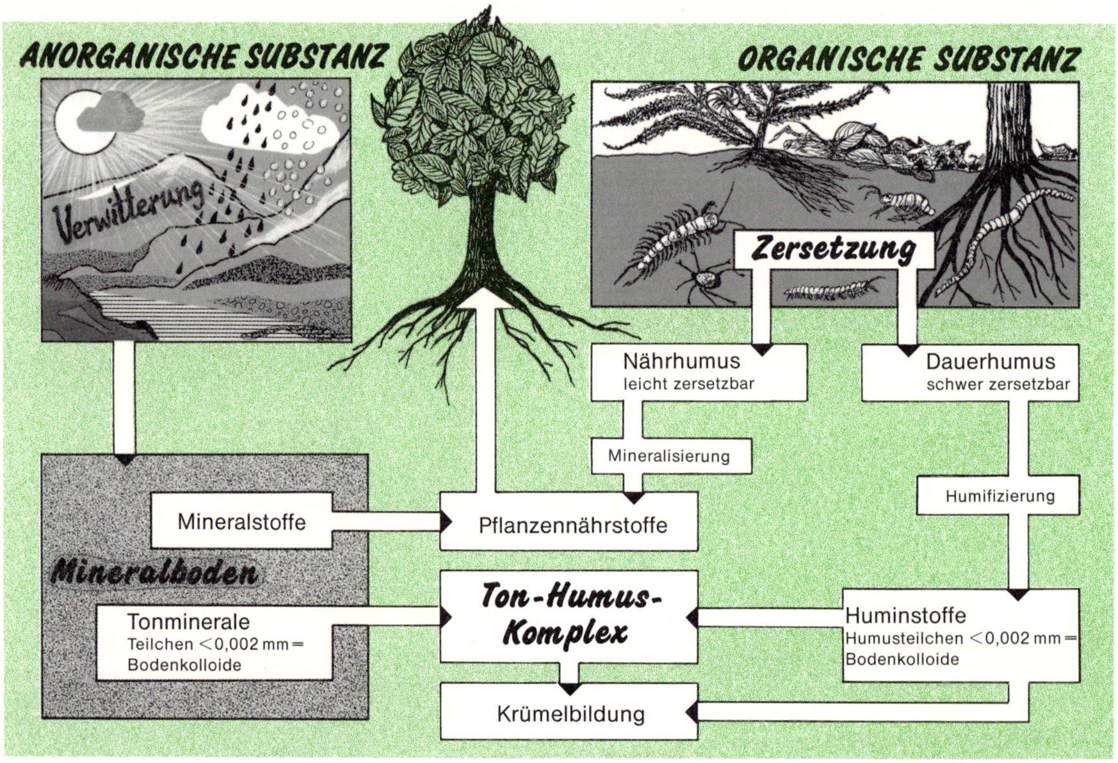


*Abb. 1 Entstehung von Ton-Humuskomplexen*

## 5.1.3 Bodengefüge

Unter Bodengefüge wird die räumliche Anordnung organischer und anorganischer Bodenteilchen verstanden. Zwischen den festen Teilen sind Hohlräume, die Wasser und Luft enthalten, eingeschlossen. Alle Hohlräume zusammen ergeben das Porenvolumen. Feste Teile und Hohlräume bilden einen Krümel, der zwischen 1 und 10 mm groß ist.

Größe und Anzahl der Poren entscheiden über das Verhältnis von Luft und Wasser zu festen Bestandteilen. Günstig für das Pflanzenwachstum ist ein Porenvolumen von 50 %. Die Poren haben je nach ihrer Größe unterschiedliche Funktionen: Große Poren sind in höherem Maße mit Luft gefüllt und sorgen daher für die Durchlüftung des Bodens. Außerdem kann überschüssiges Wasser schnell durch sie hindurchsickern. Mittlere und kleinere Poren speichern dagegen länger das aus den Niederschlägen in den Boden eindringende Wasser. Die Wasserspeicherung wird als Wasserkapazität bezeichnet. Diese ist sehr wichtig für die Wasserversorgung der Pflanze. Humus und kleine Korngrößen tragen zu einer hohen Wasserkapazität bei, ein hoher Gehalt an großen Korngrößen sorgt dagegen für ein schnelles Durchsickern des Wassers.

Die Bildung und Zerstörung von Hohlräumen ist einem ständigen Wandel unterworfen. So werden z. B. durch häufige Begehung Hohlräume zerstört, das Porenvolumen nimmt damit ab, Wasser und Luft sind in geringerem Maße im Boden enthalten; Bodenverdichtung ist die Folge.

Entsprechend der Anordnung von Bodenteilchen werden verschiedene Gefügeformen unterschieden. Da ist zunächst das **Krümelgefüge.** Es besteht aus vielen einzelnen Krümeln, den Aggregaten, die ihrerseits aus Sand, Ton und Humus bestehen. Sie können entweder durch den Schleim bei der Verdauung von Regenwürmern entstehen – diese Art der Verkittung wird Lebendverbauung genannt (s. Terrestris, S. 104). Oder es treten an die Stelle des Schleims die im Boden gelösten Mineralstoffe Calcium oder Phosphor als Bindemittel. Viele dieser auf die eine oder andere Art gebildeten Aggregate ergeben das Krümelgefüge, vom Gärtner auch Bodengare genannt. Findet aus Mangel an Mikroorganismen, Humus oder Kalk keine Krümelbildung statt, bleiben die organischen und anorganischen Bodenteilchen unverbunden. Es lagern sich dann kleinste Partikel in den Zwischenräumen an. Die Folge ist, daß kaum Hohlräume für Wasser und Luft übrigbleiben. Luft, Wasser und Wärme können daher schlecht eindringen, die Wurzeln haben Mühe, sich durch dieses **Einzelkorngefüge** hindurchzuarbeiten.

*Abb. 1 Pflanzen und ihr Bodengefüge*

Die Krümelbildung und die Festhaltefähigkeit von Nährstoffen ist von den sog. Kolloiden abhängig. Bei diesen handelt es sich um die feinsten abschlämmbaren Teilchen des Bodens, die eine Korngröße unter 0,002 mm aufweisen. Bodenkolloide sind Ton und Humus. Da Kolloide negativ geladen sind, geht von ihnen eine Anziehung auf positiv geladene Nährstoffionen wie Calcium ($Ca^{++}$), Kalium ($K^{+}$) oder Magnesium ($Mg^{++}$) aus. Negativ geladene Nährstoffionen wie $NO_3^-$ oder $PO_4$ werden dagegen nicht festgehalten. Die Auswaschung positiv geladener Nährstoffionen wird daher verhindert. Die Pflanze profitiert von dieser Nährstoffspeicherung, die von humus- und tonreichen Böden besser geleistet wird als von sandigen, humusarmen Böden.

## Aufgaben

1. Was meint der Gärtner, wenn er von Bodengare spricht?
2. Welche Aufgaben haben die Kolloide?
3. Warum kalken viele Gartenbesitzer ihren Boden?
4. Wodurch kommt es zur Bodenverdichtung?
5. Erklären Sie die Entstehung von Ton-Humus-Komplexen. (Ziehen Sie dazu die Seite 104 heran.)

## 5.1.4 Bodenwasser und Bodenluft – nicht immer in der Waage

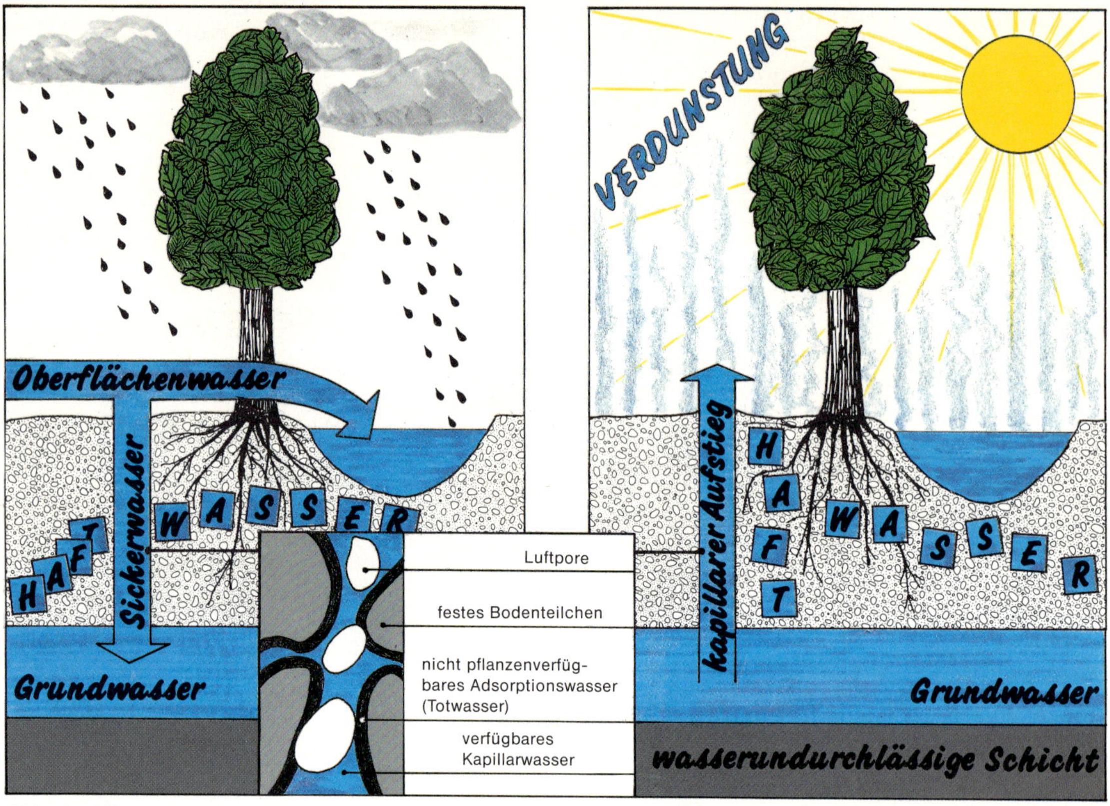


*Abb. 1 Wasserkreislauf und Kapillarwirkung*

**Versuch**

*Versuchsfrage:* Welcher Boden besitzt das beste Wasserhaltevermögen (Wasserkapazität)?

*Versuchsdurchführung:* Vier gleich große Blumentöpfe (Plastik) werden in je eine Schüssel gestellt. Die Blumentöpfe müssen mit Knetgummi o. ä. unten abgedichtet werden. Die Töpfe erhalten unterschiedliche Füllungen aus Ton, reifem Kompost, Sand und Torf. Danach gießen wir in jeden Topf ¼ Liter Wasser und warten ca. 10 Minuten, damit das Wasser aufgesaugt werden kann. Anschließend müssen die Stopfen aus den Löchern der Töpfe entfernt werden und das auslaufende Wasser in den Schüsseln aufgefangen werden. Das in den vier Schüsseln aufgefangene Wasser wird gemessen.

Durch den Vergleich der gemessenen Wassermengen lassen sich eindeutige Aussagen über die Wasserkapazität der untersuchten Erden machen.

Wasser ist maßgeblich am Pflanzenwachstum beteiligt. Es ist Transportmittel für Nährstoffe und eine wichtige Voraussetzung für das Bodenleben. Für die Pflanzen ist der Boden ein natürlicher Wasserspeicher. Dieser Speicher wird durch das **Niederschlagswasser** gefüllt. Da der Regen jedoch nicht ständig in den erforderlichen Mengen fällt, muß der Mensch durch künstliche Bewässerung nachhelfen. Fällt sehr viel Niederschlag auf einmal – bei einem Platzregen kann in wenigen Minuten bis zu einem Zehntel des gesamten Jahresniederschlages fallen –, läuft ein großer Teil dieses Wassers als **Oberflächenwasser** ab. Ein Teil des Niederschlags, der in den Boden dringt, versickert in tiefere Bodenschichten. Dieses **Sickerwasser** sammelt sich als **Grundwasser** über darunterliegenden wasserundurchlässigen Schichten. Ein anderer Teil des in den Boden eindringenden Wassers ist das sogenannte **Haftwasser.** Haftwasser gibt es als **Adsorptionswasser** und als **Kapillarwasser.** Das Adsorptionswasser wird von Bodenkolloiden festgehalten, wobei ein Teil davon der Pflanze nicht verfügbar ist (Totwasser). Das Wasser, das sich in den Poren des Bodens sammelt, heißt Kapillarwasser (Abb. 1).

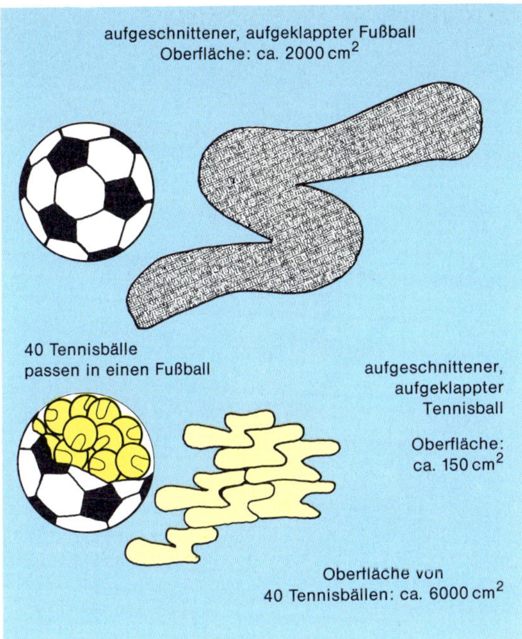


*Abb. 1 Oberflächengrößen verschiedener Teilchen*

Kapillarwasser wird es deshalb genannt, weil die über- und untereinanderliegenden Bodenporen senkrecht verlaufende, haarfeine Röhrchen, die **Kapillaren,** bilden. Wenn der Boden von oben her austrocknet, entsteht eine **Saugwirkung** (Kapillarwirkung), wodurch das Wasser aus dem Grundwasser in den Kapillaren nach oben steigt. Geschwindigkeit und Höhe des Aufstiegs hängen von der Porengröße und damit von der Bodenart ab. So ist bei einem Sandboden die Kapillarwirkung wegen der großen Hohlräume zwischen den Bodenteilchen sehr gering; bei einem tonigen Lehmboden wegen der zahlreichen kleinen Hohlräume sehr hoch.

Wieviel Haftwasser vorhanden ist, hängt maßgeblich von der Bodenart und ihrem Gefüge ab. Je kleiner und zahlreicher die Bodenteilchen sind, desto größer ist ihre Oberfläche (Abb. 1 macht dies mit Hilfe eines Fußballs und Tennisbällen deutlich).

Je größer die Oberfläche ist, desto mehr Wasser kann an ihr haften. Genauso sorgen viele kleine Bodenteilchen für eine Vielzahl kleiner Poren, die sich mit Wasser füllen können. Entsprechend ist die **Wasserkapazität** (= maximale Wasserspeicherung) eines Tonbodens erheblich größer als die eines Sandbodens. Die Bodenart kann damit einen erheblichen Einfluß auf die Bodenfruchtbarkeit nehmen. Genauso wichtig wie das Wasser ist die **Bodenluft.** Pflanzenwurzeln und Bodenlebewesen benötigen nämlich Sauerstoff zum Atmen. Während sie Sauerstoff ($O_2$) verbrauchen, produzieren sie Kohlendioxid ($CO_2$). Die Bodenorganismen erzeugen dabei um so mehr $CO_2$, je reichhaltiger sie Kompost oder anderes organisches Material vorfinden. Da die Anreicherung von $CO_2$ im Boden relativ hoch ist, hat die Bodenluft eine andere Zusammensetzung als die Luft oberhalb des Bodens. Es besteht daher ein Konzentrationsgefälle zwischen Boden und Atmosphäre; dieses wird durch die Abgabe von $CO_2$ aus dem Boden und die Aufnahme von $O_2$ in den Boden ausgeglichen. Dieser Vorgang wird als **Bodenatmung** bezeichnet (vgl. Diffusion im Kap. 4, S. 84). Das an der Oberfläche ausströmende $Co_2$ trägt zur Steigerung der Photosynthese und damit des Pflanzenwachstums bei.

Das Eindringen von Luft in den Boden hängt einerseits von der Porengröße, andererseits direkt vom dort vorhandenen Wasser ab. Ist der Boden sehr feucht, kann nur wenig Luft eindringen; bei Trockenheit sind die Poren wasserarm, so daß viel Luft eindringen kann. Sandige Böden sind daher wegen ihrer geringeren Wasserkapazität besser durchluftet als tonige Böden, die eine höhere Wasserkapazität besitzen.

Gemeinsam haben Luft und Wasser Auswirkungen auf den **Wärmehaushalt** des Bodens. Da sich Luft schneller erwärmt als Wasser, werden Sandböden im Frühjahr schneller erwärmt als Lehm- oder Tonböden. Andererseits kühlt Luft aber auch schneller ab als Wasser, so daß Sandböden bei Nachtfrösten im Herbst schneller auskühlen und damit weniger gespeicherte Wärme an die Pflanzen abgeben können.

## Aufgaben

1. Legen Sie dar, welche Bedeutung Bodenwasser und Bodenluft für die Pflanze haben.
2. Warum steht der Pflanze nicht das gesamte Niederschlagswasser zur Verfügung?
3. Erklären Sie, wovon die Kapillarwirkung abhängt.
4. Wovon ist die Wasserkapazität des Bodens abhängig?
5. Beschreiben Sie den Ablauf der Bodenatmung.
6. Welcher Zusammenhang besteht zwischen Bodenluft und Bodenwasser?
7. Welche Bodenarten sind sehr gut durchlüftet, welche haben eine hohe Wasserkapazität?
8. Erklären Sie die Bedeutung der anorganischen und organischen Bestandteile für die Fruchtbarkeit eines Bodens (s. S. 104).

## 5.2 Verbesserung der Bodenfruchtbarkeit

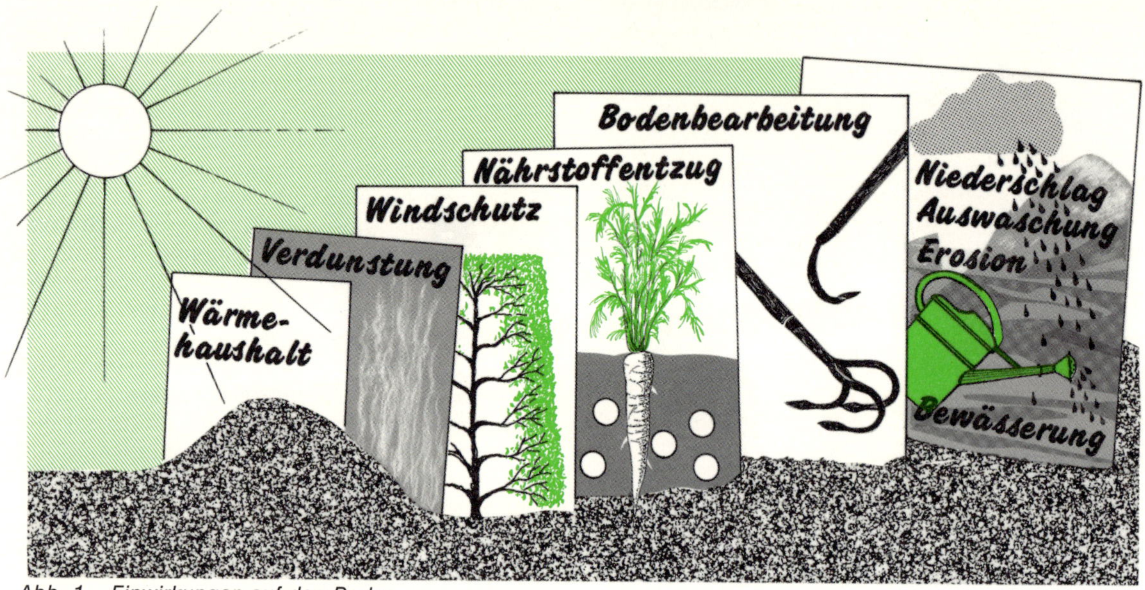


*Abb. 1 Einwirkungen auf den Boden*

**Wärmehaushalt**
Für das Keimen und Wachsen von Pflanzen ist eine bestimmte Mindesttemperatur notwendig. Der Wärmehaushalt des Bodens wird in erster Linie durch Dauer und Intensität der Sonneneinstrahlung bestimmt. Je höher die Sonne am Himmel steht, desto stärker wird der Boden erwärmt. So erhält er zwischen Mai und September seine höchste Erwärmung. Im Winter oder am frühen Morgen ist die Einstrahlung und damit die Erwärmung viel geringer. Günstig für eine optimale Erwärmung ist ein Südhang oder ein Hügelbeet, da die Sonnenstrahlen fast senkrecht einfallen können. Dies erklärt auch, warum der wärmebedürftige Wein häufig an Südhängen angebaut wird.
Der Boden selbst kann jedoch sparsam oder verschwenderisch mit der eingestrahlten Wärme umgehen. Eine möglichst dunkle Farbe, wie humusreiche Böden sie aufweisen, wirkt sich günstiger als eine helle Bodenoberfläche auf die Wärmespeicherung aus. Helle Oberflächen haben nämlich eine sehr hohe Wärmerückstrahlung.

**Verdunstung**
Die Sonne erwärmt nicht nur den Boden, sondern läßt auch das in ihm gespeicherte Wasser verdunsten. Um die Verdunstung möglichst gering zu halten, müssen die Kapillaren an der Bodenoberfläche unterbrochen werden. Dies geschieht durch Hacken des Bodens. Ein anderes Mittel zur Reduzierung der Verdunstung ist eine dichte Bepflanzung oder Mulchschicht.

**Bodenbearbeitung**
Ziel der Bodenbearbeitung ist es, eine Lockerung und Krümelung sowie ein gutes Wasser-Luft-Verhältnis des Bodens zu erreichen, d. h. eine optimale Bodengare zu schaffen. Durch Graben oder Lockern wird der Mutterboden in kleinere Bodenstücke zerteilt. Luft, Wasser, Wärme, Feuchtigkeit oder Frost können jetzt stärker auf die Bodenstücke einwirken. Diese werden dadurch mürbe und zerfallen in kleinere Krümel. Damit diese Krümel eine hinreichende Festigkeit erhalten, müssen sie durch die Tätigkeit der Bodenorganismen „verbaut" werden. Solange diese Krümel erhalten bleiben, hat der Boden eine gute Wasserkapazität und kann gut durchlüftet werden. Die Häufigkeit des Lockerns hängt von der Bodenart ab. Je schwerer ein Boden ist, d. h., je höher seine Tonanteile sind, desto öfter muß er gelockert werden. Wir dürfen dabei jedoch nicht übersehen, daß jede Bodenbearbeitung auch eine Störung des Bodenlebens nach sich zieht. Sauerstoffliebende (aerobe) Bodentiere werden nach unten in sauerstoffarme Zonen befördert. Dort finden sie genauso schlechte Lebensbedingungen wie die nicht sauerstoffliebenden (anaeroben) Bodenorganismen, die nach oben in sauerstoffreichere Zonen befördert werden. Beim Umgraben erfolgt die nachhaltigste Störung, die erst nach einigen Wochen ausgeglichen wird. Geringere Störungen werden durch das **Lockern** verursacht.

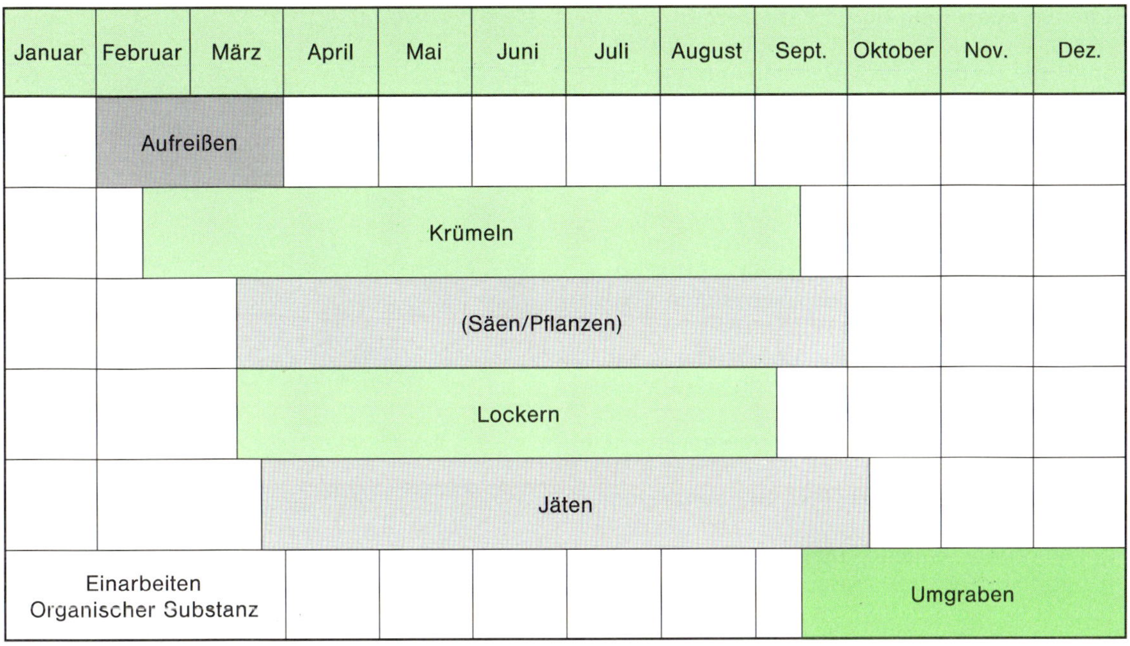


*Abb. 1 Bodenbearbeitung im Jahresverlauf*

Ein schwerer, dichter Boden sollte trotzdem im Herbst umgegraben werden, damit Wasser in die Schollen eindringen kann. Der Frost dehnt dann das Wasser aus und sprengt dadurch die Scholle. Durch mehrmaliges Gefrieren und Auftauen entstehen so aus großen Aggregaten viele kleinere. Das hierdurch entstehende Krümelgefüge wird **Frostgare** genannt.

### Auswaschung und Erosion

Bei starken Regenfällen versickert nicht das Wasser allein im Boden, sondern es nimmt Nährstoffe mit in die Tiefe. Durch dieses Auswaschen der Nährstoffe sind sie den Pflanzen nicht mehr verfügbar. Von **Auswaschung** sind vor allem leichtere Böden bedroht.

Bereits bei geringer Hangneigung können durch starke Regenfälle Teile des Oberbodens weggespült werden. Im Extremfall können Katastrophen auslösende Erdrutsche verursacht werden. Das Abtragen des Bodens nennt man **Erosion.** Eine dichte, möglichst abwechslungsreiche Pflanzendecke bietet den besten Schutz gegen Bodenerosion.

Gegen die Erosion des Bodens durch Wind schützt eine Hecke oder ebenfalls dichter Pflanzenbewuchs.

### Bewässerung

Bei Wassermangel welken die Pflanzen und vergilben. Während lang anhaltender Trockenheit muß daher künstlich bewässert werden. Ein einschneidender Fehler beim Bewässern wird häufig begangen, indem mit dem Gartenschlauch ein scharfer Wasserstrahl auf Pflanzen und Boden gerichtet wird. Wie bei einem Wolkenbruch können dabei die Bodenkrümel zerschlagen werden, so daß die Anzahl der Poren vermindert wird und der Boden verdichtet. Diesen Vorgang nennt man **Verschlämmung.**

Sogar die Gießkanne kann ähnliche Folgen mit sich bringen. Feinstrahlige Gießbrausen eignen sich eher, um Boden und junge Pflanzen schonend zu behandeln.

### Bodenbedeckung

Zwischen Pflanze und Boden besteht ein Kreislauf. Die Pflanze braucht Nährstoffe, die ihr vom Boden zur Verfügung gestellt werden. Wenn sie abstirbt, wird sie von Mikroorganismen zu Nähr- und Dauerhumus umgewandelt.

Da im Garten die Pflanze geerntet wird, entsteht Nährstoffmangel sowie eine fehlende Bodenbedeckung. Ein Ausgleich des Nährstoffentzugs wird durch die Düngung erreicht.

Eine natürliche Art der Düngung bei gleichzeitiger Bodenbedeckung ist die Bedeckung des Bodens mit Blättern, Rasenschnitt und ähnlichem. Dieses **Mulchen** bringt dem Boden und seiner Fruchtbarkeit eine Reihe von Vorteilen:

- ausgeglichene Bodentemperaturen,
- Nahrung für die Bodenlebewesen, die für eine Neuproduktion von Nährstoffen sorgen,
- Erhaltung und Verbesserung des Krümelgefüges,
- Wildkräuter wachsen weniger üppig,
- Verhinderung oder Verringerung von Nährstoffauswaschung und Bodenerosion.

**Bodenverbesserung** durch **Zusatzerden**

Hat ein Gartenboden einen geringen Nährstoffgehalt, die Neigung zur Verschlämmung (= geringe Vergießfestigkeit) oder andere Mängel, kann er durch Zugabe sogenannter Zusatzerden verbessert werden (s. Abb. 2). Weitere Möglichkeiten zur Bodenverbesserung bestehen in der Zugabe von Kalk oder Gesteinsmehlen.

Kalk sollte auf jeden Fall bei der Verwendung von Torf zugesetzt werden, um eine pH-Wert-Erhöhung des „sauren" Torfs zu erreichen. Torf, der in großen Mengen zur Bodenverbesserung eingesetzt wird, wird in Mooren abgebaut. Bei Schwarztorf handelt es sich um Torf aus älteren Hochmooren; er ist schwarz, stark zersetzt und feucht. Weißtorf stammt aus jüngeren Hochmooren; er ist braun und weniger zersetzt, so daß noch einzelne Pflanzenteile erkennbar sind. Ein Moorboden ist aus enorm großen Massen abgestorbener Sumpf- und Wasserpflanzen entstanden. Wichtige Voraussetzung für die Torfbildung ist ein Luftabschluß, z. B. durch Wasserbedeckung. Torf ist sehr sauer und daher für säureliebende Pflanzen wie Azaleen oder Rhododendren kaum ersetzbar. **In allen anderen Fällen sollte er jedoch durch Kompost oder Rindenhumus ersetzt werden.** Die meisten unserer Moore sind nämlich schon durch das Abtorfen zerstört worden. Viele an Moor- und Sumpfböden angepaßte Tier- und Pflanzenarten haben dadurch bereits ihren Lebensraum verloren.

Der Moorboden ist einer von mehreren **Bodentypen.** Der Begriff Bodentyp spricht eine ganz bestimmte Entwicklungsstufe eines Bodens an. Die Zuordnung eines Bodens zu einem Bodentyp geschieht nach bestimmten Merkmalen wie Nährstoffgehalt, Horizontkombination oder Eignung für bestimmte Pflanzen. Rendzina, Schwarzerde, Braunerde, Pseudogley, Podsol oder Marschboden sind Namen von Bodentypen. Sie alle verdanken ihre Entwicklung unterschiedlichen Bedingungen wie dem Ausgangsgestein, dem Klima, dem Grundwasserstand und menschlichen Eingriffen.

| Erden | Substrate |
|---|---|
| Hauptbestandteil ist organisches Material, das in einem mehrere Monate dauerndem Prozeß reifen muß.<br>Es gibt:<br>– Komposterde<br>– Laub- oder Nadelerde | Nach bestimmten Gesichtspunkten zusammengesetzte, keimfreie Erden mit oder ohne Zusatz von Düngern.<br>Es gibt:<br>– Einheitserde (40 % Ton, 60 % Weißtorf)<br>– Torfkultursubstrat (TKS, Weißtorf) |

*Abb. 3 Erden und Substrate*

*Abb. 1 Torfsoden*

| | Sand | Torf | Ton | Landerde | Kompost |
|---|---|---|---|---|---|
| Strukturstabilität | groß | groß | gering | mittel | groß |
| Porenvolumen | groß | groß | groß | mittel | groß |
| Luftführung | gut | gut | gering | mittel | gut |
| Wasserspeicherung | gering | gut | gut | mittel | gut |
| Nährstoffgehalt | gering | gering | gut | gut | gut |
| Nährstoffspeicherung | gering | mittel | gut | gut | gut |
| Sterilität | gut | gut | gut | gering | gering |

*Abb. 2 Bodenverbesserung durch Zusatzerden*

## Aufgaben

1. Wovon ist die Erwärmung eines Bodens abhängig?
2. Welche Ziele verfolgt die Bodenbearbeitung?
3. Nennen Sie Vor- und Nachteile des Umgrabens und des Lockerns.
4. Wie wirkt sich ein Wolkenbruch auf die Bodenstruktur aus?
5. Welche Auswirkung hat Verschlämmung auf den Luft- und Wasserhaushalt des Bodens?
6. Warum ist ständige Bodenbedeckung von großer Bedeutung?
7. Listen Sie in einer Tabelle Bearbeitungsverfahren und Kultursubstrate auf, die zu einer Verbesserung des Krümelgefüges führen. Beziehen Sie Ihre gesamten Kenntnisse über den Boden ein.
8. Wie beurteilen Sie den Einsatz von Torf im Gartenbau?
9. Welche Zusatzerden besitzen die besten Eigenschaften? Ziehen Sie dazu die Abb. 2 heran.
10. Durch welche Zusatzerden können Sie a) einen Sandboden, b) einen Lehmboden, c) einen Tonboden verbessern? Benutzen Sie Abb. 2 und Abb. 1, S. 112.

# 5.3 Zeigerpflanzen – Steckbriefe des Bodens

*Gemeiner Beinwell*

*Waldwindröschen*

*Stechpalme*

*Gänsefingerkraut*

*Rote Taubnessel*

*Breit-Wegerich*

*Abb. 1 Einige Zeigerpflanzen*

Wildkräuter – auch als Bodenzeiger nutzbar! Wildkräuter können uns Auskunft über Art und Qualität eines Bodens geben. Sie werden als **Zeigerpflanzen** bezeichnet. Viele Pflanzen haben nämlich ihre ganz speziellen Anforderungen an den Boden. So mögen es die einen nährstoffreich, die anderen bevorzugen einen nährstoffarmen Boden. Binsen setzen sich z. B. gegenüber anderen Pflanzen durch, wenn es sich um einen staunassen Standort handelt. In der Regel handelt es sich jedoch nie um eine Pflanzenart, sondern um mehrere Arten (Lebensgemeinschaften), die denselben Standort bevorzugt besiedeln. Das bedeutet, daß wir eine Auskunft über Art und Qualität des Bodens nicht durch eine, sondern durch mehrere Pflanzen bekommen. In der Abb. 2 sind unterschiedlichen Bodenqualitäten entsprechende Zeigerpflanzen zugeordnet.

## Aufgaben

1. Führen Sie in Ihrer näheren Umgebung Bestimmungsübungen durch. Ziehen Sie dazu entsprechende Bestimmungsbücher heran. Versuchen Sie anhand der vorgefundenen Pflanzen einige Rückschlüsse auf die Bodenqualität zu ziehen.
2. Ordnen Sie die Fotos der Abb. 1 der jeweiligen Bodenqualität zu. Ziehen Sie dazu die Abb. 2 heran.

| Bodenqualität | Zeigerpflanzen |
|---|---|
| stickstoffarmer Boden | Mauerpfeffer, Arnika, Preiselbeere, Acker-Witwenblume, Zittergras |
| kalkarmer, saurer Boden | Heidekraut, Besenginster, Heidelbeere, Sauerampfer, Silbergras, Hundsveilchen, Ehrenpreis, Stechpalme, Ackerziest |
| trockener Boden | Wegerich, Echtes Labkraut, Zypressenwolfsmilch, Wundklee, Kleiner Wiesenknopf, Silbergras |
| feuchter bis nasser Boden | Binsen, Wiesenknöterich, Ackerminze, Huflattich, Schachtelhalm, Kriechender Hahnenfuß, Sumpfdotterblume, Sumpfehrenpreis, Gemeiner Beinwell |
| nährstoffreicher Boden | Große Brennessel, Bärenklau, Weiße Taubnessel, Weißer Gänsefuß, Ringelkraut, Franzosenkraut, Hirtentäschel, Melde, Gänsefingerkraut, Gemeiner Löwenzahn, Waldwindröschen, Rainfarn |
| kalkreicher Boden | Küchenschelle, Feldrittersporn, Leberblümchen, Silberdistel, Ringelblume, Wiesensalbei, Ackerröte |
| humusreicher Boden | Vogelmiere, Echte Kamilie, Kleine Brennessel, Kleinblütiges Knopfkraut, Rote Taubnessel |

*Abb. 2 Bodeneigenschaften und einige Zeigerpflanzen*

# 5.4 Bodenuntersuchung

| | Bodenarten | | |
|---|---|---|---|
| | **Sandboden** | **Lehmboden** | **Tonboden** |
| **Fingerprobe** | Einzelkörner sind sichtbar, knirscht zwischen den Fingern, keine Beschmutzung der Finger, nicht ausrollbar | Wenig Körner sichtbar, klebrig und formbar, Finger werden angefärbt, bricht nach dem Ausrollen | keine Körner spürbar, fettig, starke Beschmutzung der Finger, ausrollbar |
| **Eigenschaften** | | | |
| Bearbeitbarkeit | ist leicht zu lockern und zu krümeln (= leichter Boden) | bei hohem Tonanteil schwerer als bei niedrigem Tonanteil zu bearbeiten (= mittelschwerer Boden) | wird auch „Minutenboden" genannt, weil er bei feuchtem Wetter naß und klebrig, bei trockenem Wetter sehr hart ist. (= schwerer Boden) |
| Durchlüftung | sehr gut | gut | schlecht |
| Durchwurzelung | tief | gut | gering |
| Erwärmung/ Auskühlung | schnelle Reaktion auf warmes und kühles Wetter (früherer Anbau im Frühjahr) | ausgeglichen | langsame Reaktion auf warmes und kühles Wetter (länger im Herbst bebaubar) |
| Nährstoffversorgung | geringe Nährstoffvorräte, die zudem leicht ausgewaschen werden | gute Speicherfähigkeit | große Speicherfähigkeit bei geringer Auswaschung |
| Wasserführung, -speicherung | gute Wasserleitfähigkeit bei geringem Speichervermögen | gute Speicherfähigkeit, große Verdunstungsrate bei hohen Temperaturen | hohes Speichervermögen, ein relativ hoher Anteil ist jedoch nicht pflanzenverfügbar; bei geringer Wasserleitfähigkeit Staunässe |
| **Verbesserung** | Rindenmulch und Gründüngung einarbeiten, Kompost und Mist im Frühjahr einbringen, ständig mulchen | sandiger Lehm sollte häufig mit Mist, Kompost, Gründüngung, Mulch versorgt werden. Tonigen Lehm im Herbst umgraben, im Frühjahr lockern | Zugabe von Sand, Einarbeiten von Mist oder Kompost. Zu schwerer Tonboden sollte durch Gräben entwässert werden |

*Abb. 1 Eigenschaften und Verbesserung der wichtigsten Bodenarten*

Für die Auswahl von Gartenpflanzen und die Bearbeitung des Bodens ist es notwendig, Bodenart, Humusgehalt und Bodenreaktion (pH-Wert) zu kennen. Die **Fingerprobe** ergibt bereits wichtige Anhaltspunkte für die Bodenart (Abb. 1). Ob der Boden humusreich genug ist, läßt sich durch einen Versuch zur **Humusbestimmung** ermitteln.

Der **pH-Wert** sollte für die meisten Pflanzen zwischen 5,5 und 7, d. h. im schwach sauren bis neutralen Bereich, liegen. Die Ermittlung des pH-Wertes sowie Maßnahmen gegen Übersäuerung des Bodens werden im folgenden Kapitel (S. 120) dargestellt.

Erkenntnisse über Durchwurzelung, Dichte und Bodenleben lassen sich leicht durch eine **Spatendiagnose** gewinnen. Eine detailliertere Auskunft über den Zustand unseres Bodens liefert eine Laboruntersuchung. Für eine solche **Bodenuntersuchung** muß zunächst eine **Bodenmischprobe** erstellt werden:

- an 10 bis 15 verschiedenen Stellen des Nutzgartens (für Ziergarten getrennte Probe) die Erde einen Spaten tief abstechen,
- an den Rändern der erhaltenen Löcher (Profile) mit einem Löffel entlangstreichen und die Erde in einem Eimer sammeln,
- die Proben gut vermengen und 400 bis 500 g der Mischung in eine Plastiktüte füllen,
- den Beutel verwischsicher mit der Herkunft der Probe versehen: ein Begleitschreiben mit Angaben über Standort, Bodennutzung und Düngung beilegen,
- die Proben mit den gewünschten Angaben, z. B. pH-Wert, Kalk- oder Humusgehalt, an die nächste Untersuchungsanstalt schicken.

# 6 Die Ernährung

## 6.1 Die Bedeutung der Nährstoffe für die Pflanze

Alle grünen Pflanzen können mit Hilfe des Sonnenlichtes aus Kohlendioxid und Wasser Kohlenhydrate (Zucker, Stärke und Cellulose) aufbauen. Das reicht jedoch zum Wachsen, Blühen und Fruchten nicht aus. Zur Entwicklung, d. h. zum Aufbau von Eiweißen (Proteinen), Fetten (Lipiden), Vitaminen, Hormonen und Chlorophyll benötigen die Pflanzen weitere **Nährstoffe (=Nährelemente),** die sie dem Boden (mineralische Nährelemente) und der Luft (nichtmineralische Nährelemente) entnehmen.
Bei einem **„geschlossenen Nährstoffkreislauf"** gelangen die entzogenen Nährstoffe in den Boden zurück (s. Abb. 1).

*Abb. 1 Geschlossener Nährstoffkreislauf*

*Abb. 2 Offener Nährstoffkreislauf*

| **Hauptnährstoffe** (= Hauptnährelemente)<br>(benötigt die Pflanze in größeren Mengen) | | | **Spurennährstoffe** (= Spurennährelemente)<br>(benötigt die Pflanze nur in sehr kleinen Mengen) | |
|---|---|---|---|---|
| **mineralische Nährelemente** | 1. Stickstoff (N)<br>*(lat. Nitrogenium)*<br>2. Phospor (P)<br>3. Kalium (K)<br>4. Magnesium (Mg)<br>5. Calcium (Ca)<br>6. Schwefel (S) | **Kernnährelemente**<br>(sind in allen mineralischen und organischen „Volldüngern" enthalten) | 1. Eisen (Fe)<br>*(lat. Ferrum)*<br>2. Mangan (Mn)<br>3. Zink (Zn)<br>4. Kupfer (Cu)<br>*(lat. Cuprum)*<br>5. Bor (B)<br>6. Molybdän (Mo)<br>7. Chlor (Cl) | **mineralische Nährelemente** |
| **nichtmineralische Nährelemente** | 7. Kohlenstoff (C) aus der Luft als $CO_2$<br>*(lat. Carboneum)*<br>8. Sauerstoff (O) aus der Luft als $O_2$<br>*(lat. Oxygenium)*<br>9. Wasserstoff (H) aus dem Boden als $H_2O$ *(lat. Hydrogenium)* | | | |

*Abb. 1 Haupt- und Spurennährstoffe*

So ein geschlossener Nährstoffkreislauf ist jedoch relativ selten. In unseren Gärten haben wir es mit **„offenen Nährstoffkreisläufen"** zu tun. Hier werden die dem Boden entzogenen Nährstoffe, die die Pflanze zum Aufbau ihrer organischen Substanz (= Pflanzenmasse) verwendet, mit der Ernte weggeführt. Nur ein kleiner Teil gelangt über Erntereste (z. B. Wurzelrückstände) in den Nährstoffkreislauf zurück. Soll der Boden im Laufe der Zeit nicht an Nährstoffen verarmen, d. h., soll die Ernährung unserer Pflanzen gesichert bleiben, müssen dem Boden die entzogenen Nährstoffe wieder zugeführt werden. Diesen Vorgang bezeichnen wir als **Düngung** (s. Abb. 2, S. 113).

Trotz der Verschiedenheit von Mensch, Tier und Pflanze benötigen alle mehr oder weniger die gleichen Nährstoffe zum Leben. Mit Hilfe von Pflanzenanalysen und Wachstumsversuchen hat man herausgefunden, daß für alle Pflanzen **16 Nährstoffe lebensnotwendig** sind. Wenn einer dieser Nährstoffe fehlt bzw. in nicht ausreichenden Mengen vorhanden ist, treten **Krankheitssymptome** (= Mangelsymptome) auf, die zum Tode der Pflanze führen können.

Mangelkrankheiten kann man allgemein an der gehemmten Pflanzenentwicklung erkennen. Neben der Hemmung des vegetativen (Sproß- und Wurzelwachstum) und generativen Wachstums (Blüten-, Frucht- und Samenbildung) treten, je nach den Aufgaben des jeweiligen Nährstoffs im Leben der Pflanze, mehr oder weniger charakteristische Mangelsymptome auf (s. S. 115 ff).

Nach dem Mengenbedarf der Pflanze an diesen einzelnen Nährstoffen unterscheidet man zwischen Haupt- und Spurennährstoffen (s. Abb. 1).

Neben diesen lebensnotwendigen Nährstoffen gibt es noch sogenannte **nützliche Nährstoffe.** Diese sind zwar für die Pflanzen nicht lebensnotwendig, sie fördern aber das Wachstum bestimmter Pflanzenarten. So fördert z. B. Natrium (Na) das Wachstum von Spinat, Silicium (Si) trägt zur Festigung des Pflanzengewebes bei und erhöht damit die Widerstandsfähigkeit der Pflanzen gegen Pilz- und Schädlingsbefall.

## Aufgaben

1. Welche Nährstoffe sind für alle Pflanzen lebensnotwendig?
2. Welcher Unterschied besteht zwischen Haupt- und Spurennährstoffen?
3. Welche Nährstoffe entnimmt die Pflanze der Luft?
4. In welcher Form nimmt die Pflanze Kohlenstoff, Sauerstoff und Wasserstoff auf?
5. Worin besteht der Unterschied zwischen lebensnotwendigen und nützlichen Nährstoffen?
6. Worin unterscheiden sich offene und geschlossene Nährstoffkreisläufe?
7. Versuchen Sie Beispiele für geschlossene Nährstoffkreisläufe zu finden.
8. Warum müssen wir in den Gärten düngen?

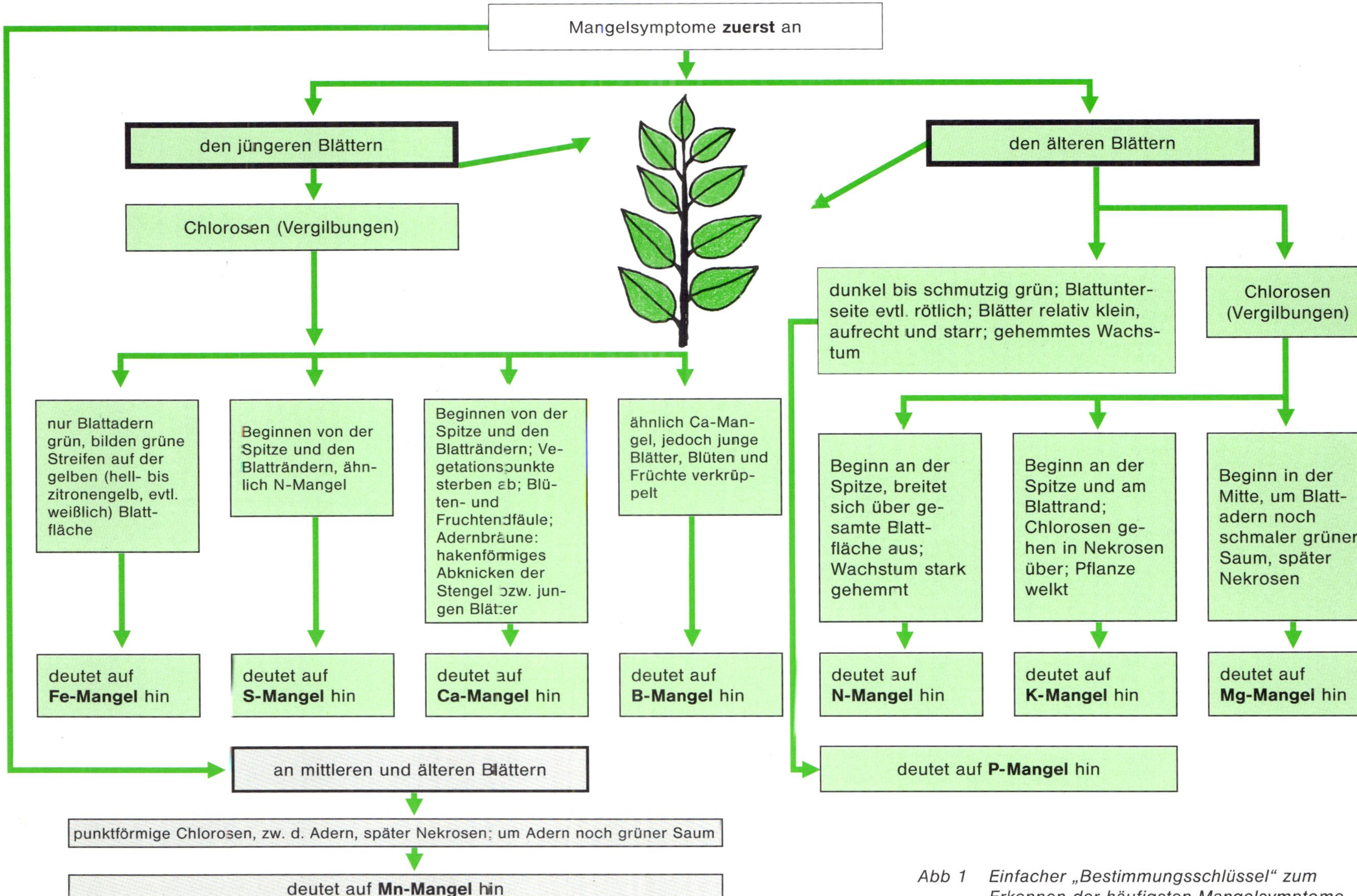


*Abb 1 Einfacher „Bestimmungsschlüssel" zum Erkennen der häufigsten Mangelsymptome*

| Nährstoffe und ihre Verwendung | Mangelerscheinungen (s. auch Abb. 1, S. 115) | Maßnahmen (= organische Dünger, m = mineralische Dünger) |
|---|---|---|
| **Kohlenstoff (C)**<br>Photosynthese | Wachstum gehemmt | in der Regel ausreichend vorhanden |
| **Wasserstoff (H)**<br>Photosynthese | Pflanzen welken und vergilben, Wachstum gehemmt | Wasserzuführung bzw. Einschränkung der Verdunstung durch Beschattung der Pflanzen |
| **Sauerstoff (O)**<br>Atmung | Symptome wie bei Wassermangel | Lockerung des Bodens zur Förderung der Wurzelatmung |
| **Stickstoff (N)**<br>Aufbau von Chlorophyll, Eiweißen, Enzymen und Vitaminen; „Motor" des vegetativen Wachstums | Vergilbungen der Blätter (Chlorose), Kümmerwuchs, Notblüte | N-Düngung: z. B. mit Blutmehl, Hornmehl, Hornspäne (o), Kalkammonsalpeter (m) |
| **Phosphor (P)**<br>Aufbau von Eiweißen und Enzymen | Wachstum, Blüten-, Samen- und Fruchtbildung gehemmt; schmutzig grüne Blätter | P-Düngung: z. B. mit Knochenmehl (o), Superphosphat (m) |
| **Kalium (K)**<br>fördert Wasseraufnahme, Frostresistenz, Standfestigkeit und Widerstandsfähigkeit gegen Krankheitserreger | Pflanzen welken; Blätter vergilben und sterben vom Rande her ab (Nekrose) | K-Düngung: z. B. mit Kaliumsulfat, Kalimagnesia (m) |
| **Calcium (Ca)**<br>Aufbau der Zellwände; fördert daneben die Krümelbildung des Bodens | Wurzelbildung und Wachstum gehemmt; hakenförmiges Abknicken der Blatt- und Blütenstengel; braune Flecken im Fruchtfleisch | Ca-Düngung: z. B. mit Algenkalk (o), kohlensaurem Kalk, Hüttenkalk (m) |
| **Magnesium (Mg)**<br>Chlorophyllaufbau | Wachstum gehemmt, Vergilbungen der Blätter | Mg-Düngung: z. B. mit Bittersalz, Magnesium-Gesteinsmehl (m) |
| **Eisen (Fe)**<br>Chlorophyllaufbau | Wachstum gehemmt, Vergilbungen der Blätter | sauren Torfmull in den Boden einarbeiten bzw. Fachmann um Rat fragen |
| **Bor (B)**<br>Aufbau der Zellwände | Verkrüppelung der jüngsten Pflanzenteile | Fachmann um Rat fragen |
| **Molybdän (Mo)**<br>dient zum Abbau von Nitrat in der Pflanze | Wachstumshemmungen, Vergilbungen der Blätter, Nitratanreicherung | Fachmann um Rat fragen |
| **Schwefel (S)**<br>Eiweißaufbau | Eiweißbildung gehemmt | in der Regel keine gezielte Düngung notwendig |
| **Mangan (Mn), Zink (Zn), Kupfer (Cu), Chlor (Cl)**<br>beeinflussen auf vielfache Weise die Stoffwechselvorgänge | allgemein Wachstumshemmungen | im allgemeinen in ausreichenden Mengen im Boden vorhanden, bei Mangel Fachmann um Rat fragen |

*Abb. 1 Nährstoffe, Mangelerscheinungen und Maßnahmen*

## Aufgaben

1. Wie äußert sich Wassermangel?
2. Warum sollte der Boden gut gelockert sein?
3. Welcher Nährstoff fördert das vegetative Wachstum besonders stark?
4. Welche beiden Nährstoffe dienen der Festigung des Pflanzengewebes?
5. Welcher Nährstoff beeinflußt den Wasserhaushalt der Pflanze positiv?
6. Welche Nährstoffe dienen zum Aufbau des Blattgrüns?
7. Warum führt Molybdänmangel zur Nitratanreicherung in der Pflanze?
8. Welche Nährstoffe dienen zum Aufbau von Eiweiß?
9. Welcher Nährstoff fördert vor allem die Blüten-, Frucht- und Samenbildung?
10. Welche Nährstoffmangelsymptome treten zuerst an den jüngeren Blättern auf, welche zuerst an älteren Blättern?
11. Woran können Fe-, Mg- und Mn-Mangel voneinander unterschieden werden?
12. Wodurch unterscheiden sich N- und P-Mangel, Ca- und B-Mangel oder N- und K-Mangel?

*Abb. 1 Schadsymptome durch Nährstoffmangel*

## Aufgaben

1. Bestimmen Sie den jeweiligen Nährstoffmangel (s. auch Abb. 1, S. 116)
2. Nennen Sie Maßnahmen zur Behebung des Mangels (s. S. 115)

Lösung:
1 N-Mangel, 2 K-Mangel, 3 Ca-Mangel, 4 Mg-Mangel, 5 Wassermangel, 6 P-Mangel, 7 Ca-Mangel, 8 Fe-Mangel,
9 Sauerstoffmangel (Staunässe).

## 6.2 Gesetze, nach denen sich Pflanzen richten

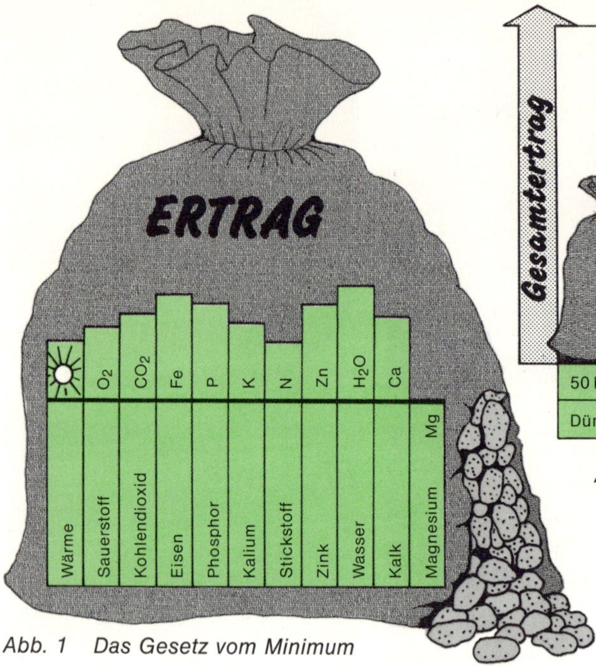


*Abb. 1 Das Gesetz vom Minimum*

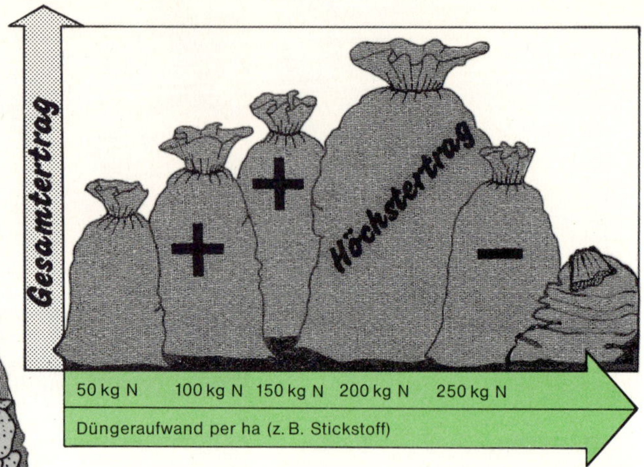


*Abb. 2 Das Gesetz vom abnehmenden Ertragszuwachs*

Das Wachstum und damit der Ertrag der Pflanzen richtet sich nach Gesetzen, sogenannten Wachstums- bzw. Ertragsgesetzen. Der Chemiker Justus von Liebig erkannte bereits 1855, daß das Pflanzenwachstum von dem Wachstumsfaktor begrenzt wird, der im Verhältnis zum Bedarf im Minimum vorhanden ist. Diese Aussage stellt das **Gesetz vom Minimum** dar. Es besagt also, daß – wenn z. B. Magnesium im Minimum vorliegt – durch eine Düngung mit anderen Nährstoffen das Wachstum der Pflanzen nicht gesteigert wird. Eine Düngung mit Magnesium erhöht hingegen das Wachstum so lange, bis ein anderer Wachstumsfaktor, z. B. das Wasser, im Minimum vorliegt und nun seinerseits das Wachstum begrenzt (s. Abb. 1).

Die Wechselwirkungen zwischen den einzelnen Wachstumsfaktoren schränken die Aussage des Minimumgesetzes jedoch ein. Wenn z. B. ein anderer Wachstumsfaktor, z. B. das Wasser, auch nicht optimal vorhanden ist, kann durch erhöhte Wassergaben das Wachstum verbessert werden, obwohl der Minimumfaktor nicht erhöht wurde. Der Grund dafür ist der, daß durch die erhöhten Wassergaben ein besserer Antransport der Nährstoffe an die Wurzel und damit eine bessere Ausnutzung des im Boden zu wenig vorhandenen Magnesiums erfolgt. Diese Zusammenhänge erkannte Liebscher 1895 und veränderte dementsprechend das Minimumgesetz zum **Optimumgesetz.** Dieses besagt, daß der im Verhältnis zum Bedarf im Minimum vorhandene Wachstumsfaktor um so stärker den Ertrag beeinflußt, je mehr die anderen Wachstumsfaktoren im Optimum sind.

Durch Steigerung der Wachstumsfaktoren kann das Wachstum und damit der Ertrag jedoch nicht beliebig erhöht werden. Jede Pflanze kann nur entsprechend ihren Erbanlagen einen bestimmten Höchstertrag bringen. Dabei steigt der Ertrag bei gleichbleibender Düngersteigerung nicht gleichmäßig, sondern im Verhältnis zu dem am Höchstertrag fehlenden Ertrag. Das heißt, daß mit zunehmender Düngung der Ertrag bis zum Höchstertrag steigt, der Ertragszuwachs aber immer geringer wird. Dementsprechend bezeichnete Mitscherlich (1906) dieses Ertragsgesetz als das **Gesetz vom abnehmenden Ertragszuwachs** (s. Abb. 2). Wird die Düngermenge, die zum Erreichen des Höchstertrages notwendig ist, überschritten, kommt es zur Ertragsabnahme und Krankheiten durch Überdüngung, die zum Tode der Pflanzen führen können.

### Aufgaben

1. Erklären Sie anhand der Abb. 1 das Minimumgesetz.
2. Erklären Sie, wie eine stufenweise Erhöhung der N-Düngung den Ertrag bzw. das Wachstum beeinflussen wird.
3. Erläutern Sie das Gesetz vom abnehmenden Ertragszuwachs am Beispiel sportlicher Leistungen.

# 6.3 Auf die richtige Düngung kommt es an

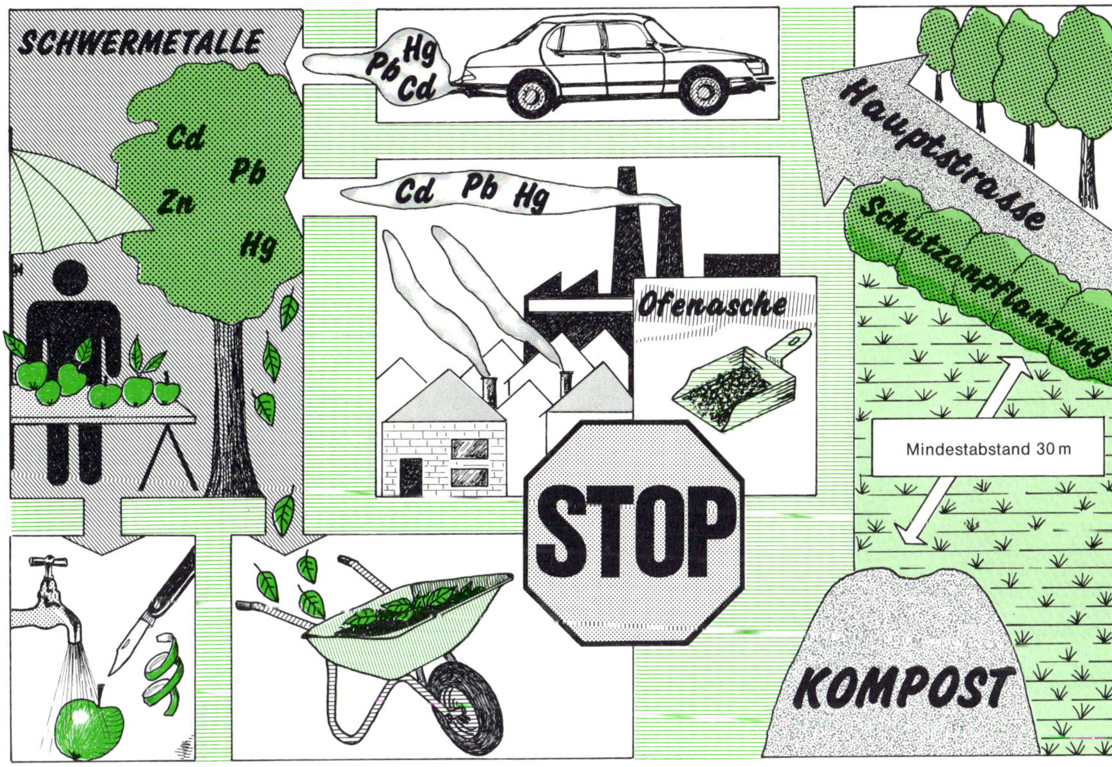


*Abb. 1 Verringerung der Schwermetallbelastung*

## 6.3.1 Schwermetallbelastung

Man sollte nach Möglichkeit entsprechend dem Pflanzenbedarf düngen. Für die **praktische Düngung** im Hausgarten muß die Frage nach der optimalen Düngermenge für die Nährelemente N, P, K, Mg und Ca beantwortet werden. Alle übrigen Nährelemente spielen eine untergeordnete Rolle.

Gute Anhaltspunkte für die Höhe der Düngung erhält man durch eine **Bodenuntersuchung,** die alle drei Jahre durchgeführt werden sollte (s. Kap. 5, S. 112). Durch sie lassen sich auch **Schadstoffe** im Boden feststellen, die die Pflanze und – über die Nahrungskette – die Gesundheit von Mensch und Tier dauerhaft schädigen können. Zu diesen Schadstoffen zählen vor allem **Schwermetalle** wie Cadmium (Cd), Quecksilber (Hg) und Blei (Pb). Aber auch die lebensnotwendigen Spurenelemente Cu, Zn, Mn, Fe und Mo gehören zu den Schwermetallen und können bei übermäßiger Anreicherung im Boden Pflanze, Tier und Mensch schädigen. So hat man in zahlreichen Gärten, vor allem in den Städten, sehr hohe Schwermetallgehalte in den Böden gemessen. Als Hauptursache gelten die Abgase der Autos, der Industrie und der privaten Haushalte. Gerade in Gebieten mit hoher Luftverschmutzung kann das umweltbewußte Kompostieren zur Belastung der Böden beitragen. Durch die Kompostierung aller zersetzbaren Garten- und Küchenabfälle bleiben die Schwermetalle im Kreislauf erhalten bzw. werden mit der Zeit im Boden angereichert. Einmal im Boden vorhandene Schwermetalle können nicht mehr entfernt werden.

Gegenmaßnahmen:

- Pflanzen vor dem Verzehr bzw. der Zubereitung gründlich waschen. Dies sollte bereits vor dem Putzen oder Schälen geschehen, damit anhaftende Schwermetalle nicht auf den Komposthaufen gelangen.
- Laub von Straßenbäumen und Aschen nicht verkompostieren.
- Bei Cadmiumbelastung keinen Anbau von Wurzel- und Blattgemüse.
- Bei Blei- und Quecksilberbelastung kein Blattgemüse anbauen.

**Aufgabe**

Welche Maßnahmen würden Sie ergreifen, um einer übermäßigen Schwermetallbelastung entgegenzuwirken (s. Abb. 1)?

## 6.3.2 Der pH-Wert und die Kalkung

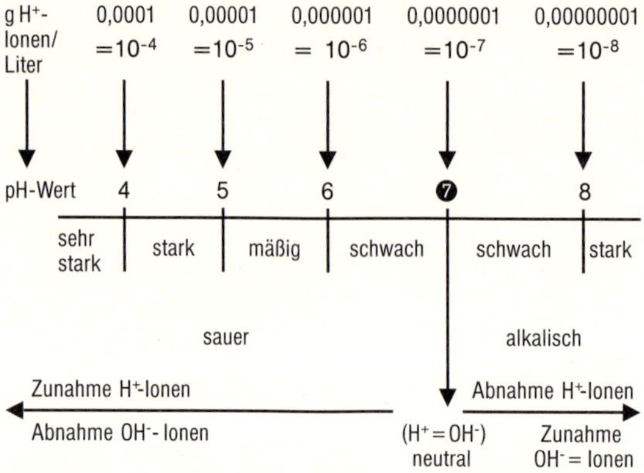


*Abb. 1 pH-Bereich der meisten Kulturböden*

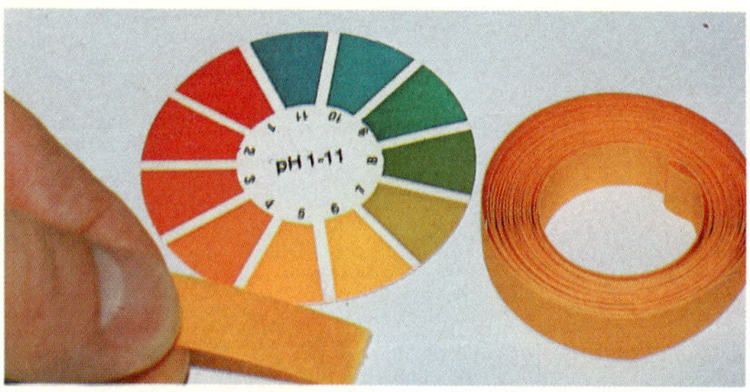


*Abb. 2 pH-Messung mittels Indikatorpapier*

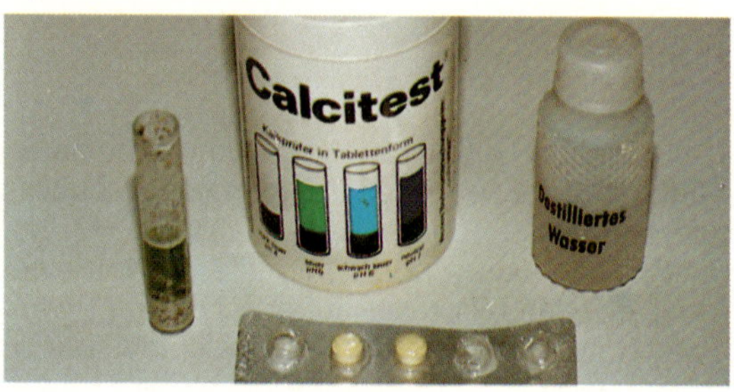


*Abb 3 pH-Messung mittels Calcitest*

Die Pflanzenverfügbarkeit der Nährstoffe hängt neben dem Nährstoffgehalt des Bodens, ganz entscheidend vom **pH-Wert** *(lat. potentia hydrogenii* = Potenz des Wasserstoffs) ab. Der pH-Wert ist ein Maß für die Wasserstoff-Ionen-Konzentration ($H^+$-Ionen) in einem Liter Bodenlösung (=Bodenwasser mit gelösten Nährstoffen). Dazu muß man wissen, daß Wassermoleküle ($H_2O$) z. T. in $H^+$- und $OH^-$-Ionen zerfallen. Überwiegen die $H^+$-Ionen, reagiert der Boden sauer (pH-Wert ist kleiner als 7,0). Überwiegen die $OH^-$-Ionen, reagiert der Boden alkalisch (pH-Wert ist größer als 7,0). Befinden sich in der Bodenlösung gleich viele $H^+$- und $OH^-$-Ionen, verbinden sie sich zu Wasser ($H^+ + OH^- \longrightarrow H_2O$). Der Boden reagiert neutral (pH-Wert = 7,0, s. Abb. 1).

Mit Indikatorpapier (s. Abb 2) kann man den pH-Wert des Bodens hinreichend genau messen. Dazu werden je 50 $m^2$ Gartenfläche 4 gleich große Bodenproben entnommen (s. S. 112) und gründlich miteinander vermischt. Anschließend wird der pH-Wert gemessen (s. S. 112). Gut geeignet zur pH-Wert-Bestimmung ist auch der Calcitest. Dabei wird das Untersuchungsgläschen 1 cm hoch mit der Mischprobe gefüllt. Anschließend fügt man 2,5 cm hoch destilliertes Wasser hinzu. Nach der Zugabe einer Calcitest-Tablette wird das Gläschen mit dem Finger verschlossen und bis zur Auflösung der Tablette kräftig geschüttelt. Danach wartet man ca. 2 bis 3 Minuten bis die Lösung klar wird, und ermittelt über das Vergleichen des sich einstellenden Farbtons mit beigefügten Farbtafeln den pH-Wert (s. Abb. 2).

Bei leichten Böden (Sandböden) sollte ein pH-Wert von 5,0–6,5, bei schweren Lehm- und Tonböden von 6,5–7,5 angestrebt werden. Nachfolgende Werte stellen Richtwerte für die Aufkalkung zu saurer Böden dar:

| | Böden | |
|---|---|---|
| | leichte | schwere |
| | Kohlensaurer Kalk, Hüttenkalk oder Algenkalk | Branntkalk |
| pH-Wert | in g / $m^2$ | |
| 4,0 | 150 | 600[1)] |
| 5,0 | 60 | 400 |
| 6,0 | 0 | 100 |
| 7,0 | 0 | 0 |

1) Gabe auf 2 bis 3 Jahre verteilen

Zur Erhaltung des angestrebten pH-Wertes sollten alle 3 Jahre im Frühjahr oder Herbst 100 g kohlensaurer Kalk, Hütten- oder Algenkalk pro $m^2$ ausgebracht werden.

Mit der Kalkung werden nicht nur überschüssige $H^+$-Ionen neutralisiert, sondern wird auch der Nährstoff Calcium zugeführt. Stimmt der pH-Wert, ist auch der Calcium-Bedarf der Pflanzen gedeckt.

### Aufgaben

1. Was gibt der pH-Wert an?
2. Wann reagiert ein Boden a) sauer, b) alkalisch und c) neutral?
3. Welcher pH-Wert sollte für a) leichte und b) schwere Böden angestrebt werden?
4. Bestimmen Sie in Ihrem Garten den pH-Wert, und ermitteln Sie die notwendige Kalkmenge/$m^2$.

## 6.3.3 Stickstoff – das Sorgenkind der Düngung

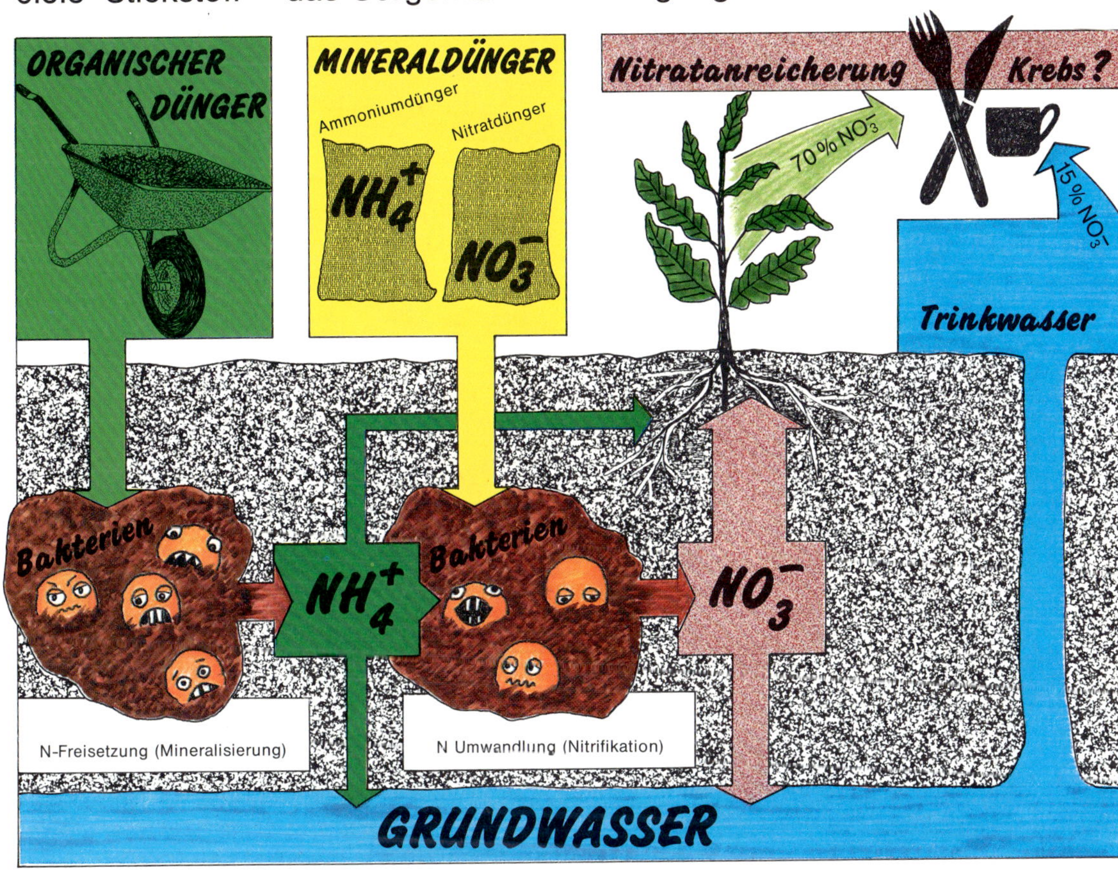


*Abb. 1 Düngerumsetzung im Boden und ihre Auswirkung*

Das größte Problem bei der praktischen Düngung ergibt sich aus der Bemessung der optimalen N-Düngergabe. Stickstoff hat, im Gegensatz zu den meisten anderen Nährelementen, ein enges Optimum, d. h., es kommt sehr schnell zu Mangel oder Überschuß. Eine falsche N-Düngung wirkt sich daher sehr schnell negativ auf Ertrag und Qualität der Nahrungspflanzen aus.

Der Grund ist darin zu sehen, daß der Stickstoff im Boden vor allem als Nitrat ($NO^-_3$) vorliegt. Nitrat wird nicht an den Ton- und Humusteilchen gebunden. Es liegt daher freibeweglich in der Bodenlösung vor. Entsprechend wirkt sich jede Schwankung im Nitratgehalt sofort auf die Pflanze aus und kann sehr leicht mit dem Sickerwasser in das Grundwasser gelangen. Die Auswaschung ist besonders groß, wenn der Boden brachliegt, d. h. unbewachsen ist. Die größten Auswaschungen erfolgen daher im Herbst und Winter. Damit steigt die Gefahr, daß sich Nitrat im Trinkwasser anreichert. Mit steigender N-Düngung erhöht sich auch der Nitratgehalt in der Pflanze (s. Abb. 1). Eine zu hohe Nitrataufnahme birgt jedoch unkalkulierbare Gesundheitsrisiken in sich.

Folgende Ursachen führen vor allem zu einer $NO^-_3$-Anreicherung in den Pflanzen bzw. im Grundwasser:

- Zu hohe Düngergaben nach dem Motto: Viel hilft viel!
- Im Boden bereits vorhandener Stickstoff wird bei der Düngung nicht berücksichtigt.
- Die N-Düngung erfolgt im Herbst, im Zeitraum der stärksten Auswaschung.
- Land liegt brach, vor allem während Zeiten starker Auswaschung (Herbst und Winter).
- Gewächshausanbau im Herbst und Winter. Der Lichtmangel führt zu einer überhöhten Nitratanreicherung in den Pflanzen.
- Es wird der Höchstertrag angestrebt.

Für die Düngung gilt allgemein: N-Bedarf der Pflanzen minus N-Vorrat des Bodens ergibt die Höhe der zu düngenden N-Menge. Dabei sollte die Regel gelten, lieber etwas weniger als zuviel düngen!

Zur Bodenuntersuchung auf N gibt es relativ preiswerte Teststäbchen, mit deren Hilfe man den Boden mit annähernder Genauigkeit selbst untersuchen kann.

## 6.3.4 Organische und mineralische Düngung

*Abb. 1 Entzogene Nährstoffe müssen ersetzt werden*

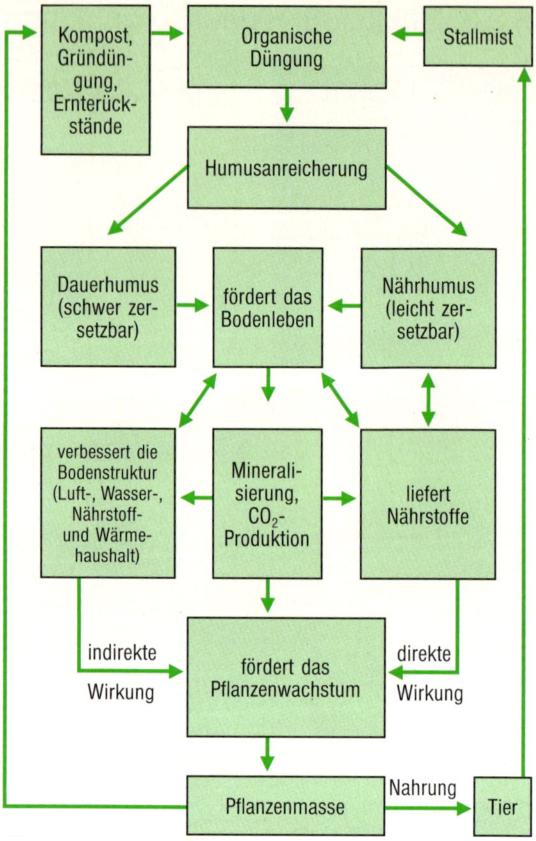


*Abb. 3 Einfluß der organischen Substanz auf das Pflanzenwachstum*

| Mineraldünger | Organischer Dünger | |
|---|---|---|
| z. B. Nitrophoska blau (12:12:17:2) | Stallmist (Durchschnittswerte) | Kompost |
| 12 % N<br>12 % $P_2O_5$<br>17 % $K_2O$<br>2 % MgO<br>+ Spurennährelemente | 0,5 % N<br>0,1 % $P_2O_5$<br>0,5 % $K_2O$<br>0,1 % MgO<br>+ Spurennährelemente | 0,3 % N<br>0,1 % $P_2O_5$<br>0,3 % $K_2O$<br>0,06 % Mg<br>+ Spurennährelemente |

*Abb. 2 Nährstoffgehalte (in Gew.-%) im Vergleich*

Um die Fruchtbarkeit des Bodens zu erhalten, werden mit der Düngung die dem Boden entzogenen bzw. fehlenden Nährstoffe zugeführt. Dabei unterscheidet man zwischen der mineralischen und der organischen Düngung. **Mineralische Dünger** (auch als „Kunstdünger" bezeichnet) enthalten die Nährstoffe in Salzform (anorganischer Form). Die Salze lösen sich im Bodenwasser, so daß die Pflanze mit ihren Wurzeln die Nährstoffe aufnehmen kann. Die **organischen Dünger** enthalten die Nährstoffe in organisch gebundener Form. Damit die so gebundenen Nährstoffe pflanzenverfügbar werden, müssen sie erst freigesetzt werden. Diese Freisetzung **(= Mineralisierung)** erfolgt bei der Zersetzung der organischen Substanz durch die Bodenlebewesen. Sie liegen dann in der gleichen pflanzenverfügbaren Form vor wie die Nährstoffe der Mineraldünger (s. Abb. 1 und Abb. 1, S. 121). Die Nährstoffgehalte organischer Dünger sind, verglichen mit denen von Mineraldüngern, relativ niedrig (s. Abb. 2). Ihre Bedeutung liegt daher vor allem in der Versorgung des Bodens mit organischer Substanz. Sie stellt die Ausgangssubstanz für die Bildung von **Humus** (= zersetzte organische Substanz) dar. Organische Substanz ist reich an Kohlenstoffverbindungen, die den Bodenlebewesen als Nahrung dienen. Die mit einer organischen Düngung verbundene Förderung der Bodenlebewesen führt über die Anreicherung mit Humus zur Verbesserung der Bodenstruktur und damit des Pflanzenwachstums (s. Abb. 3).

Besonders im Gemüsegarten erfolgt der Abbau der organischen Substanz aufgrund der intensiven Bodenbearbeitung (gute Sauerstoffversorgung!) sehr schnell. Deswegen sollte mindestens 1 kg organische Substanz/m² und Jahr ausgebracht werden.

## 6.3.5 Stallmistdüngung und Kompostierung

Ein besonders wertvoller organischer Dünger ist der **Stallmist** (C : N = 15-20 : 1), der auf leichten Böden gegen Ende des Winters ausgebracht werden sollte. Eine Ausbringung im Herbst führt zu starken N-Verlusten durch Auswaschung. Die Einbringungstiefe richtet sich nach der Bodenart. Je leichter der Boden, desto tiefer sollte die Einbringung erfolgen (untergraben), da sonst die Mineralisierung zu schnell fortschreitet. Je schwerer hingegen der Boden, um so flacher sollte der Stallmist untergegraben werden, da sonst die Mineralisierung zu langsam erfolgt. Durch eine Stallmistgabe im Frühjahr kann es zu verstärktem Schädlingsbefall kommen. Auf mit Stallmist frisch versorgtem Land sollten aus hygienischen Gründen (z. B. Wurmeier, Krankheitserreger) keine Pflanzen mit kurzer Kulturzeit (z. B. Salat, Radieschen = Schwachzehrer) angebaut werden.

Da Stallmist nur begrenzt zur Verfügung steht, müssen sich die meisten Gartenbesitzer mit anderen organischen Düngern begnügen. Eine gute und preiswerte Möglichkeit stellt das Kompostieren von organischen Abfällen aus Küche und Garten dar. **Kompost** (C : N = 12-17 : 1) kommt vom lateinischen compositus und bedeutet so viel wie zusammengesetzt. Die Zusammensetzung von Kompost ist dann auch entsprechend der verwendeten Abfälle sehr unterschiedlich (s. Abb. 2, S. 124).

Die organischen Stoffe werden im Komposthaufen von Milliarden von Kleinstlebewesen (vor allem Bakterien) in neue nährstoff- und humusreiche Erde umgewandelt. In den ersten Tagen der beginnenden Zersetzung werden durch die hohe Aktivität der Mikroorganismen Temperaturen bis zu 70° C erreicht. Diese Temperaturen reichen aus, um Krankheitskeime und Unkrautsamen abzutöten (s. Abb. 1, S. 124). Größere Mengen samentragender Unkräuter sollten sicherheitshalber verbrannt werden.

Die Qualität der entstehenden Erde ist um so höher, je besser die Lebensbedingungen für die Mikroorganismen sind (s. Abb. 1). Entsprechend handelt es sich bei einem Komposthaufen nicht um ein wildes Durcheinander, sondern um einen nach bestimmten Gesichtspunkten aufgesetzten „Abfallhaufen" (s. Abb. 3, S. 124). Nach dem Zeitpunkt der Verwendung unterscheidet man **Frischkompost** (= Rohkompost): wenige Wochen bis Monate alt, Verwendung als Mulch oder zur Einarbeitung in den Boden; und **Reifekompost** (= Fertigkompost): 1 bis 3 Jahre alt, vor allem zur Verbesserung der Bodenstruktur.

Lebensbedingungen von Mikroorganismen → bestimmen die → Regeln für das Kompostieren

| | |
|---|---|
| **Feuchtigkeit**<br>Mikroorganismen benötigen zu ihrer Entwicklung Wasser. Der Wassergehalt sollte bei 25 % liegen. | Der Standort sollte im Halbschatten liegen, um ein zu starkes Austrocknen zu verhindern. Bei anhaltender Trockenheit bewässern. |
| **Sauerstoff**<br>Um die organische Substanz zersetzen zu können, benötigen die Mikroorganismen Sauerstoff zum Atmen. Ist nicht genügend Sauerstoff vorhanden, treten Fäulnisbakterien auf. Das Ergebnis ist eine faulige, minderwertige Erde. | Damit genügend Luft in den Haufen eindringen kann, sollte die Höhe auf 1,50 m begrenzt sein und die Seiten schräg abfallen. Die unterste Schicht sollte aus sperrigem Material bestehen, so daß Staunässe vermieden wird. Das Umsetzen fördert die Durchlüftung. |
| **Wärme**<br>Die optimale Temperatur für die Entwicklung der Mikroorganismen liegt zwischen 20 und 45° C. | Der Standort sollte nicht im Vollschatten liegen, da eine optimale Erwärmung sonst nicht gewährleistet ist. |
| **Nährstoffe**<br>Mikroorganismen benötigen als Nahrung vor allem Kohlenstoff (C), den sie bei der Zersetzung aus der organischen Substanz gewinnen. Zur Vermehrung ist daneben vor allem Stickstoff (N) notwendig, so daß die Zersetzungsgeschwindigkeit organischer Substanz von ihrem C : N-Verhältnis abhängt. | Auf organische Substanz mit einem weiten C : N-Verhältnis (z. B. Laub, Holz, Stroh) sollte organische Substanz mit einem engen C : N-Verhältnis (z. B. Leguminosen, krautige Pflanzenteile, Gras, Mist) folgen. Besser als das schichtweise Aufsetzen ist die Vermischung vor dem Aufsetzen. |
| **pH-Wert**<br>Mikroorganismen entwickeln sich am besten in einem Bereich von 5,5 bis 7,5. | Leichtes Einpudern der einzelnen Schichten mit Kalk (1-2 kg/$m^3$ Kompost) fördert die Umsetzung und die Bildung stabiler Krümel. |

*Abb. 1 Optimale Lebensbedingungen für Mikroorganismen entscheiden über die Qualität des Kompostes*

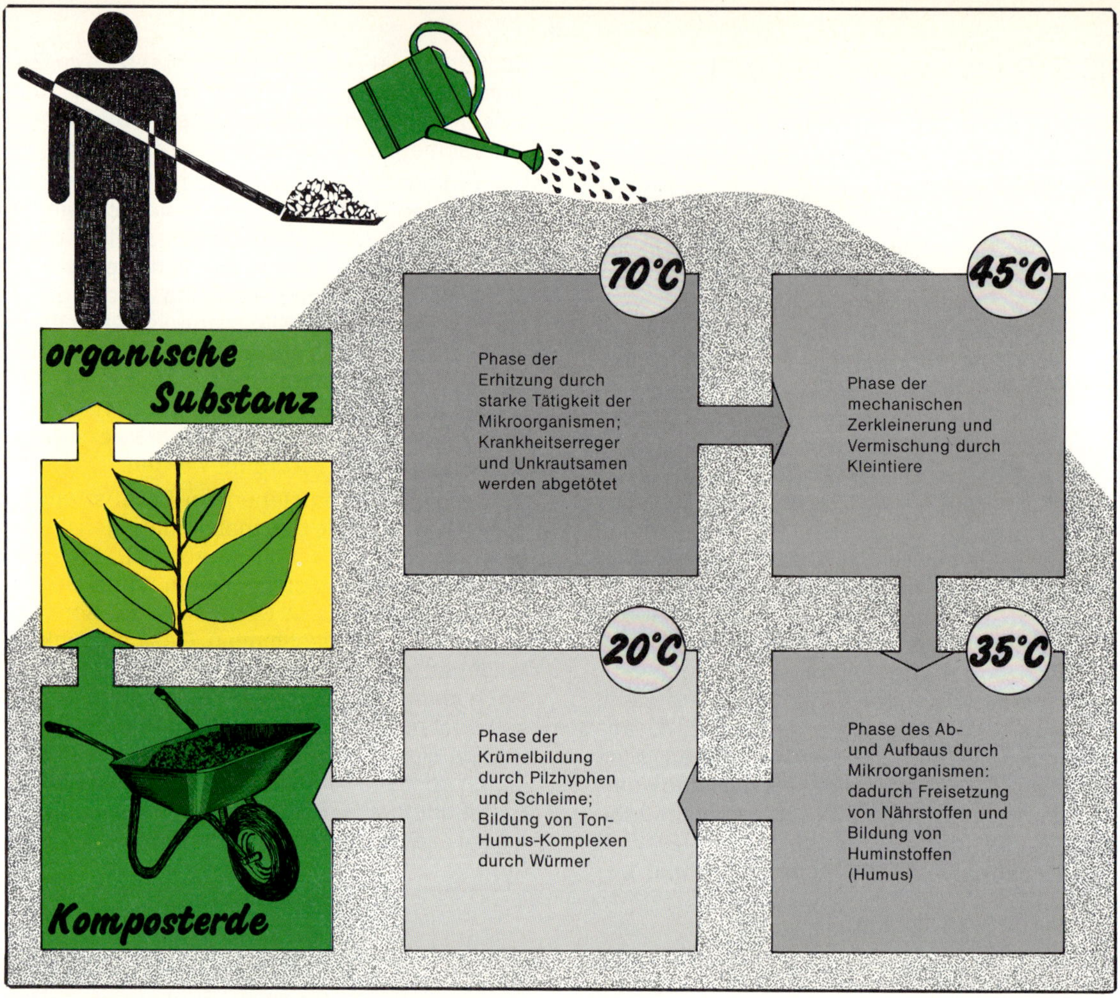


*Abb. 1 Anlage eines Komposthaufens*

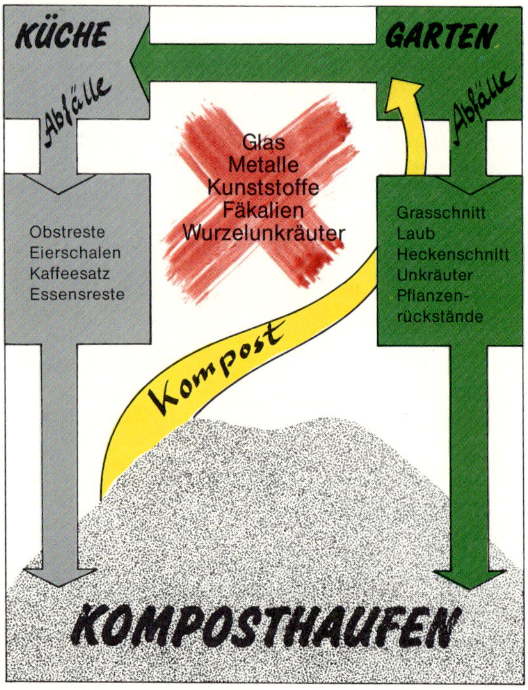


*Abb. 2 Recycling mit Hilfe des Komposthaufens*

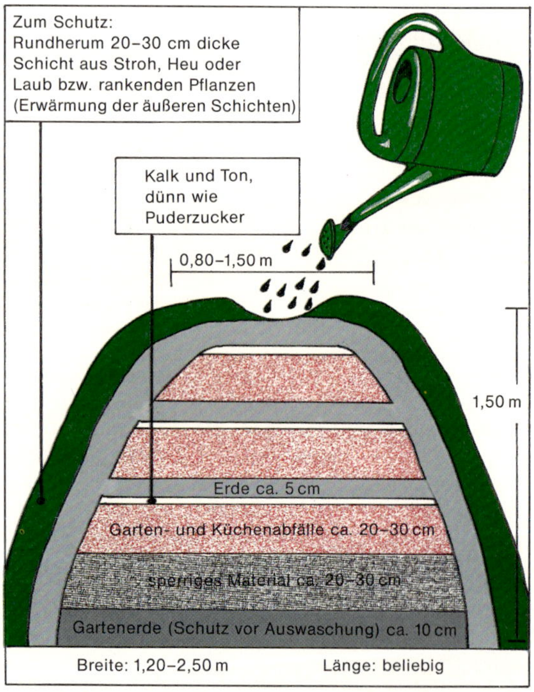


*Abb. 3 Das Innenleben des Komposthaufens*

## 6.3.6 Flächenkompostierung und Gründüngung

Eine einfachere und wirkungsvollere Kompostierung als die Haufenkompostierung stellt die **Flächenkompostierung** dar. Hierbei wird, entsprechend den natürlichen Verhältnissen, der Boden mit organischer Substanz bedeckt. D. h.:
- Feuchtigkeits- und Wärmeschwankungen werden abgeschwächt.
- Es muß weniger gegossen werden.
- Das Bodenleben wird gefördert.
- Eine Bodenlockerung ist weitgehend überflüssig, da die Bodenlebewesen, vor allem Regenwürmer, für eine Durchmischung und Lockerung sorgen.
- Das Wachstum von Wildkräutern wird unterdrückt.

Die Zerkleinerung des Kompostmaterials vor dem Ausstreuen fördert die Zersetzung und verhindert, daß sich eine zu kompakte, luftundurchlässige Schicht bildet, die zur Fäulnis statt zur Zersetzung führt. Eine 1 cm dicke Mulchschicht ist ausreichend und kann während des Jahres mehrmals wiederholt werden.

Bei der **Gründüngung** erfolgt die Bedeckung des Bodens mit lebenden Pflanzen. Unter Gründüngung versteht man das Einarbeiten eines Pflanzenbestandes in den Boden, der eigens hierfür ausgesät wurde. Die positive Wirkung der Gründüngung erstreckt sich jedoch nicht nur auf die Humusanreicherung nach der Einarbeitung in den Boden und der damit verbundenen besseren Bodenfruchtbarkeit, sondern sie fördert diese bereits als Pflanzenbestand nachhaltig (s. Abb. 1). Zur Gründüngung sind alle Pflanzen geeignet, die schnell viel Blattmasse und ein kräftiges Wurzelsystem bilden. Besonders gut geeignet sind **Leguminosen** (Familie der Schmetterlingsblütler), z. B. Erbsen, Bohnen, Wicken, Lupinen und Klee, da sie mit Knöllchenbakterien in einer Symbiose (Lebensgemeinschaft zum beiderseitigen Nutzen) leben (s. Abb. 2).

### Aufgaben

1. Wovon hängt die Qualität des Kompostes ab? (S. S. 123)
2. Wo liegen die Vorteile der Flächenkompostierung gegenüber der Haufenkompostierung?
3. Was versteht man unter Gründüngung?
4. Wodurch fördert die Gründüngung die Bodenfruchtbarkeit?
5. Erklären Sie den Begriff der Symbiose am Beispiel von Leguminosen und Knöllchenbakterien.

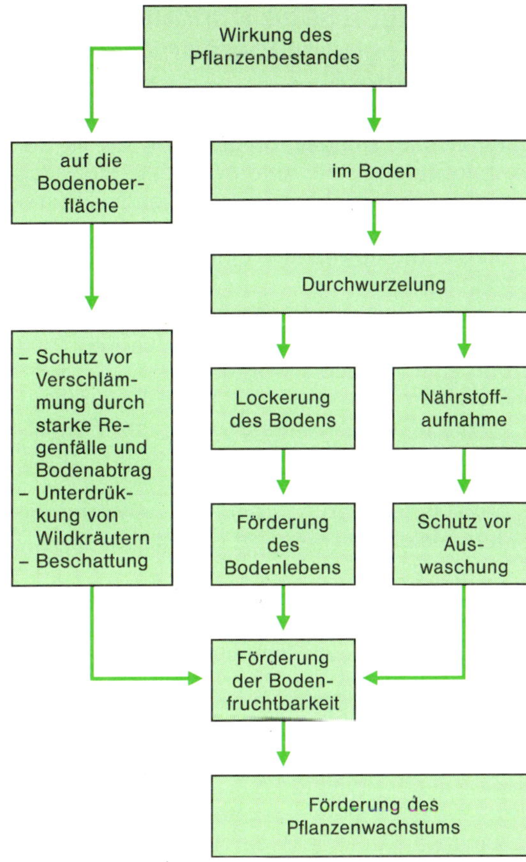


*Abb. 1 Wirkung der Gründüngung als Pflanzenbestand*

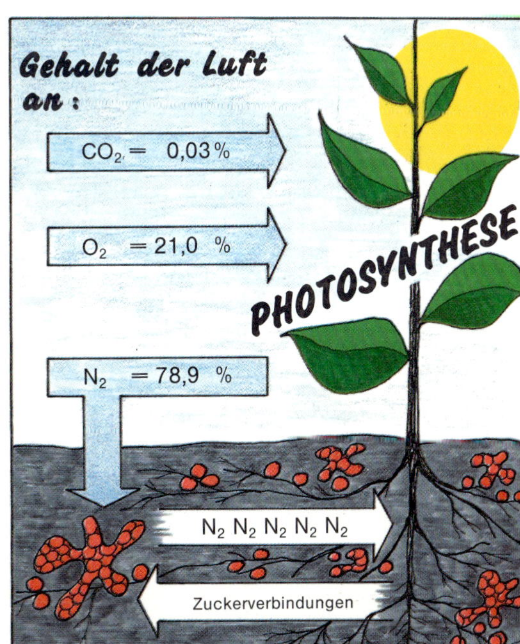


*Abb. 2 Symbiose – eine Lebensgemeinschaft zum beidseitigen Nutzen*

## 6.3.7 Mineralische Düngung mit Ein- und Mehrnährstoffdüngern

**Mineralische Dünger** dienen vor allem der Nährstoffzufuhr. Sie unterscheiden sich von den organischen Düngern in folgenden Punkten:

- Die Nährstoffe liegen in einer hohen Konzentration vor.
- Die Nährstoffgehalte sind gleichbleibend und ermöglichen damit eine genaue Dosierung und eine gezielte Anwendung.
- Die Nährstoffe sind auch ohne Bodenlebewesen pflanzenverfügbar, d. h., ihre Freisetzung ist vom Klima unabhängig und damit gleichmäßig.
- Arbeitserleichterung bei der Anwendung durch leichten Transport und einfache Ausbringung.
- Sie führen dem Boden keine organische Substanz zu.
- Düngefehler treten häufiger auf.

Nach der Anzahl der im jeweiligen Dünger enthaltenen Nährstoffe unterscheidet man:

1. **Einnährstoffdünger**

Diese Dünger enthalten nur einen für die Düngung wesentlichen Nährstoff. Entsprechend bezeichnet man sie z. B. als N-, P-, K- oder Mg-Dünger.

**N-Dünger**

Auf die N-Form kommt es an!

Stickstoff kann von der Pflanze in Form von Nitrat ($NO^-_3$) und Ammonium ($NH^+_4$) aus dem Boden aufgenommen werden. Je nachdem, in welcher Form der Stickstoff im Dünger vorliegt, unterscheidet man zwischen Nitrat-, Ammonium- und Ammonium-Nitrat-Dünger. Entsprechend unterscheiden sich die Dünger in ihrer Wirkungsgeschwindigkeit (s. Abb. 1, S. 121).

**P-Dünger**

Phosphor – auch ein Bodendünger!

Phosphor ist nicht nur ein Pflanzennährstoff, sondern er verbessert auch den Boden, indem er Bodenteilchen miteinander verbindet und damit die Krümelbildung fördert.

Die P-Dünger unterscheidet man nach ihrer Löslichkeit in wasserlösliche (schnelle Wirkung) und säurelösliche (langsame Wirkung) P-Dünger. Je besser der Boden mit P versorgt ist (die meisten Gärten sind recht gut versorgt), desto unwichtiger ist die Art der Löslichkeit.

**K-Dünger**

Chlorliebende und chlorfeindliche Pflanzen!

K-Dünger werden in Form von Kaliumchlorid (KCl) und Kaliumsulfat ($K_2SO_4$) angeboten. Für den Garten sollten nur die K-Dünger verwendet werden, die das K in Form von $K_2SO_4$ enthalten, da die meisten Gemüse-, Obst- und Zierpflanzen chloridempfindlich sind.

**Mg-Dünger**

Magnesium – daran mangelt es häufig!

Zur Düngung sind vor allem Magnesium-Kalke (enthalten neben Kalk auch Mg) geeignet, wenn neben der Mg-Versorgung auch der pH-Wert angehoben werden soll. Ansonsten ist Bittersalz gut geeignet.

2. **Mehrnährstoffdünger**

Diese Dünger enthalten mehr als einen Nährstoff. Enthalten sie die drei Kernnährelemente N, P und K, werden sie als Volldünger bezeichnet. Die Gehaltsangaben auf den Düngersäkken geben die Nährstoffgehalte in % immer in der Reihenfolge N, P, K und Mg an. Z. B. 15 + 5 + 20 + 2 bedeutet, der Dünger enthält 15 % N, 5 % $P_2O_5$ (Phosphor), 20 % $K_2O$ (Kalium) und 2 % MgO (Magnesium). Vielfach enthalten die Dünger auch Spurennährstoffe. Der wesentliche Nachteil der Mehrnährstoffdünger gegenüber den Einnährstoffdüngern ist, daß eine gezielte Düngung erschwert wird. Der Vorteil ist, daß bei guter Nährstoffversorgung des Bodens, pauschal gedüngt und damit die Düngung wesentlich vereinfacht werden kann. Man sollte dann jedoch auch alle 3 bis 4 Jahre mit einer Bodenuntersuchung die Nährstoffgehalte des Bodens feststellen und Überangebote bzw. Defizite durch die Wahl entsprechender Einnährstoffdünger beheben. Bei der Mineraldüngung ist es sinnvoll, wenn 1/2 bis 2/3 der notwendigen Düngermenge vor dem Pflanzen (= Grunddüngung) und 1/2 bis 1/3 während der Wachstumsphase in 2 bis 3 Gaben (= Kopfdüngung) verabreicht werden.

### Aufgaben

1. Worin unterscheiden sich mineralische und organische Dünger?
2. Wievielmal höher ist der Gehalt an N, P, K und Mg von Nitrophoska blau im Vergleich zum Stallmist (s. Abb. 2, S. 122)?
3. Worin ist die Bedeutung der organischen Düngung zu sehen (s. S. 122)?
4. Worin unterscheiden sich Ein- und Mehrnährstoffdünger?
5. Warum wirken $NO^-_3$-Dünger schneller als $NH^+_4$-Dünger (s. Abb. 1, S. 121)?
6. Welche Dünger werden als Volldünger bezeichnet?
7. Was bedeuten folgende Angaben auf den Düngersäcken: a) 14 + 12 + 14, b) 20 + 0 + 16 und c) 15 + 5 + 20 + 2?
8. Was spricht für die Verwendung von a) Einnährstoffdüngern und b) Zweinährstoffdüngern?

## 6.3.8 Düngerberechnungen

**Flächenberechnungen**

Die Einheit für Flächenmaße ist der Quadratmeter ($m^2$). Um die nächstgrößere Flächeneinheit zu erhalten, ist durch 100 zu teilen. Um die nächstkleinere Flächeneinheit zu erhalten, ist mit 100 zu multiplizieren:

| Bei Umwandlung in die nächstgrößere Einheit wird das **Komma 2 Stellen nach links** gesetzt. z. B. 100 m² = 1 a = 0,01 ha ↑ | km², ha, a, m², dm², cm², mm² | ↓ Bei Umwandlung in die nächstkleinere Einheit wird das **Komma 2 Stellen nach rechts** gesetzt. z. B. 1 ha = 100 a = 10.000 m² |
|---|---|---|

Die häufigsten im Garten zu berechnenden Flächen sind das Rechteck, das Quadrat, das Dreieck, das Trapez und der Kreis (s. Abb. 1).

**Volumenberechnungen**

Die Einheit für Volumenberechnungen ist der Kubikmeter ($m^3$). Die Berechnung erfolgt nach folgender allgemeiner Formel:

**Volumen = Fläche x Höhe**

Merke:

$1\ m^3 = 1000\ kg \triangleq 1000\ l$

$100\ kg = 1\ dt$

$1\ kg = 1000\ g \triangleq 1\ l$

**Der Dreisatz**

Beim Dreisatz wird eine Rechnung in drei Sätzen (Schritten) durchgeführt.

**Beispiel**

Pro 10 m² sind 40 kg Kompost auszubringen. Wieviel Kompost muß auf einer Fläche von 250 m² ausgebracht werden?

**Rechengang**

1. Satz auf 10 m² kommen 40 kg Kompost

2. Satz auf 1 m² kommen $\frac{40}{10}$ kg Kompost

3. Satz auf 250 m² kommen $\frac{40}{10} \times 250$ kg Kompost

**Ergebnis** = 1000 kg Kompost müssen auf 250 m² ausgebracht werden.

**Prozentrechnung**

Merke! Prozent heißt immer von 100. Das Ganze ist also immer 100 %.

Auch in der Prozentrechnung kann man den Dreisatz anwenden.

**Beispiel**

Kompost enthält durchschnittlich 0,3 % N.

Wieviel g Stickstoff wird dem Boden pro m² zugeführt, wenn 4 kg Kompost/m² gedüngt wird?

**Lösung** a) 100 % entspricht 4 kg = 4000 g N

1 % entspricht $\frac{4000}{100}$ g N

0,3 % entspricht $\frac{4000}{100} \times 0{,}3$ g N

**Ergebnis** = 12 g N/m² wird dem Boden mit 4 kg Kompost/m² zugeführt.

oder b) 100 % entspricht 4000 g N

10 % entspricht 400 g N

1 % entspricht 40 g N

0,1 % entspricht 4 g N

0,3 % entspricht 4 g N x 3 = 12 g N

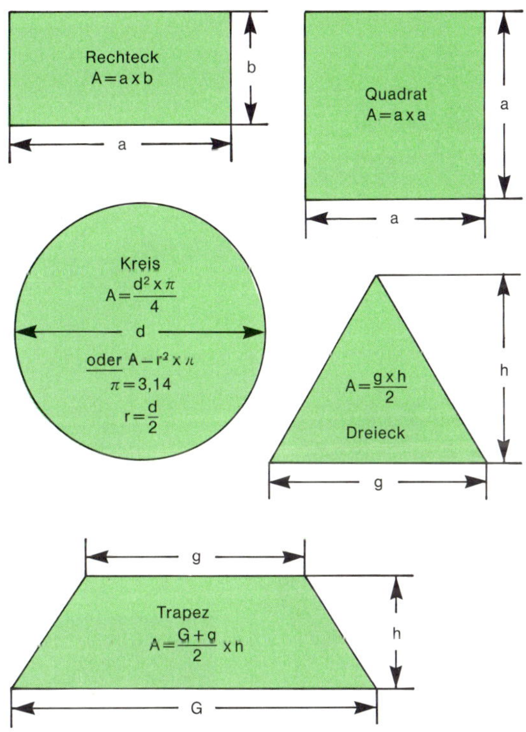


*Abb. 1 Flächen*

### Aufgaben

1. Ein Gemüsegarten ist 35 m lang und 20 m breit. Berechnen Sie die Fläche, und geben Sie das Ergebnis in m² und ha an.
2. Wieviel Dezitonnen (dt, 1 dt = 100 kg) Kompost werden für eine Fläche von 400 m² benötigt, wenn 4 kg/m² gedüngt werden soll?
3. Kompost enthält u. a. 0,1 % Phosphor, 0,3 % Kalium und 0,06 % Mg. Wieviel g/m² werden von diesen Nährstoffen dem Boden zugeführt, wenn 4 kg Kompost/m² gedüngt werden?

# 7 Der Pflanzenschutz

## 7.1 Tiere als Pflanzenschädlinge

### 7.1.1 Was macht eine Tierart zum Schädling?

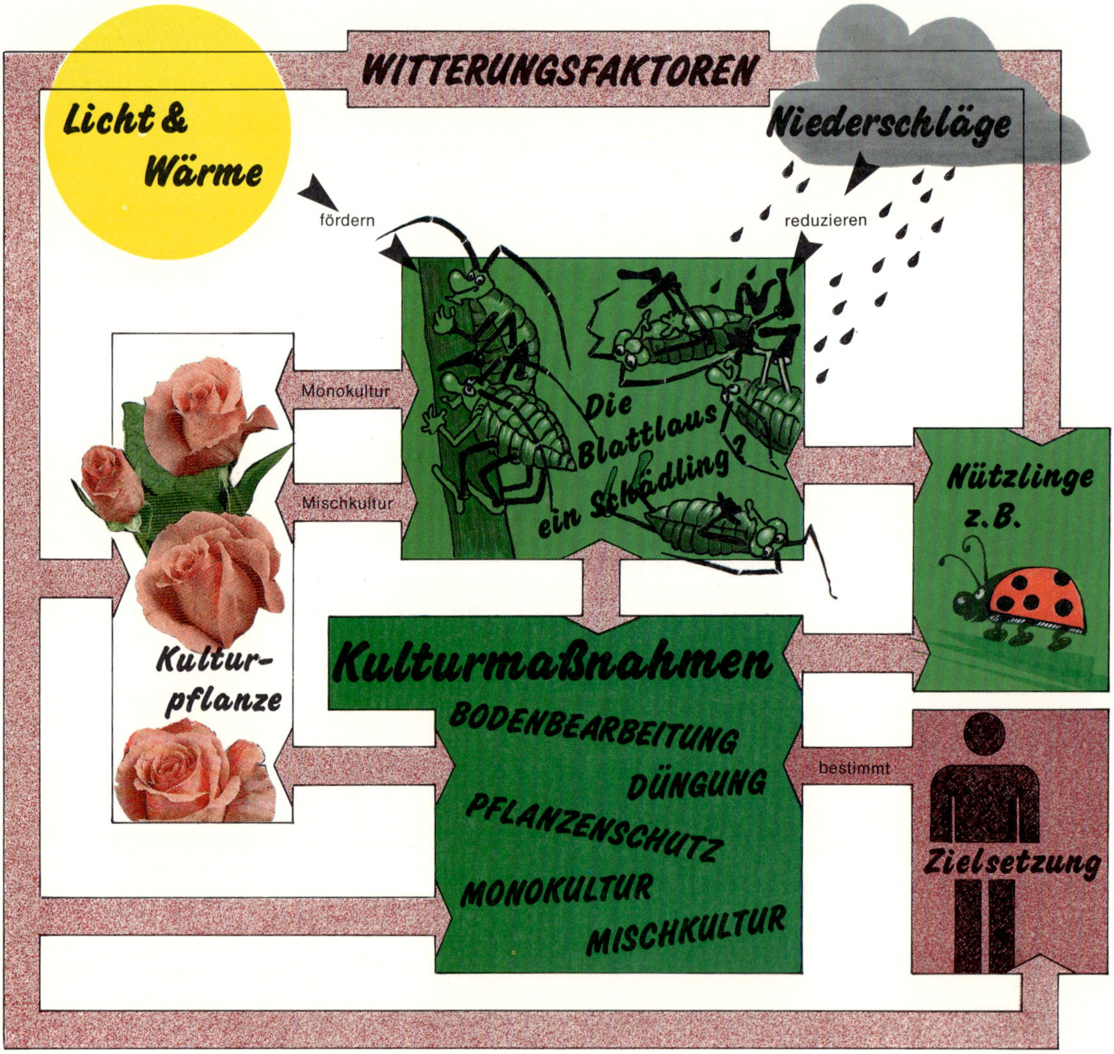


*Abb. 1 Ursachen für die Massenvermehrung einer Tierart*

Richten Lebewesen an unseren Pflanzen Schäden an, bezeichnet man sie als **Schädlinge.** Als **Nützlinge** bezeichnet man hingegen solche Lebewesen, die Pflanzenschädlinge vernichten.

## Aufgabe

Diskutieren Sie anhand der Abb. 1, was eine Tierart zum Pflanzenschädling macht und wie man dies verhindern könnte.

## 7.1.2 Insekten – die größte Gruppe der Pflanzenschädlinge

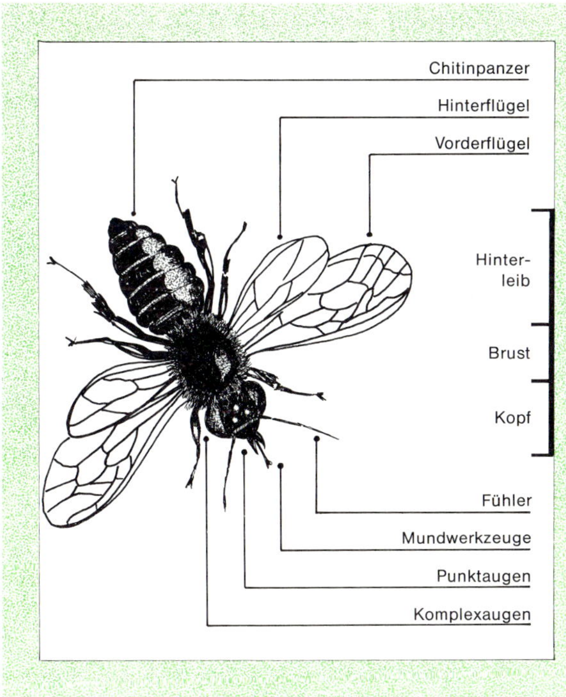


*Abb. 1 Aufbau eines Insektes*

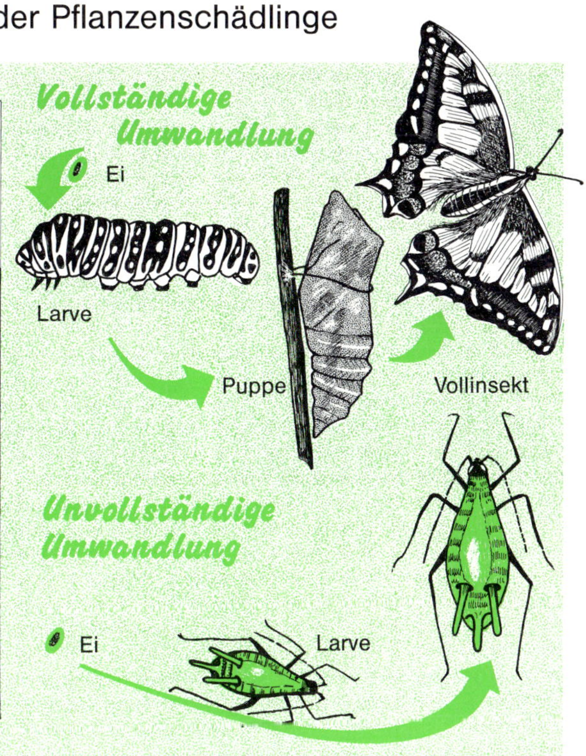


*Abb. 2 Vollständige (z. B. Schmetterlinge) und unvollständige Umwandlung (z. B. Blattläuse)*

Von den bisher 1,2 Millionen beschriebenen Tierarten gehören alleine 800.000 zu den **Insekten.** Entsprechend stellt die Gruppe der Insekten die größte Anzahl der Pflanzenschädlinge. Wenn man jedoch bedenkt, daß von den bei uns vorkommenden Arten (ca. 30.000) lediglich 300 mit den Interessen des Menschen in Konflikt kommen können, wird deutlich, daß nur eine Minderheit als Pflanzenschädling auftritt.
Woran erkennt man ein Insekt? Insekten können z. B. groß, klein, bunt, einfarbig, schön, häßlich, geflügelt, ungeflügelt, nützlich oder schädlich sein. Trotz dieser Formenvielfalt weisen jedoch Insekten bestimmte Gemeinsamkeiten auf. So ist der Körper der erwachsenen Insekten durch Einkerbungen in die drei Abschnitte Kopf, Brust und Hinterleib eingeteilt (s. Abb. 1). An der Brust befinden sich drei Beinpaare. Die Außenhülle der Insekten besteht aus einer chitinhaltigen Kutikula (Ausscheidung der Insektenhaut). Dieser „Chitinpanzer" hält den Körper wie eine Ritterrüstung zusammen, schützt ihn vor Austrocknung und erhöht die Widerstandsfähigkeit gegen chemische Gifte. Da dieser Panzer aus toter Substanz besteht und dementsprechend nicht mitwächst, muß er von Zeit zu Zeit abgeworfen werden (=Häutung). Solange der neue Chitinpanzer noch nicht verfestigt ist, erfolgt dann das Wachstum.

Bei der Entwicklung der Insekten unterscheidet man zwischen der **vollständigen** und **unvollständigen** Umwandlung (=Metamorphose in der Zoologie, s. Abb. 2).
Die Jugendformen der Insekten bezeichnet man als Larven. In diesem Stadium richten sie in der Regel die meisten Pflanzenschäden an.
Larven werden auch bezeichnet als:
- Raupen=Larven der Schmetterlinge und Blattwespen (letztere werden auch Afterraupen genannt);
- Maden=Larven der Fliegen;
- Engerlinge=Larven der Blatthornkäfer, z. B. Maikäfer;
- Drahtwürmer=Larven der Schnellkäfer.

### Aufgaben

1. Beschreiben Sie den typischen Aufbau eines geflügelten Insekts.
2. Worin unterscheiden sich Insekten mit vollständiger und unvollständiger Umwandlung in ihrer Entwicklung (s. Abb. 2)?
3. Warum ist es falsch, in den Insekten in erster Linie Schädlinge zu sehen (s. a. Abb 1, S. 128)?
4. Warum müssen sich Insekten während ihrer Entwicklung mehrmals häuten?

## 7.1.3 Die Blattlaus – ein weitverbreiteter Pflanzenschädling

*Abb. 1 Wintereier der Blattlaus am Schneeball (Viburnum)*

*Abb. 2 Starke Vermehrung der Rosenblattlaus*

*Abb. 3 Ansiedlung von Rußtaupilzen auf Honigtau*

Wer hat sie nicht schon an seinen Pflanzen mit Entsetzen entdeckt: 1 bis 6 mm lange grüne, gelbliche, rötliche, weißgraue oder schwarze Tierchen! Gestern war die Pflanze noch frei von Schädlingen, heute ist sie über und über bedeckt mit diesen Winzlingen. Die Rede ist von **Blattläusen.**
Das Fortpflanzungsvermögen dieser Insekten ist ungeheuer groß. So kann die Nachkommenschaft einer einzigen Blattlaus 2 Billiarden erreichen. Dabei ist die Anzahl der Blattlauskinder pro Weibchen mit durchschnittlich 50 noch gar nicht so hoch. Der Grund ist vielmehr darin zu sehen, daß sich die Blattlausweibchen von den Blattlausmännchen fast vollständig unabhängig gemacht haben. Blattlausmännchen treten nur periodisch im Herbst auf. Das ganze Jahr kommen ansonsten nur Weibchen vor! Wie aber kommt es ohne Männchen zur Zeugung von Nachwuchs? Ganz einfach, die Blattläuse können ohne Befruchtung Nachkommen zeugen. Und das ist noch nicht alles: statt Eier zu legen, wie die meisten Insekten, bringen sie gleich lebende Nachkommen zur Welt. Dieser Vorgang verkürzt die Entwicklungszeit, warme Witterung vorausgesetzt, auf 10 oder noch weniger Tage. Dadurch erreichen die Blattläuse bis zu 10 Generationen im Jahr, wobei die Einsparung der Männchen die Fortpflanzungshöhe pro Generation verdoppelt.

Aber auch bei den Blattläusen geht es nicht ganz ohne Männchen. Sie werden im Herbst von den Weibchen geboren, wobei ihr einziger Lebenszweck die Befruchtung der nachfolgenden Weibchen ist. Das Ergebnis dieser kurzen Liebe sind schwarz gefärbte Eier, sogenannte Wintereier. Sie dienen der Überwinterung und werden mit Vorliebe an den Blattknospen der Gehölze abgelegt (s. Abb. 1).

Die einmal im Jahr erfolgende sexuelle Vermehrung ist nun jedoch nicht nur wegen der Überwinterung von Bedeutung, sondern vor allem wegen der dabei erfolgenden Vermischung der Erbanlagen der beiden Geschlechtspartner. Dies führt zu einer Neukombination der Erbanlagen bei den Nachkommen, die eine Anpassung an veränderte Umweltbedingungen ermöglicht und damit die Überlebenschancen erhöht. Dies ist z. B. der Grund, warum Blattläuse mit der Zeit gegen ein häufig verwendetes chemisches Spritzmittel resistent (widerstandsfähig) werden können.

Es ist einleuchtend, daß es durch die Art der Fortpflanzung sehr rasch zu einer Massenvermehrung kommen kann (s. Abb. 2). Und so ist es verständlich, daß sich die Blattlausnachkommenschaft bald gegenseitig auf den Füßen herumtrampeln würde, wenn sie sich nicht auch hier zu helfen wüßte. Sobald das Gedränge zu groß wird, werden geflügelte Jungläuse geboren. Indem diese geflügelten Weibchen andere Pflanzen aufsuchen, kommt es zur Verbreitung und zur Vermeidung von Nahrungskonkurrenz.

Wodurch schädigen nun aber Blattläuse Pflanzen? Da sie zu den Insekten mit stechendsaugenden Mundwerkzeugen gehören, stechen sie die Pflanzen an und entziehen ihnen den zuckerhaltigen Pflanzensaft. Dieser wird vor allem zu den Orten des Bedarfs, also z. B. zu den Orten der Blatt- und Blütenbildung geleitet. Entsprechend sammeln sich die Blattläuse vor allem an den jungen Blättern und Blütenknospen.

## Nützlinge – Helfer bei der Blattlausbekämpfung

*Abb. 1 Marienkäfer (7 Punkt)*

*Abb. 2 Marienkäfer (14 Punkt)*

*Abb. 3 Schwebfliege*

*Abb. 4 Schwebfliegenlarve (Scaeva pyrastri)*

*Abb. 5 Schwebfliegenlarve (Episyrphus balteatus)*

*Abb. 6 Schlupfwespe bei der Eiablage*

*Abb. 7 Florfliege*

*Abb. 8 Räuberische Gallmückenlarven*

*Abb. 9 Weichkäfer*

An den Blättern sitzen sie bevorzugt auf den Blattunterseiten, da sie von dort an die den Saftstrom leitenden Blattadern besser herankommen. Der Saftdruck ist dabei so groß, daß die Blattläuse nach dem Hineinstechen noch nicht einmal saugen müssen. Sie brauchen nur ihr Maul aufzusperren, und der köstliche Pflanzensaft strömt unaufhörlich in sie hinein – wie im Schlaraffenland. Ein kleiner Haken ist jedoch dabei. Da sich Blattläuse nur wenig bewegen, sich aber stark vermehren, benötigen sie wenig Energie (Zucker), aber viel Eiweiß. Im Pflanzensaft ist jedoch hauptsächlich Zucker und nur wenig Eiweiß enthalten. Um ihren Eiweißbedarf zu decken, müssen die Blattläuse also viel mehr zuckerhaltigen Pflanzensaft aufnehmen als sie zum Leben benötigen. Entsprechend scheiden sie den größten Teil des aufgenommenen Zuckers in Form einer klebrigen Flüssigkeit, dem sogenannten Honigtau, wieder aus. Dieser ist wiederum ein vorzüglicher Nährboden für Pilze, sogenannte Rußtau- oder Schwärzepilze (s. Abb. 3, S. 130).

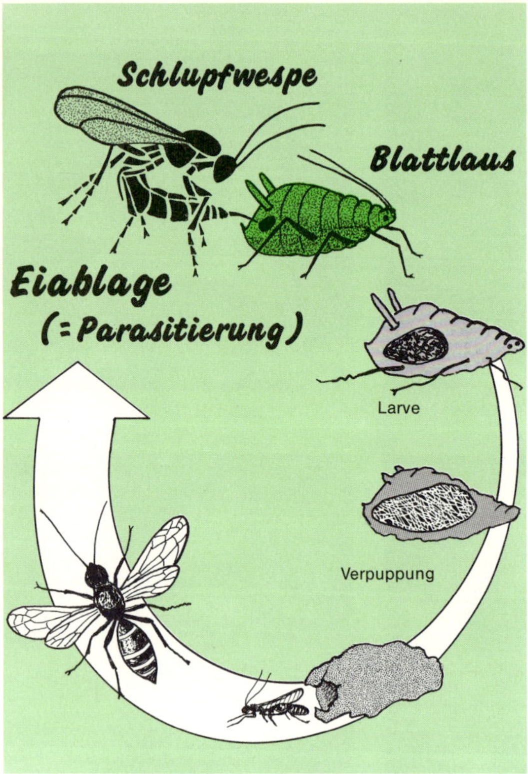


*Abb. 1 Parasitierung durch die Schlupfwespe*

*Abb. 2 Parasitierte Blattläuse*

Es gibt kaum ein Insekt, das diese zuckerhaltigen Ausscheidungen nicht zu schätzen wüßte. Vor allem die Ameisen sind ganz versessen darauf. Sie „melken" die Blattläuse regelrecht, d. h., sie betrillern (streicheln) den Hinterleib der Blattläuse mit ihren Fühlern. Hierdurch werden die Blattläuse angeregt, noch stärker zu saugen und damit verstärkt Honigtau auszuscheiden. So können Ameisenvölker von den zuckerhaltigen Ausscheidungen der Blattläuse weitgehend und vorübergehend ausschließlich leben. Es kommt sogar vor, daß Ameisen Blattlauseier oder Blattläuse zur Überwinterung in ihren Bau tragen, um sie im Frühjahr auf besonders schmackhafte Pflanzen zu bringen.
Auch die Bienen naschen und sammeln Honigtau. Und wohl die wenigsten wissen, daß Waldbienenhonig nichts anderes als im Honigmagen der Bienen aufbereiteter Honigtau ist. So kommt auch der Mensch in den Genuß der Honigtauausscheidungen.
Die Blattläuse entziehen den Pflanzen nicht nur Pflanzensaft und damit Zuckerverbindungen und Eiweiße, sondern sie scheiden beim Saugen auch giftigen Speichel aus, der bei Pflanzen zu Blattkräuselungen, -rollungen und -verkrüppelungen führen kann. Der wichtigste Schaden ist aber ein indirekter. Blattläuse können, wie alle Pflanzensauger, Viren übertragen. Diese können zu Viruskrankheiten an den Pflanzen führen. Da Viren nicht bekämpft werden können, bleibt nur die Vernichtung erkrankter Pflanzen übrig. Der gefährlichste Virusüberträger ist die Grüne Pfirsichblattlaus, die bis zu 150 verschiedene Virusarten überträgt und über 400 verschiedene Pflanzenarten befallen kann.
Die Blattlausbekämpfung sollte man im Hausgarten den vielen natürlichen Feinden wie z. B. Marienkäfern und deren Larven, den Schwebfliegenlarven, den Florfliegen und ihren Larven, Schlupfwespen, räuberischen Gallmückenlarven, Lauf- und Weichkäfern, Raubwanzen, Ohrwürmern, Spinnen, Wespen (s. S. 131) und den vielen Vogelarten überlassen. Lassen sich Blattläuse mit natürlichen Feinden nicht ausreichend bekämpfen, können für andere Tierarten unschädliche Maßnahmen durchgeführt werden (s. S. 208).

## Aufgaben

1. Wodurch kann es zur Massenvermehrung von Blattläusen kommen?
2. Beschreiben Sie die Überwinterung von Blattläusen.
3. Wodurch schädigen Blattläuse Pflanzen?
4. Nennen Sie Nützlinge zur Blattlausbekämpfung.
5. Beschreiben Sie anhand der Abb. 1 die Bekämpfung der Blattläuse durch Schlupfwespen.

## 7.1.4 Schadsymptome, Ursachen und Bekämpfung

| Schadsymptome | Ursachen und Bekämpfung |
|---|---|
| Blätter gefleckt, fahler Farbton; vertrocknen vom Blattrand her; vorzeitiger Blattfall; blattunterseits feine Gespinste mit sehr kleinen (ca. 0,5 mm), rötlichen oder grüngelben Tierchen (s. Abb. 1 und Abb. 2, S. 134). | **Spinnmilben**<br>Luftfeuchtigkeit erhöhen; 2 bis 3 mal die Woche abspritzen bzw. abduschen; durch Verzicht auf chemische Bekämpfung Förderung natürlicher Feinde; Einsatz von Raubmilben in Gewächshäusern und Blumenfenstern. |
| Blätter vergilben, welken und vertrocknen; Honigtauausscheidungen; blattunterseits geflügelte, weiße Insekten (s. Abb. 3, S. 134). | **Weiße Fliege**<br>Beipflanzung von Tagetespflanzen *(Tagetes-Patula-Hybriden);* Aufhängen gelber Leimfolien; Einsatz der Schlupfwespe Encarsia in Gewächshäusern und Blumenfenstern. |
| Blätter vergilben, fallen oder sterben ab; Honigtauausscheidungen; weiße, wattebauschähnliche Gebilde an den Pflanzen (s. Abb. 4, S. 134). | **Woll- oder Schmierläuse**<br>Luftfeuchtigkeit erhöhen; abspritzen bzw. abduschen; durch Verzicht auf chemische Bekämpfung Förderung natürlicher Feinde. |
| Pflanzen kümmern; Blattverfärbungen; Blattfall; Honigtauausscheidungen; an Stämmen, Ästen und Blättern leicht abkratzbare Höcker (s. Abb. 5 und Abb. 6, S. 134). | **Schildläuse**<br>Optimale Pflanzenpflege; abbürsten; abwaschen mit Spiritus-Seifenlösung; Förderung natürlicher Feinde (z. B. Schlupfwespen und Marienkäfer). |
| Ähnlich Spinnmilbenschaden; Honigtauausscheidungen; blattunterseits gelblichweiße geflügelte Insekten, die bei Berührung fortspringen oder -fliegen (s. Abb. 7, S. 134). | **Rosenzikade**<br>Wiederholt Blattunterseite mit kräftigen Wasserstrahl abspritzen; gelbe Leimfolien aufhängen. |
| Möhrenpflanzen bleiben im Wachstum zurück; Blätter vergilben; Fraßgänge mit Maden in den Möhren; auch Sellerie, Petersilie, Kümmel, Dill und Pastinaken werden befallen (s. Abb. 8, S. 134). | **Möhrenfliege**<br>Anbau auf windoffenen Flächen; Fruchtwechsel, nur alle 3 bis 5 Jahre auf derselben Fläche; kein frischer Stallmist; früh und dünn aussäen; überdecken mit feinmaschigen Netzen (Maschenweite 1,6 x 1,2 mm). |
| Kahlfraß an Stachelbeersträuchern durch grün gefärbte, schwarzbehaarte Raupen (s. Abb. 9, S. 134). | **Stachelbeerblattwespe**<br>Absammeln und Vernichten der Raupen. |
| Vertrocknete Früchte; abgeknickte Triebe; auf den Pflanzen schwarzweiß gefleckte Käfer (s. Abb. 10, S. 134). | **Rüsselkäfer**<br>Absammeln und Vernichten der Käfer; Förderung natürlicher Feinde (z. B. Vögel, Igel und Spitzmaus). |
| Siebartig durchlöcherte Blätter; 1,5 bis 3 mm große, dunkelgrün, blau oder schwarz glänzende Käfer; an Kohlgewächsen, Radies, Rettich u. a.; vorwiegend an jungen Pflanzen. | **Erdflöhe**<br>Häufiges Hacken und Feuchthalten des Bodens; optimale Kulturdurchführung. |
| An Blättern Loch- bzw. Schabefraß; silbrigglänzende Schleimspuren; graugrüne Kothäufchen; vor allem junge, zarte Pflänzchen können total weggefressen werden (s. Abb. 11, S. 134). | **Schnecken**<br>Beete mit Schneckenzaun umgeben; Bretter oder ausgehöhlte halbe Kartoffeln auslegen und Schnekken darunter wegsammeln; absammeln; Schalen mit Bier in den Boden einsenken; Förderung natürlicher Feinde (z. B. Igel, Spitzmaus u. a.) |
| Pflanzen kümmern nesterweise; Blätter, Stengel, Blüten und Wurzeln können befallen werden; sehr kleine (ca. 1 mm) durchsichtige Würmchen (s. Abb. 12, S. 134). | **Nematoden**<br>(Fadenwürmer oder Älchen)<br>Weitgestellte Fruchtfolge (4 bis 5 Jahre); Beipflanzung von Tagetespflanzen *(Tagetes-Nana-Hybriden).* |
| Pflanzen kümmern; Wurzeln benagt bzw. durchfressen; aufgeworfene Wühlgänge; Erdhaufen liegen seitlich vom Gang (Unterschied zum Maulwurf). Außerdem ist der Wühlmausgang höher als breit, während der Maulwurfgang breiter als hoch ist. | **Wühlmaus**<br>Aufstellen von Fallen; Vergasung mit Auspuffgasen; Pflanzung von Kaiserkronen *(Fritillaria imperialis);* Schonung von Greifvögeln; Einsatz von Katzen. |

*Abb. 1* Spinnmilben

*Abb. 2* Spinnmilbenschaden am Efeu

*Abb. 3* Weiße Fliege

*Abb. 4* Wolläuse

*Abb. 5* Schildläuse

*Abb. 6* Schildlausschaden am Weihnachtsstern

*Abb. 7* Rosenzikade

*Abb. 8* Möhrenfliegenschaden

*Abb. 9* Stachelbeerblattwespenschaden

*Abb. 10* Rüsselkäfer an Johannisbeere

*Abb. 11* Schnecken

*Abb. 12* Nematoden (Blatt) an Begonie

## 7.2 Pilze als Krankheitserreger der Pflanzen

Abb. 1 Stachelbeermehltau

Abb. 2 Grauschimmel an Erdbeeren

Abb. 3 Grauschimmel an Primeln

Abb. 4 Birnengitterrost

Abb. 5 Bellisrost

Abb. 6 Kraut- und Braunfäule der Tomate

Abb. 7 Monilia an Sauerkirsche

Abb. 8 Fruchtfäule am Apfel

Abb. 9 Obstbaumkrebs

Abb. 10 Rotpustelkrankheit

Abb. 11 Wurzelfäule (Pythium)

Abb. 12 Welkpilz (Fusarium) an Cyclamen

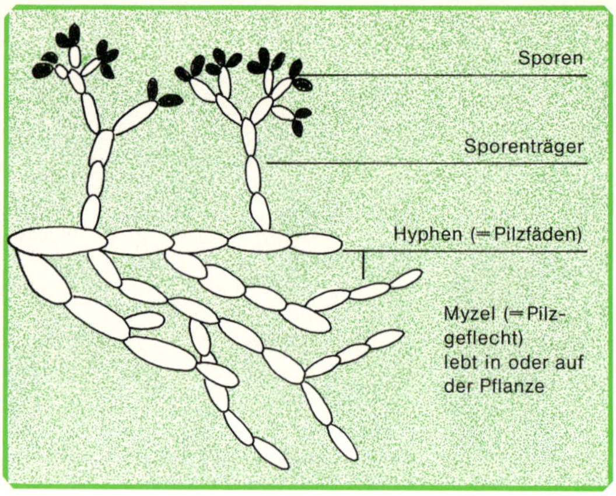

*Abb. 1 Der Körperaufbau der Pilze*

Wenn man von Pilzen spricht, denkt man zunächst einmal an Speisepilze oder an giftige Pilze. Daneben spielen Pilze im Leben des Menschen eine große Rolle: als Lieferanten wichtiger Arzneimittel (z. B. das Antibiotikum Penicillin); bei der Nahrungsmittelproduktion (z. B. Weingärung); bei der Zersetzung organischer Substanz (Humusaufbau und Nährstoffreisetzung); aber schließlich auch als Krankheitserreger von Mensch (z. B. Hauterkrankungen), Tier (z. B. Flechte) und Pflanze (z. B. Fäule).

Obwohl die Pilze zu den Pflanzen zählen, besitzen sie weder Wurzeln, Stengel, Blätter noch Blüten. Ihr Körper besteht vielmehr aus aneinandergereihten Zellen, sogenannten Pilzfäden (=Hyphen). Durch Wachstum und Verzweigung dieser Pilzfäden entsteht mit der Zeit ein Pilzgeflecht, das sogenannte Myzel. Dieses Myzel stellt den eigentlichen Pilz dar (s. Abb. 1).

Da Pilze kein Blattgrün besitzen und dementsprechend keine Photosynthese betreiben können, müssen sie, wie Mensch und Tier, von organischer Substanz leben. Man unterscheidet zwischen: **Saprophyten** (Fäulnisbewohner), die von toter organischer Substanz leben (z. B. Champignon); **Parasiten** (Schmarotzer), die von lebender organischer Substanz leben (z. B. Mehltau und Rost); **fakultativen Parasiten** (fakultativ=wahlweise), die als Saprophyten leben, bei günstigen Gelegenheiten aber zum Parasitismus übergehen können (z. B. Grauschimmel); **Symbionten,** die mit anderen Lebewesen in einer Lebensgemeinschaft zum beidseitigen Nutzen (=Symbiose) leben (z. B. Flechten).

Pilzkrankheiten an Pflanzen können allgemein wie folgt bekämpft bzw. verhindert werden:
- Beseitigung befallener Pflanzen bzw. Pflanzenteile (tief vergraben bzw. verbrennen; nicht auf den Komposthaufen werfen!);
- Entfernung von Fruchtmumien und Ausschneidung der von Spitzendürre befallenen, abgestorbenen Zweige bis ins gesunde Holz;
- bei größeren Problemen sollte man beim Pflanzenschutzamt um Rat fragen;
- nicht zu dicht pflanzen (Lichtmangel und hohe Luftfeuchtigkeit fördern die Entwicklung der Pilze!);
- widerstandsfähige Sorten verwenden;
- optimale Kulturführung (z. B. Ernährung), da die meisten Pilze Schwächeparasiten sind;
- nur gesunde und kräftige Pflanzen verwenden;
- frisch eingesetzte Pflanzen sollten trocken in die Nacht gehen;
- Kulturfolge und Fruchtwechsel einhalten;
- Mischkultur bevorzugen;
- Vermeidung der Anpflanzung in der Nähe von Zwischenwirten (gilt für Pilze, die zwei verschiedene Wirtspflanzenarten für ihre Entwicklung benötigen, z. B. einige Rostpilze);
- an Mehltau erkrankte Gehölze (z. B. Rosen und Stachelbeeren) im Herbst stark zurückschneiden (Pilz überwintert in den Triebspitzen);
- Verletzungen der Pflanzen vermeiden bzw. nach Schnittmaßnahmen Wundverschlußmittel anwenden;
- richtige Standortwahl (z. B. Sonne, Halbschatten oder Schatten);
- optimale Bodenpflege;
- abgestorbenes Kartoffelkraut (Phytophthora-Befall) verbrennen;
- Pflanzenreihen in der Hauptwindrichtung anlegen (schnelleres Abtrocknen).

## Aufgaben

1. Wodurch unterscheiden sich Pilze von anderen Pflanzen?
2. Pilze werden nach ihrer Ernährungsweise in Gruppen eingeteilt. Welche Gruppen können Pflanzen schädigen?
3. Beschreiben Sie die auf S. 135 abgebildeten Krankheitsbilder.
4. Nennen Sie aus den oben aufgeführten Bekämpfungsmaßnahmen Verfahren, die einen Pilzbefall verhindern bzw. erschweren können.
5. Wie unterscheidet sich der Echte vom Falschen Mehltau (s. S. 137)?
6. Warum sollte man Wacholder-Arten nicht in der Nähe von Birnbäumen anpflanzen (s. S. 137)?
7. Warum sollten an Mehltau erkrankte Rosen im Herbst stark zurückgeschnitten werden?

## Einige häufige Pilzkrankheiten

| Schadsymptome | Krankheitserreger und Lebensweise |
|---|---|
| Blätter (Ober- und Unterseite), Stengel, Knospen, Blüten mit weißlichem, mehlartigem Belag bedeckt; Pflanzenteile vertrocknen. | **Echter Mehltau**<br>Ein Parasit, der auf der Pflanze lebt. Befällt sehr viele Pflanzen, z. B. Rosen, Stachelbeeren, Apfel und Gurken (s. Abb. 1, S. 135). |
| Blattunterseite weißlicher, mehlartiger Belag. Blattoberseite gelbe Flecken, die sich dunkel verfärben; Pflanzenteile vertrocknen. | **Falscher Mehltau**<br>Ein Parasit, der in der Pflanze lebt und auf der Blattunterseite heraustritt. Befällt zahlreiche Pflanzen, z. B. Gurke, Salat. |
| An Blättern, Blüten, Stengel und Früchten braune Faulstellen, die mit einem mausgrauen Schimmelbelag bedeckt sind. | **Grauschimmel** *(Botrytis)*<br>Ein fakultativer Parasit, der in die Pflanzenzellen eindringt und sie abtötet. Befällt zahlreiche Pflanzen, z. B. Erdbeeren, Zwiebeln, Primeln (s. Abb. 2 und 3, S. 135). |
| Blattober- und blattunterseits gelbliche Flecken. Daneben auf der Blattunter- oder Blattoberseite gelbrote, braune, rotbraune, schwarze oder weißliche Pusteln. Blätter vertrocknen und fallen ab. | **Rostpilze**<br>Parasiten, die in der Pflanze leben. Einige Rostpilze benötigen 2 Wirtspflanzenarten für ihre Entwicklung, z. B. Birnengitterrost (Hauptwirt Birne, Zwischenwirt Wacholder-Arten). Andere benötigen keine Zwischenwirte, z. B. Rosen-, Porree- und Bellisrost (s. Abb. 4 und 5, S. 135). |
| An Kartoffeln und Tomaten von den Blatträndern ausgehende graugrüne, braune Flecken. Blätter verfaulen oder vertrocknen. An Kartoffelknollen und Tomaten eingesunkene Flecken. | **Kraut- und Braunfäule** *(Phytophthora)*<br>Befällt Kartoffel und Tomate gleichermaßen. Lebt in der Pflanze. Überwintert in Pflanzenteilen, die überwintern, z. B. Kartoffelknolle. |
| An Steinobst und Kernfrüchten kreisförmige Faulstellen mit z. T. weißlichem Belag. Früchte fallen vorzeitig ab oder trocknen am Baum ein (Fruchtmumien). Oberen ca. 40 cm der Triebe sterben ab (Spitzendürre). | **Monilia**<br>Der Pilz dringt in der Regel über die Blüten in die Triebe und tötet diese ab. Damit sterben auch nicht befallene Blüten und Blätter ab. Der Pilz überwintert in den mumifizierten Früchten (s. Abb. 7, S. 135). |
| Kreisrunde, scharf abgegrenzte Faulstellen an Äpfeln, die mit der Zeit ineinander übergehen. | **Fruchtfäule** *(Gloeosporium)*<br>Früchte werden über abgestorbene Pflanzenteile (z. B. Zweige und sonstige Wunden) infiziert (s. Abb. 8, S. 135) |
| An Zweigen und Stämmen offene oder geschlossene Wucherungen. Befallenes Gewebe stirbt. | **Krebs**<br>Pilz dringt über Verletzungen in die Bäume ein. Der Wasser- und Nährstofftransport wird unterbrochen bzw. erschwert (s. Abb. 9, S. 135). |
| Zweigsterben an Gehölzen; auf dem abgestorbenen Gewebe bilden sich orange bis rote Pusteln (Sporenlager). | **Rotpustelkrankheit**<br>Pilz greift Stamm, Äste und Zweige an. Befällt wie Krebs nur holzige Teile (s. Abb. 10, S. 135). |
| Vor allem an jungen und geschwächten Pflanzen Verfärbungen der Blätter, Welken der Pflanzen. Wachstumsstockungen, Fäule des Wurzelhalses, Umfallen von Sämlingen und Stecklingen. | **Wurzelfäule** *(Pythium)*<br>Pilz befällt die Wurzel und führt zur Wurzelfäule. Als typischer Schwächeparasit befällt er vor allem Sämlinge und Stecklinge. Tritt vor allem bei Staunässe (Sauerstoffmangel!) auf (s. Abb. 11, S. 135). |
| Pflanzen welken, Wassergaben beseitigen nicht das Symptom; Pflanzen vergilben und vertrocknen. | **Welkepilze** *(Fusarium)*<br>Pilze verstopfen die wasserleitenden Gefäße der Pflanze (s. Abb. 12, S. 135). |

## 7.3 Bakterien und Viren – gefürchtete Krankheitserreger

*Abb. 1 Bakterienkrebs an einer Pelargonie*

*Abb. 2 Feuerbrand an Cotoneaster*

**Bakterien** kommen überall vor: in der Luft, im Wasser, in der Erde, in Pflanzen und sogar im Körper von Mensch und Tier. Wenn auch der weitaus größte Teil harmlos bzw. nützlich ist (z. B. Zersetzung organischer Substanz), so können doch ernsthafte Pflanzenkrankheiten von diesen mikroskopisch kleinen Wesen ausgelöst werden (s. Abb. 1 und Abb. 2).

Mensch und Tier können mit Antibiotika gesunden; gegen Bakterienkrankheiten an Pflanzen (Bakteriosen) dürfen diese Mittel jedoch nicht eingesetzt werden. Es kann also nur versucht werden, Bakterienkrankheiten an Pflanzen zu verhindern. Zu diesen vorbeugenden Maßnahmen zählen vor allem Hygiene (z. B. zum Schneiden benutzte Messer desinfizieren), Verwendung gesunden Pflanzenmaterials, Beseitigung kranker Pflanzen bzw. Pflanzenteile (nicht auf den Komposthaufen werfen, sondern verbrennen oder in die Mülltonne werfen!), Wunden vermeiden bzw. Schnittwunden mit Wundverschlußmittel behandeln, desinfizierte Töpfe und Erden zur Aussaat bzw. für die Stecklingsanzucht verwenden.

Noch kleiner und gefährlicher als die Bakterien sind die **Viren.** Es gibt keine Lebewesen, die nicht von Viren befallen werden können. Entsprechend sind sie auch Verursacher vieler Pflanzenkrankheiten. Da sich die Krankheitssymptome aus den Wechselwirkungen zwischen der befallenen Pflanzenart, der Virus-Art und den Umweltbedingungen ergeben, können sie sehr vielfältig sein. So können folgende Symptome auf einen Virusbefall hindeuten:

- Adernaufhellungen
- chlorotische oder mosaikartige Blattscheckung (Chlorophyllbildung gehemmt)
- Blattformveränderungen
- Triebsucht (starke Verzweigung und Austrieb sonst schlafender Knospen)
- Gummiholz (mangelnde Holzfestigkeit)
- Nekrosen (abgestorbenes Gewebe)
- Blütenfarbbrechungen
- Stauchungen
- Steinfrüchtigkeit der Birne (Früchte sind so hart wie Stein)

Eine direkte Bekämpfung von Viruskrankheiten (Virosen) ist unter praktischen Gegebenheiten nicht möglich. Befallene Pflanzen können also nur vernichtet werden. Ansonsten können nur vorbeugende Maßnahmen wie gegen Bakterien durchgeführt werden, um einen Befall zu verhindern bzw. zu erschweren.

Einige Viruskrankheiten wie z. B. die Buntstreifigkeit einiger Blüten (Rembrandt-Tulpen) werden gärtnerisch genutzt, d. h., sie werden durch den Gärtner gezielt vermehrt.

### Aufgaben

1. Die Feuerbrandkrankheit ist eine gefährliche Bakterienkrankheit, die beim Pflanzenschutzamt gemeldet werden muß. Woran können Sie diese Krankheit erkennen (s. Abb. 2)?
2. Wie äußert sich Bakterienkrebs (s. Abb. 1)?
3. Nennen Sie Symptome, die auf einen Virusbefall hindeuten können.
4. Nennen Sie vorbeugende Maßnahmen zur Vermeidung von Bakterien- und Viruskrankheiten.
5. Wie müssen von Bakterien oder Viren befallene Pflanzen vernichtet werden?

# 7.4 Unkräuter oder Wildkräuter

Als **Unkräuter** werden Pflanzen bezeichnet, die als Konkurrenten unserer Kulturpflanzen auftreten. Sie konkurrieren mit diesen vor allem um Licht, Wasser und Nährstoffe. Daneben können sie Schädlingen Nahrung und Unterschlupf bieten und für Mensch und Tier giftig sein. Da nach dieser Definition jede Wildpflanze, aber auch jede Kulturpflanze zum Unkraut werden kann, ist die Bezeichnung Unkraut rein subjektiv – vor allem wenn man bedenkt, daß die sogenannten Unkräuter den Boden vor Austrocknung und Erosion schützen, als Gründüngungspflanzen und Arzneimittel dienen können, seltenen Tierarten Nahrung und Unterschlupf bieten und als Wildformen unserer Kulturpflanzen wichtige Genzentren darstellen. Somit stellen Unkräuter, besser gesagt **Wildkräuter,** wichtige Glieder im Ökosystem dar. Entsprechend sollte das Ziel der Unkrautbekämpfung nicht der absolut unkrautfreie Garten, sondern das Reduzieren des Unkrautbestandes auf ein erträgliches Maß sein.

Für die Unkrautbekämpfung gibt es spezielle chemische Mittel, sogenannte **Herbizide.** Diese können vorbeugend (Einsatz vor dem Auflaufen der Unkräuter) oder zur direkten Bekämpfung (nach dem Auflaufen der Unkräuter) eingesetzt werden. Da diese chemischen Gifte sich in Boden, Pflanze und Grundwasser anreichern können und auch sonst viele Gefahren in sich bergen (s. Kap. 7.5), sollte man im Hausgarten (vor allem im Gemüsegarten!) auf ihren Einsatz verzichten.

Eine umweltfreundliche Bekämpfung stellt das altbewährte **Hacken** dar. Als Geräte werden vor allem Schlag- und Ziehhacken (s. Praxisteil, S. 187) angeboten. Durch das Hacken werden nicht nur die Unkräuter umweltschonend entfernt, sondern gleichzeitig der Boden gelockert und die Kapillarröhrchen unterbrochen, wodurch der Boden nicht so schnell austrocknet und das Gießen eingeschränkt werden kann. An schlecht zugänglichen Stellen, z. B. in Stauden und zwischen Steinen, kann das Unkraut mit den Fingern herausgezupft werden. Wer von vornherein den Unkrautwuchs unterbinden will, sollte eine 7 cm dicke Mulchschicht ausbringen.

In der Praxis unterscheidet man zwischen Samen- und Wurzelunkräutern, obwohl dies nicht ganz korrekt ist, da auch die Wurzelunkräuter Samen ausbilden:

**Samenunkräuter** sind in der Regel einjährige Pflanzen, die sich über Samen vermehren (z. B. Vogelmiere, Gemeines Kreuzkraut und Franzosenkraut, s. Abb. 1).

*Abb. 1 Vogelmiere, ein häufiges Samenunkraut*

*Abb. 2 Löwenzahn und Quecke, häufige Wurzelunkräuter*

**Wurzelunkräuter** sind Pflanzen, die sich zwar auch über Samen vermehren, daneben aber auch Wurzelstöcke (z. B. Quecke und Große Brennessel) oder Speicherwurzeln besitzen (z. B. Löwenzahn) und dementsprechend mehrjährig sind (s. Abb. 2).

| Pflanze | Samen |
|---|---|
| Löwenzahn | 3.000 |
| Gemeines Kreuzkraut | 7.000 |
| Vogelmiere | 10.000–20.000 |
| Große Brennessel | 15.000–30.000 |
| Franzosenkraut | bis 300.000 |

Da Unkräuter sehr viele Samen ausbilden, sollten sie vor der Samenbildung bekämpft werden. Bei Wurzelunkräutern sollte auch die Wurzel entfernt werden.

## Aufgaben

1. Welche Unkräuter kommen in Ihrem Garten besonders häufig vor?
2. Welche davon zählen zu den Samen- und welche zu den Wurzelunkräutern?

# 7.5 Biologischer oder chemischer Pflanzenschutz

*Abb. 1 Bienenschutzverordnung – eine Verordnung zum Schutze der Bienen*

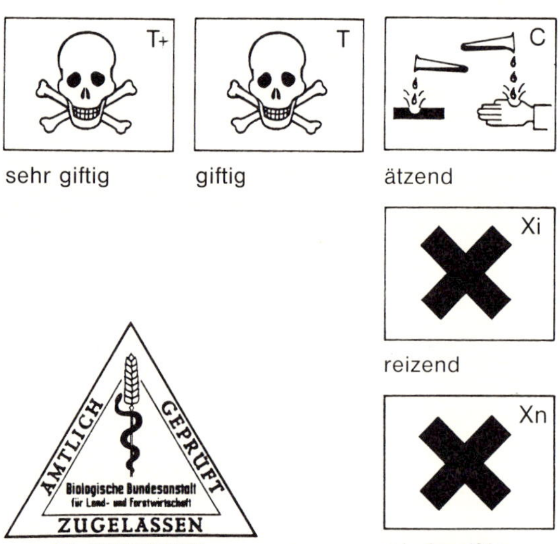


*Abb. 2 Kennzeichnung zugelassener Mittel und Gefahrensymbole (schwarzer Aufdruck auf orangegelbem Grund)*

Aus der Erkenntnis heraus, daß jedes Lebewesen seinen Platz und seine Aufgabe im kompliziert vernetzten Ökosystem hat, kann das Ziel der Schädlingsbekämpfung nicht in der Ausrottung der sogenannten Schädlinge liegen.
Zur Bekämpfung von Schädlingen und Krankheitserregern auf ein vertretbares Maß können biologische (z. B. Einsatz von Nützlingen), kulturtechnische (z. B. Bodenbearbeitung, Düngung, Sortenwahl, Mischkultur, Kulturfolge und Fruchtwechsel), physikalische (z. B. Verbrennung) und chemische Verfahren durchgeführt werden. Im Gegensatz zu den anderen Verfahren werden bei der chemischen Bekämpfung Giftstoffe, sogenannte Pestizide, zur Abtötung eingesetzt:

| Giftstoffe | Schadorganismen |
|---|---|
| Akarizid | Milben |
| Fungizid | Pilze |
| Insektizid | Insekten |
| Moluskizid | Schnecken |
| Nematizid | Nematoden |

Zum Ausbringen der Pflanzenschutzmittel (= Pflanzenbehandlungsmittel) können verschiedene Verfahren, wie Spritzen, Sprühen, Nebeln, Stäuben, Gießen, Streuen, Bestreichen und Begasen, eingesetzt werden. Die Anwendung von Pestiziden ist jedoch stark umstritten, da auch Nützlinge geschädigt werden bzw. die Auswirkungen auf die Natur nicht absehbar sind. Auch können die zu bekämpfenden Schädlinge widerstandsfähig, d. h. resistent gegen chemische Mittel werden.
Entsprechend der Gefahr, die von chemischen Mitteln auf andere Tiere ausgeht, wurde zum Schutze der Bienen die **Bienenschutzverordnung** erlassen. Sie regelt den Einsatz bienengefährlicher Mittel. Ob ein Pflanzenbehandlungsmittel bienengefährlich ist, muß auf der Packung angegeben werden (s. Abb. 1).
Aber nicht nur nützliche Tiere können durch den Einsatz chemischer Mittel gefährdet werden, sondern auch der Mensch selbst. Da Pestizide Gifte sind, die Lebewesen töten, kann auch die menschliche Gesundheit ernsthaft gefährdet werden. Entsprechend dürfen Pflanzenschutzmittel nach dem Pflanzenschutzgesetz nur verkauft werden, wenn sie von der Biologischen Bundesanstalt für Land- und Forstwirtschaft im Einvernehmen mit dem Bundesgesundheitsamt zugelassen sind. Die Zulassung eines Mittels bedeutet nun jedoch nicht, daß von ihm keine schädlichen Auswirkungen auf die Gesundheit von Mensch und Tier ausgehen können, sondern nur, daß diese bei bestimmungsgemäßer und sachgerechter Anwendung der Mittel vermieden werden bzw. nach dem Stande wissenschaftlicher Erkenntnisse vertretbar sind (s. Abb. 2).

Entsprechend muß der Anwender eine ganze Reihe von **Vorschriften beim Umgang mit chemischen Pflanzenschutzmitteln** beachten, um eine akute Gefährdung zu vermeiden:

- Unbedingt Gebrauchsanweisung genau durchlesen!
- Vorgeschriebene Dosierung einhalten! Schützende Kleidung tragen (Gummihandschuhe, Stiefel und Kleidung, evtl. Atem- und Gesichtsschutz durch eine Vollmaske mit Luftfilter), nicht nur beim Spritzen, sondern auch schon beim Ansetzen einer Spritzbrühe!
- Anwendung nur bei Windstille!
- Nicht essen, trinken oder rauchen beim Umgang mit chemischen Giften!
- Nur so viel Spritzbrühe ansetzen, wie benötigt wird!
- Geräte nach der Anwendung säubern!
- Nach der Anwendung Hände waschen!
- Mittel in Originalverpackungen belassen!
- Mittel an einen für Kinder unzugänglichen Ort unter Verschluß halten!
- Nicht in Räumen lagern, in denen sich ständig Personen aufhalten!

Unterliegen in der Regel nur Anwender chemischer Pflanzenschutzmittel einer akuten Vergiftungsgefahr, so werden dagegen mit der Nahrung von allen Menschen Spuren von Rückständen aufgenommen. Die für den Menschen als duldbare erklärte Tagesdosis an Rückständen wird anhand von Tierversuchen unter Einbeziehung eines Sicherheitsfaktors ermittelt und in der Höchstmengenverordnung aufgeführt. Da der Verbraucher diese Spuren von Rückständen in den Pflanzen nicht feststellen kann, hat die Biologische Bundesanstalt **Wartezeiten** festgelegt. Diese sagen aus, wie viele Tage zwischen dem letzten Pflanzenschutzmitteleinsatz und der Ernte mindestens liegen müssen, damit die zulässige Höchstmenge nicht überschritten wird. Die Wartezeiten garantieren jedoch nur das Nichtüberschreiten der zulässigen Höchstmenge an Rückständen, wenn das Mittel richtig angewendet, also z. B. richtig dosiert wurde.

Ziel eines jeden Gartenbesitzers sollte die Schaffung einer ökologisch intakten Umwelt sein. Hierzu eignet sich in erster Linie **biologischer Pflanzenschutz.** Darunter versteht man den Einsatz oder/und die Förderung von Lebewesen zur Bekämpfung von Schadorganismen. Eine Förderung kann z. B. erfolgen durch das Anlegen von Gehölzhecken, den Bau von Nistkästen, die Durchführung von Mischkulturen und den Verzicht auf chemische Pflanzenschutzmittel. Die Kombination von biologischen, kulturtechnischen und chemischen Verfahren zum Schutze der Pflanzen bezeichnet man als **integrierten Pflanzenschutz.** Wenn sich auch vielleicht nicht immer eine chemische Bekämpfung vermeiden läßt, so sollte doch im Pflanzenschutz nach dem Motto verfahren werden: Soviel Biologie wie möglich, Chemie nur wenn unbedingt nötig! Dies läßt sich vor allem im Haus- und Hobbygarten verwirklichen, da hier keine wirtschaftlichen Zwänge vorliegen – ganz besonders aber unter dem Gesichtspunkt, daß in der Regel mehr als die Hälfte der Pflanzenschäden auf **nichtparasitäre Ursachen** zurückzuführen sind. Dazu zählen z. B. Kälte- und Frostschäden, Lichtmangel, Nährstoff- und Wassermangel bzw. -überschuß, Bodenverdichtungen und Rauchgasschäden.

Wie bedeutend der Hausgarten als ökologisch intakte Nische ist, wird deutlich, wenn man bedenkt, daß ca. 60 % der bundesdeutschen Haushalte einen Garten mit einer durchschnittlichen Größe von 470 m² besitzen. Das ist eine Gesamtfläche von über 600.000 ha.

| Anwendungskonzentration in %. | g/ml/cm³ auf 1 l Wasser | g/ml/cm³ auf 3 l Wasser | g/ml/cm³ auf 5 l Wasser | g/ml/cm³ auf 10 l Wasser |
|---|---|---|---|---|
| 0,02 | 0,2 | 0,6 | 1,0 | 2,0 |
| 0,04 | 0,4 | 1,2 | 2,0 | 4,0 |
| 0,05 | 0,5 | 1,5 | 2,5 | 5,0 |
| 0,06 | 0,6 | 1,8 | 3,0 | 6,0 |
| 0,075 | 0,75 | 2,25 | 3,75 | 7,5 |
| 0,1 | 1,0 | 3,0 | 5,0 | 10,0 |
| 0,15 | 1,5 | 4,5 | 7,5 | 15,0 |
| 0,2 | 2,0 | 6,0 | 10,0 | 20,0 |
| 0,25 | 2,5 | 7,5 | 12,5 | 25,0 |
| 0,3 | 3,0 | 9,0 | 15,0 | 30,0 |
| 0,4 | 4,0 | 12,0 | 20,0 | 40,0 |
| 0,5 | 5,0 | 15,0 | 25,0 | 50,0 |
| 0,75 | 7,5 | 22,5 | 37,5 | 75,0 |
| 1,0 | 10,0 | 30,0 | 50,0 | 100,0 |
| 1,5 | 15,0 | 45,0 | 75,0 | 150,0 |
| 2,0 | 20,0 | 60,0 | 100,0 | 200,0 |

Für eine 0,2 %ige Spritzlösung benötigt man für 1 Liter Wasser 2 g des Mittels, für 3 Liter 6 g, für 5 Liter 10 g und für 10 Liter 20 g.

*Abb. 1 Umrechnungstabelle für das Ansetzen von Spritzbrühen*

## Aufgaben

1. Wozu dient die Bienenschutzverordnung?
2. Was besagen Wartezeiten?
3. Was versteht man unter a) biologischem und b) integriertem Pflanzenschutz?

# 8 Pflanzen im und am Haus

## 8.1 Zimmerpflanzen

### 8.1.1 Heimat und Standort im Haus

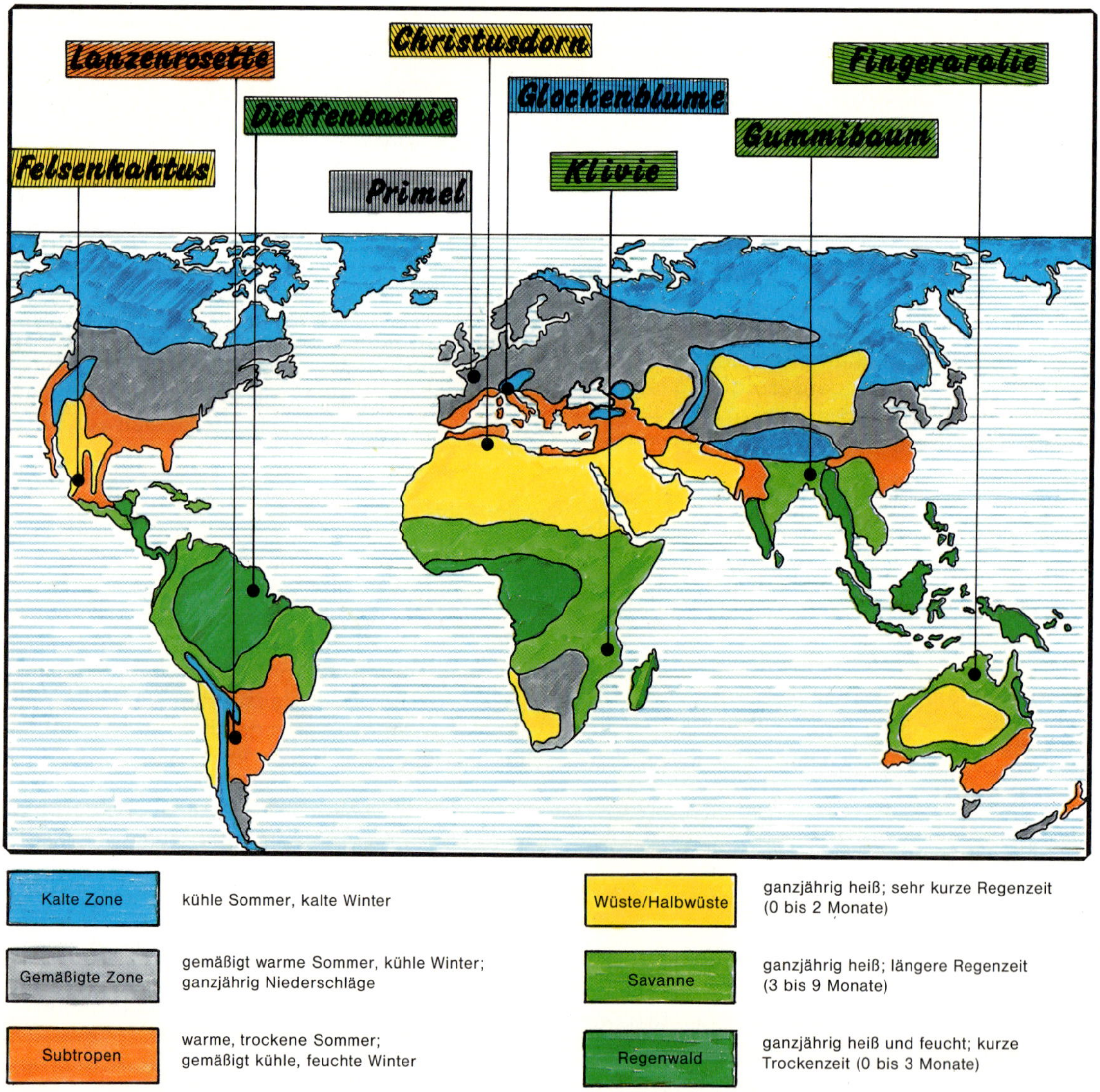


*Abb. 1 Die Heimat verschiedener Zimmerpflanzen*

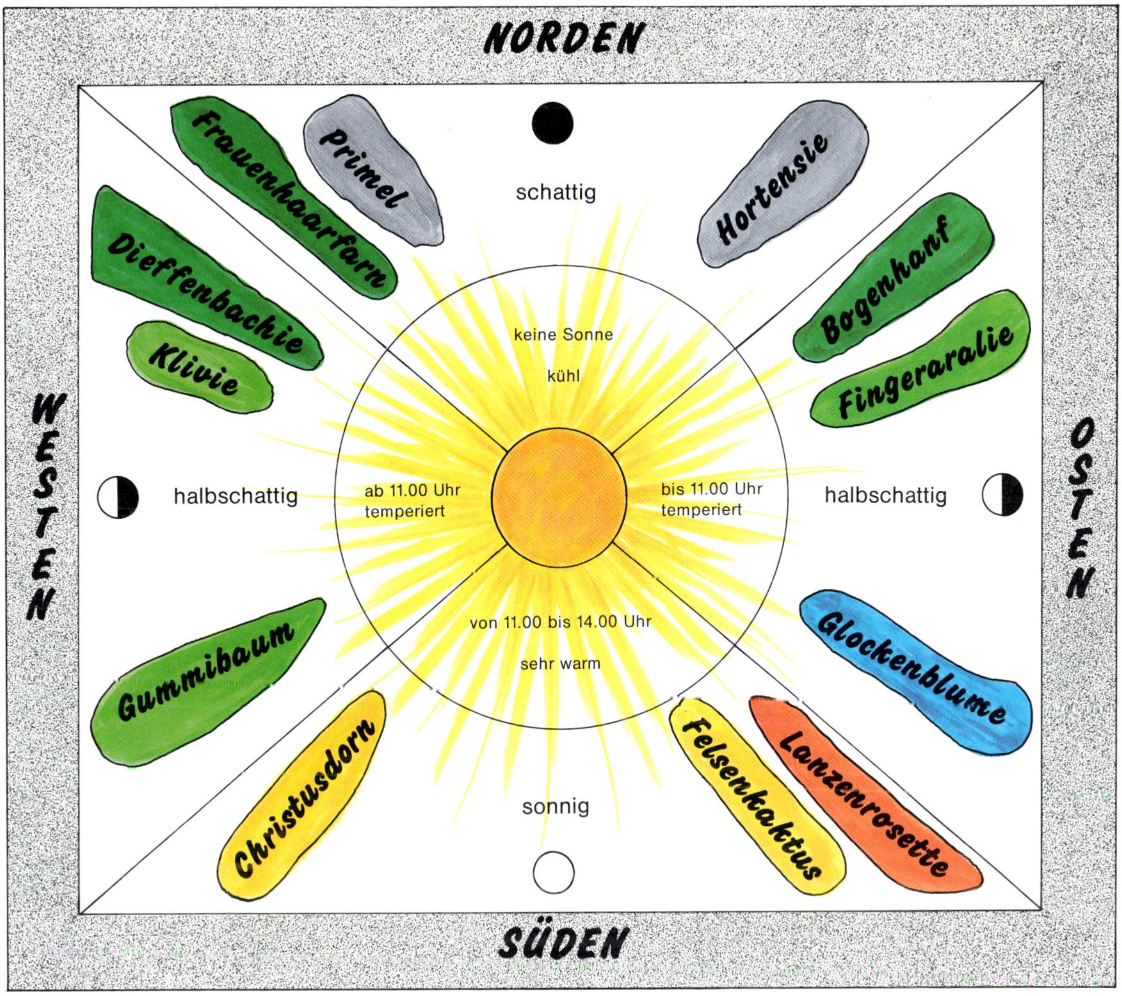


*Abb 1 Wärme- und Lichtverhältnisse im Haus*

Ob aus der Wüste Neu-Mexikos, dem Regenwald Brasiliens oder dem kühlen Mitteleuropa, Pflanzen dieser unterschiedlichen **Klimaregionen** sollen sich auf unseren Fensterbänken wohlfühlen.
In ihrer Heimat haben sie sich extremer Trockenheit, hoher Luftfeuchtigkeit oder schummrigen Lichtverhältnissen angepaßt (Abb. 1, S. 142). In unseren Wohnungen gibt es natürlich weder ein Wüstenklima und schon gar keinen immerfeuchten Regenwald. Trotzdem können wir uns durch die Auswahl des Standortes innerhalb des Hauses auf die **Licht-** und **Wärmebedürfnisse** unserer Zimmerpflanzen einstellen. Geeignete Standorte zeigt Abb. 1.
Neben Licht und Wärme sind Wasser, Luftfeuchtigkeit, Düngung und Kultursubstrat weitere wichtige Faktoren, die eine sachgerechte Pflege beinhalten muß.

## Aufgaben

1. Nennen Sie verschiedene **Klimaregionen** und deren charakteristische Merkmale (Abb 1, S. 142).
2. Auf welche Heimat einer Pflanze schließen Sie bei folgenden Kulturhinweisen für das Sommerhalbjahr:
   a) heller bis sonniger, warmer Standort, nicht zu reichlich gießen;
   b) halbschattiger bis schattiger, kühler Standort, mäßig aber regelmäßig gießen;
   c) halbschattiger bis schattiger, warmer Standort, regelmäßig gießen.
   Ziehen Sie dazu ebenfalls Abb. 1, S. 142 heran.

## 8.1.2 Lichtbedarf

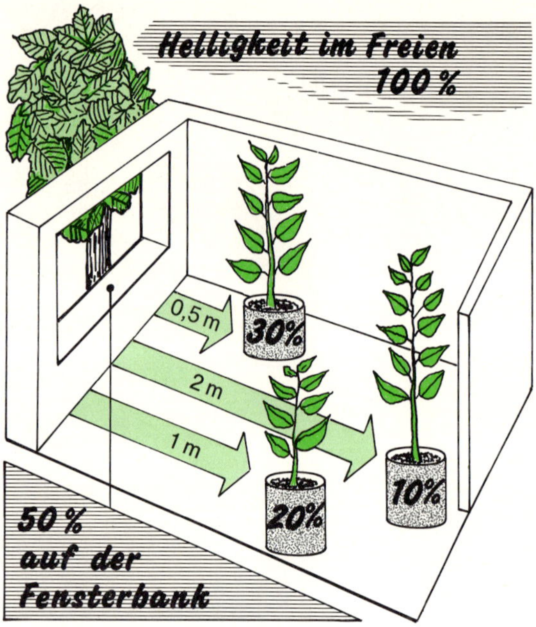


*Abb.1 Lichtverteilung im Zimmer*

Lichthungrige **Sonnenpflanzen** erkennt man an ihren Blättern. Sie sind in der Regel dickfleischig und klein. Die Dicke ist auf eine Vielzahl von Zellschichten zurückzuführen, um eine hohe Photosyntheseleistung und ausreichende Wasserspeicherung sicherzustellen. Einige Pflanzen haben zur Reduzierung der Verdunstung ihre Blätter zu Dornen umgewandelt, z. B. Kakteen. Einige dieser Sonnenpflanzen verfügen zusätzlich über eine Behaarung. Diese trägt einerseits zur Einschränkung der Wasserverdunstung bei, andererseits erhöht sie die Rückstrahlung. Ganz anders sieht es bei den sonnenempfindlichen **Schatten-** und **Halbschattenpflanzen** aus. Ihre Bätter sind in der Regel größer und dünner, z. B. Weihnachtsstern. Schattenpflanzen bevorzugen in der Regel ein Nord- oder Ostfenster. Aber auch ein Standort, der nicht weiter als 2 m vom Fenster enfernt ist, läßt die Schattenpflanzen noch gut gedeihen. Zu diesen Pflanzen gehören Philodendren, Farne und das Fensterblatt.
Die Lichtansprüche der Pflanze werden häufig in der Gärtnersprache mit **sonnig, halbschattig** und **schattig** übersetzt (Abb. 1, S. 143).
Werden lichtbedürftige Pflanzen, wie z. B. die Passionsblume, im Schatten aufgestellt, bleibt die sonst übliche Blütenbildung aus, schlimmer noch, die Pflanze stellt ihr Wachstum ein und verkümmert. Umgekehrt kann eine schattenliebende Pflanze, wie z. B. Usambaraveilchen hinter der Scheibe eines Südfensters ebenfalls verkümmern. Zu hohe Lichtintensität zerstört das Chlorophyll der Schattenpflanze. Es kommt zu Vergilbungen und zu Verbrennungen. Grundsätzlich kann man jedoch sagen, daß blühende und buntblättrige Pflanzen einen hellen Standort benötigen, um Blüten- und Blattfarbe voll zu entwickeln.
Für die Entwicklung einer Pflanze, vor allem im Haus, ist es wichtig zu wissen, welche physiologisch wirksame Einstrahlung an einem bestimmten Standort der Pflanze zur Verfügung steht. Die Angaben erfolgen in **Lux** (Lux = Lichtstärke pro $m^2$). Zur Messung der Lichtintensität gibt es im Handel sogenannte Luxmeter. Für ein ausreichendes Wachstum benötigen die meisten Pflanzen im Durchschnitt zwischen 1500–2000 Lux. Einige Schattenpflanzen können auch noch bei 500 Lux wachsen. Die Lichtintensität ist für die Pflanzen jedoch nicht jeden Tag gleich, sondern schwankt mit den jahreszeitlichen Bedingungen. So beträgt die Lichtstärke (draußen gemessen) bei trübem Winterwetter ca. 1.000 Lux, bei normaler Tageshelligkeit ca. 10.000 Lux und an einem klaren Sommertag ca. 80.000 Lux. Nicht nur die Lichtintensität, sondern auch der Lichtbedarf der Pflanzen richtet sich nach der Jahreszeit. Zu einer bestimmten Zeit des Jahres – meist ist es der Winter – legen die Pflanzen eine Ruhepause ein, in der sie weniger Licht benötigen. Bei Pflanzen, die aus der südlichen Hälfte unserer Erde stammen, fällt diese Ruhepause nicht unbedingt mit unserer lichtarmen Zeit zusammen. Für sie müssen wir im Winter ein besonders sonniges Plätzen suchen. Hierzu gehören die sogenannten Winterblüher, wie z. B. der Weihnachtskaktus.
Reicht das natürliche Licht zum Wachsen nicht aus, können künstliche Lichtquellen aushelfen. Dadurch wird es außerdem möglich, die gesamte Wohnung mit Pflanzen zu gestalten, ohne die Lichtansprüche der Pflanzen zu vernachlässigen. Die künstlichen Lichtquellen werden morgens und abends für einige Stunden eingesetzt. Bei ausschließlichem Kunstlicht in sehr dunklen Zonen sollte die Beleuchtungsdauer zwischen 12 bis 14 Stunden liegen. Einfache Glühbirnen eignen sich dazu aber nicht, da sie überwiegend Wärmestrahlen und weniger Lichtstrahlen abgeben. Dadurch könnte es zu einer Vergeilung der Pflanze kommen. Spezielle **Pflanzenleuchten** ähneln dagegen in ihrer Lichtzusammensetzung viel stärker dem Sonnenlicht.

### Aufgaben

1. Welche Bedeutung hat das Licht für die Pflanze?
2. Woran lassen sich Sonnenpflanzen und Schattenpflanzen erkennen?

### 8.1.3 Wasserbedarf

Wasser nimmt die Pflanze über die Wurzeln mittels Osmose auf (s. Kap. 4, Die Pflanze, S. 84/85). Das durch die Wurzeln aufgenommene Wasser wird über die Sproßachse zu den Blättern geleitet. Der größte Teil dieses Wassers verdunstet dort. Hohe Temperaturen, trockene und zugige Luft erhöhen die Wasserdampfabgabe. Damit der Verlust an Wasser wieder ausgeglichen wird, nehmen die Wurzeln erneut Wasser auf. Die **Transpiration** (Verdunstung) ist damit der Motor für eine ständige Wasseraufnahme. Durch Schließen und Öffnen der **Spaltöffnungen** kann die Pflanze die Transpiration regulieren. Beim Schließen muß sie dann allerdings auf das Kohlendioxid ($CO_2$), das von außen durch die Spaltöffnungen eindringt, verzichten. Die Pflanze kann jetzt keine Photosynthese mehr betreiben, sondern veratmet ihre Energievorräte (s. Kap. 4, S. 88/89). Die in geschlossenen Räumen stehenden Zimmerpflanzen sind daher auf den Nachschub von $CO_2$ angewiesen. Dies geschieht am einfachsten durch regelmäßiges Lüften. Zugluft sollte jedoch unbedingt vermieden werden, da sonst die Verdunstung erhöht würde. Die durchströmende Luft nimmt allmählich die vorhandene **Luftfeuchtigkeit** mit sich fort. Eine zu geringe Luftfeuchte kann nicht durch vermehrtes Gießen ausgeglichen werden, da hierdurch die Pflanze zu sehr beansprucht wird, gelb wird und abstirbt. Luftbefeuchter an der Heizung oder wassergefüllte Gefäße auf der Fensterbank tragen bereits zur Erhöhung der Luftfeuchte bei. Andere Möglichkeiten bestehen im Besprühen der Pflanze oder einer Verbesserung des Kleinklimas durch Befeuchtung von Torf, der in die Übertöpfe eingefüllt wird.
Vom abgegebenen Wasserdampf anderer Pflanzen profitieren Zimmerpflanzen gegenseitig, wenn sie entweder in verschiedenen Etagen übereinander als Gruppe relativ dicht beieinanderstehen oder als Ampelpflanze über anderen Gewächsen hängen.
Den Zimmerpflanzen können wir das Leben erleichtern, indem wir die Transpiration auf einen für die Pflanze günstigen Wert senken. Dies kann durch Besprühen, also Erhöhung der Luftfeuchtigkeit, Schattieren des Fensters oder Belüftung des Zimmers geschehen. Bei zu hoher Luftfeuchtigkeit, die nachts bei starker Absenkung der Zimmertemperatur auftreten kann, findet statt Transpiration eine **Guttation** statt. Flüssiges Wasser setzt sich dabei in Tropfenform an den Blatträndern ab.
Die Wasserqualität muß beim Gießen berücksichtigt werden. Sie wird durch den **Kalkgehalt** bestimmt. Der Kalkgehalt wird als **„Wasserhärte“** in deutschen Härtegraden angegeben. 1° dH entspricht 10 mg CaO/l. Je höher der Kalkgehalt des Wassers also ist, desto härter ist das Wasser.
Bei Wasser mit über 15° dH (Härtebereich 3 oder 4) empfiehlt es sich, eine Enthärtung des Wassers vorzunehmen. Den Härtegrad des Wassers erfährt man beim örtlichen Wasserwerk.
Der Kalkgehalt des Wassers hat jedoch nicht nur einen Einfluß auf die Wasserqualität, sondern auch auf die Erhöhung der **Salzkonzentration** des Bodens. Die Folge ist, daß die Wasseraufnahme der Wurzeln gehemmt ist. Längerfristig macht sich ein erhöhter Kalkgehalt durch ein vermindertes Pflanzenwachstum bemerkbar. Doch nicht jede Pflanze reagiert so. Sehr geringe Kalkverträglichkeit (6° dH) besitzen z. B. Azaleen, Orchideen und Farne; höhere Verträglichkeit (30° dH) findet man z. B. bei Chrysanthemen, Nelken und Zierspargel.
Gießwasser mit hohen Härtegraden (z. B. 13° dH), also ziemlich hartes Wasser, führt zu einer Erhöhung des pH-Wertes und damit zu einer schlechteren Verfügbarkeit mancher Spurennährstoffe (z. B. Eisen) im Boden. Gießt man außerdem mit hartem Wasser, so können Blattflecken auftreten und das sogenannte „Kalkblühen“ wird bemerkbar.

| | |
|---|---|
| 0° - 4° dH | sehr weich |
| 4,1° - 8° dH | weich |
| 8,1° - 12° dH | mittelhart |
| 12,1° - 18° dH | ziemlich hart |
| 18,1° - 30° dH | hart |
| über 30° | sehr hart |

*Abb. 1 Härtebereiche des Wassers*

## Aufgaben

1. Erklären Sie den Unterschied zwischen Transpiration und Guttation.
2. Warum steigt die Transpiration einer Zimmerpflanze bei niedriger Luftfeuchtigkeit?
3. Welche Faktoren tragen zu einer Erhöhung bzw. zu einer Senkung der Luftfeuchtigkeit bei?
4. Warum geben Sie Blumen mit dickfleischigen Blättern weniger Wasser als Pflanzen, deren Blätter eine Träufelspitze besitzen?
5. Erklären Sie, warum zum Blumengießen möglichst weiches Wasser verwendet werden soll.

## 8.1.4 Wärmebedarf

*Abb. 1 Agave in warmgemäßigter Klimazone*

*Abb. 2 Agave in kühlgemäßigter Klimazone*

Die Agave, von vielen gern im Sommer auf Terrassen oder in Vorgärten plaziert, erreicht bei uns selten mehr als einen Meter Höhe. Am Mittelmeer oder in anderen warmen Klimaregionen erreicht sie die dreifache Höhe und treibt ihre telegraphenmasthohe Blüte aus. Es ist die Temperatur, die dabei den entscheidenden Einfluß ausübt. Bei uns muß die Agave mit einem Wärmemangel zurechtkommen, die Folge ist ein gehemmtes Wachstum und ein Ausbleiben der Blütenbildung. Umgekehrt wirkt sich eine zu große Wärmezufuhr auch negativ auf Pflanzen aus. Werden die Blätter zu stark erhitzt, gerinnt das Blatteiweiß, die Pflanze verbrennt. Tod oder gutes Gedeihen einer Pflanze hängt also auch von der Temperatur und ihren **Temperaturansprüchen** ab. Sie stirbt, wenn der Mindestwert, das **Minimum,** nicht erreicht wird oder der Höchstwert, das **Maximum,** überschritten wird. Ein dritter Wert ist das **Optimum;** bei dieser Temperatur gedeiht die Pflanze am besten. Das Optimum heimischer Pflanzen beträgt 20 bis 25° C, das tropischer Gewächse 30 bis 35° C. Bei nur sehr wenigen Pflanzen liegt das Maximum über 50° C.
Das Minimum heimischer Pflanzen liegt bei 3° C; eine Tropenpflanze erfriert bereits, wenn sie längere Zeit einer Temperatur von 5° C ausgesetzt ist. Da die Temperaturansprüche zum Teil sehr unterschiedlich sind, haben die Gärtner drei Kategorien geschaffen:

**Kalthauspflanzen**
Sie sollten bei Temperaturen zwischen 3° und 12° C überwintern; von Mai bis Oktober fühlen sie sich auf dem Balkon oder der Terrasse sehr wohl (z. B. Alpenveilchen, Pantoffelblume, Primeln).

**Pflanzen für das temperierte Haus**
Dies sind die typischen Zimmerpflanzen, die im Winter ungeheizte sowie beheizte Räume vertragen. Der Temperaturbereich liegt zwischen 10° C und 22° C. Im Sommer können diese Pflanzen nach draußen gestellt werden (z. B. Kakteen).

**Warmhauspflanzen**
Sie benötigen Überwinterungstemperaturen von über 18° C bei hoher Luftfeuchtigkeit. Im Sommer liegt ihr Optimum bei 20° C bis 25° C (z. B. Amaryllis, Ficus elastica, Fingeraralie).

Mit dem Thermometer von einem Raum zum anderen braucht man deshalb trotzdem nicht zu laufen, weil es sich bei allen diesen Angaben um Richtwerte handelt. Die meisten Pflanzen haben, solange sie ihr Minimum oder Maximum nicht überschreiten, einen relativ großen Spielraum. Die optimalen Temperaturwerte haben jedoch vor allem auf die Blüte starken Einfluß. Viele Blüten werden erst ab einer bestimmten Temperatur gebildet. Niedrige Temperaturen sind es, die der Primel eine intensive Farbe verleihen. Orchideen im tropischen Regenwald beginnen massenhaft nach starken Regenfällen zu blühen, da hierdurch die Temperatur sinkt und die Orchidee auf diesen Temperaturreiz reagiert. Nur mit Wärme allein läßt sich jedoch kaum eine Pflanze zum Blühen bringen. Ein Mehr an Wärme ohne die entsprechende Lichtzufuhr drängt der Pflanze lediglich eine höhere Atmungsaktivität auf. Sie verbraucht dann mehr Energie, als sie durch ihre Photosynthese aufbaut (s. Kap. 4, S. 88). Wärme und Licht stehen also in einem engen Verhältnis.

**Aufgabe**

Welche Bedeutung hat die Temperatur für das Leben und Blühen von Zimmerpflanzen?

## 8.1.5 Nährstoffbedarf

*Abb. 1 Verschiedene Düngemittel*

Außer Licht, Wärme, Wasser und Luft benötigen Zimmerpflanzen auch Nährstoffe. Stickstoff, Phosphor, Kalium und Magnesium gehören zu den Hauptnährstoffen, die Zimmerpflanzen durch Flüssigdünger, Düngerstäbchen, -kugeln oder Batterien (Hydrokultur) zugeführt werden müssen.
Die meisten der im Handel angebotenen Dünger sind 3-Nährstoffdünger (=Mehrnährstoffdünger), einige enthalten zusätzlich weitere Hauptnährelemente sowie Spurenelemente, die aber nicht planlos gegeben werden sollten (s. Kap. 6, S. 119). Auf den meisten Verpackungen ist das Nährstoffverhältnis angegeben. 7 : 3 : 6 bedeutet beispielsweise, daß 7 Teile Stickstoff auf 3 Teile Phosphor und 6 Teile Kalium kommen. Das Nährstoffverhältnis spielt für den jeweiligen Verwendungszweck eine wichtige Rolle: Für das vegetative Wachstum sollte eine Mischung verwendet werden, die geringfügig mehr Stickstoff und Kalium enthält. Soll dagegen die Blütenbildung der Pflanze angeregt oder gesteigert werden, ist ein Dünger mit ansteigendem Verhältnis zu wählen, z. B. mit der Kombination 8 : 12 : 16. Für Grün- und Blütenpflanzen ist ein Dünger mit leicht ansteigendem Nährstoffverhältnis ein Allroundmittel, dies wäre z. B. bei 4 : 5 : 6 der Fall.
Der Vorteil anorganischer Flüssigdüngemittel besteht darin, daß den Pflanzen in kurzer Zeit verbrauchte Nährstoffe in schnellöslicher Form zur Verfügung stehen. Düngestäbchen oder -kugeln haben zudem den Vorteil, für ca. drei Monate ein Nährstoffreservoir im Blumentopf zu bilden. Als nachteilig ist zu erwähnen, daß es bei anorganischer Düngung leichter zu einer Überdüngung kommt als bei organischer Düngung. Der bekannteste organische Dünger ist der Guano, der aus abgelagertem Vogelmist in Südamerika gewonnen wird. Der vom Guano ausgehende unangenehme Geruch verschwindet nach kurzer Zeit. Der Vorteil organischer Dünger liegt in der Langzeitwirkung, da die Nährstoffe erst von Mikroorganismen freigesetzt werden müssen. Alternativen zu industriell hergestellten Düngern stellen in bescheidenem Umfang abgestandenes Mineralwasser, Tee oder aufgebrühte Teeblätter dar.

| Name | Nährstoffgehalt in % | | |
|---|---|---|---|
| | N | $P_2O_5$ | $K_2O$ |
| Blutmehl | 5 – 14 | 1,5 | 0,7 |
| Hornmehl | 5 – 14 | 2 – 5 | 0,3 |
| Hornspäne | 5 – 14 | 4 – 5 | – |
| Knochenmehl | 2 – 5 | 10 – 30 | 0,2 |
| Guano | 6 | 12 | 2 |

*Abb. 2 Zusammensetzung organischer Dünger*

Bei der Düngung sind einige wichtige Regeln einzuhalten:

1. Nur **ballenfeuchte Pflanzen** dürfen gedüngt werden.
2. Es sollte **nicht zuviel** gedüngt werden, da durch Überdüngung die Topferde versalzen kann. Durch Versalzung sterben zunächst die Wurzelspitzen ab, dann welkt die Pflanze und stirbt schließlich. Die hohe Nährstoffkonzentration im Boden löst nämlich eine Plasmolyse aus.
3. Auf den **richtigen Zeitpunkt** kommt es an. Es sollte nur in der Hauptwachstumszeit gedüngt werden, da die Pflanze dann einen erhöhten Nährstoffbedarf hat. Die Erde neugekaufter Pflanzen sowie die umgetopfter Pflanzen enthält in der Regel noch genügend Nährstoffe. In diesen Fällen sollte daher mit der Düngung bis zu zwei Monate gewartet werden.
4. Der jeweilige **Wachstums- und Gesundheitszustand** muß beachtet werden. Nicht umgetopfte Pflanzen sollten erst bei Ausbildung neuer Triebe gedüngt werden, da erst jetzt ein erhöhter Nährstoffbedarf besteht. Kranke Pflanzen dürfen nicht gedüngt werden, es sei denn, die Krankheit ist auf einen bestimmten Nährstoffmangel zurückzuführen. Grünpflanzen, die in warmen Räumen überwintern, dürfen auch im Herbst und Winter mäßig (alle 6 Wochen) gedüngt werden.

### Aufgaben

1. Was besagt das Mischungsverhältnis 4 : 5 : 6? Um was für ein Düngemittel handelt es sich?
2. Welche Gefahren drohen der Pflanze durch falsches Düngen?
3. Beschreiben Sie Vor- und Nachteile von anorganischer und organischer Düngung.

## 8.1.6 Blumenerden und Substrate

Einer Freilandchrysantheme steht bei richtigem Pflanzabstand 40 mal soviel Erde zur Verfügung wie einer Topfchrysantheme. Diese Raumknappheit gilt in ähnlicher Weise auch für andere Zimmer-, Balkon- und Kübelpflanzen. Um trotzdem die Versorgung mit Wasser, Luft und Nährstoffen hinreichend gewährleisten zu können, muß der enge Raum optimal genutzt werden. Gartenerde würde diesen Ansprüchen nicht gerecht werden. Früher stellte man Blumenerde aus einem Teil Sand, zwei Teilen altem Kuhmist und drei Teilen Lauberde her. Der Sand sorgte dabei für die nötige Luftzufuhr, die Lauberde für die Wasserkapazität und der Kuhmist für die Nährstoffversorgung.
Heute werden fertige Substrate angeboten, die zwar eine andere Zusammensetzung haben, jedoch in der Wirkung ähnlich sind. **Substrat** ist somit der Sammelbegriff für „künstlich" hergestellte Erden. Substrate sollen frei sein von Unkrautsamen. Der pH-Wert der Substrate ist sehr unterschiedlich und somit für die verschiedenen Ansprüche unserer Topfpflanzen verwendbar.
Für Zimmer-, Balkon- und Kübelpflanzen kommen folgende Erden und Substrate und Beimengungen in Frage:

**Einheitserde** besteht aus 40 % Ton und 60 % Weißtorf. Diese Standarderde wird, je nach Verwendungszweck, unterschiedlich hoch mit Nährstoffen versehen. Sie ist für fast alle Kulturen verwendbar.

**Gartenerde** kann aus einem aufgelockerten Beet entnommen werden. Sie eignet sich vor allem für Balkon- und Kübelpflanzen.

**Komposterde** ist sehr nährstoffreich und daher besonders geeignet für Balkon- und Kübelpflanzen. Durch noch nicht verrottete Bestandteile wird die Erde besonders locker. Laubkompost eignet sich besonders für Kübelpflanzen, die leicht saure Erden bevorzugen.

**Lehm** hält die Feuchtigkeit und die Nährstoffe sehr lange in der Erde. Lehm wird leichten Erden beigemengt, um sie etwas bindiger zu machen.

**Sand** dient der Lockerung. Sind Kübelpflanzen besonders feuchtigkeitsempfindlich, wird viel Sand beigemengt.

**Torfkultursubstrate** (TKS) bestehen aus Torf und enthalten unterschiedlich hohe Düngergaben:
- TKS 1 enthält geringe Düngermengen und eignet sich für Aussaat, Stecklinge und Jungpflanzen.
- TKS 2 enthält eine höhere Düngerkonzentration mit schnell und langsam löslichen Nährstoffen und eignet sich für das Eintopfen und Umtopfen älterer Pflanzen.
- TKS-Spezial ist besonders salzarm und nur mit Kalk und Spurennährelementen versehen, es eignet sich für Sonderkulturen.

Zusatzstoffe wie **Hygromull** und **Styromull** sind Kunststoffe, die Substraten beigemengt werden. Während der geschlossene Styromull für eine bessere Durchlüftung sorgt, verbessert der offenporige Hygromull die Wasserkapazität. Wegen des giftigen Formaldehydgehaltes sollte die Verwendung aber möglichst unterbleiben.

**Blähton** ist eine grobe, poröse mineralische Substanz aus gebranntem Ton. Er steigert das Porenvolumen und wird bevorzugt in der Hydrokultur eingesetzt.

**Kakteenerden** sind Mischungen aus Komposterde und Sand im Verhältnis 70 : 30.
Für Kakteen, Orchideen, Azaleen und Bonsai-Kulturen bietet der Handel Spezialsubstrate an.

**Wurmhumus** entsteht, wenn Kompostwürmer organische Abfälle fressen und dann hochwertigen Humus ausscheiden. Er ist reich an Phosphor und Kalium und enthält langsam verfügbaren Stickstoff. Wurmhumus sollte zu 10 % als Torfersatz Erden oder Substraten beigemengt werden. Azaleen und Cyclamen vertragen alkalischen Wurmhumus nicht.

**Rindenhumus** entsteht aus zersetzter Baumrinde. Er ist bei Verwendung von Laubholzrinde alkalisch, bei Nadelholzrinde sauer. Je nach Verwendungszweck können auch noch verschiedene Nährstoffe hinzugesetzt sein. Die Wasserkapazität ist im Vergleich zu Torf geringer, die Luftkapazität höher.
Torf sollte möglichst durch Produkte wie Sand, Rinden- oder Wurmhumus ersetzt werden, um dem weiteren Sterben der Moore entgegenzuwirken. Auch weisen erste Versuche mit getrocknetem Kaffeesatz darauf hin, daß er torfähnliche Eigenschaften aufweist.
Zur eigenen Herstellung von Blumenerde müssen Kompost, Sand, Rindenhumus und Kaffeesatz zuvor 30 Minuten bei 150 °C im Backofen erhitzt werden. Die Mischung für die klassische Blumenerde besteht aus je 1/3 Kompost, Sand und Kaffeesatz oder Rindenhumus.

### Aufgaben

1. Erläutern Sie den Begriff „Substrate".
2. Erklären Sie die Unterschiede der Torfkultursubstrate, und geben Sie Beispiele für deren Verwendung an.
3. Diskutieren Sie folgende Aussage: „Die eingeschränkte Verwendung von Torf liefert einen Beitrag zur Umwelt" (siehe auch Seite 110).

## 8.1.7 Nach dem Kauf beginnt die Pflege

Fast sechs Milliarden DM geben Bundesbürger jährlich für Blumen aus. Während der Anteil von Schnittblumen rückläufig ist, steigen die Umsatzzahlen für Zimmer- und Balkonpflanzen ständig. Der Geschenkartikel „Topfpflanze" mit oder ohne Übertopf, hat dazu maßgeblich beigetragen. Ganz gleich jedoch, ob eine Pflanze für die eigene Fensterbank oder für Freunde, Verwandte oder Bekannte gekauft wird, Preis und Qualität der Ware können sehr unterschiedlich sein. Dabei sind ausgefallenere Pflanzen, wie die in Mode gekommenen fleischfressenden Pflanzen, nicht unbedingt einfach zu halten. An der Spitze der Käufergunst liegen jedoch die „Wegwerfpflanzen" Alpenveilchen, Usambaraveilchen, Azalee, Primel, Bubikopf und Weihnachtsstern. Die Qualität dieser und anderer Topfpflanzen ist nach Untersuchungen des Instituts für Pflanzenkrankheiten der Universität Bonn nicht am Preis erkennbar. Ein Preisvergleich lohnt sich also! Wie ist es jedoch um das Erkennen der Qualität bestellt? Wo viele Pflanzen dicht beisammen stehen, sind individuelle Merkmale schwer erkennbar. Wer bei näherer Betrachtung der „Auserwählten" einen kräftigen und gedrungenen Wuchs mit intensiv gefärbten Blättern feststellt, hat gute Chancen, eine gesunde Pflanze zu erwerben. Blätter mit braunen oder abgeschnittenen Rändern, mit blassen oder gelblichen Stellen weisen dagegen auf eine geschwächte oder kranke Pflanze hin. Dasselbe gilt für auffallend glänzende Blätter, deren Glanz von einem Blattglanzspray herrührt. Selbst wenn mit dieser Dekoration nichts verborgen werden soll, stört der Überzug die Atmung der Pflanze.

Schädlinge sind oft schwer erkennbar. Zeigen jedoch bereits die Blätter einen klebrigen Belag oder sind sie gekräuselt, liegt ein Blattlausbefall nahe.

Eine preiswerte Alternative zum Pflanzenkauf kann die eigene „Erzeugung" sein. Die Anzucht aus Samen ist jedoch oft langwierig. Neben käuflichen Samen fallen in der Küche häufig Samen an. Kerne von Datteln, Zitrusfrüchten oder Avocados können zu stattlichen Zimmerpflanzen werden. Neben solchen generativen Vermehrungsmögichkeiten stehen uns für Zimmerpflanzen eine ganze Palette vegetativer Vermehrungsarten zur Verfügung (s. Praxis).

Nach dem Kauf ist das **Gießen** die erste Pflegemaßnahme (s. S. 191 f.). Das **Düngen** ist eine der weiteren Maßnahmen (s. S. 147 u. 178), bis vor der nächsten Wachstumsphase an ein **Umtopfen** zu denken ist. Während der Ruhepause oder der Blüte würde dies das Pflanzenwachstum empfindlich stören. Durch das Umtopfen erhalten die Pflanzen neues nährstoffreiches Substrat und mehr Wurzelraum, damit ihr vergrößertes Wurzelwerk genügend Platz erhält. Ein zu großer Topf (mehr als ein bis zwei Fingerbreiten im Durchmesser) würde dazu führen, daß das Pflanzenwachstum ins Stocken gerät. Da durch das Umtopfen die Wasseraufnahme durch das feine Wurzelwerk gestört wird, sollte die Pflanze einige Tage nach dieser Prozedur vor dem direkten Sonnenlicht geschützt werden.

Das **Ausputzen** der Pflanze (d. h. Entfernung verwelkter Blüten und Blätter) dient nicht nur der Verschönerung, sondern soll einen Krankheitsbefall, der durch verblühte Blüten oder verwelkte Blätter entstehen kann, vermeiden.

Durch den **Rückschnitt,** d. h. das Entfernen der Triebspitzen, wird die Pflanze zum Austrieb von Seitentrieben unterhalb der Schnittfläche angeregt, so daß eine gedrungene, buschige Form erzielt wird. Bei Azaleen und Topfchrysanthemen ist durch diese Methode mit mehr Blüten zu rechnen. Ein Rückschnitt kann auch bei zu groß gewordenen Pflanzen erfolgen.

Zur Pflege der Zimmerpflanzen gehört auch das regelmäßige **Reinigen** der Blätter, damit der Gasaustausch gewährleistet bleibt. Dies ist besonders wichtig bei Blattpflanzen mit großen Blättern. Die Reinigung sollte nur mit klarem und enthärtetem Wasser ohne jegliche Zusätze, durchgeführt werden: Die Verwendung von Reinigungsmitteln würde die Funktion der Spaltöffnungen außer Kraft setzen. Auch sollte kein Blattglanzmittel verwendet werden, da der ölige Überzug auch auf die Blattunterseite gerät. Dort verklebt er dann die für Atmung und Transpiration wichtigen Spaltöffnungen.

### Aufgaben

1. Nennen Sie Möglichkeiten, die Qualität von Zimmerpflanzen vor dem Kauf zu beurteilen.
2. Worauf beruht die negative Wirkung einer Behandlung mit Blattglanzmitteln?
3. Beschreiben Sie Pflegemaßnahmen, die
   a) dem vorbeugenden Pflanzenschutz dienen,
   b) die Blütenbildung fördern.
4. Erklären Sie, warum es durch das Entfernen der Triebspitze zum Austrieb von Seitentrieben kommt (s. auch Kap. 4, Die Pflanze).
5. Zählen Sie wichtige Regeln für das Umtopfen auf.

## 8.1.8 Zimmerpflanzen im Überblick

Botanisch gesehen existiert keine Einteilung der Zimmerpflanzen. Um jedoch eine gewisse Übersicht zu erhalten, wurden sie in folgende 5 Gruppen eingeteilt: Grünpflanzen, Blütenpflanzen, Farne, Zwiebel- und Knollenpflanzen und Sukkulenten. Diese Einteilung erfolgte sowohl nach äußeren Erscheinungsformen als auch zum Teil nach klimatischen Bedingungen des Ursprungslandes.

**Grünpflanzen**

Grünpflanzen sind die häufigsten Zimmerpflanzen. Zur Blütenbildung kommt es in unseren Zimmern in der Regel nicht, weil sie dort nicht die dazu notwendige Licht- und Wärmemenge erhalten. Sie sind meist widerstandsfähig gegen Schädlinge und Krankheiten. Da ihnen für ihr vegetatives Wachstum Halbschatten genügt, lassen sie sich auch in lichtärmeren Bereichen der Wohnung aufstellen.

**Farne**

Sie sind ebenfalls Grünpflanzen, von denen die meisten aus feuchtwarmen Gebieten stammen. Da sie am Boden des dichten tropischen Waldes wachsen, sind sie an die dortigen schummrigen Lichtverhältnisse gewöhnt. Entsprechend eignen sich Farne für geringer belichtete Zimmerstandorte. Da sie an ihrem Heimatstandort eine hohe Luftfeuchtigkeit gewohnt sind, benötigen sie diese auch bei uns. Das Badezimmer ist daher ein idealer Standort. Von den übrigen Zimmerpflanzen unterscheiden sie sich dadurch, daß sie sich nicht durch Samen, sondern durch Ausbildung von Sporen vermehren.

**Blütenpflanzen**

Sie blühen bei richtiger Pflege ein- bis zweimal in einem Jahr und werden hauptsächlich wegen ihrer Blüte als Zimmerpflanze begehrt. Viele von ihnen verfügen jedoch auch über einen hübschen Blattschmuck. Ihr Ursprungsgebiet reicht von kühlen Mittelgebirgsregionen, wie bei der Primel, bis hin zu feuchtheißen äquatorialen Klimaregionen wie bei der Orchidee. Um eine Blüte zu entwickeln, benötigen die meisten von ihnen einen halbschattigen bis sonnigen Standort.

*Abb. 1 Philodendron (Baumfreund Philodendron erubescens)*

*Abb. 2 Kentia Palme (Howeia forsteriana)*

*Abb. 3 Schwertfarn (Nephrolepis exaltata)*

*Abb. 4 Nestfarn (Asplenium nidus)*

*Abb. 5 Blaues Lieschen (Exacum affine)*

*Abb. 6 Clivie (Clivia miniata)*

**Zwiebel- und Knollenpflanzen**
Sie gehören eigentlich zu den Blütenpflanzen, werden jedoch aufgrund ihrer Fähigkeit, Zwiebeln oder Knollen auszubilden, gesondert erfaßt. Sie stammen aus Regionen, in denen es kühle, niederschlagsarme Zeiten zu überstehen gibt. Für diese „Durststrecke" haben sie Zwiebeln oder Knollen ausgebildet.

**Sukkulenten**
Diese Pflanzen haben sich an extreme Wasserknappheit angepaßt. Die Anpassung haben sie dadurch erreicht, daß sie einerseits ihre Verdunstung herabsetzen, indem sie die Oberfläche verkleinerten und andererseits Stamm und/oder Blätter als Wasserspeicher nutzen. Dort wo die Blätter die Wasserspeicherung übernehmen, spricht man von Blattsukkulenten. Charakteristisch sind hierbei die dicken und fleischigen Blätter. Von Stammsukkulenten wird gesprochen, wenn der Stamm die Wasserspeicherung übernimmt. Dies ist bei Kakteen oder Wolfsmilchgewächsen der Fall. Bei beiden sind die Blätter zu Dornen umgewandelt.

## Aufgaben

1. Führen Sie anhand eines Zimmerpflanzenbuches Bestimmungsübungen in der Schule oder zu Hause durch. Finden Sie zu den oben aufgeführten 5 Gruppen jeweils drei weitere Zimmerpflanzen.
2. Nennen Sie wesentliche Merkmale, durch die sich Zimmerpflanzen voneinander unterscheiden.
3. Finden Sie je zwei Pflanzenbeispiele für Blatt- und Stammsukkulenz heraus.

*Abb. 1 Hyazinthe (Hyacinthus orientalis)*

*Abb. 2 Gloxinie (Sinningia Hybriden)*

*Abb. 3 Aloe (Aloe cooperi)*

*Abb. 4 Christusdorn (Euphorbia milii)*

*Abb. 5 Osterkaktus (Rhipsalidopsis gaertneri)*

*Abb. 6 Kugelkaktus (Lobivia hertrichiana)*

## 8.1.9 Mit Zimmerpflanzen gestalten

*Abb. 1 Zimmerpflanzen gestalten die Wohnung*

Zimmerpflanzen sind aus unseren Wohnungen nicht mehr wegzudenken, wobei die Gründe für die Anschaffung von Zimmerpflanzen sehr vielfältig sind. Da Pflanzen jedoch standortgebundene Lebewesen sind, können sie nicht beliebig wie Möbelstücke in der Wohnung hin und her geschoben werden. Entschließt man sich bei der Einrichtung einer Wohnung für Zimmerpflanzen, so müssen dem Pflanzeneinkauf einige Überlegungen vorangegangen sein:

- Zeit und Interesse zur Blumenpflege
- Anschaffungspreis der Pflanzen
- Größe und Höhe der Wohnung
- Besonderheiten der Wohnung (z.B. Dachwohnung, Kellerwohnung)
- Licht-, Feuchtigkeits- und Heizungsverhältnisse der Wohnung
- Ausstattung und Farben der Wohnungseinrichtung
- Ansprüche der Pflanzen

**Übertöpfe**

Neben der Auswahl der Blumen können entsprechende Übertöpfe ein weiteres Gestaltungselement ausmachen. Der Phantasie sind dabei keine Grenzen gesetzt. Neben Materialien aus Steingut, Metall, Flechtwerk und anderem eignen sich viele Gegenstände, wie alte Vasen oder Kessel, als Übertöpfe. Für Hängeblumen bieten sich Ampeln an.

Im folgendem werden einige Gestaltungsmöglichkeiten aufgezeigt:

**Pflanzen auf der Fensterbank**

Der gebräuchlichste Standort für Zimmerpflanzen ist die Fensterbank. Hier sind Blütenpflanzen neben Grünpflanzen in dekorativen Töpfen aufgereiht. Da unter der Fensterbank in den meisten Fällen eine Heizung installiert ist, müssen folgende Überlegungen mit berücksichtigt werden: Die geringe Luftfeuchtigkeit im Vergleich zum Sommer macht ein reichliches Gießen erforderlich. Einige Zimmerpflanzen vertragen den Platz auf der Fensterbank gar nicht, da sie dann im Winterhalbjahr ständig der warmen Heizungsluft ausgesetzt sind. Besonders empfindlich reagieren Ampel- und Hängepflanzen auf Heizungsluft.

Außerdem ist auf dem direkten Fensterplatz an der Südseite mit einer starken Sonneneinstrahlung zu rechnen. Auch wenn die Pflegehinweise auf einen hellen Platz hindeuten, vertragen viele Zimmerpflanzen die direkte Sonneneinstrahlung überhaupt nicht. Abhilfe könnte hier ein Rollo schaffen. Das Lüften sollte auch im Winter nicht vernachlässigt werden. Man sollte die Zimmerpflanzen jedoch vor dauernder Zugluft schützen.
Die Fensterbank in der Küche kann für den Anbau von Kräutern besonders sinnvoll genutzt werden. Sie benötigen viel Licht und Wärme; außerdem erfüllen sie den Raum mit aromatischen Düften.
Für die Fensterbank eignen sich fast alle Blüten- und Grünpflanzen, wenn die erforderlichen Ansprüche hinsichtlich Licht-, Wärme- und Feuchtigkeitsbedarf vorhanden sind oder geschaffen werden (s. Abb. 1, S. 152).

**Pflanzen im Flaschengarten**
Wie kann eine Pflanze ohne Kontakt zur Außenwelt leben? Die Pflanzen in einem Flaschengarten können dies. Der Grund dafür ist ein fast geschlossener Kreislauf. Wasser aus dem Substrat wird von den Pflanzen aufgenommen und als Wasserdampf von den Blättern abgegeben. Die verdunstende Feuchtigkeit kondensiert in Tropfenform an den Glaswänden und wird dem Boden wieder zugeführt. Auch die Atmosphäre bleibt bei einer geschlossenen Flasche ausgeglichen. In der Nacht absorbieren die Pflanzen mehr Sauerstoff für die Atmung als am Tage und geben dafür weniger Kohlendioxid ab. Am Tag kehrt sich dieser Prozeß um. Wird für ausreichendes Licht, Wärme und gelegentliche Nährstoffgaben gesorgt, ist der Pflegeaufwand minimal. Im Flaschengarten, der eigentlich ein Gewächshaus in Miniaturausgabe darstellt, herrscht ein feuchtes Kleinklima. Pflanzen, die in feuchtwarmen Regionen beheimatet sind, finden im Flaschengarten geeignete Verhältnisse vor. Außerdem empfiehlt es sich, langsam wachsende Pflanzen zu bevorzugen, da sonst der ohnehin schwierige Bepflanzungsprozeß häufiger wiederholt werden müßte (s. S. 183).

**Pflanzen im Badezimmer**
Im Badezimmer herrschen völlig andere Bedingungen als in den anderen Wohnräumen. Der häufige Lichtmangel im Bad wird abwechselnd ergänzt durch feuchtwarme oder kühlere Luft. Das ist aber noch lange kein Grund, auf Pflanzen im Badezimmer zu verzichten. So gedeihen ausgesprochen gut Fensterblatt *(Monstera deliciosa)*, Baumfreund *(Philodendron scandens)*, Blattbegonie *(Begonia-Rex-Hybriden)*, aber auch Gummibaum *(Ficus elastica)*, Nestfarn *(Asplenium nidus)* und Schwertfarn *(Nephrolepsis exaltata)* unter diesen Temperatur- und Feuchtigkeitsverhältnissen.

**Pflanzen für den Wintergarten**
Wintergärten waren ursprünglich große, begehbare Gewächshäuser in botanischen Gärten. In den letzten Jahren hat der Anbau von Wintergärten wieder viele neue Liebhaber gewonnen. Je nach Jahreszeit und Beheizbarkeit kann der Glasanbau ganz- oder halbjährlich als zusätzlicher Wohnraum genutzt werden (s. Abb. S. 8). Bei der Ausstattung mit Pflanzen muß man sich entscheiden, ob der Wintergarten ein Winterquartier für nicht winterharte Kübel- und Balkonpflanzen sowie für Zimmerpflanzen, die eine Winterruhe bei niedrigen Temperaturen benötigen, abgeben soll, oder ob eine Verwendung für tropische Pflanzen mit feuchtwarmen Klimaansprüchen geplant ist. Beides gemeinsam ist wegen der sehr unterschiedlichen Bedürfnisse der Pflanzen nicht möglich. In jedem Fall kann der Wintergarten fast ganzjährig zur Aussaat und Anzucht genutzt werden.

## Aufgaben

1. Welche grundsätzlichen Regeln muß man bei der Gestaltung mit Zimmerpflanzen im Haus berücksichtigen?
2. Nennen Sie Möglichkeiten der Pflanzengestaltung im Haus.
3. Fertigen Sie von dem Lehrer- oder Klassenzimmer eine Skizze. Nehmen Sie alle erforderlichen Daten für eine Pflanzengestaltung auf. Führen Sie eine Gestaltung des Raumes mit Pflanzen durch. Fertigen Sie dazu ebenfalls eine Skizze.
4. Ermitteln Sie anhand des Kap. 8.1.7 und des Praxisteils (S. 168, 183, 244 ff.), welche Zimmerpflanzen für folgende Anordnungen geeignet sind: Flaschengarten, Blumenfenster (für alle Himmelsrichtungen), Gruppenpflanzung, Epiphytenstamm. Tragen Sie Ihre Ergebnisse in einer Tabelle zusammen.
5. Welche Vorteile bietet der Wintergarten für die Pflanzen?
6. Geben Sie je drei Pflanzenbeispiele für folgende Standorte an:
   a) für das Badezimmer
   b) für den Wintergarten
   c) für den Flur
   d) für die Küche (Südfenster)

**Pflanzen als Raumteiler**

Große Räume können durch einen Raumteiler aus beweglichen Pflanzenkästen oder Einzeltöpfen gegliedert werden. Frei stehende Pflanzen wie z. B. ein Baumfreund *(Philodendron scandens)* oder ein Gummibaum *(Ficus elastica)* schaffen eine selbständige lebendige Trennwand. Es ist aber auch möglich, Pflanzen um einen Raumteiler herum wachsen zu lassen, wie z. B. Russischer Wein *(Cissus antarctica)*. Pflanzen mit lichtem Wuchs, z. B. Efeu *(Hedera helix)* oder Efeutute *(Epiprempum aureum)*, sorgen dafür, daß noch ein optischer Zusammenhang des Raumes erhalten bleibt (s. Abb. 1). Grundsätzlich kommen für die Gestaltung eines Raumteilers sowohl Pflanzen in Frage, die vom Boden zur Decke wachsen oder klettern (s. o.), als auch Topfpflanzen, die von einem Raumteiler nach unten ranken, z. B. Geweihfarn *(Platycerium bifurcatum)*. Letztendlich entscheidend für die Auswahl der Pflanzen bleiben jedoch immer ihre Licht- und Temperaturansprüche, wobei die künstliche Beleuchtung fast jeden Standort ermöglicht. Sehr anspruchslose Pflanzen wie die Grünlilie *(Chlorophytum comosum)* oder der Geldbaum *(Crassula aborescens)* können an fast jeder Stelle eines Raumes plaziert werden.

Der Nachteil eines lebendigen Raumteilers liegt vor allem in der Gefahr des Befalls von Schädlingen, die sich hier besonders schnell von einer Pflanze auf die übrigen ausbreiten können.

*Abb. 1 Pflanzen als Raumteiler*

**Gruppenpflanzung**

Sie dient in erster Linie gestalterischen Effekten, wobei sich die Auswahl der Pflanzen zunächst nach ähnlichen Licht-, Wasser- und Feuchtigkeitsansprüchen richten muß. Außerdem sollte sich die Wuchshöhe und -form ergänzen. Ob Einzelpflanzen mit ihren Töpfen auf einer Fläche plaziert werden oder die Pflanzen in ein Pflanzgefäß gebracht werden, in beiden Fällen kann man von einer Gruppenpflanzung sprechen (s. Abb. 2).

*Abb. 2 Gruppenbepflanzung*

**Pflanzen für den Epiphytenstamm**

Epiphyten (Aufsitzer) sind Pflanzen, die höher gewachsene Wirtspflanzen zur Verbesserung der Lichtausbeute als „Haltgriff" benutzen. Sie zapfen die Wirtspflanzen jedoch nicht für ihre Nährstoffzufuhr an. Anders ist es bei einigen unserer einheimischen Schmarotzer wie der Mistel, von der die Leitbahnen des Wirtes angezapft werden. Die Epiphyten lassen sich neben lebenden Pflanzen auch auf toten Pflanzen nieder. Diese Tatsache machen wir uns in unseren Wohnräumen zunutze, indem wir Äpfel- oder Birnbaumäste nehmen und diese mit Epiphyten bepflanzen.

Für die Bepflanzung werden die Wurzelballen der Pflanzen fest in Sphagnummoos eingewickelt und auf den Ästen festgedrahtet. Besonders geeignet sind Ananasgewächse wie z. B. Tillandsia (s. Abb. 3), Guzmania, aber auch Farne, wie z. B. Geweihfarn, oder Blattkakteen.

*Abb. 3 Tillandsia*

# 8.2 Sonderkulturen

## 8.2.1 Kakteen und andere Sukkulenten

*Abb. 1 Die Vielfalt der Sukkulenten*

*Abb. 2 Greisenhaupt (Cephalocereus senilis)*

**Kakteen** zählen zur großen Familie der **Sukkulenten** (= Saftreichen). Dabei handelt es sich um Pflanzen, die sich durch Bildung großer Wasserspeicher im Sproß **(Stammsukkulenz)** oder in Blättern **(Blattsukkulenz)** auf längere Trockenzeiten eingerichtet haben. Zu den Sukkulenten zählen auch die Agave (S. 146) oder die Aloe (S. 151).

Bei Kakteen sind die Laubblätter zu Dornen reduziert, damit die Wasserverdunstung auf ein Minimum herabgesetzt wird. Kakteen besitzen im Vergleich zu anderen sukkulenten Pflanzen unverwechselbare Merkmale. Alle Kakteen haben kleine Warzen sogenannte **Areolen** (Haarpolster), die filzig, borstig oder wollig sind. Bei sehr vielen Kakteen wachsen aus diesen Areolen Dornen, aber auch später, bei richtiger Pflege, Blüten. Die büschelförmig aus den Areolen wachsenden Dornen erkennt man an einem Mitteldorn und vielen Randdornen (Abb. 6, S. 151).

Um Kakteen richtig zu pflanzen, sind Kenntnisse des Heimatstandortes notwendig. Grundsätzlich unterscheidet man **Wald- und Wüstenkakteen,** wobei die Waldkakteen nicht so artenreich sind wie die Wüstenkakteen. Bei den Waldkakteen sind es meist epiphytische Arten (Baumaufsitzer), die ursprünglich am Boden tropischer Regenwälder angesiedelt waren. Da das Blätterdach der Regenwälder nach unten immer dichter wird, gelangt nur sehr wenig Licht und Wasser zu den Pflanzen. Um günstigere Bedingungen zu erhalten, siedelten sich diese Kakteen auf Bäumen an, d. h. in höheren, licht- und wasserreicheren Regionen. Zu diesen Kakteengewächsen gehören: der Weihnachtskaktus *(Schlumbergera-Hybriden)* und der Osterkaktus *(Rhipsalidopsis gaertneri)*. Beide gehören zu den sogenannten Blattkakteen, obwohl ihre „Blätter" in Wirklichkeit abgeflachte sukkulente Triebe sind (Abb. 5, S. 151). Ihr wesentliches Unterscheidungsmerkmal im Vergleich zu den anderen Blütenpflanzen ist, daß sie vorwiegend während unserer Winterzeit ihre Blüten treiben, daher auch die Bezeichnung „Winterblüher". Charakteristisch für die Waldkakteen ist das Fehlen von Dornen. Für Waldkakteen lassen sich folgende allgemeine Pflegemaßnahmen ableiten:

- verhältnismäßig gleichbleibende Wassergaben;
- hohe Luftfeuchtigkeit;
- heller bis halbschattiger Standort;
- nach der Blütezeit weniger gießen, da die Pflanze eine Ruhepause einlegt (Weihnachtskaktus von Oktober bis Januar Blütezeit; Osterkaktus von März bis Mai Blütezeit).

Ganz anders sehen die Pflegemaßnahmen für Kakteen aus, die aus Wüsten- und Steppengebieten stammen. Sie haben sich an kurze Regenzeiten und lange Trockenperioden angepaßt. Zu dieser Art Kakteen zählen z. B. die Kugelkakteen und die Säulenkakteen (s. Abb. 2). Für die Wüstenkakteen lassen sich folgende allgemeine Pflegemaßnahmen ableiten:

- Sie benötigen den hellsten Platz am Fenster;
- sie vertragen unter Umständen auch im Winter die Trockenheit der zentralgeheizten Räume, allerdings muß man dann in der Regel auf Blütenbildung verzichten, da sie eine Wintertemperatur von 5 bis 10° C benötigen;
- sie benötigen im Winter bei niedrigen Raumtemperaturen eine Trockenperiode, d. h., es sollte kaum oder gar kein Wasser gegeben werden (ca. von Oktober bis Februar).

## 8.2.2 Bonsai

*Abb. 1 Bonsai-Gruppe*

*Abb. 2 Bonsai – geneigt*

Die freie Übersetzung des japanischen Wortes **„Bonsai"** bedeutet „Baum in der Schale". Ein Baum hält es natürlich nicht lange in einer Schale aus, da er für seine Wurzelentwicklung viel mehr Platz benötigt. Die Bonsai-Kunst macht das möglich, indem sie aus ursprünglich natürlichen Gehölzen Miniaturausgaben fertigt. Lange Zeit vor Christus pflegten die Chinesen bereits diese Kunst, bis sie ab dem 10. Jahrhundert v. Chr. von den Japanern zu einer ausgereiften Kunst weiterentwickelt wurde. Vor ca. 100 Jahren wurde Bonsai in Europa eingeführt, wo es heute zu einem beliebten, aber auch teuren Hobby geworden ist.

Ältere wie auch jüngere Bonsai-Pflanzen kann man entweder aus Spezialgeschäften beziehen oder aus Samen, Stecklingen, Ablegern oder auch durch Pfropfen gewinnen. Je älter der Bonsai ist, desto höher ist sein Preis. Standard-Bonsai sind ca. 8 bis 15 Jahre alt und kosten etwa 80,– DM bis 500,– DM. Der Preis wird durch die Wuchsform, die Sorte und das jeweilige Pflanzgefäß bestimmt. Für ältere Exemplare müssen bis zu 10.000,– DM bezahlt werden. Wie ist es nun jedoch möglich, ursprünglich hoch und groß wachsende Bäume auf diese Miniaturausgabe zu bringen?

Die Bedürfnisse eines Bonsai an Nährstoffen, Luft, Licht und Bodenmischung unterscheiden sich nicht von denen herkömmlicher Bäume. Allerdings wird der Wurzelraum bei Bonsai von Anfang an sehr klein gehalten, damit die Nährstoffzufuhr auch gering bleibt. Wird der Wurzelraum verkleinert, muß im Verhältnis dazu auch die Krone verkleinert werden. Zwischen Krone und Wurzel soll ein Verhältnis von 6 : 4 bestehen. Außerdem erzielt man durch den Rückschnitt der Äste und Zweige die jeweils gewünschte typische Wuchsform. Die Häufigkeit des Rückschnittes sowohl ober- als auch unterhalb richtet sich nach dem Wachstum der einzelnen Pflanzen.

Das Drahten des Bonsai ist eine weitere Korrekturtechnik, die auf die Gestalt des Bonsai einwirkt. Hierbei wird verkupferter Aluminiumdraht spiralförmig um die Äste, Zweige und den Stamm gewickelt. Wichtigstes Unterscheidungsmerkmal ist der Winkel, den der Stamm mit der Topfoberfläche bildet. Die sich daraus ergebende Wuchsform bezeichnet man als Stil. So gibt es z. B. den aufrecht wachsenden Stamm, den geneigten Stamm, die Kaskaden- oder Hängeform, die windgepeitschte, niederliegende Form oder die Gruppenform. Weiterhin lassen sich Bonsai nach ihrem Standort einteilen: Bonsai-Arten für draußen („Outdoors") und Bonsai-Arten für innen („Indoors").

Für draußen sind z. B. folgende einheimische Bäume geeignet: Ahorn, Apfelbaum, Kiefer, Fichte, Wacholder und Buche. Für innen sind z. B. folgende subtropische und tropische Bäume geeignet: Gummibäume, Kamelien, Myrten, Schefflera, Granatapfel und Bambus.

Nähere Auskünfte über die Bonsaikultur erhält man in Spezialgeschäften, die allerdings nur in größeren Städten anzutreffen sind (s. S. 176 f.).

### Aufgaben

1. Wie ist es möglich, eine Miniaturwuchsform zu erreichen?
2. Nach welchen Kriterien werden Bonsai-Arten unterteilt?

## 8.2.3 Hydrokultur - Pflanzen ohne Erde

*Abb. 1 Hydrokultur im Kulturtopf*

*Abb. 2 Pflanzschalen mit Hydrokulturen*

**Hydrokultur** heißt übersetzt Wasserkultur und bedeutet Pflanzenpflege ohne Erde. Die Pflanzen stehen nicht wie üblich in der Erde, sondern in einem Topf, der mit Wasser gefüllt ist. Den nötigen Halt erhält die Pflanze durch das Füllsubstrat. Man kann Kies, Splitt oder Perlite verwenden. Meist ist es jedoch Blähton, der speziell für die Hydrokultur hergestellt wird. Diese Tonkügelchen haben im Inneren eine wabenartige Struktur, die es ihnen ermöglicht, einerseits als Wasserspeicher zu funktionieren und andererseits als Wasserleitung. Außerdem bewirkt das Kultursubstrat einen Luftaustausch. Die entsprechenden Nährstoffe werden der Pflanze durch einen speziellen Dünger zugeführt. Die Praxis der Hydrokultur ist schon sehr alt. Die einfachste Hydrokultur finden wir bei Hyazinthenzwiebeln wieder, die auf wassergefüllte Gläser gesetzt werden und dann ihre Wurzeln ins Wasser entwickeln. Das bekannteste System ist das Topf-in-Topf-System. Hierbei werden die Kulturtöpfe, die meist aus Kunststoff bestehen, mit Tongranulat gefüllt und in wasserdichte Gefäße gesetzt. Es ist möglich, Erdpflanzen auf Hydropflanzen umzustellen. Optimal ist es jedoch, wenn die Pflanzen direkt als Samen oder Steckling an die Hydrokultur gewöhnt werden. Die Hydrokultur bringt für die Zimmerpflanzenpflege folgende Vorteile:

- Der Umgang ist besonders sauber und problemlos;
- bodenabhängige Krankheiten und Schädlinge entfallen;
- allergiegefährdete und körpergeschwächte Menschen werden nicht bedroht;
- für Büros und sonstige Arbeitsplätze geeignet, wo kein regelmäßiges Gießen gewährleistet ist;
- geeignet für zentralgeheizte Räume.

(Individuelle Standort- und Nährstoffansprüche bleiben bestehen.)

Einige geeignete Zimmerpflanzen:

- Bergpalme *(Chamaedorea elĕgans)*
- Birkenfeige *(Ficus benjamini)*
- Drachenbaum *(Dracaene fragans)*
- Efeu *(Hedera helix)*
- Efeutute *(Epipremnum aureum)*
- Fensterblatt *(Monstera deliciosa)*
- Gummibaum *(Ficus elastica)*
- Hibiskus *(Hibiscus rosa sinensis)*
- Kalanchoe *(Kalanchoe blossfeldiana)*
- Philodendron *(Philodendron-Arten)*
- Usambaraveilchen *(Saintpaulia ionantha)*
- Zimmeraralie *(Fatsia japonica)*

**Hydrokultur im Krankenzimmer**

Durch Ansiedlung von Schimmelpilzen auf Blumenerde, insbesondere handelt es sich dabei um den Aspergillus fumigatus, können tödlich verlaufende Lungenerkrankungen verursacht werden. Dies gilt jedoch nicht für den gesunden Menschen, sondern nur für den Lungenkranken oder durch Krankheit und Operation geschwächten. Da die Vermehrung von Schimmelpilzsporen besonders durch warme, trockene Heizungsluft gefördert wird, sollten in Krankenzimmern keine Topfblumen aufgestellt werden. Wer dennoch nicht auf die grüne Dekoration verzichten will, kann bedenkenlos auf Hydrokultur zurückgreifen.

### Aufgaben

1. Erklären Sie, was Hydrokultur bedeutet.
2. Überlegen Sie, welche Vor- und Nachteile die Hydrokultur mit sich bringt.

# 8.3 Pflanzen am Haus

## 8.3.1 Hausbegrünung

*Abb. 1 Hausbegrünung*

*Abb. 2 Kletterhilfe*

Pflanzen können nicht nur eine Zierde im Haus, sondern auch am Haus darstellen. Die Begrünung von Hauswänden ist dabei ein wichtiges Element, das zudem einige Vorteile für das Haus mit sich bringt. Putz und Mauerwerk werden vor Feuchtigkeit geschützt. Vor der Begrünung sollten Risse oder bereits abgeblätterte Flächen neu verputzt werden, damit keine Wurzeln dort eindringen können. Einer erneuten Rißbildung wird durch die Pflanzen selbst vorgebeugt, da sie für gleichmäßigere Temperaturen an den Wänden sorgen. Durch diese Reduzierung der Witterungseinflüsse kann der Putz 50 bis 100 Jahre länger auf der Wand bleiben. Außerdem wird durch eine begrünte Wand die Wärmedämmung verbessert. Im Sommer vermindert sie die Aufheizung der Hauswand durch Sonneneinstrahlung, und im Winter vermindert das Luftpolster, das zwischen Haus- und Pflanzenwand entsteht, die Wärmeabstrahlung des Hauses. Eine Einsparung der Heizenergie in einer Größenordnung von 5 bis 20 % kann dadurch möglich sein.

Die **Hausbegrünung** kommt jedoch nicht nur dem Haus selber zugute, sondern erhöht in Siedlungen und Städten den Grünanteil. Je mehr Grün vorhanden ist, desto mehr Staub und Abgase werden aus der Luft gefiltert. Hinzu kommt, daß Luftfeuchte und Temperatur günstig beeinflußt werden. Häuserbegrünung trägt also dazu bei, Stadtluft erträglicher zu machen.

Bei der Auswahl der Pflanzen für eine Hausbegrünung müssen natürlich die besonderen Standortbedingungen berücksichtigt werden. Für die Südseite des Hauses eignen sich sonnenliebende Pflanzen wie Wein, Spalierobst, Feuerbohne, Glyzine (Blauregen), Klematis oder Rosen. Die genannten Pflanzen haben zudem den Vorteil, daß sie laubwerfend sind, so daß die Wand im Winter von der Sonne erwärmt werden kann. West- und Nordseite sollten dagegen mit immergrünen Pflanzen bewachsen sein, da diese Hausseiten im Winter nur wenig oder gar keine Sonne erhalten, dafür aber der wärmedämmende Effekt ausgenutzt werden kann. Efeu eignet sich hierzu besonders gut. Die Ostseite erhält wenig Regen, weil die meisten Niederschläge mit Winden aus westlichen Richtungen herangeführt werden. Die im Regenschatten liegende Ostwand sollte daher bevorzugt mit Pflanzen wie Knöterich oder Wildem Wein bepflanzt werden, die geringe Feuchtigkeitsansprüche haben. Pflanzen, die Haftwurzeln besitzen, klettern ohne Hilfe an der Hauswand hoch. Viele Pflanzen benötigen jedoch **Kletterhilfen** (Abb. 2, 3).

| Name | Blütenfarbe Blütenmonat | Höhe (in m) | Lichtanspruch | Kletterhilfe |
|---|---|---|---|---|
| Efeu *(Hedera helix)* | gelbgrün IX–X | bis 10 | ◑–● | nein |
| Glyzine *(Wisteria sinensis)* | blau, weiß V–VII | 2 bis 8 | ○ | ja |
| Klematis *(Clematis-Hybr.)* | blau, weiß, lila, rosa VI–X | 2 bis 3 | ○–◑ | ja |
| Knöterich *(Fallopia aubertii)* | weiß VII–X | 6 bis 12 | ○–◑ | ja |
| Wilder Wein *(Parthenocissus quinquefolia)* | unauffällig VI–VII | 6 bis 15 | ○–● | ja |
| Baumwürger *(Celastrus orbiculatus)* | grün VI | bis 12 | ○–◑ | ja |

*Abb. 3 Einige Klettergehölze*

## 8.3.2 Balkon-, Terrassen- und Kübelpflanzen

*Abb. 1 Balkon – Frühlingsbepflanzung mit Dauerbepflanzung*

*Abb. 2 Balkon – Sommerbepflanzung (Saisonbepflanzung)*

*Abb. 3 Balkon – Herbstbepflanzung*

*Abb. 4 Balkon – Winterbepflanzung*

Bei richtiger Planung kann der Balkonkasten das ganze Jahr über Saison haben.

**Frühjahrsbepflanzung:** Wenn man bereits im Herbst Blumenzwiebeln gelegt hat, kehrt der Frühling schon Anfang März auf dem Balkon ein. Bei der Zwiebelauswahl sollten niedrigwachsende Sorten bevorzugt werden. Ebenso sollte man auf eine harmonische Farbzusammensetzung achten. Folgende Pflanzen sind z. B. für die Frühjahrsbepflanzung geeignet: Hyazinthen, Tulpen, Winterlinge, Zwergschwertlilien, Narzissen, Strahlenanemonen, Schneeglöckchen und Blausternchen (s. Abb. 1). Nach dem Verblühen der ersten Frühlingsboten können die Lücken mit anderen Frühblühern, wie z. B. Stiefmütterchen, Vergißmeinnicht, Primeln oder Maßliebchen, bepflanzt werden.

**Sommerbepflanzung:** An erster Stelle stehen hier die widerstandsfähigen und anspruchslosen Pflanzen wie Pelargonien (im Volksmund Geranien genannt), Knollenbegonien, Petunien und Fuchsien. Weniger bekannte Balkonpflanzen sind: Leberbalsam, Männertreu, Wandelröschen, Feuersalbei und die Studentenblumen (s. Abb. 2). Aber auch Blattpflanzen wie Silberblatt, Steinkraut und Pfeffergesicht sind geeignet. Unabhängig davon, welche Pflanzenart man auswählt, entscheidend bleibt die Berücksichtigung ihrer Lichtansprüche (s. Abb. 1, S. 160).

*Abb. 5 Schalenbepflanzung*

*Abb. 6 Kübelbepflanzung (Zucchini)*

**Herbstbepflanzung:** Sie dient meist nur der Ergänzung von bereits vorhandenen Pflanzen. Die Bepflanzungsdauer reicht von ca. Mitte September bis Ende November.

**Winterbepflanzung:** Sie kann nur in Balkonkästen durchgeführt werden, die eine Mindesttiefe von 20 cm haben. Für den Winterbalkon sind z. B. folgende immergrüne Pflanzen geeignet (Zwergformen): Fichte, Scheinzypresse, Schneeheide, China-Wacholder und Balsamtanne. Bei einem nur locker mit immergrünen Pflanzen besetzten Kasten können in die Lücken immer wieder entsprechende Saisonpflanzen gesetzt werden.

Gemüsekulturen auf dem Balkon oder der Terrasse zu ziehen, ist in den letzten Jahren immer beliebter geworden. Das geringe Platzangebot wird häufig für wärmeliebende Pflanzen genutzt. Aber auch Kräuter, Kohlarten oder Radieschen werden häufig angebaut. Bis auf Gurken, Zucchini oder Kohl eignen sich die genannten Gemüsearten für den Anbau in Kästen, ansonsten sind Kübel oder Eimer geeigneter.

Gerade in Städten ist die Schadstoffanreicherung der Luft durch Autoverkehr und Hausbrand relativ hoch. Die Entscheidung für oder gegen den Gemüseanbau auf Balkon oder Terrasse sollte daher auch von den jeweiligen Umweltbedingungen (wie z. B. Nähe zu einer Schnell- oder Autostraße, Industrieansiedlungen usw.) abhängig gemacht werden.

## Aufgaben

1. Nennen Sie für die vier Jahreszeiten jeweils 3 Pflanzen, die für die Balkonbepflanzung geeignet sind.
2. Zählen Sie jeweils 5 Pflanzen für den Nordbalkon und jeweils 5 Pflanzen für den Südbalkon auf.

| Einjährige Pflanzen | Wuchshöhe (cm) | Blütenfarbe | Blühzeit Monate | Standort |
|---|---|---|---|---|
| Aschenblume *(Senecio bicolor)* | 20– 30 | gelb | VI–VII | ○ |
| Aster, chinesische *(Callistephus chinensis)* | 30– 70 | weiß, rosa, rot, violett | VII–XX | ○ |
| Begonie *(Begonia semperflorens)* | 15– 20 | rosa, rot, weiß | V–X | ○ ◑ |
| Eisenkraut/Verbene *(Verbena-Hybride)* | 20– 60 | blau, rosa, scharlachrot, weiß | VI–VIII | ○ |
| Fleißiges Lieschen *(Impatiens walleriana)* | 15– 30 | orange, rot | V–X | ◑ ● |
| Husarenknopf *(Sanvitalis procumbens)* | 10– 25 | gelb mit schwarzer Scheibe | VII–IX | ○ |
| Leberbalsam *(Ageratum houstonianum)* | 12– 60 | hellblau, lila | V–X | ○ ◑ |
| Levkoje *(Matthiola incana)* | 40– 80 | weiß, gelb, rosa, rot, violett | VI–X | ○ |
| Löwenmäulchen *(Antirrhinum majus)* | 15–100 | weiß, gelb, rosa, rot | VI–X | ◑ ○ |
| Männertreu/Lobelie *(Lobelia erinus)* | bis 20 | blau | VII–VIII | ○ |
| Petunie *(Petunia-Hybriden)* | 25– 40 | in vielen Farben | V–X | ◑ ○ |
| Schleierkraut *(Gypsophila elegans)* | 40– 50 | weiß | VI–VII | ○ |
| Studentenblume *(Tagetes-Patula-Hybriden)* | 15– 30 | orangegelb | V–X | ◑ ○ |
| Sommernelke *(Dianthus chinensis)* | 25– 50 | weiß, rosa, rot | V–VIII | ○ |
| Tabak *(Nicotiana Hybriden)* | bis zu 20 | verschiedene Rottöne | VII–IX | ○ |

| Zwei- und mehrjährige Pflanzen | Wuchshöhe (cm) | Blütenfarbe | Blühzeit Monate | Standort |
|---|---|---|---|---|
| Fetthenne *(Sedum)* | 10 | gelb | VI–VIII | ○ |
| Fingerkraut *(Potentilla)* | 20–120 | weiß, gelb, rot | VI–IX | ○ |
| Fuchsie *(Fuchsia-Hybriden)* | bis 60 | rot, rot-blau, rot-weiß gefüllt | V–IX | ● ◑ |
| Pelargonie/Geranie *(Pelargonium-Zonale-Hybriden)* | 30– 70 | rot, rosa, weiß | V–X | ○ ◑ |
| Glockenblume *(Campanula)* | 20–100 | weiß, rosa, blau, violett | VI–VIII | ○ |
| Goldlack *(Cheiranthus cheiri)* | 50– 70 | goldgelb | IV–VI | ○ ◑ |
| Immergrün *(Vinca)* | 10– 30 | blau, rot | IV–VI | ● ◑ |
| Knollenbegonie *(Begonien-Hybriden)* | 15– 30 | weiß, rosa | IV–IX | ◑ ● |
| Primel *(Primula)* | 10– 20 | vielfarbig | III–VI | ● ◑ |
| Strauchmargerite *(Chrysanthemum frutescens)* | 50–100 | weiß | VI–X | ○ |
| Vergißmeinnicht *(Myosotis)* | 14– 40 | himmelblau, rosa, weiß | V–VI | ○ ◑ |

○ sonnig, für Süd- und Südwestbalkone geeignet
◑ halbschattig, für Ost,- West- und Nordwestbalkone geeignet
● schattig, für Nord- und Nordostbalkone geeignet
Weitere Pflanzenbeispiele finden Sie auf den Seiten 24 bis 26.

*Abb. 1 Einige ein- und mehrjährige Blumen für den Balkon*

**Kübelpflanzen**

Sie besitzen eine lange Tradition, zumal die ersten Kübelpflanzen (Zitronen- und Orangenbäumchen) im 17. Jahrhundert den Überwinterungsräumen ihren Namen, nämlich Orangerien, gaben. Heute werden Kübelpflanzen sowohl für die Grabpflege als auch für die Verschönerung von Balkon, Hauseingang, Terrasse und Dachgarten eingesetzt.
Bei fast allen Kübelpflanzen ist ein vollsonniger, warmer und windgeschützter Standort angebracht. Einige Ausnahmen wie Fuchsien oder Kentia-Palme bevorzugen einen eher halbschattigen Platz.
Im Sommer müssen Kübelpflanzen je nach Witterung täglich gegossen werden. Im Herbst wird der Wasserbedarf geringer und im Winter reduziert er sich auf ein Feuchthalten.
Bei blühenden Kübelpflanzen müssen wir regelmäßig die abgeblühten Blüten entfernen. Dadurch regen wir die Pflanze zur neuen Blütenbildung an. Je mehr wir schneiden, desto besser ist das Wachstum, aber nicht die Blütenbildung. Zu groß gewordene Kübelpflanzen können zum Herbst oder im Frühjahr zurückgeschnitten werden. Eine heute beliebte Kulturform für Kübelpflanzen sind die Hochstämmchen. Hierbei werden ständig Seitentriebe ausgebrochen, bis die endgültige Höhe erreicht ist. Geeignete Pflanzen für Hochstämme sind z. B. Margeriten, Hibiskus, Lorbeer, Schönmalve, Gewürzrinde und Wandelröschen.
Bei nicht allzu großen Gefäßen eignen sich folgende Materialen: Marmor, Plastik oder Terrakotta (gebrannter Ton, Holz). Je nach Verwendungszweck und Geldbeutel entscheidet man sich für das eine oder andere Material. Bei der Auswahl des **Kübelmaterials** für winterharte Pflanzen muß darauf geachtet werden, daß es frostfest ist. Die Dicke der Gefäßwand entscheidet über die Erwärmung des Substrats. Liegen dicke Gefäßwände vor, so wird die Erde nicht so schnell erwärmt und bleibt über einen längeren Zeitraum feucht.
Eine andere Möglichkeit zur Bepflanzung stellen Holzkübel mit Eisengriffen dar. Sie sollten imprägniert sein, wobei auf Umweltverträglichkeit zu achten ist. Einen wirksamen Holzschutz stellt das Ölen mit heißem Öl dar. Auch quadratische Holzkübel werden angeboten. Ihr Vorteil liegt in den herausnehmbaren Seitenwänden begründet, da man ständig das Wurzelwachstum überwachen kann.
Nicht nur Blumen und Kräuter sind als Kübelpflanzen an einem sonnigen Platz geeignet, sondern auch viele wärmeliebende Gemüsepflanzen wie z. B. Kartoffeln, Feuerbohnen, Tomaten, Gurken, Zucchini und Mais. Auch Beerenfrüchte wie Stachelbeeren, Brombeeren, Himbeeren und Johannisbeeren haben sich schon in Kübeln bewährt. Für Gemüse und Obst in Kübeln gelten in der Regel die gleichen Pflanz- und Pflegemaßnahmen wie im Garten. Meist muß man mit etwas mehr Zeitaufwand rechnen, da die Bewässerung im Sommer intensiver ist und zum Herbst die Arbeit für die Überwinterung anfällt.
Einige Kübelpflanzen wie Wilder Wein, Knöterich, Bambus und Rosenbäumchen können den Winter über auf dem Balkon verbleiben. Man sollte jedoch für einen möglichst guten Winterschutz sorgen (s. Praxis S. 243). Die frostempfindlichen Kübelpflanzen bereiten uns besonders viel Arbeit. Sie müssen in entsprechende Überwinterungsräume gebracht werden.

| Pflanzen | Einheitserde | Gartenerde | Kompost | Lehm | Sand | Torf |
|---|---|---|---|---|---|---|
| Schmucklilie *(Agapanthus)* | 100 | | | | | |
| Margeriten *(Chrysanthemun)* | | | 30 | 60 | 10 | |
| Citruspflanzen | | 33 | 33 | | 33 | |
| Oleander *(Nerium)* | | 50 | | | | 50 |
| Agaven *(Agave)* | | | | 70 | 30 | |
| Palmen | | | 20 | 60 | | 20 |
| Bleiwurz *(Plumbago)* | | 33 | 33 | | | 33 |
| Fuchsien *(Fuchsia)* | 100 | | | | | |
| Wandelröschen *(Lantana)* | 90 | | | | 10 | |
| Engelstrompete *(Datura)* | | | 33 | 33 | | 33 |

*Abb. 1 Erdmischungen (%) für einige Kübelpflanzen*

Wer sich nicht soviel Arbeit machen möchte und in Kauf nimmt, daß seine Kübelpflanzen nicht zur vollen Blüte kommen und auch nicht ihr optimales Wachstum erreichen, der kann sich an folgende Faustregel halten: 45 % Kompost, 45 % Torf und 10 % Sand.

## Aufgaben

1. Nennen Sie Vor- und Nachteile der verschiedenen Materialien für Kübelpflanzen.
2. Sammeln Sie Abbildungen bzw. fotografieren Sie verschiedene Kübelarrangements. Versuchen Sie anhand des Buches und anderer Fachliteratur die einzelnen Blumen zu bestimmen.

## 8.5 Schnittblumen

Blumen leben und wachsen auch nach dem Schnitt noch weiter, wie dem Verbrauch von Wasser unschwer zu entnehmen ist. Doch wer hat sich nicht gefreut, wenn die blühende Pracht zwei Wochen anhält oder geärgert, wenn nach drei Tagen Dasein in der Vase die ersten Blumen welken. Wie lange und ungestört das Leben von Schnittblumen andauert, kann man zu einem großen Teil selbst beeinflussen.

Bereits bei der **Ernte** legt man wichtige Grundlagen, ohne dabei den vorherigen Einfluß durch die Ernährung vergessen zu wollen (Kap. 6). Ein wesentliches Kriterium der Ernte ist die unterschiedliche Schnittreife verschiedener Blumen. So werden Gladiolen, Iris, Lilien, Narzissen, Rosen und Tulpen geschnitten, wenn ihre Knospen Farbe zeigen. Anemonen, Löwenmaul oder Levkojen sind erst schnittreif, wenn sie bereits halberblüht sind. Chrysanthemen, Dahlien, Flieder, Gerbera, Margeriten, Nelken, Sommerastern oder Zinnien müssen dagegen fast voll erblüht sein. Für Trockengestecke sollten einige Blütenpflanzen wie Kugeldistel, Strohblumen und Rosen knospig geschnitten werden, andere, wenn sie erblüht sind, wie Silberdistel und Papierknöpfchen, wiederum andere sollten nach der Blüte geschnitten werden, wie z. B. die Gräser.

Neben der Schnittreife ist die Tageszeit ein weiterer zu beachtender Faktor. Wenn die Blumen genügend mit Wasser gesättigt sind, also morgens oder nach starkem Regenfall, kann der Schnitt jederzeit erfolgen. Bei hoher Sonneneinstrahlung und niedriger Luftfeuchtigkeit sollte dagegen nicht geerntet werden. Unter diesen Bedingungen fehlt den Pflanzen nämlich die für eine möglichst große Festigkeit notwendige Wassermenge. Bei hinreichender Feuchtigkeit gibt es gute Gründe, erst am Abend zu ernten, weil die Pflanze jetzt hohe Assimilatreserven gebildet hat.

Mit dem Schnitt beginnen die eigentlichen Probleme, die lebenserhaltenden Funktionen zu bewahren. Denn jetzt fehlt der Pflanze das ihr vorher zur Verfügung stehende weitverzweigte Wurzelnetz zur Wasser- und Nährstoffaufnahme. Für die entsprechende Versorgung muß sich die Blume nun mit den Schnittflächen an den Leitungsbündeln begnügen (Abb. 1). Vor allem bei Blumen mit verholztem Stiel ist daher ein schräger Schnitt am Stielende zu empfehlen, weil dadurch die Oberfläche der Leitungsbahnen und damit deren Aufnahmefähigkeit vergrößert wird (Abb. 1).

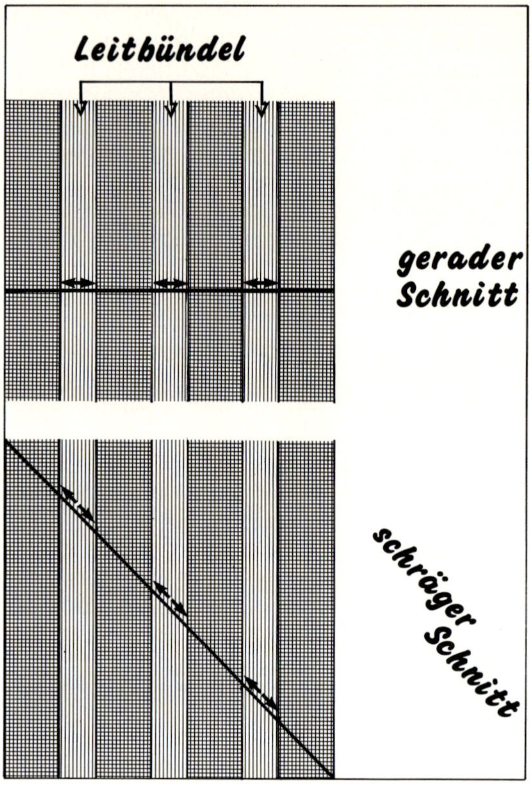

*Abb. 1 Längsschnitt durch einen Sproß*

Um nach dem Schnitt eine zu hohe Verdunstung zu verhindern, sollten zusätzlich alle überflüssigen Blätter, mindestens im unteren Drittel des Stiels, entfernt werden. Anstelle der Blätter kann Schnittgrün für ein üppiges Äußeres sorgen. Wichtig ist außerdem ein scharfes Messer, damit die Stiele nicht gequetscht werden.

Die **Pflege** beginnt unmittelbar nach dem Schnitt, indem die Pflanzen sofort in frisches Wasser gestellt werden. Dadurch verhindert man eine zu lange Unterbrechung der Wasserzufuhr. Durch handwarmes Wasser kann man die Wasseraufnahme beschleunigen, da durch Wärme der Stoffwechsel und damit die Wasseraufnahme angeregt wird. Diese Maßnahme sollte jedoch nur bei „verdurstenden" Pflanzen erfolgen. Grundsätzlich sollte das Vasenwasser nicht zu kalt sein, da mit abnehmender Temperatur der Sauerstoffgehalt steigt. So enthält Wasser mit einer Temperatur von 2° C etwa die doppelte Sauerstoffmenge eines 30° C warmen Wassers. Durch den höheren Sauerstoffgehalt werden Blockaden der Leitbahnen gefördert.

Niedrige Außentemperaturen wirken sich dagegen günstig auf die Haltbarkeit aus, da bei höheren Temperaturen die Atmung und damit der Verbrauch an Reservestoffen relativ hoch ist. Gleichzeitig trägt der Lichtmangel im Haus zu einer verminderten Photosyntheseleistung bei.

*Abb. 1 Schnittblumenarrangement Ton-in-Ton*

*Abb. 2 Schnittblumenarrangement – Herbststrauß*

Von sehr großer Bedeutung ist die Frische des Wassers, das täglich gewechselt werden sollte. Der Wasserwechsel ist deshalb wichtig, weil an den Schnittstellen Pflanzensaft austritt. Dieser Pflanzensaft stellt wiederum einen idealen Nährboden für Bakterien und Pilze dar. Sie zerstören das Pflanzengewebe, wodurch die Wasseraufnahme gehemmt wird. Ein unangenehmer Fäulnisgeruch oder schmierige Stielenden sind untrügliche Zeichen einer regen Tätigkeit von Mikroorganismen. Da sie am stärksten das Stielende befallen, liegt es nahe, beim Wechsel des Wassers die Stielenden einzukürzen. Sehr vorteilhaft wirkt sich dabei der **Unterwasserschnitt** aus. Durch das Wasser wird verhindert, daß Zellsaft aus den Zellen austritt und dadurch die Leitgefäße blockiert. Ebenso wird verhindert, daß Luft in die Leitgefäße eindringen kann.

Aus der Praxis ist vielen ein kurzes **Anbrühen** des Sproßachsenendes bekannt (Stielenden ca. 10 Sekunden in heißes Wasser tauchen), die Haltbarkeit der Blumen soll dadurch erhöht werden. Wenn auch noch nicht alle Zusammenhänge hinreichend bekannt sind, so lassen sich die folgenden Wirkungen nennen: Die eine bezieht sich auf Pflanzen, die einen hohen Anteil an Milchsaft führen, Glockenblumen oder Mohn gehören beispielsweise dazu. Durch das Überbrühen gerinnt nämlich der Milchsaft, der dann nicht mehr austreten und die Leitungsbahnen verstopfen kann.
Ein anderer Effekt besteht in einer durch die erhöhte Temperatur bedingte Ausdehnung des Milchsaftes. Hierdurch wird nämlich die nach dem Schnitt angesaugte Luft wieder herausgedrängt. Besonders bei Gerbera, Orchideen oder Sonnenblumen, die mit sehr dünnen Leitungsbahnen ausgestattet sind, kann die eingedrungene Luft jedes weitere Ansaugen von Wasser verhindern. Die Folge ist, daß diese Schnittblumen bereits nach wenigen Stunden in der Vase die Köpfe hängen lassen.
**Frischhaltemittel,** die die Bakterienbildung unterdrücken sollen, sind dann besonders wirksam, wenn die Pflanzen bereits im Geschäft damit behandelt wurden. Sie bestehen weitgehend aus Glukose, wodurch die Blumen auch nach dem Schnitt noch weiter ernährt werden. Weitere wichtige Bestandteile sind Bakterizide und Fungizide zur Verringerung der Fäulnisbildung. Wegen der letztgenannten umweltbelastenden Bestandteile sollte jedoch besser auf Frischhaltemittel verzichtet werden.

## Aufgaben

1. Geben Sie zwei Gründe an, warum Blumen sofort nach dem Schnitt in Wasser gestellt werden sollten.
2. Wärme und Helligkeit fördern das Wachstum von Bakterien. Warum wirkt sich ein heller Standort trotzdem vorteilhaft auf die Haltbarkeit von Schnittblumen aus?
3. Welche Vorteile bietet der Unterwasserschnitt?
4. Stellen Sie eine frisch geschnittene Blume einige Minuten in rote Tinte. Welche Beobachtungen können Sie nach dem Schnitt unterhalb der Blüte machen?

# 9 Das Gartenjahr in der Praxis

## 9.1 Übersicht zum Gartenjahr

**JANUAR**
Januar warm – das Gott erbarm! Deshalb: Januar kalt, das gefallt. Hat der Januar viel Regen, bringt es den Früchten keinen Segen.

**FEBRUAR**
Alle Monate im Jahr, brauchen nassen Februar. Sonnt sich die Katze im Frei'n, muß sie im Märzen zum Ofen hinein.

**MÄRZ**
März nit zu trocken und nit zu naß, füllt dem Bauer Kist' und Faß. Wer seinen Mist will verscherz', der muß fahren im März.

**APRIL**
Siehst im April du die Falter tanzen, magst du getrost im Garten pflanzen. April trocken – macht die Keime stocken.

**MAI**
Mai ohne Regen, fehlt's allerwegen. Die erste Liebe und der Mai, gehen selten ohne Frost vorbei.

**JUNI**
Ist der Juni warm und naß, gibt's viel Korn und noch mehr Gras. Juni kalt und naß, läßt leer Scheuer und Faß.

**JULI**
Wenn Juli fängt mit tröpfeln an, so wird man lange Regen han. Hagelt's im Juli und August, ist's aus mit des Bauern Freud und Lust.

**AUGUST**
Trock'ner August ist des Bauern Lust. Wenn die Schwalben jetzt schon zieh'n, sie vor naher Kälte flieh'n.

**SEPTEMBER**
Septemberregen – kommt der Saat gelegen.
Wenn der September donnern kann, so setzen die Bäume noch Blüten an.

**OKTOBER**
Hält der Baum die Blätter lang, macht ein später Winter bang. Wenn das Blatt am Baume bleibt, ist der Winter noch recht weit.

**NOVEMBER**
Frieren die Enten im November auf dem Eise fest, wird der Winter zahm und lahm den ganzen Rest.
Räum jetzt den Garten, denn willst du warten, so kommt die Kälte und nimmt die Hälfte.

**DEZEMBER**
Dezember warm – das Gott erbarm. Die Erde muß ihr Bettuch haben, soll sie der Winterschlummer laben.

## JANUAR/FEBRUAR

**Nutzgarten**
Anbauplanung wird erstellt
Reinigung und Ausbesserung von Gartengeräten
Baumanstrich als Winterschutz
Saatgut auf Keimfähigkeit überprüfen
Winterschutz überprüfen oder erneuern
Lagerung von Obst und Gemüse überprüfen
Das warme Frühbeet kann gepackt werden
An milden Tagen ist die Pflanzung von Obstbäumen und Beerensträuchern möglich (Gehölzpflanzung)
Vorkeimen von Kartoffeln
Düngung von Obstbäumen
Schnitt von Beerensträuchern
Neuanlage oder Weiterarbeit am Hügelbeet
Aussaat ins Frühbeet

**Ziergarten**
Winterschutz an Rosen, Stauden und am Teich überprüfen und erneuern
Schnee von Nadelgehölzen abschütteln
Schnitt spätblühender Ziergehölze
In Trockenperioden Bewässerung der Gehölze
Bereits treibende Zwiebelpflanzen abdecken
Bei frostfreiem Wetter Pflanzung von Rosen
Vorbeugender Pflanzenschutz
Vorkultur von Sommerblumen auf der Fensterbank

**Zimmer-, Balkon-, Terrassenpflanzen**
An das richtige Gießen während der Heizperiode denken
Vermehrung blühender Begonien durch Blattstecklinge
Vorkultur von Balkonpflanzen
Düngung oder Umtopfen von Zimmerpflanzen
Bewässerung immergrüner Balkonpflanzen an frostfreien Tagen
Bereits treibende Zwiebeln in Kästen und Kübeln abdecken
Pelargonien und andere Balkonpflanzen zurückschneiden bzw. vortreiben
Trockenblumen stecken
Balkon- und Kübelpflanzen wässern, heller und wärmer stellen
Bepflanzung von Ampeln
Auf Hydrokultur umstellen
Erziehung eines Bonsai

## MÄRZ/APRIL

**Nutzgarten**
Beetvorbereitung für Salat, Gemüse und Erdbeeren
Vermehrung von Beerensträuchern durch Absenker
Obstbäume und Beerenobst werden gepflanzt (Gehölzpflanzung)
Düngung von Obstgehölzen und Gemüsebeeten
Schnitt von Obstgehölzen
Vorbeugender Pflanzenschutz
Vorkeimen später Kartoffeln
Aussaat von Gründüngungspflanzen
Pflanzung von Monatserdbeeren
Vorkultur unter Glas
Erste Aussaaten entsprechend der Anbauplanung
Legen der frühen vorgekeimten Kartoffeln
Freilandaussaat für das Kräuterbeet
Pflanzung mehrjähriger Kräuter
Pflanzung und/oder Teilung von Rhabarber
Pflanzung von Frühkohlsorten ins Freiland
Pflanzung von Salat und Kohl ins Frühbeet
Bau, Aussaat und Pflanzung unter Folie
Vorziehen von Gurken, Kürbis, Zucchini, Tomaten
Kompost aufsetzen
Erste Aussaaten vereinzeln oder pikieren
Frühbeet schattieren und lüften

**Ziergarten**
Pflanzung von Bäumen und Sträuchern (Gehölzpflanzung)
Pflanzung zweijähriger Sommerblumen und Stauden
Rasenaussaat, Aussaat einer Blumenwiese
Rosen abhäufeln, zurückschneiden, pflanzen
Schnitt von Hecken
Erde um Zwiebel- und Knollengewächse lockern, Neupflanzung
Aussaat einiger Sommerblumen ins Freiland und unter Glas
Pflanzenschutz
Schnitt frühblühender Sträucher (nach der Blüte)
Unter Gehölzen lockern und mit Grasschnitt mulchen
Eingesandete Steckhölzer pflanzen (Vermehrung)
Anlage eines Teiches

**Zimmer-, Balkon-, Terrassenpflanzen**
Umtopfen von Zimmerpflanzen
Düngung von Zimmer- und Balkonpflanzen
Kakteen sind wieder reichlicher zu gießen
Balkonkästen mit Frühlingsblühern bepflanzen
Günstige Zeit für die Vermehrung mittels Stecklingen
Ausputzen und Rückschnitt zu üppig gewordener Zimmerpflanzen
Balkonpflanzen abhärten

## MAI/JUNI

**Nutzgarten**

Pflanzung von Kohl, Salat, Lauch vor dem 15. Mai; von Gurken, Kürbissen, Zucchini, Sellerie, Tomaten und empfindlichen Kräutern nach den Eisheiligen
Aussaat von Stangen- und Buschbohnen
Netze spannen und andere Pflanzenschutzmaßnahmen
In Töpfen und Kisten vorgezogene Pflanzen zum Abhärten tagsüber nach draußen stellen
Erdbeerbeete mit Stroh oder Folie abdecken
Erdbeerpflanzen mit hohem Fruchtansatz für die Vermehrung kennzeichnen, Ernte
Bei Trockenheit Bewässerung von Obstbäumen
Im März/April/Mai gesäte Pflanzen vereinzeln oder pikieren
Ernte früher Gemüse und Salate
Ernte von Rhabarber, zwei Drittel der Stiele bleiben stehen
Anbinden und Entgeizen von Tomaten
Beginn der Ernte von Frühkartoffeln
Gewächshaus und Frühbeet schattieren und lüften
Abgeerntete Beete gemäß Anbauplanung neu bestellen

**Ziergarten**

Dahlienknollen Anfang Mai pflanzen (Zwiebelpflanzen)
Frostempfindliche Sommerblumen nach dem 15. Mai pflanzen
Pflanzenschutz, z. B. Blattlausbekämpfung, Hacken und Jäten
Rückschnitt von Ziersträuchern (nach der Blüte)
Rasenschnitt
Vermehrung von Stauden (nach der Blüte) durch Teilung
Im April gesäte Sommerblumen vereinzeln
Teich bepflanzen
Aussaat zweijähriger Sommerblumen
Verblühte Rhododendron- und Staudenblüten entfernen
Vermehrung laubwerfender Ziergehölze durch Stecklinge
Hochwachsende Stauden stützen
Rittersporn und Margeriten nach der Blüte zurückschneiden
Zwiebelblumen für den Herbst stecken
Vertrocknete Blüten von Zwiebelpflanzen abschneiden

**Zimmer-, Balkon-, Terrassenpflanzen**

Zimmerpflanzen sind stärker zu gießen
Kakteen werden gedüngt
Blumenzwiebeln aus den Balkonkästen nehmen
Begonien, Pelargonien u. a. können in Balkonkästen und Kübel gepflanzt werden
Bei Blattkakteen beginnt die Winterruhe
Vermehrung durch Kopfstecklinge (z. B. Zimmerlinde, Buntnessel), durch Ausläufer (z. B. Grünlilie)
Zimmerpflanzen (nach 15. Mai) auf Balkon oder Terrasse stellen
Balkon- und Kübelpflanzen häufig gießen, düngen
Zimmer- und Balkonpflanzen auf Schädlinge untersuchen und Pflanzenschutzmaßnahmen ergreifen (falls erforderlich)

## JULI/AUGUST

**Nutzgarten**

Tomaten ausgeizen und Spitzentriebe entfernen
Schneckenfallen und andere Pflanzenschutzmaßnahmen
Ernte von Kräutern, Obst und Gemüse
Anlage neuer Erdbeerbeete
Reichtragende Äste von Obstbäumen stützen
Pflanzen auf Schädlingsbefall untersuchen (Pflanzenschutz)
Kompost neu ansetzen bzw. umsetzen
Sommerendivien und Staudensellerie zum Bleichen zusammenbinden
Hacken und Jäten (Pflanzenschutz)
Aussaat von Herbst- und Wintergemüse und von Gründüngungspflanzen
Schnitt von Beerensträuchern (schwarze Johannisbeere)

**Ziergarten**

Düngung von Rosen
Hochwachsende Stauden stützen
Rasen zum Schutz gegen Austrocknung nicht zu kurz schneiden, Mähen der Wiese
Strohblumen schneiden und trocknen
Vermehrung von Stauden durch Teilung (nach der Blüte)
Neuanlage von Staudenbeeten
Verwelkte Blüten entfernen
Pikieren oder Pflanzen der zweijährigen Sommerblumen
Aussaat von Schnittblumen ins Gewächshaus
Vermehrung immergrüner Gehölze durch Stecklinge
Schnitt von Hecken
Hacken und Jäten (Pflanzenschutz)

**Zimmer-, Balkon-, Terrassenpflanzen**

Zimmerpflanzen auf Schädlinge untersuchen (Pflanzenschutz)
Vermehrung von Usambaraveilchen durch Blattstecklinge, von Grünlilien durch Ausläufer, von Saxifraga durch Kindel,

Stecklingsvermehrung von Pelargeranien (August)
Balkonkästen mit Zwiebeln und Knollen für die Herbstblüte vorbereiten
Häufiges Einsprühen der Zimmerpflanzen gegen Spinnmilbenbefall (Pflanzenschutz)
Schnittblumen arrangieren
Blütenstände bei Balkon- und Kübelpflanzen entfernen, düngen, entstandene Lücken schließen
Stecklingsvermehrung von Balkonpflanzen

## SEPTEMBER/OKTOBER

**Nutzgarten**
Fortlaufende Ernte von Obst und Gemüse
Aussaat von Feldsalat ins Frühbeet oder Gewächshaus
Ernte von Kürbissen (vor den ersten Nachfrösten)
Noch unreife Tomaten ernten, im Haus nachreifen lassen
Empfindliche Kräuter eintopfen, an sonnigem Standort im Haus aufstellen
Vermehrung von Johannisbeeren durch Steckhölzer
Schnitt von Obstbäumen (nach der Ernte) und Beerensträuchern
Pflanzung von Beerensträuchern (Gehölzpflanzung)
Lagerung von Obst und Gemüse
Bau eines Hügelbeetes
Obstbäume erhalten Leimringe (Pflanzenschutz)
Aussaat von Gründüngungspflanzen (Düngung)
Anlage einer Erdmiete (Lagerung)
Erdbeerpflanzung
Kompost kann umgesetzt werden

**Ziergarten**
Gehölzpflanzung
Rasen lüften (vertikutieren), Moos entfernen, schneiden
Trockenblumen schneiden und trocknen
Vermehrung von Stauden durch Teilung, Pflanzung
Pflanzung zweijähriger Sommerblumen
Zwiebeln und Knollen werden gelegt bzw. aus der Erde genommen
Rückschnitt von Hecken

**Zimmer-, Balkon-, Terrassenpflanzen**
Sommerblumen in den Balkonkästen können durch Heidekraut und andere Herbstpflanzen ersetzt werden
Blumenzwiebeln für das nächste Frühjahr können gesteckt werden
Empfindliche Kübelpflanzen kommen ins Winterquartier
Vermehrung oder Verjüngung von Gummibäumen durch Abmoosen, von Pelargonien und Begonien durch Stecklinge, von Farnen durch Teilung
Viele Zimmerpflanzen benötigen einen kühlen, hellen Standort
Überwinterung von Balkonpflanzen
Flaschengarten bepflanzen

## NOVEMBER/DEZEMBER

**Nutzgarten**
Arbeiten zum Winterschutz
Gartengeräte, Nistkästen reinigen
Während frostfreier Perioden an Gartenbewässerung denken
Nicht mehr benutzte Frühbeete mit Laub auffüllen
Baumscheiben der Obstbäume lockern und mulchen
Schnitt von Obstbäumen, Himbeeren und Brombeeren, Reisighaufen als Unterschlupf für Tiere anlegen (Pflanzenschutz)
Abgeerntete Beete lockern und abdecken
Nach der Ernte von Chicorée werden diese zum Treiben eingesandet

**Ziergarten**
Rosen anhäufeln und andere Winterschutzmaßnahmen ergreifen
Unterschlupf für Tiere bereitstellen. Nistkästen und Futterhäuschen reinigen (Pflanzenschutz)
Reinigung der Gartengeräte
Bei frostfreiem Boden Gehölzpflanzung
Vermehrung mittels Wurzelschnittlingen
Steckhölzer schneiden und einsanden (Vermehrung)
Letzter Rasenschnitt
Pflanzung von Blumenzwiebeln und Knollen

**Zimmer-, Balkon-, Terrassenpflanzen**
Anfertigen von Gestecken aus Trockenblumen
Erziehung von Bonsai
Wurzeln älterer Bonsai zurückschneiden
Zweige von Frühjahrsblühern (4. Dezember, Barbarazweige) in die Vase stellen
Balkon- und Terrassenpflanzen bei mildem, trockenem Wetter bewässern
Blätter von Zimmerpflanzen entstauben
Zimmerpflanzenpflege auf trockene Heizungsluft einstellen
Anlegen eines Flaschengartens
Vermehrung von Fuchsien durch Kopf- und Teilstecklinge
Stützhilfen anfertigen
Gießen von Zimmerpflanzen einschränken bzw. einstellen
Bepflanzung von Ampeln
Zimmerpflanzen auf Hydrokultur umstellen

## 9.2 Lexikon

### Ampelpflanzen und Hängepflanzen

*Abb. 1 Arbeitsschritte*

**Geräte und Materialien**

- Pflanzgefäß (bei einem durchlässigen Korb zusätzlich eine Kunststoffolie, die pflanzenverträglich ist), Eimer oder Schüssel, Fasertorf, nährstoffreiches Substrat, Schere, Sprühflasche, Handspaten, Pflanzen

**Bepflanzung**

1. Der Drahtkorb wird in eine Schüssel gestellt und mit einer ca. 5 cm dicken Schicht Fasertorf ausgelegt.
2. Die Folie wird so geschnitten, daß sie an den Rändern ca. 10 cm übersteht. Mit der Schere werden einige Löcher in die Folie gebohrt. Erst dann wird das nährstoffreiche Substrat aufgefüllt.
3. Vor dem Eintopfen müssen die Wurzelballen der Pflanzen mit Wasser besprüht werden. Die Pflanzenanordnung sollte man vor dem Pflanzen festlegen.
4. Die Zwischenräume werden mit Substrat aufgefüllt. Der überstehende Folienrand wird nach innen umgeschlagen. Bei geschickter Pflanzenordnung sind die Folienränder mit Trieben bedeckt.

**Einige geeignete Ampelpflanzen**

Glockenblume, Grünlilie, Zier- und Federspargel, alle Farne, Tradeskantien, Geweihfarn, Porzellanblume. Bei Freilandbepflanzung sollte man Saisonpflanzen nehmen, wie z. B. Hängepelargonien, Männertreu, Blaues Gänseblümchen, Fuchsien, Efeu.

### Anbauplanung

Einige Wochen vor Beginn des Freilandanbaus machen wir uns Gedanken über die Beetbestellung des gesamten Gartenjahres. Ein Gartengrundriß, in den die einzelnen Beete eingezeichnet sind, erleichtert die Planung. Durch Eintragung der verschiedenen für das gesamte Gartenjahr geplanten Gemüseaussaaten und -pflanzungen entsteht dann ein sogenannter **Anbauplan** oder **Beetbestellungsplan.** Ein Beispiel für einen solchen Anbauplan ist auf der nächsten Seite abgedruckt. Es handelt sich dabei um einen ca. 100 $m^2$ großen Gemüsegarten. Versuchen Sie unter Berücksichtigung des Beispiels auf Seite 169 sowie den unten angegebenen Arbeitsschritten, eins bis sieben, einen Anbauplan mit Salat und Gemüse Ihrer Wahl zu erstellen. Sie haben dafür einen sechs mal zehn Meter großen Garten zur Verfügung.

Einem **Anbauplan** liegen die folgenden Vorüberlegungen zugrunde:

1. Die Auswahl der Gemüse- und Salatsorten, die angebaut werden sollen (s. Gemüselexikon, S. 54–67).
2. Die Einteilung der Pflanzenauswahl in **Starkzehrer** auf der einen, **Schwach-** und **Mittelzehrer** auf der anderen Seite.
3. Die für die einzelnen Gemüsearten zutreffenden Aussaat-, Pflanz- und Erntetermine müssen zugeordnet werden (s. Gemüselexikon und Tabelle S. 170). Auf die Woche genau läßt sich der Zeitpunkt des Säens oder Pflanzens nicht vorherbestimmen. Die klimatischen Bedingungen sind nämlich von Jahr zu Jahr sehr unterschiedlich.
4. Für jedes Beet werden nach Festlegung der **Hauptkulturen** „passende" **Vor-, Zwischen-** und/oder **Nachkulturen** ausgewählt (s. S. 39/40).
5. Entsprechend von Nährstoffansprüchen der Hauptkulturen werden die Beete der 1. oder 2. Tracht zugeordnet.

6. Die Lage der Beete innerhalb einer Tracht muß notwendige **Fruchtfolgen** berücksichtigen (s. 36–38).
7. Bei Bestellung mit **Mischkulturen** sollte, falls dies nicht bereits geschehen ist, die Berücksichtigung ungünstiger oder vorteilhafter **Nachbarschaften** überprüft werden.

Die vielen Planungsschritte und die dazu notwendigen Daten erscheinen nur bei der ersten Planung als kompliziert und schwer überschaubar. Wer das erste Gartenjahr mit dem Wachsen und Reifen erlebt hat, dem wird die Planung im nächsten Jahr bereits viel leichter fallen, weil dann viele Sä- und Pflanztermine sowie weitere wichtige Details bekannt sind und nicht mehr nachgeschlagen werden müssen.

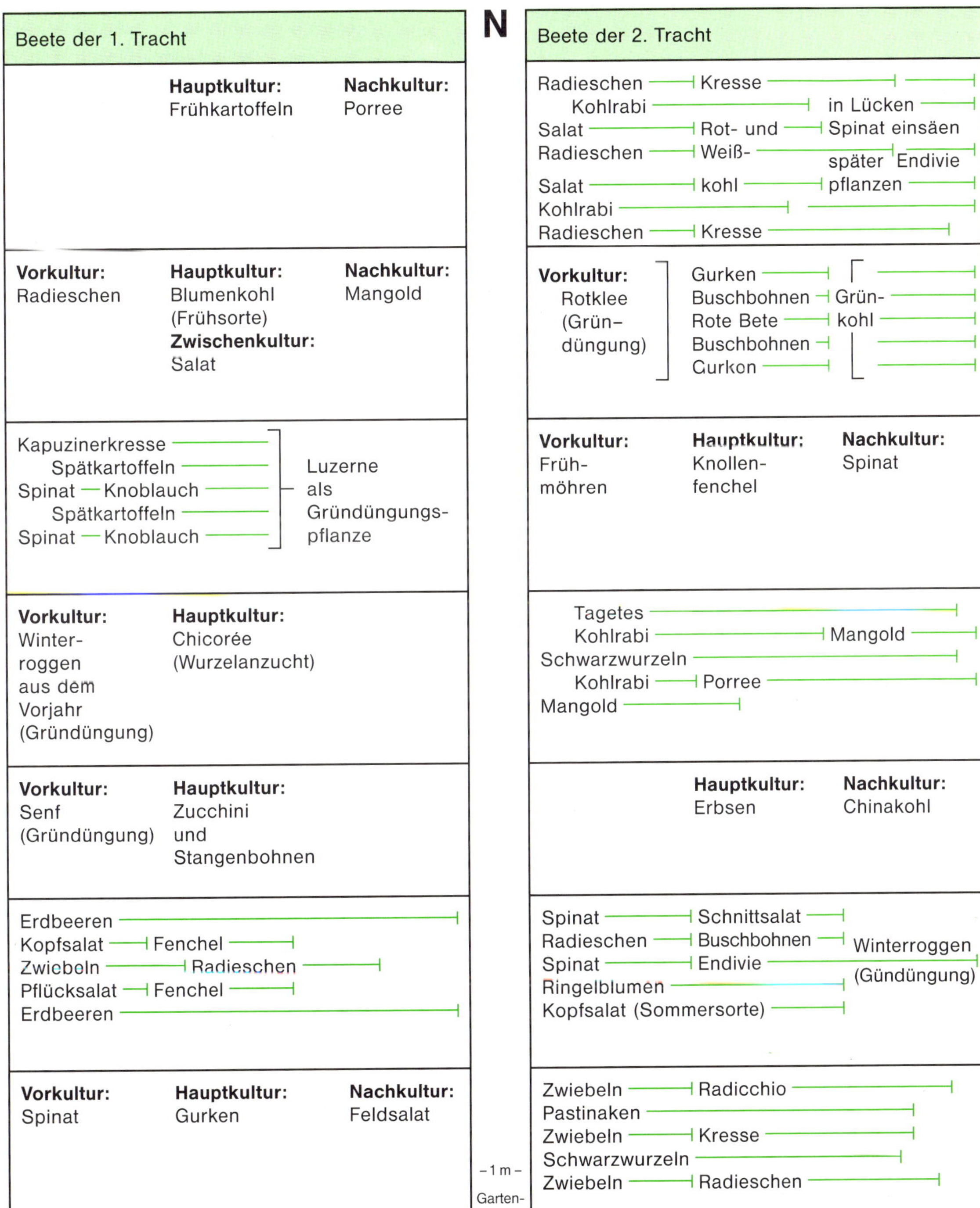


*Abb. 1 Anbauplan für ein Gartenjahr*

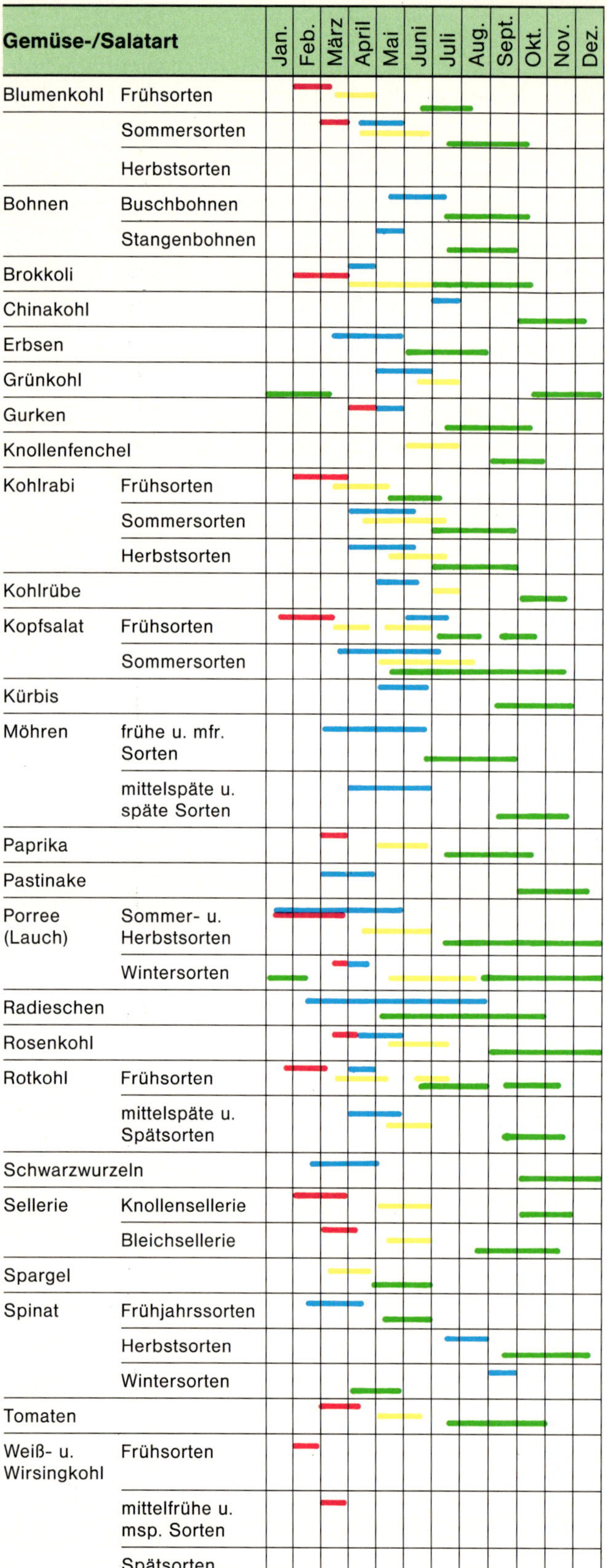


*Abb. 1 Aussaat-, Pflanz- und Erntetermine für Salat und Gemüse*

## Ausputzen und Rückschnitt von Zimmerpflanzen

### Ausputzen

Verwelkte Blätter und abgeblühte Blüten stellen eine permanente Gefahrenquelle für die Pflanze dar, weil diese Teile Anziehungspunkt für viele Schädlinge sein können. Die Entfernung dieser verwelkten Bestandteile bezeichnet man als Ausputzen. So werden verwelkte Blüten des Alpenveilchens herausgezogen, bei Begonien oder Usambaraveilchen werden sie abgebrochen und bei Chrysanthemen und Primeln abgeschnitten.

Auch das **Zurückschneiden** dient der Gesundheit und Schönheit der Pflanze.

Grundsätzlich sollte man jeden Rückschnitt vor der Wachstumsphase, also im Frühjahr, vornehmen. Wichtig ist, daß die Schneidewerkzeuge scharf sind. Geeignet sind Messer, Küchenschere, Rasierklinge und Gartenschere.

Auf den richtigen Schnitt kommt es an! Man schneidet immer über einer Knospe, aus der ein neuer Trieb kommen kann. Der Schnitt muß von der Knospe weg schräg nach unten verlaufen. Dabei sind der Abstand und die Schrägung wichtig.

### Das Zurückschneiden von langen Trieben

Schnell wachsende kletternde Pflanzen wie z. B. der Jasmin oder Bleiwurzgewächse müssen im Frühjahr von ihren alten Trieben befreit werden. Die einzelnen Triebe werden vom Reifen genommen und zurückgeschnitten, wobei zwei junge Triebe stehenbleiben, und werden wieder um den Reifen gelegt.

Pflanzen, deren Triebe weit auseinanderstehende Blätter besitzen (z. B. Efeutute oder Philodendron), werden bis dorthin abgeschnitten, wo die Blätter wieder dichter werden.

Aussaatzeitraum Freiland
Aussaat in Frühbeet, Kleingewächshaus
möglicher Auspflanzzeitraum
möglicher Erntezeitraum

**Das Zurückschneiden von großen Pflanzen**
Bei holzigen Pflanzen, z. B. bei Yucca, durchtrennt man mit einer Gartenschere unterhalb der Krone den Stamm. Die Schnittstellen müssen mit einem Wundmittel (z. B. Holzkohlepulver) bestäubt werden. Das Stammstück wird 1 bis 2 cm tief eingetopft, angegossen und an einen warmen und hellen Ort gestellt.

**Das Zurückschneiden, um einen Hochstamm zu erzielen**
1. Die Seitentriebe eines Stecklings werden entfernt. Die Blätter am Stamm bleiben stehen.
2. Hat der Stamm die gewünschte Höhe erreicht, beginnt die Ausbildung der Krone.
3. Der Haupttrieb wird entspitzt, indem man das oberste Blattpaar auskneift (s. Abb. 1, A). Aus den Seitenknospen entwickeln sich dann neue Triebe (s. Abb. 1, B).
4. Das Entspitzen wird so lange durchgeführt, bis sich ein Blütenansatz in der Krone zeigt.
5. Jetzt werden die Blätter am Stamm entfernt.
6. Die Ausbildung eines Hochstammes kann Jahre dauern. Geeignete Pflanzen sind: Margeriten, Hibiskus, Lorbeer, Abutilon, Pelargonien, Hortensien.

*Abb. 1 Entspitzung des Haupttriebes*

*Abb. 2 Eine buschige Pflanze entsteht*

**Schneiden, um eine buschige Pflanze zu erzielen**
Bis zu den markierten Stellen werden die Triebe zurückgeschnitten. Das Wachstum der Seitentriebe wird besonders dadurch gefördert, daß die Triebe in der Spitze entfernt werden (s. Abb. 2).

## Aussaat ins Freiland

*Abb. 3 Saatbeet mit gespannter Pflanzschnur und Saatmarkierungen*

Das feinkrümelig vorbereitete Aussaatbeet wird, wenn es nicht bereits organisch gedüngt wurde, wenige Tage vor der Aussaat mit einer **Grunddüngung** durch Mineraldünger versehen. Die Düngermenge richtet sich selbstverständlich nach dem Bedarf der jeweiligen Pflanze, bei Mischkultur nach der Hauptkultur.
Im folgenden Beispiel wird ein Beet in Mischkultur angelegt, wobei die Zwiebel das Hauptanbaugemüse sein soll. Da das Beet bislang nicht gedüngt wurde, muß eine Grunddüngung für Zwiebeln, d. h. in diesem Fall ca. 30 g/m$^2$ eines Volldüngers, ausgebracht werden. Das Beet ist 1,20 m x 2,50 m groß. Für diese Fläche von 3 m$^2$ benötigt man daher 90 g Mineraldünger. Zum Abmessen eignet sich ein Teelöffel (ca. 10 g), ein Eßlöffel (ca. 20 g) oder ein Joghurtbecher (ca. 90 g). Günstig ist es auch, einmal abzuwiegen, wieviel g eines Volldüngers in die hohle Hand passen.

Der Volldünger wird dann möglichst gleichmäßig auf dem Beet verstreut und mit der Harke leicht eingearbeitet. Durch das Harken werden gleichzeitig letzte Bodenunebenheiten geglättet und die Erde nochmals feiner gekrümelt. Anstelle der Harke kann auch das Gartenwiesel eingesetzt werden.
Nach dem Düngen werden die **Saatrillen** vorbereitet. Dazu messen Sie die vorgegebenen Reihenabstände aus und markieren die Abstände mit einem Holz auf beiden Längsseiten des Beetes. Dann wird eine Pflanzschnur gespannt (s. Abb. 3). Entlang der Schnur zieht man mit dem Harkenstiel eine 2 bis 3 cm tiefe Saatrille. Einfacher geht es mit einem auf die richtigen Reihenabstände eingestellten **Rillenzieher.** Die Auswahl des Saatgutes hängt in erster Linie von den Temperaturen ab. In diesem Beispiel geht es um **Frühaussaaten.** Dazu zählt Saatgut, das bereits bei niedrigen Bodentemperaturen von 5 bis 10 °C keimen kann. Noch niedrigere Temperaturen führen häufig zu einer verminderten oder langandauernden Keimung. Wichtig ist außerdem, daß der Boden nicht mehr ganz durchnäßt ist und nicht an den Schuhen klebt. Je nach regionaler Lage und Witterungsverlauf können entsprechende Bedingungen zwischen Anfang März und Ende April vorhanden sein.

Nach dem **Anbauplan** soll das Beet mit Zwiebeln, Schwarzwurzeln, Möhren und Schnittsalat eingesät werden. Die entsprechenden Reihenabstände betragen bei Monokulturen 25 cm für Zwiebeln, Möhren und Schwarzwurzeln, 30 cm für Schnittsalat. Diese Normabstände verringern sich in der Mischkultur, weil die Wuchs- und Reifezeiten ober- und unterirdisch sehr verschieden sind. Da sich in diesem Fall die Schwarzwurzeln viel später entwickeln und die Hauptkultur, die Zwiebel, mehr den oberflächennahen Erdbereich nutzt, können die Reihenabstände auf 20 cm verringert werden.
Die Aussaat erfolgt in der Regel als Reihensaat (s. S. 32). Der Samen wird dabei dünn verteilt, d. h., aus der Saattüte oder zwischen den Fingern hindurch in die vorbereiteten Rillen gebracht. Falls zu dicht gesät wurde, muß nach dem Auflaufen der Sämlinge **vereinzelt** werden.

### Grundsätze für die Aussaat

1. Richtige Saattiefe
   Um die Samen gegen Austrocknung zu schützen, müssen sie mit Erde bedeckt werden. Die Erdbedeckung darf jedoch auch nicht zu mächtig sein, da sonst die Sauerstoffzufuhr nicht ausreichend ist. Als Faustregel für die Saattiefe gilt daher der dreifache Samendurchmesser. Bei langen Samen wie bei Tagetes oder Schwarzwurzeln richtet man sich nach der Dicke.
2. Ausreichende Befeuchtung
   Damit die Samen Bodenschluß erhalten, müssen sie nach dem Überdecken mit Erdreich vorsichtig mit dem Handrücken angedrückt werden. Nun gießen Sie die Samen an und sorgen dafür, daß der Boden feucht bleibt. Für das richtige Wassermaß ist die Berücksichtigung der Bodenart sehr wichtig: Bei sandigen Böden besteht sehr schnell die Gefahr der Austrocknung, bei tonigen ist sie wesentlich geringer.
3. Ausreichender Abstand
   Damit die Samen nicht um Sauerstoff oder Wasser konkurrieren müssen, ist es wichtig, sie nicht zu dicht zu legen. Spätestens nach dem Auflaufen müssen zu dicht gelegte Saaten auf die vorgegebenen Abstände vereinzelt werden.
4. Richtige Aussaatzeit
   Die Länge der **Kulturdauer** ist der Grund dafür, daß die auf Saattüten oder in Tabellen angegebenen Aussaatzeiten eingehalten werden müssen. So würde z. B. ein Kürbissame, der erst im August gesät wird, noch keimen, wachsen und auch noch blühen. Größere Früchte könnten sich jedoch nicht mehr bilden, weil die Pflanze bereits während der ersten Nachtfröste im Oktober oder November stirbt. Auch zu früh gesäte wärmeliebende Pflanzen wie Gurken oder Buschbohnen fallen nach der Keimung späten Nachtfrösten zum Opfer.

### Tips zur Aussaat

- Gegen Vogelfraß kann man die Saat durch Auflegen einer Folie schützen.
- Für die Aussaat in Reihen ist es einfacher, auf **Pillensaat** oder **Saatbänder** zurückzugreifen (s. S. 31). Saatbänder müssen angegossen werden, bevor sie mit Erde bedeckt werden. Pillensaat darf nicht tiefer als 1 cm gelegt werden.
- Mit einer **Saatrolle** lassen sich gleichmäßige Abstände erzielen. Ein anderes Hilfsmittel, vor allem bei sehr feinem Samen, ist das Mischen mit Sand.
- Größere Samen, wie die von Bohnen und Erbsen, legt man zu zweit oder zu dritt in entsprechend großen Abständen aus (Dibbel-, Dippelsaat, evtl. Horstsaat, s. S. 32).
- Breitsaat ist vor allem bei Rasen, Blumen oder Gründüngungspflanzen sinnvoll (s. S. 32).
- Bei Samen mit einer sehr langen Keimdauer, wie z. B. der Möhre, ist es günstig, Samen einer schnellkeimenden Pflanze, z. B. Radieschen, beizumengen. Diese schnell auflaufende **Markiersaat** erleichtert das Hacken und Jäten zwischen den Reihen.

## Balkonpflanzen

Die Bepflanzung von Balkonkästen und die anschließende Pflege von Balkonpflanzen erfordert folgende Überlegungen:

1. **Art der Pflanzen**
   - einjährige Sommerblumen
   - zwei- und mehrjährige Sommerblumen
   - Kletterpflanzen
   - Gehölze
   - Obst und Gemüse

2. **Überwinterungsmöglichkeiten für mehrjährige Pflanzen**
   Die Entscheidung für mehrjährige Pflanzen wird sicherlich von dem Vorhandensein geeigneter Überwinterungsmöglichkeiten abhängig sein. Typische Balkonpflanzen, die im Haus überwintern, sind:
   Fuchsien, Pelargonien, Knollenbegonien, Glockenblumen und Wucherblumen.

3. **Gestaltungsmöglichkeiten**
   Hierzu bieten sich unterschiedliche Möglichkeiten an:
   - verschiedene Arten Ton in Ton pflanzen
   - verschiedene Arten bunt in der Farbe mischen
   - eine Art bunt in der Farbe mischen
   - eine Leitpflanze setzen

4. **Bedürfnisse der Pflanzen**
   Erst die Kenntnisse über die Pflanzenbedürfnisse (wie z. B. sonnig, halbschattig oder schattig) ermöglichen es, die Pflanzenauswahl den vorhandenen Standortbedingungen optimal anzupassen (s. dazu auch Seite 174 und S. 160).
   Für Stellen, die nicht windgeschützt sind, müssen robustere Pflanzen gewählt werden. Blumen mit niedriger Wuchshöhe und einem weichen Stiel, wie z. B. Zwergmargeriten, Kapuzinerkresse und Fuchsien zählen zu den widerstandsfähigen Pflanzen. Ebenso gehören immergrüne Pflanzen, wie z. B. Buchsbaum, Zwergwacholder und Lebensbaum, in diese Gruppe.

5. **Schattierungsmöglichkeiten bei Südlage**
   Ein Südbalkon verlangt im Sommer eine Schattierung, die durch entsprechende Kletterpflanzen oder z. B. durch Markisen erreicht werden kann.

6. **Pflanzzeit**
   Alle frostempfindlichen Sommerblüher dürfen erst nach den Eisheiligen (15. Mai) gepflanzt werden.

7. **Materialien für Balkonkästen**
   *Ton:* Er eignet sich aufgrund seiner Durchlässigkeit für Luft und Wasser besonders gut. Diese Eigenschaft muß man jedoch mit einem hohen Preis bezahlen. Außerdem sind Tonkästen sehr schwer. Besonders nachteilig ist die Frostempfindlichkeit dieses Materials.
   *Kunststoff:* Er ist preiswert, leicht zu tragen und zu säubern und hat eine relativ lange Lebenszeit. Kunststoffkästen gibt es auch mit automatischer Bewässerung. Auf die Farbe Schwarz sollte man jedoch verzichten, da diese Kästen besonders gut die Wärme speichern, und dadurch für die Pflanzen ein Wärmestau entsteht.
   *Faserzement:* Dieses Material muß asbestfrei sein. Der besondere Vorteil liegt in seiner Unverwüstlichkeit und seiner Frostbeständigkeit.
   *Zellulose:* Dieses Material ist aus wiederverwertetem Papier gewonnen.
   *Holz:* Es erfordert eine arbeitsintensive Pflege. Bei Schutzanstrichen muß darauf geachtet werden, daß ein umweltfreundliches Holzschutzmittel verwendet wird.
   Aber auch auf die richtige Größe kommt es an. Ein Kasten für eine normal dichte Bepflanzung sollte ca. 20 cm breit und auch 20 cm hoch sein. Die Länge wird den jeweiligen Bedingungen angepaßt, wobei kürzere Balkonkästen leichter zu handhaben sind.

8. **Bepflanzung eines Balkonkastens**
   Kontrollieren Sie, ob die Balkonkästen Abzugslöcher haben. Dann gibt man eine 2 bis 3 cm hohe Drainageschicht (Kies, Scherben oder Blähton) in den Kasten. Bis zur Hälfte füllt man nun den Kasten mit Erde auf. Jetzt sollte die Anordnung der Pflanzen festgelegt werden. Für einen 1 m langen Kasten benötigen Sie in der Regel 5 Pflanzen. Die Erde wird fest angedrückt und so weit aufgefüllt, daß ein Gießrand bleibt. Dann durchdringend gießen und die bepflanzten Kästen in den ersten Tagen nicht der prallen Sonne aussetzen.

9. **Pflegehinweise**
   Als Substrat verwendet man entweder Einheitserde oder selbsthergestellte Erde (1/3 Torf, 2/3 Garten-, Lehm- oder Komposterde). Ca. 4 Wochen nach der Pflanzung wird mit der Düngung begonnen. Es gibt speziellen Balkondünger, mit dem nach Anweisung gedüngt werden kann. Als Faustregel gilt: einmal pro Woche düngen.
   Balkonpflanzen müssen ständig auf Schädlingsbefall kontrolliert werden. Abgeblühte Blüten und welke Blätter müssen regelmäßig entfernt werden.

*A: Tulpen, Hyazinthen und Primeln*

*B: Margeriten, Verbenen, Pantoffelblume, Blaukissen, Pelargonium (aufrecht wachsend)*

*C: Pantoffelblume, Pelargonium (aufrecht wachsend), Fuchsie*

*D: Maßliebchen (Tausendschön)*

*E: Petunien, Pelargonium (hängend), Lobelien*

*F: Pelargonium (hängend), Petunien*

*G: Pelargonium (hängend), Petunien*

*H: Topfheide, Silberblatt*

*Abb. 1 Verschiedene Gestaltungsmöglichkeiten für Balkonbepflanzungen*

## Umgraben, lockern, düngen

Der Grundstock für ein gesundes Wachstum im Frühjahr wird bereits im Herbst gelegt. Je nach Zustand des Bodens wird das Beet im Herbst durch **Umgraben** oder **Lockern** vorbereitet.
Umgraben empfiehlt sich bei stark verunkrauteten oder sehr dichten Böden. Im letzten Fall soll der Frost zur Lockerung beitragen (Frostgare). Beim Umgraben heben Sie zunächst entlang der Beetbreite eine Furche aus, die Erde kommt in eine Schubkarre. Danach füllen Sie die entstandene Furche mit dem Aushub der nächsten Reihe. Grobe Schollen werden mit dem Spaten zerteilt. Nachdem die Erde der letzten Reihe gewendet wurde, wird der Schubkarreninhalt in die letzte Furche entleert. Wichtig beim Umgraben ist das senkrechte Einstechen des **Spatens.**
In den meisten Fällen genügt jedoch ein Lokkern des Bodens mit der **Grabegabel** oder der **Biogabel,** die bis zum Stiel in die Erde gestoßen oder gedrückt wird, um sie dort vor- und rückwärts zu bewegen. Dieser Vorgang muß ca. alle 10 cm wiederholt werden. Um den Boden nicht wieder zu verdichten, arbeitet man dabei wie beim Umgraben rückwärts schreitend. Bei harten, festen Böden wird im Frühjahr erneut gelockert. Zusätzlich kann man den Boden mit dem **Kultivator** oder **Krail** gut durcharbeiten.
Bei leichten bis mittelschweren Böden wird durch Verwendung des **Sauzahns** in wesentlich kürzerer Zeit eine gute Bodenlockerung erreicht; hierbei zieht man den Sauzahn ca. 20 cm tief durch den Gartenboden (Abb. 1). Der Abstand zwischen den Ziehfurchen beträgt ca. 15 cm. Haben Sie auf diese Weise das Beet einmal bearbeitet, wiederholen Sie den Vorgang von der anderen Beetseite, so daß sich die neuen Furchen mit den vorangegangenen kreuzen.
Das **Einarbeiten** von Mist oder unverrottetem Kompost erfolgt bei schweren Böden im Herbst, bei leichten Böden im Frühjahr. Beim Umgraben streut man ihn in die entstehenden Furchen. Betreibt man lediglich eine Bodenlockerung, streut man das Material über dem Beet aus. Danach werden Erde und Mist durch leichtes Hacken mit dem Krail oder bei leichten Böden durch Ziehen mit Kultivator oder Sauzahn vermischt. Komposterde kann dagegen jederzeit eingearbeitet werden.
**Mit Harken oder Hacken** sollte der Boden nach dem Umgraben oder Lockern genauso wie während der Kultur bearbeitet werden.

Bei leichten bis mittelschweren Böden eignet sich die **Harke,** um eine feinkrümelige Struktur der Erde zu erreichen. Bei schweren Böden müssen größere Erdklumpen zunächst mit einer

*Abb. 1 Lockern mit dem Sauzahn*

*Abb. 2 Krümeln mit dem Gartenwiesel*

**Hacke** zerkleinert werden, bevor das Beet mit einer Harke geglättet wird. Eine Hand hält dabei das obere Stielende, während die andere Hand locker die Stielmitte umfaßt, um den Stiel beim Vor- und Zurückbewegen der Harke durch die Hand hindurchgleiten zu lassen und ihr gleichzeitig eine Führung zu geben. Kurz bevor die Harke am weitesten vom Körper entfernt ist, lassen wir sie langsam nach oben steigen, um das Aufwerfen kleinerer Erdwälle zu verhindern. Mit der Harke lösen und lockern Sie auch unerwünschte Pflanzen wie Wildkräuter oder übriggebliebene Vorjahrspflanzen, um sie danach leichter entfernen zu können. Für das weitere Zerkrümeln eignet sich besonders das **Gartenwiesel** (s. Abb. 2) oder die **Sternfräse.**

## Beetanlage

Falls noch nicht vorhanden, ist es günstig, die Gemüsefläche in Beete von ca. 1,20 m Breite einzuteilen. Diese Breite erlaubt ein Bearbeiten des Beetes, ohne daß es betreten werden muß. Die Länge eines Beetes hängt von der Gartengröße und der geplanten Anbaumenge ab. Durch zusätzliches Verlegen von Holzbrettern oder Steinplatten zwischen den Beeten kann man die Trittpfade auch bei feuchtem Wetter gut begehen.

**Erschließung neuen Gartenlandes**
Soll die Spielwiese oder eine von Baufahrzeugen befahrene Fläche hinter dem Neubau zu Gartenland umgewandelt werden, genügt kein Lockern oder einfaches Umgraben. Das Erdreich ist nämlich durch die vorherige Beanspruchung in Tiefen von 20 bis 60 cm stark verdichtet. Da dies Staunässe und Sauerstoffmangel hervorrufen kann und da es die Wurzeln der Gartenpflanzen sehr schwer hätten, hier hindurchzukommen, muß diese Verdichtung aufgebrochen werden. Ist die Verdichtungsschicht relativ flach, reicht das **Holländern.** Holländern bedeutet zwei Spatenstiche tief umgraben. Wie beim einfachen Umgraben beginnt dies mit einer Furche. In der Furche wendet man die Erde nochmals einen Spatenstich tief, bevor die Erde der nächsten Reihe in die erste Furche gegeben wird.
Muß die Erde noch tiefer gelockert werden, nämlich drei Spatenstiche tief, dann spricht man von **Rigolen** (Abb. 1). Bei größeren Flächen ist wegen des enorm hohen Arbeitsaufwandes jedoch die Benutzung eines Motorpfluges ratsam. Falls der Boden von einer dichten Grasdecke bedeckt ist, werden bei beiden Methoden zuvor etwa quadratische Grassoden gestochen und mit dem Bewuchs nach unten zwei Spatenstiche tief ins Erdreich gelegt.

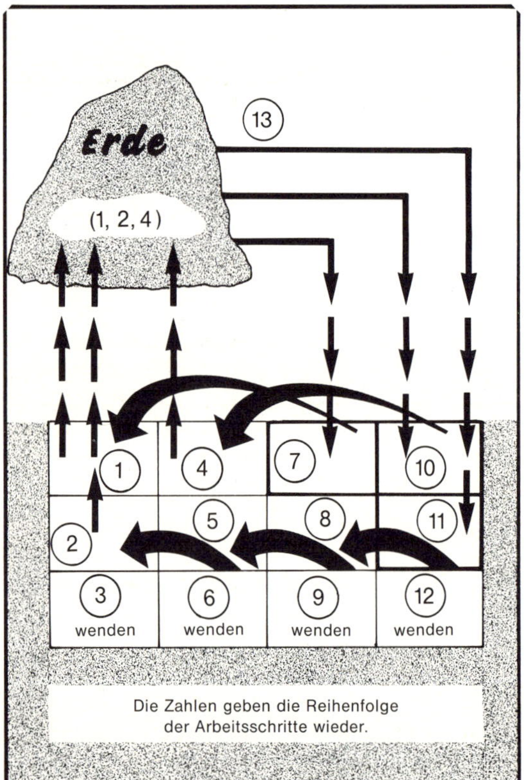


*Abb. 1 Arbeitsablauf beim Rigolen*

# Bonsai

**Allgemeine Pflegemaßnahmen für Bonsai**
*Standort:* Der Bonsai benötigt im Haus einen hellen Standort, jedoch keine pralle Sonne. Ab und zu sollte man das Bäumchen drehen, damit es nicht einseitig zum Licht wächst und seine Form verliert. Im Sommer wird es – je nach Pflanzenart – an einen schattig- bis sonnigen Platz nach draußen gebracht.

*Bonsaierde:* Sie ist besonders nährstoffarm und sorgt gemeinsam mit einem entsprechenden Bonsaigefäß, das klein und flach ist, für den Zwergwuchs. Bonsaierde gibt es fertig zu kaufen. Man kann sie auch selbst herstellen. Für Laubbäume eignet sich ein Gemisch aus 1/3 Lehm, 1/3 Sand und 1/3 Torf. Für Nadelbäume sieht das Gemisch folgendermaßen aus: 1/2 Sand, 1/4 Torf und 1/4 Lehm.

*Düngen:* Die Nährstoffzufuhr ist vom Frühjahr bis zum Herbst notwendig, da sich der Bonsai dann in der Wachstumsphase befindet. Alle 14 Tage sollte mit halber Konzentration gedüngt werden. Spezieller Bonsaidünger wird in Fachgeschäften in flüssiger oder fester Form angeboten.

*Wasserbedarf:* Die Erde muß während der Wachstumsphase gleichmäßig feucht gehalten werden. Im Sommer empfiehlt es sich, das Bäumchen samt Schale in lauwarmes Wasser zu tauchen, bis es sich vollgesogen hat und keine Luftblasen mehr aufsteigen. Bei kurzer Abwesenheit im Sommer können Sie ein feuchtes Tuch auf die Erdoberfläche legen. Im Winter sollte die Erde zwischen den Gießgängen leicht antrocknen.

*Abb. 2 Wacholder-Bonsai*

## Regeln für den Schnitt eines Bonsai

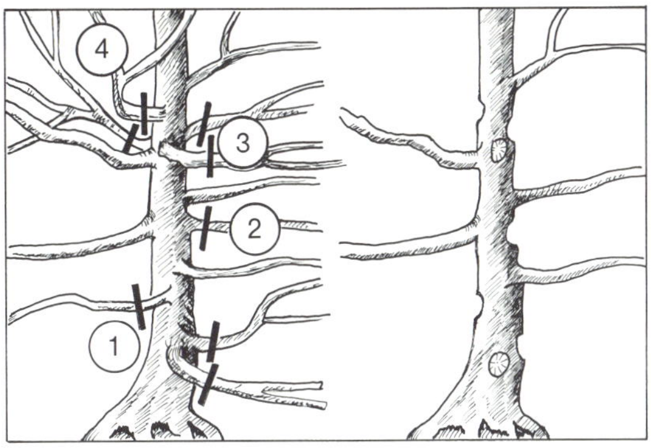


*Abb. 1 Schnitt der Hauptäste*

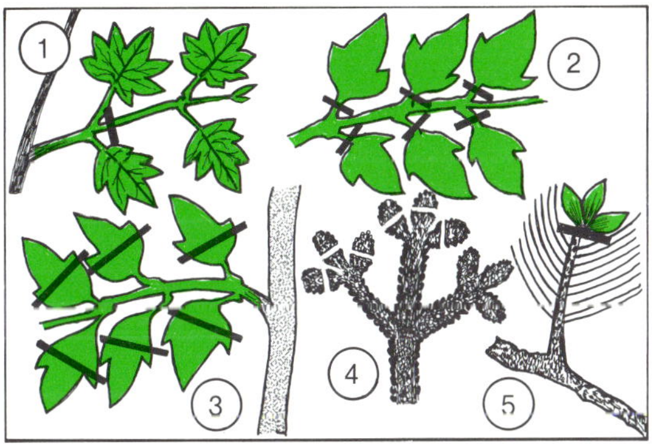


*Abb. 2 Blatt- und Triebschnitt*

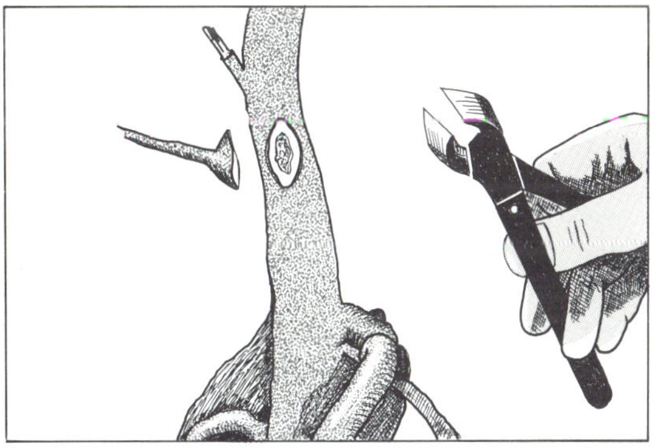

*Abb. 3 Bonsai- und Knospenzange*

**Schnitt der Hauptäste** (Abb. 1)
Um die gewünschte Form zu erreichen, müssen die Hauptäste mit einer Knospenschere ausgeschnitten werden. Das sind:
- vorne zu tief sitzende (1),
- sich gegenüberliegende (2),
- die einen Wagenradeffekt bildenden (3),
- den Stamm kreuzende Äste (4).

**Trieb- und Blattschnitt** (Abb. 2)
Triebe und Blätter können vom Frühjahr bis zum Herbst mit der Bonsaischere gestutzt werden.
- Bei Laubbäumen lange Triebe bis auf zwei Blätter pro Zweig kürzen (1). Je nach Pflanzenart muß dies ein- oder mehrmals pro Jahr erfolgen.
- Mit einer scharfen Schere zu große Blätter entfernen, wobei die Blattstiele stehenbleiben (2).
- Es ist auch möglich, die Blätter um die Hälfte zu kürzen (3). (Das Bäumchen entwickelt nun neue Blätter.)
- Beim Nadelbaum (z. B. beim Wacholder) die neuen Triebe durch Spitzenauszupfen einkürzen (4).
- Bei Kiefern die mittleren Triebe herausbrechen (5).
- Ab Oktober sollten Sie nicht mehr schneiden, da dann die Pflanze eine Ruheperiode einlegt.

**Wurzelschnitt**
Grundsätzlich sollte der Wurzelschnitt alle 2 bis 3 Jahre vorgenommen werden. Dabei werden im Frühjahr die Wurzeln um ca. 1/3 bis 2/3 eingekürzt. Der Baum kann dann mit neuer Erde in das alte Gefäß zurückgepflanzt und im Topf mit Bonsaidraht festgedrahtet werden.

**Erziehung eines Wacholder-Bonsai**
*Materialen:* Bonsaidraht (verkupferter Aluminiumdraht), Bonsaigefäß, Bonsaierde, Schere, Gabel, Zange, Blähton oder Kies (mittlere Körnung), engmaschiger Draht oder Plastiknetz.

*Arbeitsschritte*
1. Sie kaufen in einer Baumschule einen Wacholder-Rohling von ca. 50 cm Größe.
2. Bis zur Hauptgabelung entfernen Sie mit einer Zange oder Schere alle Äste, die sich am Stamm befinden.
3. Je nach gewünschter Wuchsform zupfen Sie die Spitzen in den Trieben aus.
4. Beginnen Sie unten am Stamm mit der Verdrahtung. Der Draht wird zuvor in der Erde befestigt. Dann wird er in einem Winkel von 45 Grad zur Wuchsrichtung um die Äste gewickelt. Beim Eindrahten darauf achten, daß dünne Zweige und Nadeln nicht mit eingedrahtet werden. Der Draht darf nicht zu locker und nicht zu fest gewickelt werden.
5. Jetzt werden die Wurzeln mit einer Schere um die Hälfte zurückgeschnitten.
6. In das Bonsaigefäß legen Sie über die Abzugslöcher etwas feinmaschigen Draht.
7. Jetzt setzen Sie das Bonsaibäumchen hinein und füllen mit Bonsaierde auf.

Der Draht kann nach einem Jahr entfernt werden, spätestens jedoch dann, wenn er zu sehr in den Baum hineinwächst. Während der gesamten Vegetationszeit müssen Sie neue Triebe abknipsen, um die gewünschte Form beizubehalten.

| Kultur | Dünger | Menge pro m² | Zeitpunkt |
|---|---|---|---|
| **Gemüse**<br>a) Schwachzehrer | gut zersetzter Stallmist | 4 kg | Herbst bzw. Frühjahr |
| | oder: gut zersetzter Kompost | 4 kg | Frühjahr (4–5 Wochen vor der Pflanzung bzw. Aussaat) |
| b) Starkzehrer | gut zersetzter Stallmist | 4 kg<br>+ 30–60 g Hornspäne, Horn- oder Blutmehl | Herbst bzw. Frühjahr<br>Frühjahr (s. o.) |
| | oder: gut zersetzter Kompost | s. o. | s. o. |
| **Obst** | gut zersetzter Stallmist | 2,5 kg | Herbst bzw. Frühjahr |
| **Zierpflanzen** | oder: gut zersetzter Kompost | 2,5 kg | Frühjahr |

**Gründüngung:** 2 kg organische Substanz/m² entspricht in etwa einer Stallmistdüngung (s. S. 179, Abb. 1).

*Abb. 1 Organische Düngung*

Entzogene Nährstoffe müssen dem Boden wieder zugeführt werden. Ob das mit organischen oder mineralischen Düngern geschieht, ist der Pflanze egal. Wichtig ist die richtige Dosierung, die sich am Entzug der Pflanzen orientieren sollte. Dieser Entzug kann durch eine **Bodenuntersuchung** festgestellt werden. Dazu entnimmt man aus dem Garten mehrere Bodenproben (s. S. 112) und schickt eine Mischprobe an das zuständige Bodenuntersuchungsinstitut (zu erfragen bei den Landwirtschaftskammern). Untersucht werden sollten der pH-Wert sowie der Phosphat-, Kali- und Magnesiumgehalt des Bodens. Eine Untersuchung auf den Stickstoffgehalt ist nicht sinnvoll, da sich die Werte sehr schnell ändern und die Untersuchung relativ teuer ist. Nach einigen Tagen erhält der Einsender die Untersuchungsergebnisse mit der entsprechenden Düngeempfehlung. Solch eine Bodenuntersuchung sollte alle drei Jahre erfolgen. In der Zwischenzeit kann pauschal gedüngt werden (s. Abb. 1).
Im Handel befindet sich ein unüberschaubares Angebot an Düngern mit entsprechenden Düngeempfehlungen. Besonders bei Mineraldüngung ist darauf zu achten, daß die angegebenen Mengen nicht überschritten werden. In der Regel führen auch niedrigere Düngergaben als die auf den Düngerpackungen empfohlenen zu gleichen Wachstumserfolgen.

Bei der Mineraldüngung sollte 1/2 bis 2/3 der zu düngenden Menge vor der Pflanzung bzw. Aussaat (= **Grunddüngung**) und der Rest, 1/3 bis 1/2, in 2 bis 3 Gaben während der Wachstumszeit (= **Kopfdüngung**) gegeben werden. Dabei ist darauf zu achten, daß der Boden feucht ist. Ist dies nicht der Fall, muß nach der Düngung ausreichend gewässert werden.

**Düngung nach einer Düngeempfehlung**
Da unterschiedliche Dünger vielfach auch unterschiedliche Nährstoffgehalte aufweisen, muß man die jeweils notwendige Düngermenge ausrechnen. Dies geht am einfachsten mit nachfolgender Formel:

$$\frac{\text{Nährstoffbedarf in g/m}^2 \cdot 100\,\%}{\text{\%-Gehalt des Düngers}} = \text{Menge des Düngers in g/m}^2$$

**Beispiel**
- Düngeempfehlung/Nährstoffbedarf = 15 g N/m²
- vorhandener Dünger z. B. Kalkammonsalpeter mit einem Gehalt von 27,5 % N

Um nun herauszubekommen, wieviel Kalkammonsalpeter pro m² gedüngt werden muß, um einen Bedarf von 15 g N/m² zu decken, müssen die Zahlen in die obige Formel eingesetzt werden. Es ergibt sich dann:

$$\frac{15\text{ g N/m}^2 \cdot 100\,\%}{27{,}5\,\%} = \underline{54{,}5\text{ g}}\ \text{Kalkammonsalpeter/m}^2$$

Ergebnis: Es müssen 54,5 g Kalkammonsalpeter pro m² ausgestreut werden.

| Gründüngungs-pflanzen | Aussaat | g Saat/m² | Entwick-lungsdauer in Wochen (Durch-schnittswerte) | Bemerkungen |
|---|---|---|---|---|
| Alexandrinerklee | III–IX | 5 | 8 | nicht vor Erbsen und Bohnen, Stickstoff-sammler |
| Erbsen | III–X | 25 | 10 | nicht vor Erbsen und Bohnen, Stickstoff-sammler, nicht winterhart |
| Lupine | IV–IX | 30 | 10 | sehr guter Stickstoffsammler, gut geeignet zur tiefen Bodenlockerung, nicht winterhart |
| Luzerne | III–X | 3 | 10 | Stickstoffsammler, gut geeignet zur tiefen Bodenlockerung, auch für trockene Standorte geeignet, winterhart |
| Phacelia | III–IX | 1,5 | 9 | Stickstoffsammler, Tiefwurzler, gute Bienenweide, viel Blattmasse |
| Raps | IV–IX | 1,5 | 9 | nicht vor Kohlgewächsen, gute Futterpflanze |
| Senf | III–X | 2 | 8 | lockert gut den Boden, wächst schnell, nicht vor Kohlgewächsen, viel Grünmasse |
| Serradella | IV–IX | 3 | 10 | Stickstoffsammler, gut für leichte Böden geeignet, wenig empfindlich gegen Trockenheit, nicht winterhart |
| Sonnenblume | IV–IX | 10 | 9 | entwickelt sehr viel Grünmasse, auch für trockene Standorte geeignet |
| Weißklee/Rotklee | III–IX | 4 | 9 | Stickstoffsammler, gute Bienenweide, gut für schwere Böden geeignet, gute Durchwurzelung |
| Winterroggen | IX–X | 16 | bis Frühjahr | winterhart, gute Durchwurzelung des Bodens |

*Abb. 1 Auswahl einiger zur Gründüngung gut geeigneter Pflanzen*

**Düngung von Topf- und Balkonpflanzen**

Für die Düngung von Topf- und Balkonpflanzen sind Düngestäbchen oder Flüssigdünger gut geeignet.

Düngestäbchen werden in der Mitte zwischen Topfrand und Pflanze in die feuchte Erde gesteckt und so tief hineingedrückt, daß man sie nicht mehr sieht. Die Anzahl der Düngestäbchen pro Topf richtet sich nach dem Topfdurchmesser und damit der Größe der Pflanze. In der Regel reicht die Düngung 100 Tage lang. Bei der Flüssigdüngung wird normalerweise 1 x wöchentlich das Düngemittel dem Gießwasser zugegeben. Auch hier darf die Erde nicht trocken sein! Gegebenenfalls muß vorher gegossen werden. Unabhängig davon, ob mit Stäbchen oder flüssig gedüngt wird, sind die Mengenangaben auf der Packung bzw. auf der Flasche genau zu beachten.

*Abb. 2 Weißer Senf (gut zur Gründüngung geeignet)*

# Erdbeeren

## Planung einer Erdbeeranlage

Erdbeeren bevorzugen einen lockeren, nährstoff- und humusreichen Boden, dessen pH-Wert zwischen 6 und 7 liegen sollte. Obwohl sie sonnige Standorte lieben, wachsen sie auch noch im Halbschatten.
Erdbeeren zählen als Stauden zu den **Dauerkulturen.** Jedoch sollte die Kulturzeit auf drei Jahre begrenzt werden, da danach der Ertrag und die Qualität der Früchte stark abnehmen. Berücksichtigt man, daß der Hauptertrag im zweiten und dritten Jahr liegt, empfiehlt es sich, jedes Jahr 1/3 der geplanten Erdbeerfläche zu bepflanzen. Die dreijährigen Pflanzen werden dann jedes Jahr nach der Ernte untergegraben. So besitzt man stets ein Stück Land mit einjährigen, zweijährigen und dreijährigen Erdbeerpflanzen (s. Abb. 1). Die jährliche Neupflanzung sollte dort erfolgen, wo mindestens drei Jahre keine Erdbeeren gestanden haben. Bei der Wahl der Größe der Erdbeeranlage sollte berücksichtigt werden, daß der durchschnittliche Ertrag bei 50 kg/100 m$^2$ liegt.

*Abb. 1 Erdbeeren sollten nicht länger als drei Jahre auf einem Platz stehen*

*Abb. 2 Anzucht der zur Vermehrung ausgewählten Jungpflanzen in Töpfen*

## Bodenvorbereitung

Da Erdbeeren bis zu drei Jahre am gleichen Standort bleiben, sollte die Bodenvorbereitung entsprechend gründlich erfolgen: Im Herbst bzw. Frühjahr wird pro 10 m$^2$ eine Schubkarre Stallmist oder Kompost verteilt und in den Boden eingegraben. Je tiefer dabei die Bodenlockerung erfolgt, um so tiefer können auch die Wurzeln in den Boden vordringen.
Statt einer Stallmist- oder Kompostdüngung ist eine Gründüngung (s. S. 179) zur Bodenverbesserung auch sehr gut geeignet. So kann z. B. der winterharte Winterroggen im Frühherbst (spätester Saattermin 10. September) ausgesät (1,8 kg/100 m$^2$) und Anfang Mai in den Boden eingearbeitet werden.

## Pflanzung

Je mehr Licht und Luft an die Pflanzen gelangt, desto besser ist die Fruchtentwicklung, und um so geringer ist der Befall mit Grauschimmel (s. S. 135 u. 137). Entsprechend sollte der Reihenabstand 60 bis 80 cm, der Pflanzenabstand in der Reihe 25 bis 30 cm betragen.
Galt früher als beste Pflanzzeit August/September, ist es heute der Zeitraum Juni/Juli. Denn je früher gepflanzt wird, desto höher sind die Erträge im folgenden Jahr. Die frühe Pflanzung wird möglich durch sogenannte **„Frigo-Erdbeeren“.** Es handelt sich dabei um im Mai geerntete Erdbeerpflanzen, die bei −2 °C im Kühlhaus gelagert werden. Bei der Pflanzung ist darauf zu achten, daß die Wurzeln ungeknickt in den Boden gelangen und die Herzknospe nicht mit Erde bedeckt wird. Gut geeignet sind hierfür Pflanzhölzer.
Sehr gut bewährt hat sich das Mulchen mit Stroh zwischen den Erdbeerreihen. Neben der Unterdrückung von Unkrautwuchs hält es die Früchte sauber und fördert eine gleichmäßige Bodentemperatur und -feuchtigkeit.

## Düngung

Ausgehend von einem Bedarf von 12,5 g Stickstoff, 3 g Phosphor und 23 g Kalium pro m$^2$, kann die Düngung mit Einnährstoffdüngern folgendermaßen durchgeführt werden:
Im Frühjahr (März/April) werden zur Anregung

des Wachstums pro $m^2$ 15 g Kalkammonsalpeter, 8 g Superphosphat und 23 g Kalimagnesia, aufgeteilt in 2 Gaben, im Abstand von 2 bis 3 Wochen gedüngt. Wem das zu viel Mühe macht, kann auch im Handel erhältlichen speziellen Erdbeerdünger verwenden.

Nach der Ernte welken die im Frühjahr angelegten Blätter, und es entwickeln sich die sogenannten Sommerblätter. Die Entwicklung ist für die Ernte im nächsten Jahr entscheidend. Entsprechend sollte nun der Rest der noch ausstehenden Nährstoffe gegeben werden. Dies sind pro $m^2$ 30 g Kalkammonsalpeter, 8 g Superphosphat und 23 g Kalimagnesia. Auch hier sollte die Düngermenge wie bei der Frühjahrsdüngung aufgeteilt werden. Die Düngung erfolgt generell vor einem Regen. Ist kein Regen zu erwarten, sollte beregnet werden.
Ab September wird nicht mehr gedüngt und gewässert, da nun die Blätter für das nächste Jahr angelegt werden und dementsprechend das Wachstum eingeschränkt wird.

**Ernte**
Die angesetzten Früchte reifen unterschiedlich, so daß ein mehrmaliges Durchpflücken notwendig ist. Das Pflücken selbst sollte nach Möglichkeit in den frühen Morgenstunden oder am Abend geschehen, wobei so gepflückt wird, daß der Kelch und ein kurzes Stück Stiel an den Früchten verbleiben. Bis zur Verwendung werden sie kühl gelagert.

**Vermehrung**
Erdbeeren kann man sehr einfach vermehren. Kurz vor der Ernte und bis in den Herbst hinein erscheinen oberirdische Ausläufer, an denen sich kleine Erdbeerpflanzen bilden. Nachdem sich die Erdbeerpflänzchen gut bewurzelt haben, werden sie mit einem scharfen Messer (nicht reißen!) von der Mutterpflanze getrennt und auf ein vorbereitetes Stückchen Land ausgepflanzt. Es sollten nur von stark blühenden und ertragsreichen Stauden Erdbeerjungpflanzen gewonnen werden. Diese werden während der Blüte bzw. Ernte mit einem Stöckchen gekennzeichnet. Von allen nicht als Mutterpflanzen gekennzeichneten Pflanzen sollten die Ausläufer entfernt werden, da sie die Pflanze sehr viel Kraft kosten.

**Sorten**
Eine der bekanntesten und verbreitetsten Sorten ist ‚Senga Sengana'. Sowohl im Geschmack als auch im Aussehen ist sie eine der beliebtesten mittelfrühen Sorten, die auch zur Gefrierkonservierung sehr gut geeignet ist. Daneben gibt es noch eine Vielzahl alter und neuer Sorten.

## Ernte

**Einige Regeln für die Gemüseernte**

- **Sommergemüse** erst dann ernten, wenn es reif ist, also die größte Masse hat.
- Bei der **Salaternte** auf gut geschlossene und feste Köpfe achten, die mit dem Messer herausgeschnitten werden.
- Grundsätzlich **Blattgemüse** immer abends ernten.
- **Spinat** und andere Blattgemüse werden spätestens vor dem „Schießen", d. h. vor dem Treiben der Blüte, geerntet.
- **Wintergemüse** wie Rosenkohl und Grünkohl sollten erst nach den ersten Frösten geerntet werden.
- Wintergemüse mittags oder abends ernten, damit es völlig abgetrocknet und zur Dauerlagerung geeignet ist.
- **Rosenkohlröschen** werden zuerst unten am Stiel gepflückt. Es ist darauf zu achten, daß immer zuerst die größten – etwa walnußgroßen – und fest geschlossenen Köpfe geerntet werden. Der obere Kopf des Rosenkohls kann abgeschnitten und als Kohlgemüse zubereitet werden.
- **Kohlgemüse** mit dem Ballen aus der Erde nehmen. Die Kohlköpfe können dann mit dem Messer von den Strünken befreit werden. Alle Abfälle vom Feld entfernen, um der Kohlhernie oder anderen Erkrankungen vorzubeugen.
- **Wurzelgemüse** darf nicht mit dem Messer in Berührung kommen, um Krankheiten und Schädlinge zu vermeiden. Ebenso sollte das Laub von Wurzelgemüse nicht abgeschnitten, sondern abgedreht werden, um keine Beschädigungen herbeizuführen.
- Alle Wurzelgemüse werden tief mit dem Spaten oder der Grabegabel ausgegraben.
- Bei Schwarzwurzeln muß auf einer Seite ein tiefer Graben ausgehoben werden. Erst dann können mit der Grabegabel oder dem Spaten die Schwarzwurzeln gelockert werden.

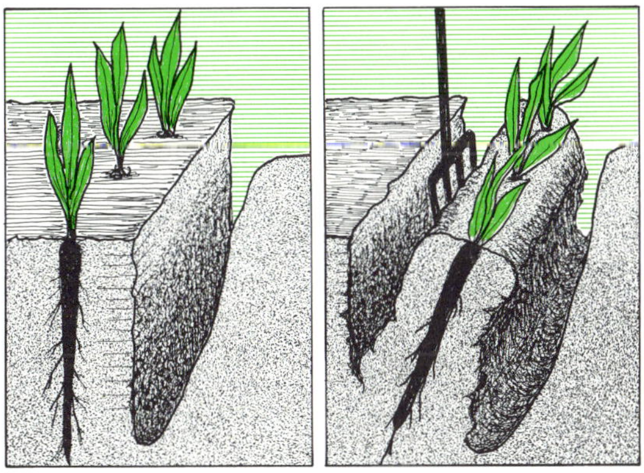

*Abb. 1 Ausgraben von Schwarzwurzeln*

A

B

*Abb. 1 Ernte von Chicorée*

*Abb. 2 Richtige Ernte von Erbsen*

- **Chicorée** wird im Herbst geerntet, indem die Wurzeln mit der Grabegabel aus der Erde genommen werden. Anschließend werden die Blätter ca. 2 cm über dem Ansatz entfernt (Abb. 1 A). Die äußeren Blätter müssen bis auf den Boden der Wurzel sauber weggeschnitten werden (Abb. 1 B). Die Wurzel kürzt man auf eine Länge von ca. 20 cm und bewahrt sie bis zum Treiben kühl und frostsicher auf.
- **Sellerie** sollte man im Okt./Nov. ernten. Ein leichter trockner Frost schadet den Pflanzen nicht. Durch Abdrehen entfernt man das Kraut bis auf die Herzblätter .
- Bei **Möhren** werden immer zuerst die dickeren herausgezogen. Die entstandenen Lücken werden mit Erde verschlossen, damit die verbleibenden Möhren nicht austrocknen und dem Befall von Schädlingen ausgesetzt sind.
- Sobald **Winterfeldsalat** das 4. Blattpaar ausgebildet hat, können die Blätter dicht über dem Boden mit dem Messer abgeschnitten werden.
- Wenn die Zwiebelröhren trocken werden, sollte man das Gießen beenden. Die **Zwiebeln** werden aus der Erde gezogen und mehrere Tage zum Trocknen ausgelegt. Während dieser Zeit müssen sie mehrmals gewendet werden. Zur Aufbewahrung werden sie zu einem Zopf geflochten und in einem luftigen Raum aufgehängt.
- **Erbsen** sollten dann geerntet werden, wenn die Hülsen voll entwickelt und die Erbsen leicht angeschwollen sind. Zum Pflücken zieht man die Hülse mit einer Hand nach oben, mit der anderen hält man den Stengel fest (s. Abb. 2).

*Abb. 3 Reifeprobe und Ernte von Äpfeln*

- **Freiland-** und **Schlangengurken** sollten am frühen Morgen mit der Schere oder dem Messer geschnitten werden. Zu diesem Zeitpunkt ist die Gefahr des bitteren Geschmacks am geringsten. Eine Schlangengurke ist erntereif, wenn sie gleichmäßig dick und glattschalig ist. Die Ernte von Freilandgurken sollte je nach Verwendungszweck (Einlegegurken oder Senfgurken) erfolgen.
- **Kräuter** werden kurz vor der Blüte geschnitten. Sie werden in kleine Sträuße gebunden und an einer luftigen und schattigen Stelle eines Raumes aufgehängt.
- **Rhabarber** wird geerntet, indem man ganz unten am Stengel anfaßt und ihn durch eine Drehbewegung oberhalb des Wurzelhalses abdreht (3 bis 5 Stiele pro Pflanze und Woche).

**Einige Regeln für die Obsternte**

- Um die Pflückreife eines **Apfels** zu testen, hebt man ihn mit der Handfläche etwas an und dreht ihn gleichzeitig ein wenig. Löst er sich sehr leicht mit dem Stiel vom Zweig, so hat er die volle Reife erreicht und kann gelagert werden (s. Abb. 3, S. 182).
- **Birnen** werden ebenfalls mit Stiel und einer leichten Drehung vom Zweig gelöst. Die meisten Birnensorten reifen jedoch erst nach dem Abnehmen voll nach.
- Auch **Kirschen** sollten mit Stiel geerntet werden, da sie dann länger frisch bleiben. Bei Sauerkirschen ist besondere Vorsicht angebracht, da diese sehr schnell verletzt werden und dann Saft verlieren.

## Flaschengarten

**Bepflanzung**

Geräte und Materialien:
Glasflasche, Papier- oder Kunststofftrichter, Blähton, Holzkohle, Torfkultursubstrat, Fasertorf, Pflanzen, Schaufel, selbsthergestellte Werkzeuge (an Bambusstäben werden verschiedene Geräte wie Schwamm, Garnrolle, Löffel und Gabel befestigt).

*Abb. 1 Bepflanzung eines Flaschengartens*

Arbeitsgang (s. Abb. 1):

1. Mit Hilfe eines Trichters füllen Sie zuerst feingekörnten Blähton und Holzasche ein, so daß eine ca. 4 cm dicke Schicht entsteht. Anschließend wird feuchtes Torfkultursubstrat nachgegeben (ca. 5–7 cm).
2. Nach hinten wird die Erde etwas höher angelegt, da dort die Pflanzen erhöht stehen sollen.
3. Mit dem Löffel werden die Pflanzlöcher vorbereitet.
4. Mit der Gabel stechen Sie in die Wurzelballen und setzen sie in die Vertiefungen. Dann wird mit der Garnrolle die Erde festgedrückt. Zwischen den einzelnen Pflanzen genügend Platz lassen!
5. Der Schwamm dient der Reinigung der Glasflasche von innen.

**Einige geeignete Pflanzen**

Mooskraut, Begonien, Tüpfelfarn, Fittonie, Bromelien.

## Folieneinsatz

**Folientunnel**

*Bodenvorbereitung*

Im Herbst wurde bereits das Beet vorbereitet (s. S. 175 f.). Ca. 3 Wochen vor dem Aussäen oder Pflanzen wird der Tunnel über die vorgesehene Anbaufläche gestellt, um diese zu erwärmen. Auch der Anbau unter Folie unterliegt den Regeln der Fruchtfolge und des Fruchtwechsels.

*Standort*

Der Tunnel sollte im Garten einen sonnigen Platz, möglichst windgeschützt, erhalten. Bei der Anlage mehrerer Tunnel sollten diese so hintereinander versetzt werden, daß die Luft zirkulieren kann. Auch zwischen den Längsseiten muß für ausreichend Platz gesorgt werden.

*Tunnelsysteme*

Die Fachgeschäfte bieten für den Tunnelbau verschiedene Materialien an, wie z. B. Hartplastik, Well-PVC oder Polyäthylen-Folien. Darüber hinaus sind die Tunnelsysteme in unterschiedlichen Breiten, Längen und Höhen zu kaufen. Als vielseitig verwendbar, preisgünstig und am besten bewährt haben sich Federstahlstäbe mit Polyäthylen-Folie.

Ein Vorteil der Tunnelsysteme ist ihre Mobilität, da sie von einer Kultur zur nächsten verlegt werden können.

*Aufbau eines Folientunnels*

1. Zuerst zieht man eine Pflanzschnur.
2. Die Federstahlstäbe werden im Abstand von ca. 1 m bogenförmig über das Beet in die Erde gesteckt. Die letzten Stäbe müssen besonders tief in die Erde getrieben werden.
3. Es ist wichtig, die Folie sorgfältig über die Stäbe zu spannen.
4. Ca. 60 cm vor dem ersten und hinter dem letzten Federstahlstab befestigt man die Folie an einem Rundholz und schließt damit den Tunnel. Die Folie wird dann eingegraben.

*Pflege der Kulturen*

Zum Säen, Pflanzen, Belüften und Bewässern zieht man die Folie einfach seitlich nach oben. Für die regelmäßige Belüftung können auch beide Enden des Folientunnels geöffnet werden. Damit der Bienenflug während der Blütezeit gewährleistet ist, sollten ebenfalls beide Tunnelenden geöffnet bleiben.

*Nutzungsmöglichkeiten*

- Ernteverfühung bis zu ca. 3 Wochen (z. B. Erdbeeren),
- Kälteschutz (z. B. bei Gurken, Dahlien),
- Ernteverlängerung im Herbst (z. B. Salat),
- Anzucht (z. B. Salat, Kohlrabi, Blumenkohl, Kräuter usw.).

**Mulchfolie**

Die schwarze Folie oder Mulchfolie wird hauptsächlich für wärmeliebende Pflanzen, wie z. B. Erdbeeren, Tomaten, Zucchini, Gurken und Paprika, eingesetzt. Sie hat meistens eine Breite von 1,30 m. Die ca. 0,5 mm dicke Folie wird auf das vorbereitete Beet gelegt und an allen Seiten leicht eingegraben. Dann versieht man die Folie an den Pflanzstellen mit Kreuzschlitzen. Dort werden die vorgezogenen Pflanzen eingepflanzt. Die weitere Pflege beschränkt sich auf das Wässern.

**Loch- und Schlitzfolien**

Das Material, die Breite und Dicke entsprechen etwa der Mulchfolie. Nach dem Pflanzen breitet man sie locker über dem Beet aus. Eine der Längsseiten wird tief eingegraben oder mit Folienhaltern befestigt. Die gegenüberliegende Längsseite sowie die beiden Schmalseiten werden nur mit Steinen beschwert. Die Folie muß so aufliegen, daß sie sich im Wind leicht bewegen kann. Nach 4 bis 6 Wochen sollte die Folie entfernt werden. Bei Blattgemüse empfiehlt es sich, die Folie ca. 2 Wochen vor der Ernte zu entfernen.

Je nach Gemüseart benutzt man Folien mit einer unterschiedlichen Anzahl von Löchern pro $m^2$.

| | | |
|---|---|---|
| Z. B.: | Kohlgemüse: | 250–750 |
| | Kopfsalat: | 250–400 |
| | Sellerie: | 400 |

# Frühbeet

**Standort**

Für den Standort eines Frühbeetes eignet sich am besten ein ganztägig von der Sonne beschienener, möglichst windgeschützter Platz. Um alle während der Kultur notwendigen Arbeiten ausführen zu können, sollte der Frühbeetkasten von allen Seiten gut zugänglich sein.

**Vorbereitung eines kalten Frühbeetes**

Bereits im Herbst werden je $m^2$ Beetfläche ein Eimer Kompost oder Mist eingearbeitet. Wenn das Beet bereits im Winter genutzt werden soll, muß es innen mit Styropor ausgekleidet oder außen mit Erde angeschüttet werden. Nachts müssen dann bei Frostgefahr die Fenster mit Strohmatten, Jutesäcken oder ähnlichem abgedeckt werden.

**Vorbereitung eines warmen Frühbeetes**

Eine Reihe von Pflanzen lassen sich schon ab Februar aussäen; sie müssen dann aber „warme Füße" erhalten. Dies ist durch eine Packung aus Mist oder frischem Kompost zu erreichen. Hierzu wird zunächst die Erde im Kasten ca. 60 cm tief ausgehoben. Unten füllt man in die Grube eine ca. 10 cm dicke Stroh- oder Laubschicht, darüber kommen ca. 30 cm Mist oder frischer Kompost. Im März genügt es, wenn die Mist- oder Kompostpackung 25 bis 30 cm dick ist.

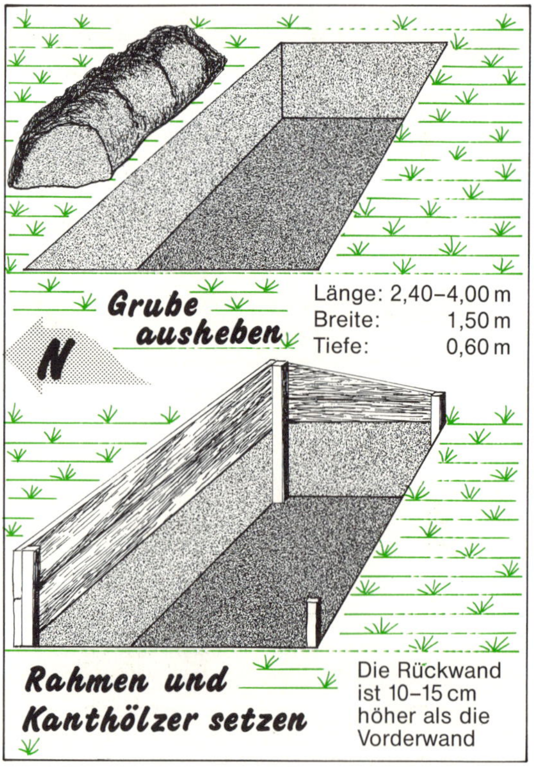


*Abb. 1 Bau eines Frühbeetes*

Die Packung wird festgetreten und dann 20 cm Muttererde darüber verteilt. Durch die Packung entwickelt sich nach wenigen Tagen eine Eigenwärme, die so hoch sein kann, daß man zunächst ca. 10 Tage warten muß, bis die Bodentemperatur wieder auf unter 30 °C gesunken ist.
Die Temperaturentwicklung kann am besten mit einem Thermometer verfolgt werden.

**Maße**
Je nach Verwendung kann die Höhe eines Frühbeetkastens sehr unterschiedlich sein. Wird das Beet vornehmlich für Aussaat, Anzucht und Abhärtung benutzt, genügen 20 bis 30 cm Höhe. Sobald die Blätter der Pflanzen das Glas berühren, müssen die Fenster abgenommen werden. Sollen Pflanzen jedoch unter Glasbedeckung weiterwachsen, müssen die Wände 40 bis 60 cm hoch sein. Die Größe eines Beetes richtet sich einerseits nach dem eigenen Bedarf, zum anderen nach den Normmaßen von Fertigfenstern für den Gartenbau. Deren Maße betragen 1,50 x 1,00 m oder 1,50 x 0,80 m. Entsprechend sollte das Beet eine Breite von 1,50 m und eine Länge von 2,40 m bis 4,00 m erhalten (Abb. 1, S. 184). Selbstgebaute Fenster können auch mit UV-beständiger Plastikfolie bespannt werden. Dann wird zunächst Maschendraht am Holzrahmen angebracht, damit die aufliegende Folie auch bei stärkeren Regenfällen nicht durchhängt.

**Bewegliche Frühbeetkästen**
Zum Schutz von Aussaatbeeten oder wärmebedürftigen Jungplanzen ist es vorteilhaft, einen transportablen Frühbeetkasten einsetzen zu können. Er sollte so gebaut sein, daß er nicht in der Erde verankert werden muß, um möglichst einfach versetzt werden zu können.

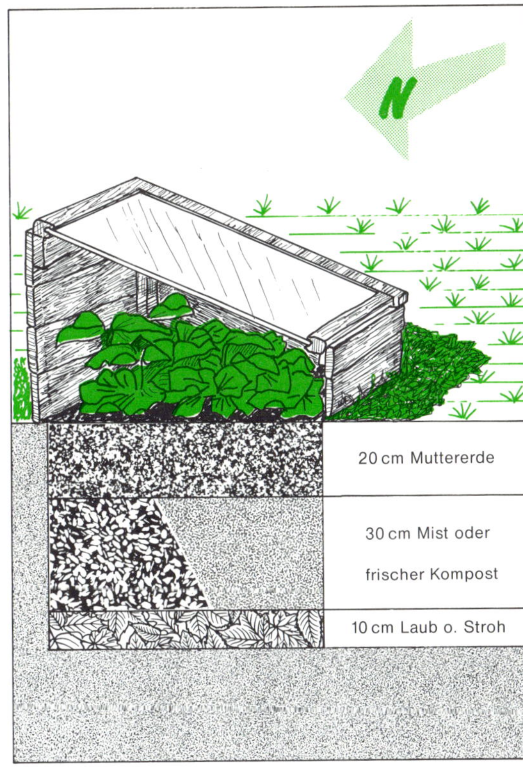

*Abb. 2 Anlage eines warmen Frühbeetes*

**Lüften und Schattieren**
Während die Fenster von September bis Mai nachts geschlossen bleiben, muß tagsüber in jedem Fall für eine gute Lüftung gesorgt werden. Dies geschieht am einfachsten durch Verwendung eines Lüftholzes (s. S. 50). Je höher der Sonnenstand, desto höher auch der Lüftungsspalt! Bei intensiver Sonnenbestrahlung (ab April) muß das Glas zusätzlich mit einer Bastmatte abgedeckt werden. Hierdurch wird für eine ausreichende Schattierung gesorgt und verhindert, daß die Pflanzen verbrennen.

| | | | |
|---|---|---|---|
| salat | Aussaat von Buschbohnen | Aussaat von Gurken für das Freiland | Aussaat und Kultur von Feld- |
| empfindlicher Wurzelstöcke | Aussaat und Anzucht ein- und zweijähriger Sommerblumen | Aussaat und Kultur von Salat | Einschlagen frost- |
| miete | Aussaat und Kultur von Möhren | Aussaat und Kultur von Fenchel | Erd- |
| | Aussaat und Anzucht von Salat | Aussaat und Kultur von Melonen | |

| Jan. | Feb. | März | April | Mai | Juni | Juli | Aug. | Sept. | Okt. | Nov. | Dez. |
|---|---|---|---|---|---|---|---|---|---|---|---|

*Abb. 1 Beispiel für die ganzjährige Nutzung eines Frühbeetes*

## Gartenbewässerung

*Abb. 1 Gießbrause*

Auch wenn in unseren Breiten die Sommer häufig „verregnen“, gibt es während des Gartenjahres Tage und Wochen, an denen die natürliche Niederschlagsmenge nicht genügt und bewässert werden muß. Da Wasser wieder zu einem kostbaren Gut geworden ist, sollte es sinnvoll und sparsam verwendet werden: Sinnvoll ist es z. B., Jungpflanzen häufiger zu bewässern, weil deren Wurzelwerk noch nicht sehr verzweigt ist. Ältere Pflanzen brauchen dagegen nicht so häufig bewässert zu werden.

Junge Obstbäume benötigen wegen ihrer noch nicht sehr tief reichenden Wurzeln genauso zusätzlich Wasser wie immergrüne Gehölze während trockener, schneefreier Winterperioden.

Ein dichter Bewuchs und eine Mulchschicht helfen Wasser sparen, weil die Verdunstung geringer ist. Gießrinnen oder eingelassene Blumentöpfe dienen ebenfalls der sparsamen Wasserverwendung.

Mit einer **Regentonne** kann nicht nur preiswert Regenwasser gesammelt werden, sie ermöglicht auch das Abstehen von Leitungswasser. In Gebieten mit starker Luftverschmutzung sollte auf das Sammeln von Regenwasser verzichtet werden.

**Regeln für das Gießen**

1. Möglichst morgens gießen, da den Pflanzen dann in der Zeit ihres größten Bedarfs Wasser zur Verfügung steht.
2. Pflanzen nicht leicht übersprühen, sondern kräftig wässern (s. S. 109).
3. Erst wenn die Erde drei Zentimeter unter der Oberfläche trocken ist, muß bewässert werden. Zehn Liter (eine Gießkanne) je m*2* sind dann erforderlich.
4. Nach häufigerem Bewässern muß die sich hierbei gebildete Bodenkruste gehackt werden, um Feuchtigkeitsverlusten vorzubeugen.
5. Bereits welkende Pflanzen dürfen zunächst nur vorsichtig gegossen werden, da sie nicht in der Lage sind, sofort große Wassermengen aufzunehmen.

## Gartengeräte

*Abb. 2 Arbeit mit dem Handhäufelpflug*

**Geräte zum Wenden, Graben, Umsetzen**

**Spaten:** Er wird zum Umgraben, Ausheben von Pflanzlöchern, zur Ernte von Wurzelgemüse und zum Kleinhacken von Kompostmaterial verwendet. Für das Graben in schweren Böden ist ein Spaten mit schmalerem Blatt zweckmäßiger (Abb. 3/A).

**Schaufel:** Sie ist für das Umsetzen und Verteilen von Erde, für das Mischen von Erden und das Ausheben größerer Pflanzlöcher geeignet (Abb. 3/B).

**Grabegabel:** Sie wird zum Umgraben oder Lockern, zum Ausgraben von Wildkräutern, zum Umsetzen von Kompost, zur Ernte von Wurzelgemüse und zum Ausgraben von Zwiebeln und Knollen eingesetzt. (Abb. 3/C).

**Heugabel:** Mit ihr werden Gras, Kompost, Mist, Laub, Reisig und Stroh verteilt (Abb. 3/D).

**Handhäufelpflug:** Mit ihm werden Kartoffeln und Buschbohnen angehäufelt (Abb. 2).

**Geräte zum Lockern, Krümeln, Einebnen**

**Biogabel/Doppelgrabegabel:** Sie ist besonders zum Lockern und Lüften schwerer Böden geeignet; die große Breite ermöglicht gegenüber der Grabegabel ein zeitsparendes Arbeiten (Abb. 3/E).

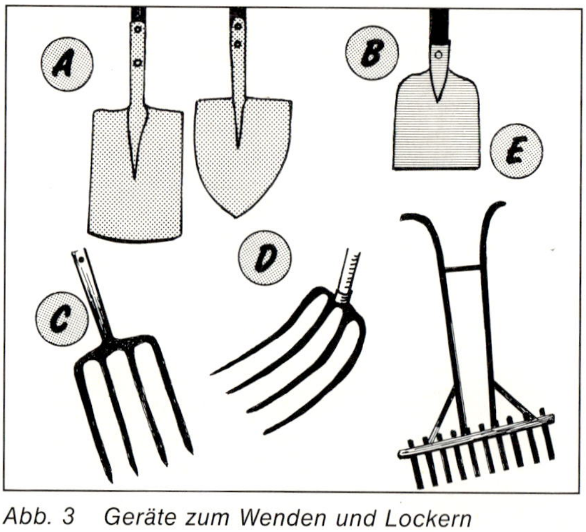


*Abb. 3 Geräte zum Wenden und Lockern*

*Abb. 1 Arbeit mit der Sternfräse*

*Abb. 3 Arbeit mit der Särolle*

**Harke/Rechen:** Dieses Gerät ermöglicht das Einebnen von Beeten, wobei gleichzeitig eine weitere Krümelung erreicht wird (Abb. 2A).
**Gartenwiesel:** Es wird bei leichten Böden zur Zerkrümelung und oberflächlichen Bodenlockerung eingesetzt.
**Sternfräse:** Hiermit lassen sich auch schwere Böden gut krümeln (Abb. 1).
**Kultivator:** Er ist auf allen Böden zu einer ca. 15 cm tiefen Bodenlockerung einsetzbar. Besonders geeignet ist er zur Lockerung steiniger Böden (Abb. 2D).
**Grubber:** Es wird eine geringere Arbeitstiefe als beim Kultivator erreicht. Seine geringere Arbeitsbreite ist bei schweren Böden sowie dem Lockern zwischen den Reihen von Vorteil. Auch eignet er sich zum Einarbeiten organischer Dünger (Abb. 2E).
**Schlaghacke:** Sie eignet sich zur Zerkleinerung harter Erdklumpen und Auflockerung starker Verunkrautung (Abb. 2B).
**Doppelhacke/Kombihacke:** Im Gegensatz zur Schlaghacke hat sie einen langen Stiel, so daß weniger mühevoll gearbeitet werden kann. Das Lockern erfolgt einige Zentimeter tief, Wildkräuter werden dabei herausgerissen. Sie ist besonders für die Arbeit zwischen eng stehenden Kulturen geeignet (Abb. 2C, mit Kurzstiel).

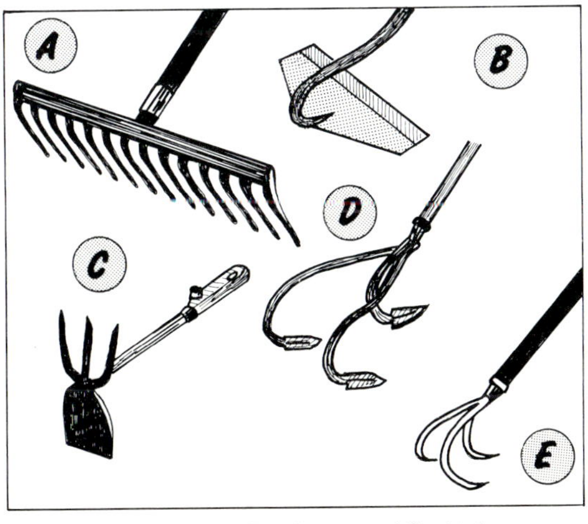


*Abb. 2 Geräte zum Einebnen und Zerkleinern*

**Geräte zur Aussaat, Pflanzung**
**Pflanzholz:** Es wird zum Vorbereiten eines Pflanzloches für Gemüsepflanzen ohne Wurzelballen verwendet.
**Pflanzkelle:** Sie wird zum Ausheben von Pflanzlöchern für Jungpflanzen mit Wurzelballen benutzt (Abb. 2, S. 212).
**Pflanzschnur:** Sie wird über das Beet gespannt, um eine gerade Sä- oder Pflanzlinie zu erhalten. (Abb. S. 171).
**Rillenzieher:** Mehrere Saatrillen können gleichzeitig gezogen werden. Je nach erforderlichem Abstand sind die Zinken verstellbar.
**Särolle:** Zum Einfüllen von feinem bis grobem Saatgut enthält sie mehrere Kammern. Das Schieben der Rolle durch vorgezogene Saatrillen ermöglicht ein schnelles und gleichmäßiges Aussäen (Abb. 3).
**Pflanzlochbohrer:** Er wird für das Pflanzen von Blumenzwiebeln und Ballenpflanzen oder auch bei der Kartoffelpflanzung verwendet.

**Geräte zur Bewässerung**
**Gießkanne:** Sie ist ein unverzichtbares Gerät für die Bewässerung und eignet sich vor allem für kleine Flächen wie Aussaat- und Frühbeete.
**Gartenschlauch:** Unabhängig von der Qualität sollte der Schlauch in jedem Fall mit einer Spritzdüse versehen werden können, damit es zu einer feineren Verteilung des Wassers kommt.
**Schwenkregner:** Dieses ebenfalls sehr gebräuchliche Hilfsmittel verteilt das Wasser je nach Ausführung in Kreis- oder Rechteckform.

**Geräte zum Schneiden**
**Gartenschere** (S. 238, Abb. 2B): Scheren für Gehölze, Sommerblumen, Stauden und Rosen gibt es mit einer oder zwei Schneiden, der Vorteil einer einschneidigen Schere besteht in der geringeren Einklemmgefahr des Schnittgutes.
**Heckenschere:** Hecken können hiermit zeitsparend geschnitten werden (S. 190, Abb. 1).
**Kantenschere:** Sie erlaubt das Rasenschneiden entlang von Zäunen oder Mauern (Abb. 1A, S. 188).

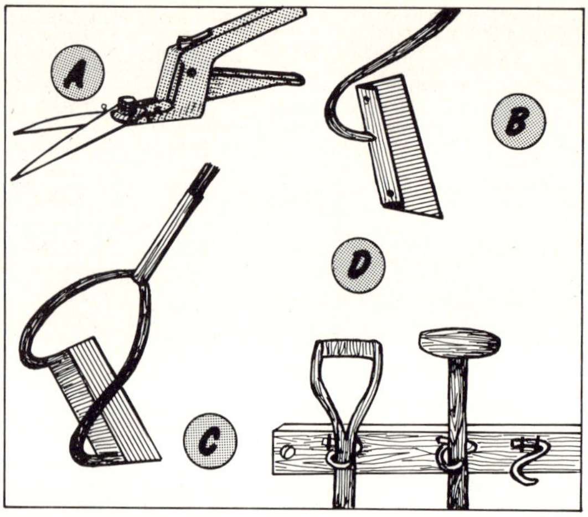


*Abb. 1 Verschiedene Geräte*

**Rasenmäher:** Der handgetriebene Spindelmäher ermöglicht sauberere Schnitte als die meist mit rotierenden Messern ausgestatteten Motor- und Elektromäher.

**Geräte zum Jäten, Lockern**

**Bügeljäter/Ziehhacke:** Hiermit lassen sich starkwüchsige Wildkräuter zwischen den Reihen jäten. Nach dem Abschneiden vertrocknen sie. Die oberste Bodenschicht wird dabei gleichzeitig gelockert (Abb. 1B).

**Pendelhacke:** Ein an beiden Kanten geschliffenes Messer ermöglicht ein Lockern und Jäten auch an schwer zugänglichen Stellen.

**Bügelhacke:** Mit ihr lassen sich bei gleichzeitiger Bodenlockerung hackend Kräuter entfernen (Abb. 1C).

**Schuffel:** Sie wird flach über den Boden gezogen und vor allem auf Gartenwegen zur Wildkrautbekämpfung eingesetzt.

**Geräteaufbewahrung/Pflege**

Ein an der Wand montierter **Gerätehalter** (Abb. 1D) bietet eine einfache, geräteschonende Aufbewahrung. Teurer ist ein mobiler Gerätehalter, der dafür den Vorteil des sicheren Abstellens auch im Garten beinhaltet. Die bekannten Schläge mit dem Harkenstiel lassen sich hierdurch beispielsweise vermeiden. Um Verletzungen zu verhüten, müssen Gartengeräte während und nach der Gartenarbeit immer aufrecht abgestellt werden.

Nach der Benutzung sollte eine **Pflege** der Geräte erfolgen. Während der Gartensaison genügt eine Reinigung von anhaftendem Lehm mit Wasser und Bürste. Am Ende des Gartenjahres schützt das Einölen der gereinigten Metallteile vor Rost. Ein trockener Lappen und Speiseöl sind hierzu die richtigen Hilfsmittel. Wenn am Spaten oder anderen Geräten die Stiele wackeln, müssen sie mit Schrauben oder Nägeln wieder an der Gerätetülle befestigt werden.

## Gehölzpflanzungen

**Das Pflanzen eines Baumes**

Bäume gehören zu den bemerkenswertesten Erscheinungen der Natur, die durch ihr üppiges Wachstum und ihre Langlebigkeit einen jeden Garten prägen. Es spielt keine Rolle, ob man sich für einen Laub- oder Nadelbaum entscheidet, denn bei jeder Pflanzung müssen bestimmte Regeln beachtet werden, damit die Pflanzen anwachsen und sich gesund weiterentwickeln. Geeignete Pflanzzeiten sind das Frühjahr (März bis Mai, vor dem Laubaustrieb) und der Herbst (Oktober bis Mitte Dezember, nach dem Laubfall), wobei die Herbstpflanzung zu bevorzugen ist. Nadelgehölze sollten im frühen Herbst (Mitte August bis September) und im späteren Frühjahr (April bis Mai) gepflanzt werden. Containerpflanzen (in Gefäßen kultivierte Pflanzen) können auch im Sommer gepflanzt werden. Die Gefäße müssen selbstverständlich vor dem Pflanzen entfernt werden. Nachteilig ist der wesentlich höhere Preis und das geringere Artenangebot.

**Pflanzvorgang** (s. S. 189, Abb. 1)

1. Pflanzloch ausheben

Mit dem Spaten wird das Pflanzloch ausgehoben. Es sollte doppelt so tief und breit wie das Wurzelwerk bzw. der Wurzelballen sein. Dabei ist darauf zu achten, daß Ober- und Unterboden getrennt gelagert, d.h. nicht miteinander gemischt werden. Der Untergrund des Pflanzloches sollte mit einer Grabegabel gut gelockert werden. Größere Steine sind zu entfernen.

2. Baumpfahl setzen

Ein Pfahl schützt den Baum vor Windschiefe und -bruch. Vor allem verhindert er aber ein Hin- und Herbewegen im Wind, das zum Abreißen der feinen Wurzelhaare und damit zur Hemmung der Wasser- und Nährstoffaufnahme führen würde (s. S. 82).

Der imprägnierte Baumpfahl (umweltfreundliches Imprägnierungsmittel verwenden!) wird in das Pflanzloch – ca. 30 cm tief – in den gewachsenen Boden geschlagen. Es ist darauf zu achten, daß der Pfahl gerade und zur Hauptwindrichtung (Windschutz!) steht. Um ein Scheuern der Kronenäste zu verhindern, sollte der Pfahl nicht in die Krone reichen. Bei Ballenpflanzen muß der Pfahl **nach** dem Pflanzen schräg eingeschlagen werden und dabei zur Hauptwindrichtung zeigen.

3. Boden verbessern

Zur Bodenverbesserung wird der Aushub (Oberboden) mit gut zersetztem Kompost – auf 2 Teile Aushub 1 Teil Kompost – vermischt.

4. Planz- und Wurzelschnitt

Bei Laubgehölzen ist der Pflanzschnitt ein Auslichtungsschnitt, d. h., nur verletzte, kranke und zu dicht stehende Triebe werden entfernt. Eine Ausnahme bilden Obstbäume. Bei diesen muß ein Erziehungsschnitt erfolgen. Hier sollte man darauf achten, daß dieser, falls nicht bereits erfolgt, beim Kauf in der Baumschule durchgeführt wird.

Auch an den Wurzeln sollte nicht zu viel geschnitten werden. Nur beschädigte und überlange Wurzeln werden mit einer scharfen Schere entfernt. Die Schnittflächen sollten nach unten zeigen.

5. Pflanzen

Das Einpflanzen wird am besten von zwei Personen durchgeführt, wobei die eine den Baum gerade in das Pflanzloch hält und die andere die Erde einfüllt. Es ist darauf zu achten, daß die Wurzeln gut verteilt sind. Die Pflanze sollte genauso tief gepflanzt werden, wie sie in der Baumschule gestanden hat. Dabei ist zu bedenken, daß sich der Boden mit der Zeit noch setzt (gut 5 cm höher pflanzen!). Bei Obstbäumen ist darauf zu achten, daß die Veredlungsstelle über dem Erdboden liegt. Während des Einfüllens der Erde (Unterboden zuletzt) sollte der Baum leicht hoch und runter gerüttelt werden, damit sich die Erde gut um die Wurzeln legt. Nach dem Füllen des Pflanzloches wird die Erde angetreten.

6. Angießen

Aus dem überschüssigen Aushub wird eine Gießmulde geformt, die mehrmals mit Wasser gefüllt wird.

7. Anbinden

Der Baum wird mit einer doppelten Achterschlinge am Pfahl befestigt. Hierzu können Kokosfaserstricke, alte Reifenmäntel vom Fahrrad oder Lederriemen verwendet werden. Draht oder dünne Bänder sind nicht geeignet, da sie in den Stamm einschneiden würden. Da sich der Boden noch setzt, sollte der Baum zuerst nur leicht und nach der Setzung fest angebunden werden. Die Schlingenenden können mit einer Krampe an dem Baumpfahl festgeschlagen werden.

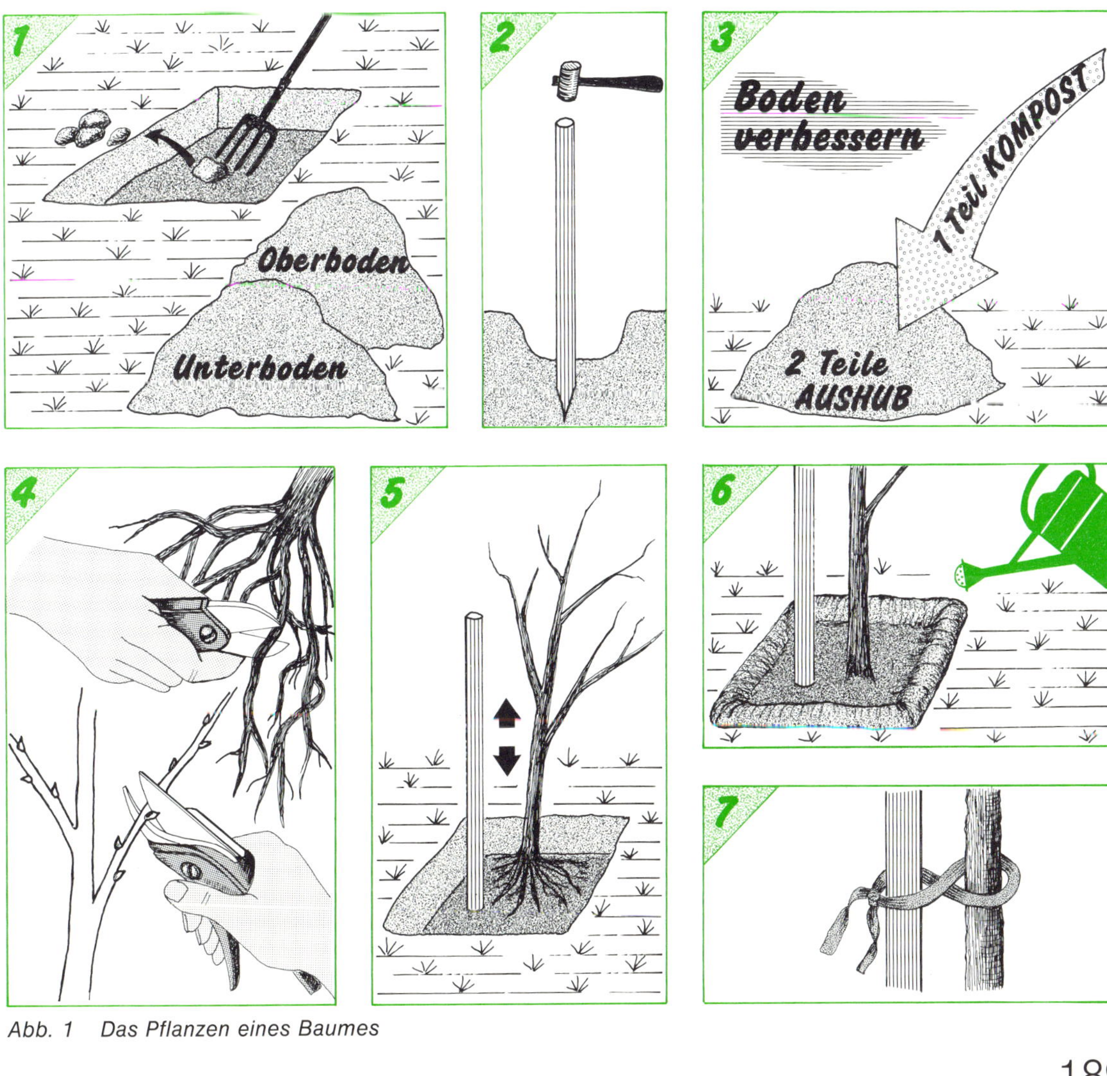


*Abb. 1 Das Pflanzen eines Baumes*

**Das Pflanzen eines Strauches**

Das Pflanzen von Sträuchern unterscheidet sich von Baumpflanzungen dadurch, daß der Pflanzschnitt ein Rückschnitt ist. Dabei wird der oberirdische Teil um ca. 1/3 eingekürzt. Im Gegensatz zu Bäumen benötigen Sträucher keine Pflanzpfähle.

**Das Pflanzen einer Hecke**

Hecken sind nicht nur lebende Sicht-, Windschutz- und Abgrenzungswände, sondern auch Zufluchtsstätten und Lebensraum sehr vieler Tierarten. Es gibt viele Arten: sommergrüne, immergrüne, durch Schnitt streng geformte oder natürlich wachsende Laub-, Blüten- oder Nadelholzhecken. Auch gemischte Hecken können gepflanzt werden. Der Phantasie sind kaum Grenzen gesetzt.

Besonders schöne Hecken bilden einheimische Pflanzen wie Weiß- und Rotbuche, Feldahorn, Liguster und Berberitze. Besonders naturnah sind gemischte Hecken aus Schlehe, Wildrose, Holunder, Weißdorn, Brom- und Himbeeren. Die Baumschulen haben ein großes Pflanzenangebot, das jedem Geschmack gerecht wird. Dort kann man auch erfahren, welche Heckensträucher in der jeweiligen Wohngegend landschaftstypisch sind und am besten gedeihen.

Bei der Wahl zwischen einer geformten und einer natürlich wachsenden Hecke ist neben dem Verwendungszweck auch die Größe des Gartens entscheidend. Ist der Garten relativ klein und soll die Hecke vor allem Sichtschutz und Grenze sein, eignet sich sehr gut die Formhecke. Damit die Hecke schön dicht wird und nicht von unten verkahlt, muß sie jährlich 1 bis 2 mal – Ende Juni und Ende August oder nur Ende August – geschnitten werden. Dabei ist darauf zu achten, daß die Seitenwände nicht senkrecht, sondern nach oben zulaufen (trapezförmig). Für eine Formhecke sind grundsätzlich alle Sträucher geeignet, die einen Schnitt gut vertragen und schön dicht werden.

In größeren Gärten können auch natürlich wachsende Hecken angelegt werden. Diese zeichnen sich dadurch aus, daß sie nicht durch regelmäßigen Schnitt geformt werden. Alle drei bis vier Jahre sollte jedoch ein Auslichtungsschnitt erfolgen. Solche Hecken dienen vor allem als Blüten- und Fruchthecken.

Bevor man die Pflanzung vornimmt, ist es wichtig, den genauen Grenzverlauf festzustellen, damit es später keinen Streit mit den Nachbarn gibt. Sinnvoll ist es auch, beim zuständigen Gartenbauamt Erkundigungen über den notwendigen Grenzabstand und die erlaubte Höhe einzuholen, um späteren Ärger zu vermeiden. Am besten ist es natürllich, man einigt sich mit den Nachbarn und erstellt die Hecke als Gemeinschaftsprojekt, das nicht nur trennt, sondern auch verbindet.

Das Anlegen einer geschnittenen Hecke erfolgt in folgenden Arbeitsschritten (s. auch Abb. 1):

1. Schnur spannen
2. Lockerung des Bodens durch Holländern (s. S. 176)
3. Aushub des Grabens
4. Verbesserung des Aushubs mit Kompost (auf 2 Teile Aushub 1 Teil Kompost)
5. Wurzelschnitt (nicht bei Ballenpflanzen!) und Auslegen der Pflanzen
6. Pflanzen verteilen und aufstellen
7. Graben zuschaufeln
8. Erde gut festtreten und evtl. Pflanzen ausrichten
9. Gut wässern
10. Graben mit dem Krail einebnen
11. Rückschnitt

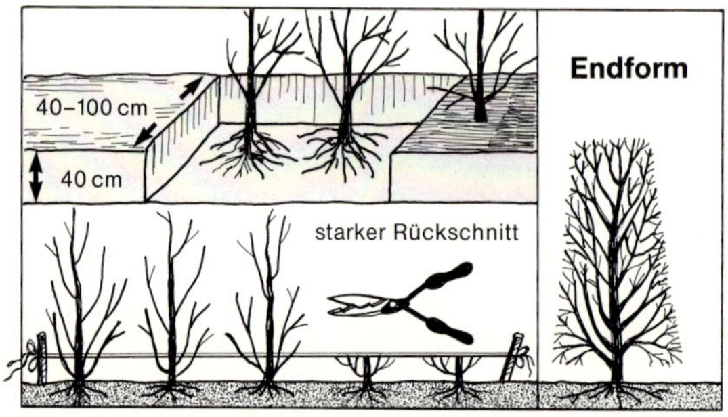


*Pflanzen ohne Wurzelballen*

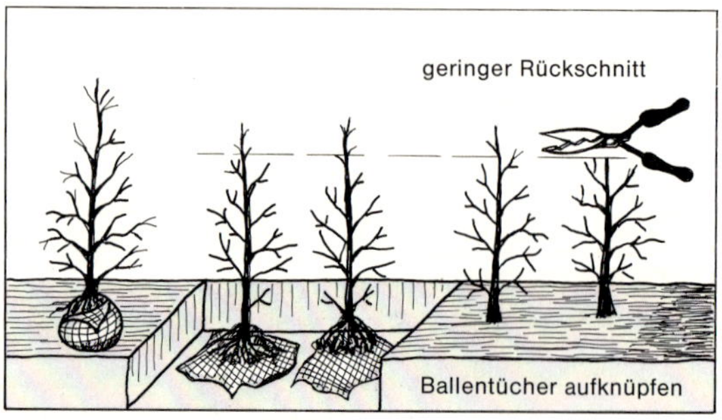


*Pflanzen mit Wurzelballen*

*Abb. 1 Das Anlegen einer geschnittenen Hecke*

*Abb. 1 Verschiedene Gießtechniken*

**Verschiedene Methoden der regelmäßigen Bewässerung**

1. **Gießen von oben**
   Damit die Blätter nicht naß werden, ist es zweckmäßig, bei dieser Methode eine Gießkanne mit langer Tülle zu verwenden. Es sollte so lange Wasser nachgegossen werden, bis es in den Untersetzer läuft. Vergessen Sie es häufiger, den Untersetzer zu entleeren, so empfiehlt es sich, einige Steinchen zwischen Topf und Untersetzer zu legen. So können die Wurzeln nicht mehr mit dem Wasser in Berührung kommen. Außerdem sollte man darauf achten, daß nicht immer an der gleichen Stelle gegossen wird, da sonst das Substrat verkrustet.
2. **Gießen von unten**
   Hierbei wird der Untersetzer mit Wasser gefüllt. Die Wurzeln nehmen sich je nach Bedarf das Wasser.
   Aber auch hier sollte das Wasser nach ca. 1 Stunde aus dem Untersetzer weggegossen werden, da sonst die Pflanzen ständig „nasse Füße“ haben. Diese Gießmethode wird hauptsächlich bei besonders empfindlichen Pflanzen, wie z. B. Usambaraveilchen und Cyclamen, gewählt.
3. **Bromelien gießen**
   Zusätzlich wird das Wasser mit der Gießkanne in den Pflanzentrichter gegossen (s. Abb. 1). Das Wasser sollte einmal im Monat ausgetauscht werden.
4. **Tauchbad**
   Wenn Topfpflanzen im Sommer besonders viel Wasser benötigen, kann man sie in einen Eimer mit Wasser stellen. Die Wurzelballen der Azaleen sollten einmal pro Woche 10 Minuten lang in ein Tauchbad gegeben werden. Das Wasser sollte allerdings enthärtet sein.

5. **Besprühen**
Durch das Besprühen von Topfpflanzen wird die Luftfeuchtigkeit erhöht und dadurch die Wasserverdunstung der Blätter reduziert. An kühlen Tagen sollte man morgens die Blätter besprühen, damit noch genügend Zeit zum Abtrocknen bleibt. An heißen Tagen am Abend sprühen, aber nie während der heißen Mittagszeit. Die Wassertropfen könnten wie ein Brennglas wirken und Verbrennungen auf den Blättern hervorrufen. Bei einigen Blütenpflanzen ist es besser, die Feuchtigkeit in die umgebende Luft zu sprühen (s. Abb. 1), z.B. bei Anthurie, Orchidee, Usambaraveilchen, Frauenhaarfarn und Mimose.
Es ist eine Kunst, den unterschiedlichen Pflanzen ihre richtige Menge Wasser zukommen zu lassen. Dabei ist zuwenig meist nicht so schlimm wie ein Zuviel.

**Topfpflanzen mit hohem Wasserbedarf**
Hierzu zählen Pflanzen,
- die in Tontöpfen wachsen,
- die in warmen Räumen oder im Sommer in unmittelbarer Nähe des Fensters stehen,
- die sich in der Wachstumsphase befinden,
- die zarte, dünne und sehr große Blätter haben, wie z.B. Buntwurz *(Caladium-Bicolot-Hybriden)* oder Wunderstrauch *(Codiaeum variegatum)*,
- die in relativ kleinen Töpfen wachsen, z.B. Usambaraveilchen,
- deren Ursprungsort Sümpfe oder Moore sind, z.B. Zypergras,
- die Blatt- oder Blütenknospen besitzen.

**Topfpflanzen mit geringem Wasserbedarf**
Hierzu zählen Pflanzen
- in Plastiktöpfen,
- die an kühlen oder schattigen Plätzen der Wohnung stehen,
- die in Flaschengärten wachsen,
- die sich in der Ruheperiode befinden,
- mit dicken, ledrigen und fleischigen Blättern, z.B. Gummibaum *(Ficus elastica)*,
- die dicke, fleischige Wurzeln oder wasserspeichernde Gewebe an ihren Wurzeln haben, z.B. die Grünlilie *(Chlorophytum comosum)* oder Federspargel *(Asparagus setaceus)*,
- die zu den Sukkulenten und den Kakteen gehören,
- die umgetopft wurden und noch nicht das ganze Substrat durchwurzelt haben,
- die in hoher Luftfeuchtigkeit wachsen, z.B. Farne im Badezimmer,
- die in wasserspeichernden Substraten, z.B. in Lehm stehen.

Bei dieser Aufzählung handelt es sich um allgemeingültige Regeln, von denen es immer individuelle Abweichungen gibt.

**Wann muß gegossen werden?**
Topfpflanzen sollten dann gegossen werden, wenn sie es brauchen. Dies ist leichter gesagt als getan. Deshalb sollen einige Tips helfen, Fehler beim Gießen zu vermeiden. Vor dem Gießen muß zuerst die Erdfeuchtigkeit mit der Fühl- oder Fingerprobe überprüft werden. Gibt die Erde nicht nach und bleibt kein Krümel am Finger kleben, ist sie zu trocken. Gibt sie jedoch leicht nach und bleiben einige Krümel am Finger hängen, ist sie feucht genug. Quillt das Wasser am Finger hoch, ist die Erde zu naß. Die Fingerprobe wird ganz erheblich durch die Eigenschaften des Substrates bestimmt. Ihre sichere Beurteilung benötigt einige Erfahrung.

**Wieviel Wasser benötigen Topfpflanzen?**
Eine gründliche Bewässerung ist besser als ein häufiges, aber zaghaftes Gießen. Wichtig ist, daß der Wurzelballen gründlich durchfeuchtet wird. Wird zu viel gegossen, entsteht Staunässe mit nachfolgender Fäulnis oder Pilz- und Bakterienbefall.

**Beschaffenheit des Gießwassers**
Das Gießwasser sollte nach Möglichkeit Zimmertemperatur haben und kalkarm sein. Über Nacht abgestandenes Wasser erfüllt diese Bedingungen. Besonders empfindlich reagieren Azaleen auf kalkhaltiges Wasser. Ist das Wasser besonders hart, muß es entkalkt werden. Dafür stehen verschiedene Möglichkeiten zur Verfügung:
*Enthärtung durch Torf:* Hierbei gibt man Torf in einen Leinen- oder Nylonbeutel und hängt ihn über Nacht ins Wasser (auf 8 l Wasser 100 g Torf). Da die Torfmenge jedoch nur für 2 Wasserenthärtungen eingesetzt werden kann, ist dieses Verfahren aus wirtschaftlichen und nicht zuletzt aus ökologischen Gründen zu überdenken.
*Wasserenthärtung durch Flüssig- oder Festpräparate:* Diese Präparate werden ins Wasser gegeben, bis ein Farbumschlag zu sehen ist. Nach einigen Stunden läßt sich der ausgefällte Kalk am Boden des Gefäßes erkennen.
*Wasserenthärtung durch Ionenaustauscher:* Bei diesem Verfahren werden die störenden Calcium- und Magnesiumsalze gegen Natriumionen ausgetauscht, indem das Gießwasser über den Filter gegossen wird. Das stark Na-angereicherte Gießwasser kann vor allem bei älteren Pflanzen zu einer Versalzung des Substrates führen.
*Wasserfilter:* Sie werden bei der Enthärtung von Leitungswasser für die Verwendung von Tee- und Kaffeewasser eingesetzt. Genausogut lassen sie sich jedoch auch für die Gewinnung von Gießwasser einsetzen. Allerdings beträgt das Fassungsvermögen eines Filters maximal 2 Liter.

*Abb. 1 Arten der Dauerbewässerung*

**Verschiedene Methoden der Dauerbewässerung**

Bei längerer Abwesenheit (z. B. während des Urlaubs) lohnt es sich, Dauerbewässerungssysteme zu installieren. Voraussetzung hierfür ist, daß alle Pflanzen in Kunststofftöpfen mit Abzugslöchern stehen.

Das preiswerteste Verfahren ist die Verwendung von dicken Baumwollfäden, die von den Blumentöpfen zu einem höheren wassergefüllten Gefäß geleitet werden (s. Abb. 1B).

Etwas kostenintensiver sind die Kapillarmatten (s. Abb. 1A). Sie werden zur Hälfte in ein wassergefülltes Spülbecken und auf eine darüber liegende Ablauffläche gelegt. Auf die höher liegende Hälfte stellt man die Zimmerpflanzen. Durch das saugfähige Material der Matten kann das Wasser auf kapillarem Weg zu den Pflanzen transportiert werden.

Arbeitsaufwendiger ist die sogenannte Dochtbewässerung (s. Abb. 1C). Sie wird folgendermaßen installiert:

1. Man nimmt einen Glasfaserdocht doppelt (Spezialfachgeschäfte für Gartenbedarf) und schneidet ihn auf die gewünschte Länge.
2. Diesen Docht zieht man so durch einen Kunststofftrinkhalm, daß er oben und unten lang genug (ca. 10 cm) heraushängt.
3. Die Pflanze wird mit dem gesamten Wurzelballen aus dem Topf herausgenommen.
4. Der Docht wird dann durch ein Abzugsloch gezogen, so daß der Trinkhalm auf den Topfboden aufstößt.
5. Die Pflanze wird nun in den Topf eingesetzt und das obere Dochtende auf die Substratoberfläche gelegt und mit etwas Blumenerde abgedeckt.
6. Nun wird ein Übertopf mit Wasser gefüllt und ein Abstandshalter (z. B. aus Kunststoff) hineingestellt, so daß die Pflanze nicht direkt im Wasser steht. Je nach Abwesenheit kann die Größe des Wasserreservoirs bestimmt werden.

Am teuersten und aufwendigsten sind die automatischen Bewässerungsanlagen. Sie besitzen ein Wasserreservoir, aus dem die Pflanze sich selbst bedienen kann.

**Hilfe für ausgetrocknete Pflanzen**

Die Ursachen für das Austrocknen einer Pflanze liegen meist darin begründet, daß das Substrat hart geworden ist und kein Wasser mehr eindringen kann oder zwischen Erdballen und Topfwand ein Hohlraum entstanden ist, durch den das Wasser sofort abläuft.

Was ist zu tun?

1. Welke Blüten- und Blattstiele entfernen.
2. Substrat mit der Gabel auflockern.
3. Tauchbad vornehmen. Substrat evtl. mit Steinen beschweren. Topf so lange in wassergefüllten Eimer stellen, bis keine Luftblasen mehr aufsteigen. Gleichzeitig die Blätter besprühen.
4. Überschüssiges Wasser ablaufen lassen, Pflanze an einen kühlen Platz stellen.

**Hilfe für vernäßte Pflanzen**

Da es sehr häufig zu einer Vernässung, besonders des Usambaraveilchens, kommt, soll an diesem Beispiel eine Maßnahme gezeigt werden, die auch bei anderen Zimmerpflanzen angewandt werden kann.

1. Die Blumenerde ist so naß, daß bei der Fingerprobe das Wasser herausquillt.
2. Pflanze aus dem Topf nehmen, die Erde abspülen.
3. Alle faulen und braunen Wurzeln zurückschneiden. Auch die oberirdischen welken Teile entfernen.
4. Die Pflanze neu eintopfen. In der ersten Zeit sehr vorsichtig gießen.

Durch eine Drainage im Blumentopf können Gießfehler vermieden werden. Als Drainagematerialien eignen sich: Scherben von Tontöpfen, Kies oder Blähton. Bei Blumentöpfen mit Abzugsloch genügt eine 2 bis 3 cm dicke Drainageschicht. Bei Töpfen ohne Abzugsloch sollte sie etwas dicker sein.

*Abb. 1 Hügelbeet*

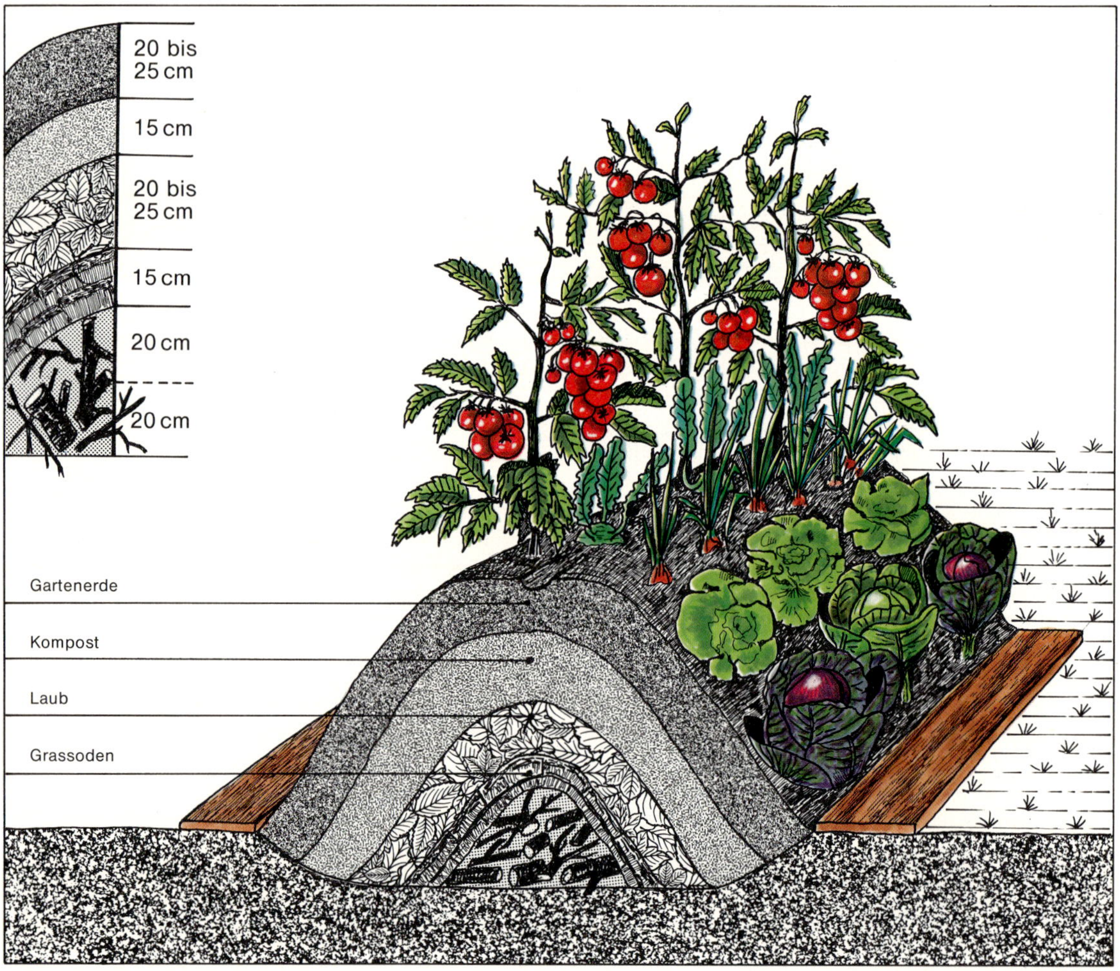


*Abb. 2 Anlage eines Hügelbeetes*

### Standort

Man sollte für einen sonnigen Platz in Nord-Süd-Richtung sorgen, damit das Beet den ganzen Tag über Sonne erhält. Außerdem ist darauf zu achten, daß das Hügelbeet von allen Seiten für die Bepflanzung, Bewässerung und Ernte zugängig ist.

**Anlage eines Hügelbeetes** (s. S. 194, Abb. 1 und 2)

Die Größe des Hügelbeetes ist von verschiedenen Faktoren abhängig. So spielen der vorhandene Platz und das zur Verfügung stehende Ausgangsmaterial, wie Laub, Kompost, Äste und Grassoden, eine wichtige Rolle. Aber auch die Arbeitszeit für die Anlage und Pflege wird die Größe des Hügelbeetes bestimmen.

**Arbeitsgang:**

1. Sind alle Vorüberlegungen angestellt, beginnt man im Herbst mit der Aushebung einer flachen Mulde (einen Spaten tief). Der Arbeitsbeginn empfiehlt sich für den Herbst, weil bis zum Frühjahr noch reichlich Garten- und Küchenabfälle anfallen. Außerdem verbleibt genügend Zeit zum Setzen des Beetes.
   Die Erde oder die abgestochenen Grassoden werden aufbewahrt, da sie später noch benötigt werden.
2. Ganz unten hinein kommt der Holzkern, bestehend aus Ästen und Zweigen.
3. Die nächste Schicht besteht aus umgedrehten Grassoden. Statt dessen kann auch Zeitungspapier oder Erde genommen werden. Alle Materialien dienen dazu, die Lufträume im Holzkern so lange wie möglich zu erhalten.
4. Nun folgt eine Laubschicht. Sie kann mit Küchen- und Gartenabfällen, Stroh oder Mist vermengt sein. Das Material kann zuzüglich pro Schubkarre mit 500 g Hornmehl verbessert werden.
5. Danach folgt eine Grobkompostschicht.
6. Die letzte Schicht besteht aus feingesiebtem Kompost und Gartenerde. Sie sollte auch bei kleinen Hügelbeeten ca. 20 bis 25 cm dick sein, damit die wurzelnden Pflanzen einen Halt haben. Zum Abschluß wird die Erde glattgeharkt und mit dem Spaten leicht angeklopft.
7. Als letzter Arbeitsschritt wird die Gießrinne auf dem Scheitel des Hügelbeetes gezogen.

Die Gesamthöhe eines Hügelbeetes sollte ca. 80 bis 100 cm betragen.

### Bepflanzung

Bis zur Bepflanzung im Frühjahr bleibt das Hügelbeet mit Mulchmaterial bedeckt. Es kann ca. zwei Wochen früher bepflanzt werden als die anderen Beete. Die Auswahl der Kulturen richtet sich nach den Regeln der Mischkultur. Da das frisch angelegte Hügelbeet viele Nährstoffe freisetzt, sollten für die Erstbepflanzung Starkzehrer verwendet werden. Hier einige Pflanzbeispiele:

Auf dem Rücken empfehlen sich Tomaten, die einen hohen Lichtbedarf haben. Dazwischen oder in Reihen darunter können Sellerie und Porree angebaut werden. Die stark wasserbedürftigen Kohlarten pflanzt man im unteren Bereich des Beetes. Im 2. Jahr kann das Hügelbeet für sogenannte Mittelzehrer wie Fenchel, Schwarzwurzeln, Gurken und Kohlrabi genutzt werden. Im 3. Jahr wäre eine Bepflanzung mit Salat, Feldsalat, Erbsen und Radieschen möglich. Im letzten Jahr wird meist die gesamte Fläche für Erdbeeren oder Kartoffeln genutzt. Blattgemüse, die besonders viel Nitrat sammeln, sollten zumindest im ersten Jahr nicht auf dem Hügelbeet angebaut werden.

Da das organische Material eines Hügelbeetes nach etwa 5 Jahren zum größten Teil abgebaut ist, sollte es dann eingeebnet werden.

### Bewässerung und Pflege

Da das Hügelbeet keine Verbindung zum Bodenwasser hat, muß bei extremer Trockenheit ständig gegossen werden. Das Hügelbeet sollte nicht mit Wasser besprengt werden. Besser ist es, die Wasserrinne mit Wasser zu füllen. Mulchen und Mischkultur verringern nicht nur die Wasserverdunstung des Bodenwassers, sondern wirken auch dem Wildkrautbewuchs entgegen und erleichtern die Bodenpflege.

Das Hügelbeet hat folgende **Vorteile:**

- Vergrößerung der Anbaufläche von Gemüse um ca. 10 %,
- Verwendung vieler Garten- und Küchenabfälle,
- stärkere und schnellere Erwärmung der Erde durch Rottevorgänge,
- Schräglage begünstigt höhere Sonneneinstrahlung und besseres Abfließen des Regenwassers,
- Holzkern bewirkt gute Durchlüftung.

Das Hügelbeet hat auch **Nachteile:**

- Benutzbarkeit ca. 3 bis 4 Jahre,
- hoher Arbeitsaufwand für die Anlage,
- Unterschlupf für Wühlmäuse,
- schnelleres Austrocknen im Sommer, deshalb häufiges Gießen,
- Nitratsammler enthalten im Vergleich zur herkömmlichen Beetkultur mehr Nitrat.

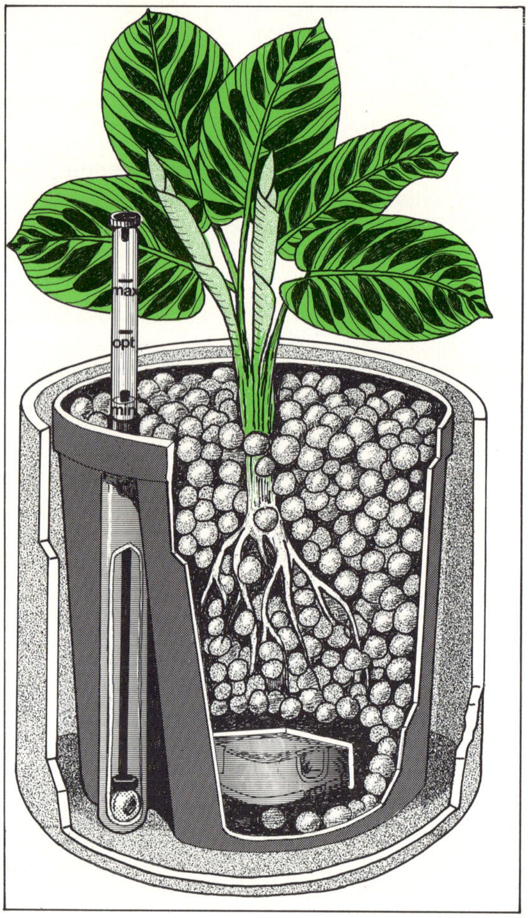

*Abb. 1 Das Hydrokultursystem*

Für die Hydrokultur benötigt man folgendes Zubehör:

**Kulturtöpfe**

Sie sind meist aus Kunststoff und in folgenden Abmessungen erhältlich:
5 cm Höhe und 5 cm ∅
7 cm Höhe und 9 cm ∅
9 cm Höhe und 11 cm ∅
12 cm Höhe und 11, 13, 15 oder 18 cm ∅
19 cm Höhe und 11, 15, 18, 22 oder 32 cm ∅

Für die Anzucht sind kleine Gittertöpfe erforderlich. Die Kulturtöpfe sind für Wasserstandsanzeiger, Haltestäbe, Nährstoffbatterien und Kragenrosette ausgerüstet. Sie haben am Boden und an den Wandungen Löcher oder Schlitze, damit die Wurzeln die Nährlösung aufnehmen können. Man kann auch auf Kulturtöpfe verzichten und das Füllsubstrat direkt in den wasserdichten Übertopf geben. Allerdings muß man dann beim Wechsel der Nährlösung den gesamten Topf entleeren, was einen höheren Arbeitsaufwand mit sich bringt.

**Übertöpfe oder Mantelgefäße**

Sie werden in verschiedenen Größen und Materialien angeboten, die wasserdicht und materialneutral sein sollten. Bauchige Gefäße verfügen über ein besonders großes Wasserreservoir.

**Füllsubstrat**

Meist handelt es sich um Blähton, der pflanzenneutral ist. Er gibt den Pflanzen den entsprechenden Halt. Es werden 3 verschiedene Größen angeboten:
2– 4 mm ∅ für Aussaat und Pflanzenanzucht
4– 8 mm ∅ für das Topfen kleinerer Pflanzen und Kakteen
8–16 mm ∅ (Standardgröße) für größere Pflanzen und die Anzucht von Kakteen

**Wasserstandsanzeiger**

Für jeden Kulturtopf gibt es den passenden Wasserstandsanzeiger in Höhen von 5, 7, 9, 12 und 19 cm. Auf manchen Wasserstandsanzeigern ist eine Merkskala für den nächsten Nährstoff-Nachfüll-Termin angebracht. In den Wintermonaten sollte man nur bis zur Markierung „Optimum“ nachfüllen. Zeigt die Anzeige „Minimum“ an, so sollten noch 3 bis 4 Tage bis zum Nachfüllen vergehen. Den Wasserstand sollte man nie auf Optimum halten, sondern immer auf Minimum abfallen lassen. Die Markierung Maximum ist nur für extrem wasserbedürftige Pflanzen, wie z. B. Zypergras oder Roseneibisch, gedacht. Aber auch während des Sommers und einer längeren Abwesenheit sollte man das Wasser auf Maximum auffüllen.

**Haltestäbe zum Stützen und Anbinden**

Es gibt sie aus Kork oder anderen Materialien mit aufgerauhter Oberfläche. Sie können durch Verbindungsstücke jederzeit verlängert werden.

**Nährstoffe**

Meist handelt es sich um Langzeitdünger, die für einen Zeitraum von 4 bis 6 Monaten wirksam sind. Sie werden flüssig und als Pulver angeboten. Darüber hinaus gibt es auch Nährstoffbatterien. Sie beruhen auf dem Prinzip des Ionenaustausches. Der Austauscher ist mit den wichtigsten Nährstoffen beladen und besitzt die Fähigkeit, diese Nährstoffe gegen die Salze des Wassers auszutauschen. Dadurch entfällt einerseits die Enthärtung des Wassers, andererseits ist eine Nährstoffversorgung für längere Zeit möglich. Deshalb sollte man auch kein enthärtetes Wasser verwenden. Wächst die Pflanze stark, braucht sie mehr Wasser und bekommt dadurch automatisch auch mehr Nährstoffe.

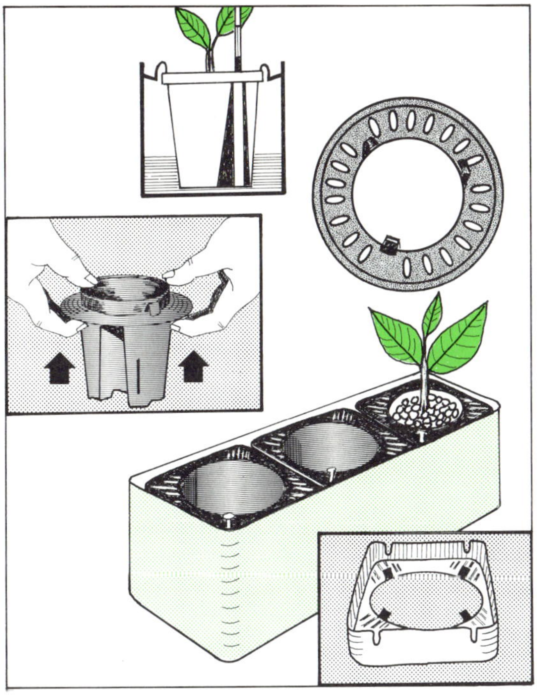

*Abb. 1 Kragenrosetten*

*Abb. 2 Umstellung auf Hydrokultur*

**Kragenrosetten**

Es gibt sie rund und quadratisch zu allen Kulturtöpfen passend. Durch ihren Einsatz erreicht man eine höhere Belüftung, die Pflanze erhält eine bessere Standfestigkeit und kann leichter aus dem Gefäß genommen werden.

**Anzucht in Hydrokultur**

1. Aussaat
   Hierfür sind besonders gut geeignet:
   Schefflera-, Aralien- und Monstera-Samen. Es kommen mehrere Samen mit Blähtonkugeln (2 bis 4 mm ∅) in einen Gittertopf. Die Samen sollten so mit Blähton bedeckt sein, daß man sie gerade nicht mehr sehen kann. Danach wird das Substrat gut angefeuchtet und mit einer Kunststofftüte gegen Verdunstung geschützt. Während der Keimung müssen die Töpfe an einem warmen und hellen Ort stehen. Nach der Keimung kann mit der Düngung begonnen werden.
2. Stecklingsvermehrung
   Geeignete Pflanzen: Drachenbaum *(Dracaena)*, Baumfreund *(Philodendron)*, Wunderstrauch *(Croton)*, Efeutute *(Epipremnum pinnatum)*.
   Der Kopfsteckling wird unterhalb eines Blattknotens abgeschnitten und in einen Gittertopf mit Blähton (ca. 2 bis 4 mm ∅) gesteckt. Es sollte mindestens ein Blattknoten im Substrat verbleiben.
   Jetzt gießt man lauwarmes Wasser hinzu. Es soll ca. 1 cm unter der Bewurzelungszone bleiben. Der Topf wird mit einer Kunststoffhaube versehen und an einen hellen, warmen Platz gestellt. Die Haube kann nach ca. 4 Wochen abgenommen werden.

**Wie wird eine Pflanze auf Hydrokultur umgestellt?**

1. Es eignen sich nur Jungpflanzen, die nicht älter als drei Jahre sind.
2. Beim Herausnehmen der Pflanze aus dem Topf muß man darauf achten, daß der Wurzelballen nicht zerstört wird.
3. Unter einem weichen, lauwarmen Wasserstrahl entfernt man **alle** Erdreste.
4. Danach werden alle kranken und beschädigten Wurzeln entfernt.
5. In den Kulturtopf gibt man eine ungefähr 3 cm dicke Schicht Füllsubstrat.
6. Die Pflanze wird so in den Topf gesetzt, daß sich der Wurzelansatz am oberen Topfrand befindet.
7. Jetzt wird mit Füllsubstrat aufgefüllt.
8. Der Kulturtopf wird in den Übertopf gestellt und mit Wasser aufgefüllt.
   Alle alten Wurzeln, die in der Erde entstanden sind, sterben ab, und es entwickeln sich neue wasserangepaßte Wurzeln. Die beste Umstellungszeit ist das Frühjahr. Hydropflanzen dürfen im Winter nicht in zu kühlen Räumen stehen.

**Felsenkaktus**
*(Cereus peruvianus monstrosus)*

**Standort:** sonnig
**Heimat:** Mittelamerika bis Südamerika
**Größe:** kann bis zu 1 m und höher werden
**Düngen:** von Frühjahr bis Frühherbst, einmal im Monat mit Kakteendünger
**Umtopfen:** im Frühjahr, Erdmischung aus 2/3 Lehm und 1/3 Sand ist vorteilhaft, es gibt jedoch auch poröse Fertigsubstrate für Kakteen
**Temperatur:** im Winter kühl, im Sommer warm, allerdings sollte ein abrupter Temperaturwechsel zwischen Winter und Frühjahr vermieden werden
**Wasser:** von Okt. bis Febr. (während der Ruhepause) nur spärlich oder gar nicht gießen, während der Wachstumszeit (von Frühjahr bis Herbst) regelmäßig gießen, von oben gießen Tauchbad vornehmen oder ab und zu besprühen
**Pflanzenschutz:** bei zu trockener Luft Befall von Spinnmilben möglich, Verletzungen der Pflanze können zu bakteriellem Befall führen

**Peitschenkaktus**
*(Aporocactus flagelliformis)*

**Standort:** sonnig
**Heimat:** Mittelamerika und Südamerika
**Größe:** entwickelt lange fleischige Triebe, die bis zu 90 cm lang werden können
**Düngen:** von Ende Dez. bis Ende der Blütezeit, einmal im Monat mit flüssigem Kakteendünger
**Umtopfen:** im Frühjahr nach der Blüte, Lehmsubstrat verwenden, bei einem Topfdurchmesser von 15 bis 20 cm nur noch die obere Erdschicht erneuern
**Temperatur:** 10 bis 15 °C sind im Winter notwendig
**Wasser:** während der Blüte mäßig gießen, in der Ruheperiode (Sommerzeit) kaum gießen

*Abb. 1 Pflegekarten*

Bei der Pflege von Kakteen muß folgendes beachtet werden:

**Erdzusammensetzung**
Das Erdgemisch muß gut luft- und wasserdurchlässig, fäulnisfrei und mineralstoffreich sein. Ein reines Sandgemisch, so wie es häufig noch angeboten wird, läßt die Kakteen nur schlecht wachsen. Waldkakteen (wie z. B. der Weihnachtskaktus und der Osterkaktus) benötigen Substrate, die einen hohen Humusanteil haben. Dieser wird meist durch Torf erzielt. Beigemengt werden Lockerungssubstrate wie Kies, Sand oder Styromull. Wüstenkakteen benötigen dagegen eine humusärmere Erde: 1/3 Gartenerde, 1/3 Torf und 1/3 Sand. Ebenso finden Zusätze von Holzkohle und Lehm Verwendung. Will man sich nicht die Arbeit machen, so bietet der Handel spezielle Kakteenerden an. Für alle Kakteenerden sollte möglichst ein saurer pH-Wert vorliegen. Bei Wüstenkakteen sollte er bei ca. 5,6, bei Waldkakteen bei ca. 4,5 liegen. Häufig gibt man auf die Erdmischung Bimskies oder Blähton. Dies ist eine Vorsichtsmaßnahme, damit überschüssiges Gießwasser nicht den Wurzelhals angreift und hier zu Fäulnis führt.

**Lichtbedarf**
Wüstenkakteen sollen am besten an einem Süd-, Südost- oder Südwestfenster stehen. Ein Ostfenster ist günstiger als ein Westfenster, da hier die Erwärmung der Pflanzen langsamer erfolgt. Im Sommer kann es sogar an einem Südfenster zu Verbrennungsschäden bei den Kakteen kommen.

**Wärmebedarf**
Im Frühjahr und Sommer sind Temperaturen von 30 °C optimal für das Kakteenwachstum. Handelt es sich um Sommerblüher, wie es die Wüstenkakteen sind, so benötigen sie während der Winterzeit niedrige Temperaturen von 5 bis 10 °C. Diese Bedingungen entscheiden über die Blüte im kommendem Jahr.

**Wasserbedarf**
Grundsätzlich benötigen Kakteen weniger Wasser als andere Zimmerpflanzen. Das Gießen sollte immer während der Wachstums- und Blütezeit erfolgen. Faktoren wie Standort, Jahreszeit, Außentemperatur und Kakteenart bestimmen die Gießmenge und die Gießhäufigkeit. Als Faustregel gilt: Im Frühjahr und Sommer etwa alle 8 bis 10 Tage, im Winter alle 3 bis 5 Wochen einmal gießen. Bei kühler Überwinterung kann man das Gießen noch mehr einschränken. Besser ist es, zu wenig als zu reichlich zu gießen. Das Gießwasser sollte möglichst kalkfrei sein und Zimmertemperatur haben.

**Düngen**
Das Düngen sollte ebenfalls während der Wachstumszeit erfolgen. Hierzu gibt es speziellen Kakteendünger, der viel Phosphor und Kalium, jedoch wenig Stickstoff enthält.

**Pflanzgefäße**
Als Pflanzgefäße eignen sich sowohl Schalen als auch Töpfe.

## Kartoffel *(Solanum tuberosum)*

**Bodenvorbereitung und Düngung**
Je nach Boden wird im Herbst oder im Frühjahr das Beet gelockert oder umgegraben. Bei organischer Düngung wird Kompost oder verrotteter Stallmist eingearbeitet, ca. 4 kg je m², das entspricht etwa 1 Schubkarre auf 10 m². Zusätzlich können bei Bedarf ca. zwei Wochen vor dem Legen der Kartoffeln Stickstoffdünger ausgebracht werden, bei Horn- oder Blutmehl 30 bis 60 g je m², bei einem Einnährstoffdünger 10 bis 15 g je m². Ohne Kompost oder Stallmist muß zwei bis drei Wochen vor dem Legen ein Volldünger ausgebracht werden, ca. 100 bis 140 g je m²; davon sollten 60 bis 80 g als Grunddüngung und 40 bis 60 g als Kopfdüngung gegeben werden. Da Kartoffeln dem Boden viel Stickstoff (N) und Kalium (K) entziehen, ist es günstig, dem Anbau eine Gründündung vorausgehen zu lassen oder der Kartoffel eine Ackerbohne beizulegen und Holzasche auszustreuen. Die Grünmasse arbeitet man beim Legen der Kartoffeln unter.

*Abb. 1 Ausgegrabene Kartoffelpflanze*

**Auswahl der Pflanzkartoffeln**
Überlegen Sie zunächst, ob Sie eine frühe, mittelfrühe oder späte Sorte anbauen wollen. Frühe Sorten haben den Vorteil, daß sie bereits im Juni/Juli geerntet werden können, wenn sie noch sehr teuer zu kaufen sind. Späte Kartoffeln sollte jeder anbauen, der auch im Winter nicht auf Kartoffeln aus eigenem Anbau verzichten möchte.
Für die neue Pflanzung können auch Kartoffeln aus dem eigenem Anbau genommen werden. Hierzu müssen die äußerlich gesund aussehenden, etwa hühnereigroßen Kartoffeln ausgewählt werden. Wer sich lieber auf die Qualität gekaufter Pflanzkartoffeln verläßt, kann auf ein reichhaltiges Sortiment zurückgreifen (Abb. 2, S. 201). Wie beim Saatgut gibt es auch hier Pflanzkartoffeln aus konventionellem und ökologischem Anbau.

**Vorkeimen**
Um die Kulturzeit zu verkürzen, läßt man die Kartoffeln vier bis acht Wochen vor dem Auslegen vorkeimen. Dazu legt man sie mit den Augen nach oben in eine Holz- oder Saatkiste. Am günstigsten stehen sie dann in einem kühlen, belichteten Raum. Die Keimbildung wird begünstigt, wenn in unmittelbarer Nähe Äpfel gelagert werden. Das von den Äpfeln ausgeschiedene Äthylengas ist hierfür verantwortlich.
Wenn kräftige, einige Zentimeter lange Keime gebildet worden sind, können die Kartoffeln gelegt werden.

**Pflanzgutmenge**
Die Menge der Pflanzkartoffeln je m² ist von der Sorte und dem Pflanzabstand abhängig.

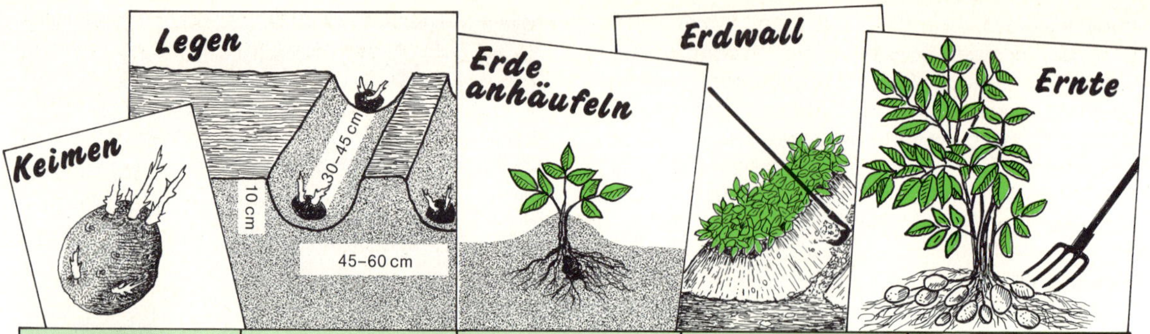


| | | | | | |
|---|---|---|---|---|---|
| **Frühsorten** | Ende Jan.–Februar | März–Anfang April | nach Erscheinen der jungen Pflänzchen | Alle 14 Tage anhäufeln, bis sich die Blätter der Pflanzen von gegenüberliegenden Reihen berühren | Juni–Juli |
| **Mittelfrühe Sorten** | Februar | April | | | Juli–September |
| **Späte Sorten** | Februar | Ende April | | | September–Oktober |

*Abb. 1 Übersicht zum Kartoffelanbau*

Im Mittel benötigt man bei Spätkartoffeln ca. 2 kg je 10 m². Da Frühkartoffeln mit geringeren Pflanzabständen gelegt werden, muß für die gleiche Anbaufläche eine größere Menge bzw. höheres Gewicht von 3 kg je 10 m² berücksichtigt werden. Neben Sorte und Pflanzabstand ist noch die Form zu beachten: Sorten mit langovalen Knollen sind nämlich schwerer als runde Knollen. Dieses höhere Gewicht macht etwa 1/2 kg je 10 m² aus.

**Pflanzung**

Damit möglichst viel Kraut aus der Kartoffel wächst, ist es günstig, Pflanzkartoffeln mit mehreren Keimen zu verwenden. Zwar kann auch aus einem Kartoffelstückchen eine neue Pflanze wachsen, trotzdem sollten besser ganze Kartoffeln verwendet werden, da zerschnittene Kartoffeln leichter von Krankheiten befallen werden.

Der Pflanzabstand bei frühen und mittelfrühen Sorten beträgt ca. 35 cm in der Reihe und ca. 45 cm zwischen den Reihen.

Bei späten Kartoffeln sollten die Abstände in und zwischen den Reihen je 10 cm größer sein, damit sich das Kartoffellaub während der verlängerten Kulturzeit genügend ausbreiten kann. Baut man Kartoffeln in Mischkultur an, müssen die Abstände zwischen den Reihen etwa verdoppelt werden.

Für das **Legen der Kartoffeln** gibt es vier Möglichkeiten:

Die erste besteht darin, mit der Ziehhacke ca. 10 cm tiefe Furchen zu ziehen und die Kartoffeln mit den Keimen nach oben hineinzulegen. Anschließend wird die Erde von den Seiten her vorsichtig auf die Kartoffeln geharkt.

Bei der zweiten Methode hebt man innerhalb der Reihe mit dem Spatenrücken oder der Pflanzkelle ca. 10 cm tiefe Löcher aus, in die die Kartoffeln mit den Keimen nach oben hineingelegt werden. Als zusätzliche Nährstoffgabe kann man eine Handvoll Komposterde hinzugeben. Der Aushub von Löchern der nächsten Reihe wird auf die Kartoffeln der vorangegangenen Reihe gegeben.

Die dritte Methode ist vor allem bei schweren nassen Böden zu empfehlen. Hierbei drückt man die Kartoffeln leicht in die Erde und häufelt dann mit einer Harke oder einem Krail Erde über ihnen an.

Bei der vierten Methode werden die Kartoffeln nicht durch Erde, sondern durch eine schwarze Mulchfolie vor Nachtfrösten geschützt. Diese Methode hat den Vorteil, zur Ernte nur die Folie hochheben zu müssen, um zunächst sehr leicht die dicksten Kartoffeln ernten zu können. Bei den drei letztgenannten Verfahren muß der Boden nur geringfügig aufgewühlt werden. Außerdem entfällt das mehrmalige Anhäufeln.

**Pflege von Kartoffeln**

Sobald die ersten Triebe über der Erde erscheinen, häufelt man, um die junge Pflanze vor Frost zu schützen, etwas Erde über ihnen an.

Wenn die jungen Kartoffelpflanzen ca. 20 cm gewachsen sind, wird bis zu den unteren Blattspitzen angehäufelt. Am einfachsten ist dies mit einem Handhäufelpflug zu bewerkstelligen (s. S. 186). Das Anhäufeln wird in den folgenden Kulturwochen mehrmals wiederholt, bis sich die Blätter der Kartoffeln von gegenüberliegenden Reihen berühren. Durch das Anhäufeln wird nicht nur der Wuchs kräftiger, sondern es wird

auch vermieden, daß die Kartoffelknollen halb über der Erdoberfläche wachsen. Dort würde nämlich die Sonnenstrahlung zur Bildung des giftigen Solanins beitragen. Eine grüne Kartoffelschale weist auf eine Solaninbildung hin.
In feuchten Sommern reichen die natürlichen Niederschläge vollkommen zur Bewässerung aus. Vor allem junge Kartoffelpflanzen müssen jedoch reichlich gegossen werden, wenn das Frühjahr allzu trocken ist.

**Standortwahl**
Am besten gedeihen Kartoffeln in lockerem, nährstoffreichem Lehmboden. Sie liefern aber auch in anderen Bodenarten gute Erträge.
In jedem Fall sollten sie einen sonnigen Platz im Garten bekommen, da die Triebe sonst vergeilen.

**Mischkultur**
Knoblauch, dicke Bohnen und Spinat sind gute Nachbarn. Kümmel verbessert ihr Aroma. Tagetes schützt gegen Nematoden.

**Ernte und Lagerung**
Frühkartoffeln können bereits geerntet werden, wenn ihr Laub noch grün ist. Sie sind nach 12 bis 14 Wochen erntereif. Wenn Sie die ersten Kartoffeln ernten wollen, ohne den gesamten Strauch auszuheben, graben Sie den Erdwall von der Seite her an und lösen vorsichtig die dicksten Kartoffeln ab. Die kleineren Knollen erhalten dadurch die Möglichkeit, noch ein wenig zu wachsen. Für eine mehrmonatige Lagerung eignen sich Frühkartoffeln nicht. Hierzu sollte auf späte Kartoffeln zurückgegriffen werden.
Späte Kartoffeln werden geerntet, wenn ihr Laub teilweise oder ganz gelb geworden ist. Sie haben dann eine Wachstumzeit von ca. 20 Wochen hinter sich. Die Grabegabel wird zur Ernte ca. 20 cm vor den Blattstengeln angesetzt, damit die Knollen nicht durchstoßen werden. Der gesamte Strauch wird ausgehoben, die Kartoffeln werden abgelesen. Vor dem Einkellern müssen die Kartoffeln unbedingt trocknen, evtl. anhaftende Erdklumpen sind zu entfernen. Die Reife, d. h. in diesem Fall die Lagerfähigkeit, kann man prüfen, indem kräftig über die Kartoffelschale gerieben wird. Läßt sie sich nicht wegreiben, ist die Kartoffel lagerfähig. Zur Lagerung müssen Kartoffeln in einem dunklen, kühlen, frostfreien Raum aufbewahrt werden. Luftdurchlässige Kisten oder Jutesäcke schützen zusätzlich vor Lichteinfall.

| Frühe | Mittelfrühe | Späte |
|---|---|---|
| Atica | Bintje | Carmen |
| Carina | Clivia | Datura |
| Erstling | Grandiflora | Elke |
| Friga | Grata | Fatima |
| Saskia | Maja | Judith |
| Sieglinde | Ulla | Maritta |

*Abb. 1 Kartoffelsorten*

| | Schadbild | Vorbeugung | Bekämpfung |
|---|---|---|---|
| Schorf | rissige, braune Flecken; Pusteln an der Knolle (geringe Haltbarkeit) | keine Kalkdüngung vor dem Pflanzen, anfällige Sorten (Prima, Palma, Sirtema) vermeiden | |
| Kartoffelkäfer | Blattfraß, dadurch Reduzierung der Photosynthese | mit angerottetem Mist oder Kompost düngen; befallene Pflanzen nach der Ernte verbrennen | Frühzeitiges Ablesen der Larven und Käfer, Algenkalk streuen |
| Kraut- und Knollenfäule | braune Flecken auf Blättern und Stengeln; graubraune, eingesunkene Flecken auf der Knolle | Widerstandskraft der Saatkartoffeln steigt, wenn sie eine Woche vor dem Legen ins Licht gestellt werden; anfällige Sorten (Bintje) und Nähe von Tomaten vermeiden | Spritzung mit Aufguß aus Zwiebelschalen (100 g auf 1 l Wasser) |

*Abb. 2 Schädlinge und Krankheiten*

## Kompost

**Die Anlage eines Komposthaufens**
Kompost ist die natürliche Düngerquelle des Gartens. Bei der Kompostierung erfolgt eine Vererdung organischer Substanzen. Grundsätzlich gilt, daß alle organischen Abfälle aus Garten und Küche, ausgenommen Wurzelunkräuter (z. B. Quecke) und kranke Pflanzen, zur Kompostierung geeignet sind (s. Abb. 2, S. 124). Da die Zersetzung durch eine Vielzahl von Kleinstlebewesen – vor allem Bakterien – erfolgt, hängt die Qualität der entstehenden Komposterde von den Lebensbedingungen dieser Mikroorganismen ab. Die „Kunst" des Kompostierens besteht also darin, den Kleinstlebewesen optimale Lebensbedingungen zu verschaffen (s. S. 123). Entsprechend erfolgt das Anlegen eines Komposthaufens nach bestimmten Gesichtspunkten:

*Abb. 1 Ein optimal angelegter Komposthaufen*

*Abb. 4 Fertiger Kompost ist braun, krümelig und riecht angenehm nach Waldboden*

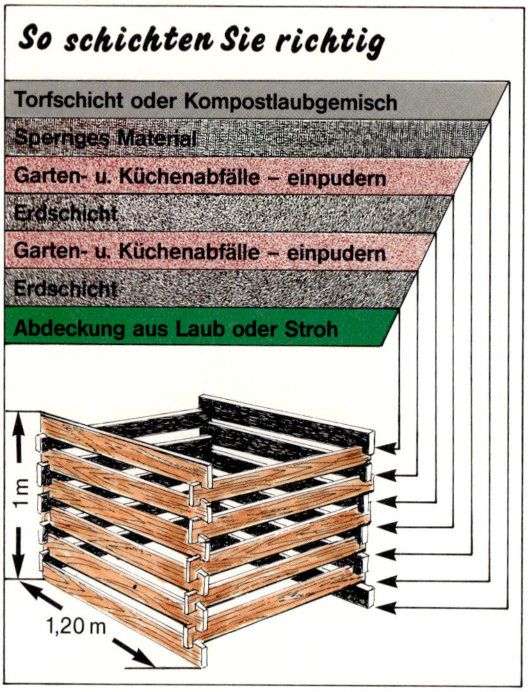


*Abb. 2 Selbstgebastelte Kompostbehälter aus Holz*

*Abb. 3 Häcksler*

**Die Standortwahl**

Als Standort ist eine halbschattige, windgeschützte Stelle im Garten, die nicht zu klein bemessen sein sollte, gut geeignet (s. Abb. 1). Beim Platzbedarf ist zu bedenken, daß der fertige Komposthaufen folgende Maße aufweist:

- untere Breite: 1,20–2,50 m
- obere Breite: 0,80–1,50 m
- Höhe: 0,80–1,50 m
- Länge: beliebig

Von diesen Haufen sollten zwei, evtl. auch drei nebeneinander Platz haben. Außerdem ist auf ausreichende Bewegungsfreiheit bei den notwendigen Arbeiten (z. B. beim Umsetzen) zu achten. Wo nicht genügend Platz ist, z. B. in Kleingärten, können einfache Kompostbehälter aus Holz leicht selbst hergestellt werden (s. Abb. 2). Bei guter Durchmischung der Abfälle ist eine Umsetzung solcher kleinen Komposthaufen nicht notwendig. Wichtig ist nur, daß der Kompostbehälter zur Seite hin offen ist, damit genügend Luft für den Zersetzungsvorgang eindringen kann. Beide, Komposthaufen und -behälter, sollten auf den nach unten offenen Gartenboden aufgesetzt werden (keine Betonierung!), damit die Bodenlebewesen, vor allem Würmer, von unten her einwandern können.

**Das Aufschichten**

Erst das richtige Schichten macht einen guten Kompost, wobei die Schichtung nach und nach entsteht.

1. Schicht: ca. 10 cm dicke Torfschicht bzw. Kompostlaubgemisch zum Schutz vor Nährstoffauswaschung.

2. Schicht: sperriges Material wie kleinere Zweige, Äste, Heckenschnitt, damit auch von unten genügend Luft in den Haufen eindringen kann. Bei Sauerstoffmangel entsteht Fäulnis. Die dabei entstehenden Fäulnisprodukte führen zu einem qualitativ schlechten Kompost, der Boden und Pflanze mehr schadet als nützt.

3. Schicht: 20 bis 30 cm dicke Schicht aus Garten- und Küchenabfällen. Um die Zersetzung zu beschleunigen, sollte holziges Material (weites C:N-Verhältnis) mit krautigem (enges C:N-Verhältnis) gemischt werden (s. S. 122). Das Zerhäckseln der Gartenabfälle vor dem Aufschichten vergrößert die Angriffsflächen für die Mikroorganismen, wodurch die Zersetzungsgeschwindigkeit enorm gefördert wird (s. S. 202, Abb. 3).
Ein leichtes Einpudern der Schicht mit kohlensaurem Kalk oder Algenkalk bindet die bei der Zersetzung entstehenden Säuren und fördert damit die Zersetzung und die Qualität des Komposts. Wer ein Weiteres tun will, kann pro $m^2$ vier Handvoll Horn- oder Blutmehl (organische N-Dünger) ausstreuen. Diese N-Düngung führt über die Verkleinerung des C:N-Verhältnisses zu einer rascheren und besseren Zersetzung. Das feine Einpudern mit Ton fördert die Bildung von Ton-Humus-Komplexen (s. S. 104).

4. Schicht: ca. 5 cm dicke Erdschicht. Dadurch wird der Kompost mit Mikroorganismen und Kleintieren geimpft und folglich die Zersetzung gefördert.
Wässern: Nun wird das Schichtpaket gewässert. Die richtige Feuchtigkeit ist dann erreicht, wenn beim Pressen mit der Hand einzelne Wassertropfen zwischen den Fingern hervortreten.
5. Schicht: wie 3. Schicht
6. Schicht: wie 4. Schicht usw.
Die Schichtung erfolgt so lange, bis die Endhöhe (maximal 1,50 m) erreicht ist. Die letzte Schicht bildet eine Erdschicht. Zur besseren Erwärmung der äußeren Schichten kann der Haufen mit einer 10 cm dicken Schicht aus Stroh oder Laub abgedeckt werden (s. S. 124, Abb. 3).

**Das Umsetzen**
Der Komposthaufen sollte umgesetzt werden, wenn der Rottvorgang zu langsam vorangeht oder ein Faulen (Gestank) einsetzt. Hierbei erfolgt eine gründliche Durchmischung aller Schichten. Dies fördert über die Durchlüftung und Zersetzung die Qualität der entstehenden Komposterde.
Kompost ist dann fertig (reif), wenn sich der „Abfallhaufen" in braune, krümelige, nach Waldboden riechende Erde verwandelt hat (s. S. 202, Abb. 4). Dies kann je nach Durchführung der Kompostierung bereits nach vier bis fünf Monaten oder zwei bis drei Jahren der Fall sein. Zweckmäßig ist es, den fertigen Kompost durch ein Erdsieb zu werfen, bevor er zur Bodenverbesserung und Düngung eingesetzt wird.

**Die Verwendung**
Frischkompost erhält man nach ca. 6 bis 8 Wochen. Er wird vor allem als Mulchschicht und zur Einarbeitung in den Boden zwecks Nährstoffzuführung verwendet.
Reifekompost wird vor allem für die Vorbereitung von Saatbeeten (s. S. 175) verwendet. Er dient vor allem zur Verbesserung der Bodenstruktur.

## Kräuterbeet

*Abb. 1 Anlage eines Kräuterbeetes als Steingarten*

**Die Anlage eines Kräuterbeetes**
Bei der Planung eines Kräuterbeetes ist zu bedenken, daß sich die Größe des Beetes nach dem Bedarf richtet (im allgemeinen sind 4 bis 5 $m^2$ ausreichend). Der Standort sollte einerseits sonnig, andererseits nicht zu weit entfernt von der Küche liegen. Entsprechend sollte bei der Aussaat bzw. Pflanzung der Kräuter darauf geachtet werden, daß die höher wachsenden die niedrigeren nicht überschatten (Wuchshöhe s. S. 71). Kräuter stellen in der Regel an den Boden keine großen Ansprüche, so daß ein normaler Gartenboden vollkommen genügt. Die Bodenverbesserung sollte wie im übrigen Garten mit Kompost erfolgen. Frischer Mist und schnell wirkende Mineraldünger dürfen nicht verwendet werden. Die Pflege beschränkt sich auf Gießen bei Trockenheit und das Entfernen von Blüten.

Als Grundstock für einen Küchenkräutergarten gelten folgende Kräuter:
**Einjährige Kräuter** (s. S. 70)

**Basilikum**
Aussaat ab Mitte Mai (frostempfindlich); Keimzeit 10 bis 14 Tage; Bemerkungen: windgeschützter, sonniger Standort; auf 25 cm Abstand vereinzeln.

**Bohnenkraut**
Aussaat April bis Mai; Keimzeit 15 bis 20 Tage; Bemerkungen: sonniger Standort; 2 bis 3 Pflanzen ausreichend; Bienenweide.

**Borretsch**
Aussaat April bis Juli; Keimzeit 3 bis 8 Tage; Bemerkungen: sonniger bis halbschattiger Standort; gute Bienenweide.

**Dill**
Aussaat März bis Juni; Keimzeit 15 bis 20 Tage; Bemerkungen: anspruchslos, verträgt kein Verpflanzen.

**Kerbel**
Aussaat März bis Juli; Keimzeit 10 bis 14 Tage; Bemerkungen: halbschattiger Standort; verträgt kein Verpflanzen. Auf 5 cm vereinzeln; alle 4 bis 6 Wochen neu aussäen.

**Majoran**
Aussaat ab Mitte Mai (frostempfindlich); Keimzeit 14 bis 20 Tage; Bemerkungen: sonniger Standort; 3 bis 5 Pflanzen ausreichend; Abstand 10 bis 15 cm.

**Petersilie**
Aussaat März bis April oder Juli bis August; Keimzeit 20 bis 25 Tage; Bemerkungen: verträgt Halbschatten; überwintert zwar, schießt jedoch im folgenden Frühjahr; Reihenabstand 15 cm; Markiersaat Radieschen.

**Mehrjährige Kräuter** (s. Abb. S. 70)
Bei den mehrjährigen Kräutern handelt es sich um Stauden, die man als Jungpflanzen kaufen sollte, da eine eigene Aussaat in der Regel nicht lohnend ist. Als Pflanzzeiten kommen das Frühjahr (April) und der Herbst (September) in Frage. Zu diesen Terminen kann auch die eigene Vermehrung durch Teilung (s. S. 229) erfolgen.

**Estragon**
Sonniger bis halbschattiger Standort; wasserdurchlässiger Boden; 1 Pflanze in der Regel ausreichend; Standortwechsel alle 3 Jahre.

**Liebstöckel**
Halbschattiger Standort; 1 Pflanze in der Regel ausreichend; alle 10 Jahre Standortwechsel.

**Oregano**
Sonniger Standort; 2 bis 3 Pflanzen in der Regel ausreichend.

**Pfefferminze**
Halbschattiger Standort; alle drei Jahre Wurzeln teilen und umpflanzen, Wurzelausläufer im Abstand von 30 cm 5 cm tief legen.

**Salbei**
Sonniger Standort; gute Bienenweide.

**Schnittlauch**
Verträgt Halbschatten; nach 3 Jahren teilen und verpflanzen; nie mehr als 2/3 der Röhrchen einer Pflanze auf einmal ernten.

**Thymian**
Sonniger Standort; alle 3 Jahre umpflanzen; 2 Pflanzen in der Regel ausreichend.

**Zitronenmelisse**
Sonnig bis halbschattig; nach 3 bis 5 Jahren teilen und verpflanzen; 2 Pflanzen in der Regel ausreichend; gute Bienenweide.

## Kübelpflanzen

**Kübelpflanzen, die jedes Jahr umgetopft werden:**
- besonders nährstoffzehrende Pflanzen (z. B. Schönmalve, Engelstrompete, Fuchsie und Margeriten, s. S. 206, Abb. 1–4)
- Pflanzen, die man stark zurückgeschnitten hat, und die schnell wieder zur stattlichen Größe heranwachsen sollen
- alle Jungpflanzen

**Kübelpflanzen, die alle 2 bis 3 Jahre umgetopft werden:**
- Pflanzen, die besonders empfindlich auf Wurzelverletzungen oder Rückschnitt reagieren (z. B. alle Citruspflanzen, Jasmin, Eibisch und Myrte)

**Kübelpflanzen, die alle 4 bis 5 Jahre umgetopft werden:**
- Pflanzen, die einen geringen Rückschnitt des Wurzelballens erfahren (z. B. Feige, Oleander und Lorbeer)

**Kübelpflanzen, die nur alle 10 Jahre umgetopft werden:**
- Pflanzen, die sehr langsam wachsen, z. B. Agaven, Palmen und alle Bambusarten

**Umtopfen nach Plan**
Die beste Zeit zum Umtopfen ist das Frühjahr. Folgende Regeln sind zu beachten:
- Immer lockere Erde verwenden. Zur Lockerung eignen sich Sand, Lava oder Bimskies.
- Sehr nährstoffreiche Substrate verwenden, die durch entsprechende Kopfdüngungen (nach ca. 4 Wochen) ergänzt werden. Die Düngung sollte man im Juli/August beenden.
- Die Pflanzkübel sollten genügend Abzugslöcher haben.
- Bei Neupflanzungen für eine 5 bis 10 cm hohe Drainageschicht sorgen. Sie kann aus Kies, Blähton oder Styropor bestehen.
- Jungpflanzen sollten jedes Jahr in einen größeren Kübel (ca. 10 cm mehr ø) gesetzt werden. Bei älteren Kübelpflanzen wird nur das Substrat erneuert.
- Für das Umtopfen die Erde in Kunststofftöpfen antrocknen lassen, da sie sich dann besser herauslösen läßt. Aus Terrakotta-Töpfen und Holzgefäßen läßt sich der Wurzelballen besser lösen, wenn die Erde feucht ist.
- Während des Umtopfens das Substrat mit einer Holzlatte gut andrücken.
- Einen genügend hohen Gießrand lassen, damit ein Ausspülen bei starkem Regen oder Gießen vermieden wird.
- Nach dem Umtopfen das Substrat mit einer Mulchschicht bedecken. In den ersten 3 Wochen nur mäßig gießen.

| | Frost-empfindlichkeit | | | | Licht | | | Wasser | | | Temperatur | | | Rück-schnitt | | |
|---|---|---|---|---|---|---|---|---|---|---|---|---|---|---|---|---|
| | ab 0 °C | ab -5 °C | ab -10 °C | ab -15 °C | hoher Lichtbedarf | normaler Lichtbedarf | kann dunkel stehen | trocken halten | mäßig feucht halten | normal gießen | 5 bis 10 °C | 10 bis 15 °C | mehr als 15 °C | Herbst | Frühjahr | |
| Agave *(Agave)* | | ● | | | | ● | | ● | | | ● | | | | | |
| Anisodontea *(Anisodontea)* | ● | | | | ● | | | | ● | | | ● | | ● | ● | Z |
| Aukube *(Aucuba)* | | | | ● | | ● | | | ● | | ● | | | ● | ● | |
| Baumtomate *(Cyphomandra)* | ● | | | | | ● | | | ● | | ● | | | | ● | |
| Bougainvillea *(Bougainvillea)* | ● | | | | | ● | | | ● | | ● | | | | ● | |
| Bleiwurz *(Plumbago)* | | ● | | | ● | | | | ● | | ● | | | ● | | |
| Calamondin-Orange *(Citrus)* | | ● | | | ● | | | | ● | | ● | | | | ● | |
| Eibisch *(Hibiscus)* | ● | | | | | ● | | | ● | | | ● | | ● | | Z |
| Engelstrompete *(Datura)* | ● | | | | | ● | | | ● | | ● | | | ● | | |
| Erdbeerbaum *(Arbutus)* | | | ● | | | ● | | | ● | | ● | | | | ● | |
| Eukalyptus *(Eucalyptus)* | | | | ● | ● | | | | ● | | ● | | | ● | ● | |
| Fuchsie *(Fuchsia)* | ● | | | | | ● | | | ● | | ● | | | ● | | |
| Gewürzrinde *(Cassia corymbosa)* | ● | | | | | | ● | | ● | | ● | | | | ● | |
| Granatapfel *(Punica)* | | | ● | | | ● | | | ● | | ● | | | ● | | |
| Hammerstrauch *(Cestrum)* | ● | | | | ● | | | | ● | | ● | | | ● | | |
| Hanfpalme *(Trachycarpus)* | | | ● | | | ● | | | ● | | ● | | | | | Z |
| Klebsame *(Pinosporum)* | | | ● | | | ● | | | ● | | ● | | | | | |
| Köcherblümchen *(Cuphea)* | ● | | | | | ● | | | ● | | ● | | | ● | | |
| Korallenstrauch *(Erythrina)* | ● | | | | | | ● | ● | | | | ● | | ● | | Z |
| Kreuzblume *(Polygala)* | ● | | | | ● | | | | ● | | | ● | | | ● | |
| Kumquat *(Fortunella)* | | | ● | | | ● | | | ● | | ● | | | | ● | |
| Lagerströmie *(Lagerstroemia)* | | | | ● | | ● | | | ● | | ● | | | ● | | |
| Lorbeerbaum *(Laurus)* | | | ● | | ● | | | | ● | | ● | | | ● | ● | |
| Margeritenbaum *(Chrysanthenum)* | ● | | | | | ● | | | ● | | | ● | | ● | ● | |
| Nachtschatten *(Solanum)* | | | ● | | | ● | | | ● | | | ● | | ● | | |
| Neuseeländer Flachs *(Phormium)* | | ● | | | ● | | | | ● | | ● | | | | | |
| Oleander *(Nerium)* | | ● | | | | ● | | | ● | | ● | | | | ● | |
| Orangenblume *(Choisya)* | | | ● | | | ● | | | ● | | ● | | | | ● | |
| Paradiesvogelblume *(Strelitzia)* | ● | | | | ● | | | | | ● | | | ● | | | Z |
| Passionsblume *(Passiflora)* | | ● | | | | ● | | | ● | | ● | | | ● | | Z |
| Phönixpalme *(Phoenix)* | | ● | | | ● | | | | ● | | | | ● | | | Z |
| Schönmalve *(Abutilon)* | ● | | | | ● | | | | | ● | | | ● | | ● | Z |
| Schmucklilie *(Agapanthus)* | | | ● | | | ● | | | ● | | ● | | | | | |
| Seidenbaum *(Albizia lophanta)* | ● | | | | ● | | | | ● | | ● | | | ● | | |
| Sesbanie *(Sesbania)* | ● | | | | | | ● | | ● | | ● | | | | | |
| Tecomarie *(Tecomaria)* | ● | | | | | | ● | | ● | | | ● | | ● | ● | |
| Tibouchina *(Tibouchina)* | ● | | | | ● | | | | ● | | | ● | | ● | ● | |
| Wandelröschen *(Lantana)* | ● | | | | | ● | | | ● | | | ● | | ● | | |
| Wollmispel *(Eriobotrya)* | | | ● | | ● | | | | ● | | ● | | | | | |
| Zierbanane *(Ensete)* | ● | | | | ● | | | | | ● | | | ● | | | Z |
| Zwergpalme *(Chamaerops)* | | | | ● | | ● | | | ● | | ● | | | | | |
| Zylinderputzer *(Callistemon)* | | ● | | | ● | | | | ● | | ● | | | | ● | |

Z = Diese Pflanzen können auch im Zimmer überwintern.

*Abb. 1 Überwinterungsbedingungen frostempfindlicher Kübelpflanzen*

**Kübelpflanzen werden auf den Winter vorbereitet:**
Die nicht frostempfindlichen Pflanzen stellt man in eine geschützte Ecke dicht an die Hauswand. Gegen Bodenkälte werden sie auf Styroporplatten gesetzt. Die Kübel selbst wickelt man in Strohmatten oder Zeitungspapier ein und verschnürt sie. Auf das Substrat wird Tannenreisig gelegt. Über die frostempfindlichen Kübelpflanzen gibt Abb. 1 Auskunft.

**Überwinterungsräume:**
Treppenhaus, Keller, Garage (wenn sie vom Auto abgetrennt ist), Wintergarten, verglaster Balkon. Grundsätzlich müssen die Räume gut lüftbar sein. Mit dem Einstellen in das Winterquartier beginnt man im September/Oktober. Die Pflanzen verbleiben dort bis April/Mai.
Mit dem Herausstellen der Kübelpflanzen im nächsten Frühjahr sollte man an trüben Tagen beginnen.

*Abb. 1 Engelstrompete (Datura-Hybriden)*

*Abb. 2 Schönmalve (Abutilon-Hybriden)*

*Abb. 3 Fuchsie (Fuchsia)*

*Abb. 4 Margeritenbaum (Chrysanthemum)*

## Lagerung

Zum Einlagern eignet sich nur unbeschädigtes und abgetrocknetes Obst und Gemüse. Ein weiterer Faktor, der die Lagerqualität beeinflußt, ist der Lagerraum selbst. Bei der Einlagerung von Äpfeln, Birnen und Quitten muß darauf geachtet werden, daß es sich um lagerfähige Sorten handelt (s. dazu Abb. 1 S. 207). Der **Lagerraum** sollte möglichst kühl sein und eine hohe Luftfeuchtigkeit (90–95 %) haben. Dies erreicht man durch Besprühen des Bodens mit Wasser. **Kellerräume** und sonstige Räume mit einer Temperatur von 2 bis 5 °C sind optimal für die Lagerung. Die gemeinsame Lagerung von Äpfeln und Gemüse wirkt sich nachteilig aus. Einerseits lagern sich in der Wachsschicht des Apfels fremde Geschmacksstoffe an, und andererseits scheiden Äpfel Äthylengas aus, das den Reifeprozeß der Kartoffeln oder anderer Früchte beschleunigt.

Grundsätzlich sollte Kernobst nur mit Stiel eingelagert werden. Die Lagerung erfolgt entweder in einer Lage flacher Holzkisten oder auf luftigen Holzborden. Sehr arbeitsintensiv ist das Einwickeln einzelner Äpfel in Pergamentpapier, die dann ebenfalls auf Holzborden gelagert werden. Eine neuere Methode ist das Einschweißen von Lageräpfeln in Folienbeuteln. Je nach Größe des Gefrierbeutels können 1 bis 5 kg Äpfel eingeschweißt werden. Diese werden ebenfalls in Kisten oder Regalen bei einer Temperatur von ca. 4 °C gelagert. Nach etwa 2 Wochen werden in jeden Beutel mit einer Nadel Löcher gestochen. Dadurch kann das durch Atmung der Früchte enstandene Kohlendioxid entweichen.

Etwa bis zu 4 Monate halten sich folgende Apfelsorten in den Folienbeuteln besonders knackig und frisch: Berlepsch, Roter Boskoop, Jonathan, Glockenapfel, Golden Delicious. Hat man jedoch den Beutel geöffnet, müssen die Früchte bald verbraucht werden, da sie schnell altern. Der Vorteil saftig bleibender Früchte ist jedoch mit dem Nachteil eines hohen Verbrauchs von Kunststoff abzuwägen. Lagerobst sollte regelmäßig kontrolliert werden.

Möhren, Sellerie, Lauch, Rote Bete, Meerrettich u. a. können ebenfalls im Keller gelagert werden, indem sie in feuchtem Sand in einer Kiste eingeschlagen werden.

Das **Einschlagen** von Wurzelgemüse ist aber auch draußen auf einem Beet möglich. Hierzu wird ein flacher spatentiefer Graben gestochen, in dem das Gemüse sehr dicht aneinandergelegt wird. Anschließend wird eine dünne Schicht Erde daraufgegeben. Wurzelgemüse kann geringe Minustemperaturen vertragen. Besonders bewährt hat sich der Einschlag von Wintergemüse im Frühbeet. Eine andere Methode stellt die **Erdmiete** oder **Erdgrube** dar.

**Anlage einer einfachen Erdmiete**
An einem geschützten Ort im Garten gräbt man einen Spaten tief Erde aus. Die Größe der Miete hängt von der zu lagernden Gemüse- und Obstmenge ab. Die Grube wird bis zum Rand mit feinmaschigem Drahtgeflecht ausgelegt. Darauf gibt man eine ca. 10 cm dicke Strohschicht. Jetzt können die verschiedenen Gemüsearten pyramidenförmig eingeschichtet werden, wobei jede Gemüseart für sich gelagert wird. Das Gemüse wird mit einer ca. 50 cm dicken Strohschicht abgedeckt. Jetzt sollte man die Miete einige Tage „abschwitzen" lassen. Wenn es um diese Zeit regnet, muß die Miete mit einer Folie abgedeckt werden. Danach wird endgültig eine ca. 15 cm dicke Erdschicht aufgetragen und festgeklopft. In die Erdschicht bohrt man bis zur Strohschicht einige Löcher. Sie dienen dem Luftaustausch. Bei Minustemperaturen sollten sie allerdings zugestopft und die Erdmiete zusätzlich mit Folie abgedeckt werden. Ähnliche Funktionen wie die Erdmiete erfüllen in den Boden eingelassene Waschmaschinentrommeln, Eimer oder Truhen. Das Material sollte jedoch rostfrei sein. Geeignete Gemüsearten für die Erdmiete sind: Wurzel- und Knollengemüse, Kohlgemüse und Kartoffeln.

| Sorte | Reifezeit | haltbar bis |
|---|---|---|
| Berlepsch | September | Februar |
| Boskoop | Sept./Okt. | Mai |
| Cox Orange | September | Febr./März |
| Geheimrat Oldenburg | September | Dezember |
| Glockenapfel | Oktober | Juli |
| Gloster | Oktober | Mai |
| Golden Delicious | Sept./Okt. | Juli |
| Goldparmäne | September | November |
| Idared | Oktober | Juli |
| Ingrid Marie | Sept./Okt. | Febr./März |
| Jonagold | Sept./Okt. | Juni |
| Jonathan | September | Juni |
| Morgenduft | Oktober | Juli |
| Ontario | Oktober | Mai |

*Abb. 1 Reifezeit und Haltbarkeit von verschiedenen Apfelsorten*

## Pflanzenschutz

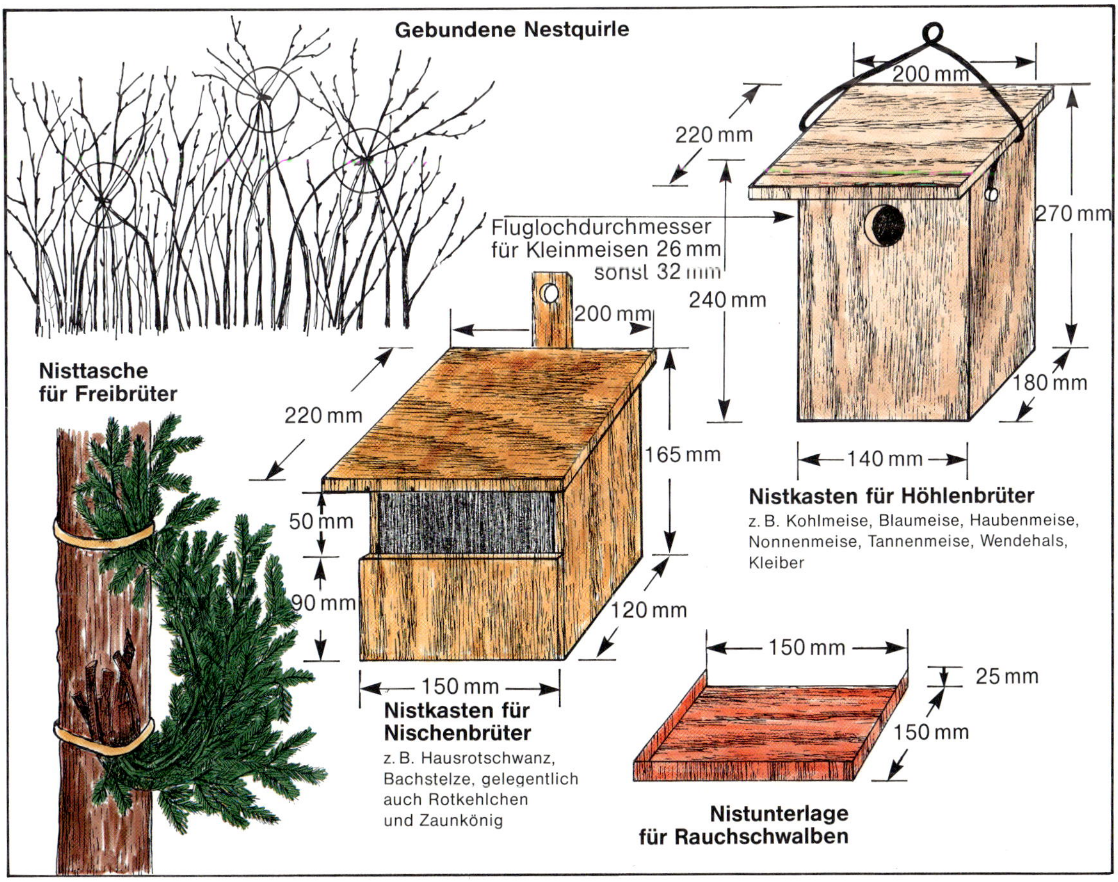


*Abb. 2 Nisthilfen*

| Bekämpfungsmaßnahmen | Schädlinge: Blattläuse | Erdflöhe | Möhrenfliege | Nematoden | Rosenzikade | Rüsselkäfer | Schildläuse | Schnecken | Spinnmilben | Stachelbeerblattwespen | Weiße Fliege | Woll- oder Schmierläuse | Wühlmäuse | Hinweise |
|---|---|---|---|---|---|---|---|---|---|---|---|---|---|---|
| **Biologische Bekämpfung** | | | | | | | | | | | | | | |
| 1. Förderung von Nützlingen durch: das Anlegen von Hecken | x | x | | | x | x | x | x | x | x | x | x | x | S. 190 |
| das Anlegen von Holz-/Reisighaufen | x | x | x | | x | x | x | x | x | x | x | x | x | S. 209 |
| das Aufhängen von Nisthölzern | x | x | x | | x | x | x | | x | x | x | x | | S. 209 |
| die Schaffung von Nistplätzen | x | x | x | | x | x | x | x | x | x | x | x | x | S. 209 |
| das Aufhängen von Ohrwurmtöpfen | x | | | | x | | x | | x | | x | x | | S. 209 |
| das Anlegen von Steinhaufen | | | | | | x | | x | | | | | x | S. 211 |
| 2. Einsatz von Nützlingen: Florfliegen | x | | | | | | | | | | | | | S. 211 |
| Gallmücken | x | | | | | | | | | | | | | S. 211 |
| Raubmilben | | | | | | | | | x | | | | | S. 211 |
| Schlupfwespen | x | x | x | | x | x | x | | | x | x | x | | S. 212 |
| 3. Einsatz von Haustieren: Hühner, Enten und Gänse | | | | | | | | x | | | | | | |
| Katzen | | | | | | | | | | | | | x | |
| 4. Beipflanzung von Feindpflanzen: Kaiserkronen | | | | | | | | | | | | | x | S. 210 |
| Tagetes | | | | x | | | | | | | | | | S. 210 |
| **Mechanische Bekämpfung** | | | | | | | | | | | | | | |
| Abdeckung mit Netzen/Vliesfolie | x | | x | | | | | | | | | | | S. 210 |
| Abduschen/Abspritzen mit Wasser | x | x | | | x | | x | | x | | x | x | | S. 210 |
| Absammeln | | | | | | x | | x | | x | | | | |
| Erhöhung der Luftfeuchtigkeit | x | | | | x | | x | | x | | x | x | | |
| Gelbfallen | x | | x | | x | | | | | x | x | | | S. 210 |
| Schmierseife/Brennesselbrühe | x | | | | x | | x | | x | | x | x | | S. 212 |
| Schneckenzaun errichten | | | | | | | | x | | | | | | S. 212 |
| Vernichtung befallener Pflanzen | | | x | x | | | | | | | | | | |
| Wühlmausfallen aufstellen | | | | | | | | | | | | | x | S. 212 |
| **Kulturmaßnahmen** | | | | | | | | | | | | | | |
| Bodenbearbeitung | | x | | | | x | | x | | | | | | S. 133 |
| Fruchtfolge/Fruchtwechsel | | | x | x | | | | | | | | | | S. 36, 133 |
| Mischkultur | x | x | x | x | x | x | x | x | x | x | x | x | | S. 41, 133 |
| Optimale Ernährung (Düngung, Wasser, Licht) | x | x | x | x | x | x | x | | x | x | x | x | | S. 119, 128 |
| Saattermin | | x | x | | | | | | | | | | | S. 133 |
| Standortwahl | | | x | | | | | | | | | | | S. 133 |

## Förderung von Nützlingen

**Holz/Reisighaufen**

Ein Holz- bzw. Reisighaufen wird sehr gerne von freibrütenden Vogelarten, so vor allem von Rotkehlchen, Grasmücken, Zaunkönig und Fitis, als Zufluchtsort und Brutplatz benutzt. Daneben bietet er sehr vielen Kleintieren Unterschlupf.
Zur Errichtung eines solchen Haufens werden anfallende Äste, Zweige und auch Stämme und Wurzeln von Laub- und Nadelgehölzen auf einen Haufen in einer Ecke des Gartens geworfen. Indem man Brombeeren, Heckenrosen oder die Waldrebe (Clematis vitalba) in die Nähe des Haufens pflanzt und einzelne Triebe darüber leitet, läßt sich nicht nur ein nützliches, sondern auch ein schön anzuschauendes Biotop erstellen.

**Nisthölzer**

Schlupfwesen sind ausgesprochene Nützlinge bei der Bekämpfung von schädlichen Insekten. Als Nisthöhlen benutzen sie bevorzugt die Bohrlöcher holzbewohnender Käferlarven. Durch das Bohren von Löchern in Holzstücke kann man geeignete Nisthöhlen schaffen. Um allen einheimischen Schlupfwespenarten Bruträume anzubieten, sollten unterschiedlich große Löcher mit einem Durchmesser von 2 bis 8 mm gebohrt werden (s. S. 210, Abb. 1).
Die so vorbereiteten Hölzer können überall im Garten aufgehängt oder abgelegt werden. Der günstigste Zeitpunkt hierfür ist Anfang April.
Da einmal benutzte Löcher nicht wieder angenommen werden, sollte man die Nisthölzer durch neue ersetzen, sobald alle Löcher einmal belegt waren. In der Regel ist dies nach 2 bis 3 Jahren der Fall. Indem man einmal benutzte Löcher auf den nächstgrößeren Bohrduchmesser aufbohrt, lassen sich die Hölzer erneut benutzen.

**Nistplätze**

Vor allem Vögel sind unermüdliche Helfer bei der Schädlingsbekämpfung. Entsprechend gilt es, ihnen dort Nistmöglichkeiten zu schaffen, wo diese nicht mehr gegeben sind.
Indem man Zweige zusammenbindet, Reisighaufen errichtet und Nisttaschen baut, schafft man Nisthilfen für freibrütende Vogelarten wie Rotkehlchen, Zaunkönig, Grasmücken, Finken, Drosseln, Heckenbraunelle, Baumläufer u. a. (s. S. 207, Abb. 2).
Höhlenbrüter wie Meisen, Stare, Gartenrotschwanz, Wendehals, Kleiber, Trauerschnäpper und Eulen benötigen Nisthöhlen, bei deren Herstellung einige Grundregeln zu beachten sind:

- Als Baumaterial dient Holz. Gut geeignet sind Eiche, Erle, Weißbuche, Kiefer, Fichte und Tanne.
- Die Bretter sollten mindestens 20 mm dick sein.
- Die Innenseite der Bretter muß rauh bleiben, damit die Jungen später leichter hinaufklettern können.
- Ein imprägnierender Anstrich muß nicht unbedingt erfolgen und wenn, dann nur von außen und mit umweltfreundlichen Mitteln.
- Unter dem Flugloch sollten keine Anflughölzer angebracht werden, da sie lediglich Nesträubern (z. B. der Elster) die Arbeit erleichtern.
- Die Anzahl der aufzuhängenden Kästen sollte sich nach der Annahme durch die Vögel richten. Die Anzahl ist richtig gewählt, wenn 60 bis 70 % der aufgehängten Kästen belegt werden. Auch die nichtbelegten Kästen sollten belassen werden, da sie den Vögeln vornehmlich als Schlafplätze dienen.

Die Bauteile (s. S. 207, Abb. 2) werden aufgezeichnet und mit der Säge ausgeschnitten. Anschließend werden die Teile mit Holzleim bestrichen und mit Nägeln zusammengefügt. Die Vorderseite wird zur Kontrolle und Reinigung des Nistkastens beweglich eingepaßt.
Für Nischenbrüter (z. B. Garten- und Hausrotschwanz) wird der Einflug größer gehalten. Für Schwalben, die ausschließlich von Fluginsekten leben, kann mit Brettchen eine Nistunterlage geschaffen werden (s. S. 207, Abb. 2).
Im Handel gibt es für alle Vogelarten Nistkästen bzw. Kunstnester. Beim Kauf sollte jedoch darauf geachtet werden, daß sie das Gütezeichen der Biologischen Bundesanstalt (BBA) tragen.
Wer gerne bastelt, kann Anleitungen von den Naturschutzvereinen und Vogelwarten anfordern (s. S. 210, Abb. 7).

**Ohrwurmtöpfe**

Ohrwürmer zählen zu den Nützlingen, die vor allem sehr wirkungsvoll Blattläuse bekämpfen. Man kann diese nachtaktiven Tiere zur gezielten Bekämpfung einsetzen, indem man ihnen Verstecke anbietet, in denen sie sich den Tag über verbergen können. Sehr gute Unterschlupfmöglichkeiten stellen mit Holzwolle ausgefüllte Tontöpfe dar (s. S. 210, Abb. 2).
Damit die so hergerichteten Töpfe bezogen werden, werden sie im Frühjahr mit der Öffnung nach unten auf den Boden gestellt. Die Aufstellung sollte dort erfolgen, wo Ohrwürmer hauptsächlich überwintern, z. B. am Rande von Hecken, Laub-, Reisig- oder Komposthaufen. In der Regel werden die so aufgestellten Töpfe ab Juni bezogen. Treten nun größere Blattlauskolonien auf, werden die Töpfe in die betreffenden Pflanzen gehängt bzw. gestellt.

Abb. 1 Nistholz

Abb. 2 Ohrwurmtopf

Abb. 3 Abduschen saugender Insekten

Abb. 4 Netze (Maschenweite 1,6 x 1,2 mm) gegen Möhrenfliege

Abb. 5 Vliesfolie gegen Blattläuse am Salat

Abb. 6 Wühlmausschäden

Abb. 7 Vogelkästen

Abb. 8 Gelbfallen und Tagetes

Abb. 9 Kaiserkronen

Abb. 10 Larven der Stachelbeerblattwespen

| | Pilze | | | | | | | | | | |
|---|---|---|---|---|---|---|---|---|---|---|---|
| | Echter Mehltau | Falscher Mehltau | Fruchtfäule am Apfel | Grauschimmel | Kraut- und Braunfäule | Krebs | Monilia | Rostpilze | Rotpustelkrankheit | Welkepilze | Wurzelfäule |
| **Vorbeugende Maßnahmen** Nur gesunde und kräftige Pflanzen verwenden | x | x | x | x | x | x | x | x | x | x | x |
| Widerstandsfähige Sorten wählen | x | x | x | x | x | x | x | x | x | x | x |
| Richtigen Standort wählen | x | x | x | x | x | x | x | x | x | x | x |
| Nicht zu dicht pflanzen | x | x | | x | x | | | x | | | |
| Nicht in die Nähe von Zwischenwirten pflanzen | | | | | | | | x | | | |
| Mischkulturen statt Monokulturen | x | x | x | x | x | x | x | x | x | x | x |
| Kulturfolge und Fruchtwechsel einhalten | | | | | x | | | | | x | x |
| Wunden mit Wundverschlußmittel behandeln | | | | | | x | | | x | | |
| Optimale Ernährung (Düngung, Wasser, Licht) | x | x | x | x | x | x | x | x | x | x | x |
| **Direkte Bekämpfung** Beseitigung befallener Pflanzenteile | x | x | x | x | x | x | x | x | x | x | x |
| Rückschnitt bis in das gesunde Holz | | | | | | x | x | | x | | |
| Entfernung von Fruchtmumien | | | | | | | x | | | | |

Beim Aufhängen ist darauf zu achten, daß der Tontopf mit dem Stamm oder Ast des Baumes Kontakt hat. Im Herbst werden die Töpfe gereinigt. Im Frühjahr werden sie dann wieder mit neuer Holzwolle gefüllt und in der Nähe der Überwinterungsorte aufgestellt.

**Steinhaufen**
Auch ein Steinhaufen, in einer Ecke des Gartens errichtet, bietet durch die entstehenden Hohlräume Unterschlupf und Lebensraum für viele Kleintiere.
Beim Aufschichten der Steine sollte man darauf achten, daß unterschiedlich große Hohlräume entstehen. Dies geschieht am einfachsten durch die Verwendung unterschiedlich großer und geformter Steine.

### Einsatz von Nützlingen

Nachfolgend aufgeführte Nützlinge sind im Handel erhältlich. Sie sind zur Bekämpfung von Schädlingen im Gewächshaus, Wintergarten und Blumenfenster geeignet.

**Florfliegen** *(Chrysopa carnea)*
Florfliegen werden zur Bekämpfung von Blattläusen eingesetzt. Geliefert werden sie in Form von Eiern, die auf ca. 5 mm langen Fäden sitzen und auf Papierstreifen angebracht sind. Die Papierstreifen werden in die Nähe von Blattlauskolonien gelegt.

**Gallmücken** *(Aphidoletes aphidimyza)*
Die Larven der räuberisch lebenden Gallmücken werden zur Bekämpfung von Blattläusen eingesetzt. Sie werden als Puppen, eingebettet in feuchten Torf, geliefert. Zur Bekämpfung wird der Torf in Häufchen gleichmäßig unter den befallenen Pflanzen verteilt.

**Raubmilben** *(Phytoseiulus persimilis)*
Hierbei handelt es sich um eine orangerote, bis 2,5 mm große subtropische Raubmilbe aus Südamerika, die zur Bekämpfung von Spinnmilben eingesetzt wird. Sie unterscheidet sich von den Spinnmilben neben ihrer Größe vor allem durch ihre leuchtendrote Färbung und ihre wesentlich größere Beweglichkeit (s. S. 210, Abb. 3). Sie benötigt Mindesttemperaturen von 18 °C (optimal 21 bis 26 °C) und eine relative Luftfeuchtigkeit von 70 %.

Die Zusendung erfolgt auf Bohnenblättern. Diese werden als Ganzes oder in Stücke geschnitten auf die befallenen Pflanzen gelegt. Dabei sollten die Blätter sehr vorsichtig und auch nur am Blattrand berührt werden. Pro Zimmerpflanze werden ca. 20 Raubmilben benötigt. Nach ca. 5 Tagen können die aufgelegten Blätter wieder entfernt werden.

Im Freiland führt der Verzicht auf chemische Bekämpfungsmaßnahmen zur Förderung unserer einheimischen Raubmilben. So ist z. B. die 4 mm große Rote Sandmilbe ein wichtiger Helfer im naturnahen Garten. Sie sollte nicht mit den schädlichen Spinnmilben verwechselt werden.

**Schlupfwesen** *(Encarsia formosa)*
Sie werden zur Bekämpfung der Weißen Fliege eingesetzt. Die Zusendung erfolgt in Form parasitierter Larven, die sich auf Gurkenblättern befinden, welche auf Papierkärtchen aufgeklebt sind. Die Gurkenblätter bzw. Papierkärtchen werden gleichmäßig auf die befallenen Pflanzen verteilt.

### Mechanische Bekämpfung

**Schmierseife bzw. Brennnesselbrühe**
Schmierseife hat sich in vielen Fällen zur Bekämpfung saugender Insekten bewährt. Dazu werden 10 bis 30 g Schmierseife pro Liter in heißem Wasser aufgelöst. Die abgekühlte Brühe wird mit kräftigem Strahl auf die befallenen Pflanzen gespritzt.
Auch mit Brennesselbrühe sollen Blattläuse erfolgreich bekämpft werden können. Dazu läßt man 1 kg frische Brennesseln pro 5 Liter Wasser 4 bis 5 Tage gären. Diese Brühe wird in einer Verdünnung von 1 :10 auf die befallenen Pflanzen gespritzt.

**Schneckenzaun**
Schneckenzäune schützen Gärten bzw. Beete vor der Einwanderung von Schnecken. Zur Errichtung benötigt man ca. 20 cm breite Streifen aus verzinktem Blech, Dachpappe oder Kunststoff, die um die zu schützenden Pflanzen herum in den Boden gesteckt werden. Damit die Schnecken diesen Zaun nicht überwinden können, muß die Oberkante so nach außen gebogen werden, daß im Profil eine 1 entsteht.

**Wühlmausfallen**
Die Wühlmäuse ernähren sich überwiegend von unterirdischen Pflanzenteilen wie Wurzeln, Knollen und Zwiebeln (s. S. 210, Abb. 6).
Die Fallen können über den Handel bezogen werden. Das Aufstellen erfolgt in folgenden Schritten:
1. Prüfung, ob Gang bewohnt wird (Öffnung an einigen Stellen; Schließung erfolgt nach einigen Tagen durch die Mäuse);
2. Fallen einige Tage der Witterung aussetzen;
3. Hände vor dem Aufstellen mit Erde abreiben;
4. Falle in geöffneten Gang stellen und mit Grassoden licht- und luftdicht verschließen.

Die Zuwanderung von Wühlmäusen in den Garten kann verhindert werden, indem verzinkter Draht (Maschenweite 16 mm) 50 bis 80 cm tief in den Boden eingegraben wird.

## Pflanzung

*Abb. 1 Pflanzung ohne Wurzelballen (Pflanzholz)*

*Abb. 2 Pflanzung mit Wurzelballen (Pflanzkelle)*

**Arbeitsschritte beim Pflanzen**
1. Bei langen Beeten (über 2,50 m) wird zur Arbeitserleichterung eine Pflanzschnur gespannt.
2. Mit dem **Pflanzholz** drückt man ein Loch in die Erde und erweitert es durch Drehen (s. Abb. 1), oder man hebt mit der **Pflanzkelle** ein Loch aus (s. Abb. 2).
3. Die andere Hand nimmt die Pflanze oberhalb der Wurzel und setzt sie ins Pflanzloch.
4. Mit der freien Hand oder der Pflanzkelle drückt man nun die Erde leicht an.

**Das Pflanzen**
ist im Vergleich zu Aussaaten beim Kauf von Jungpflanzen teurer, bei eigener Anzucht zeitaufwendiger. Durch das Pflanzen können jedoch auch eine Reihe von Vorteilen genutzt werden: Man würde sehr viel mehr Gartenland benötigen, wenn alle Kulturen von der Aussaat bis zur Ernte an Ort und Stelle verblieben.

Saat und Jungpflanzen blockierten dann über mehrere Wochen große Teile des Gartenlandes.

Völlig erfolglos wäre die Aussaat an Ort und Stelle von sehr wärmebedürftigen Pflanzen mit langer Kulturzeit. Solche Pflanzen müssen unbedingt im Haus oder im beheizten Gewächshaus gezogen werden, um dann die schon gut entwickelten Pflanzen nach abklingender Nachtfrostgefahr pflanzen zu können.

Bei weniger empfindlichen Kulturen wird durch eine zeitige Pflanzung eine frühe Ernte möglich.

Die benötigte **Pflanzgutmenge** ist leicht aus den vorgegebenen Abständen zu errechnen. So benötigt man z. B. bei Kopfsalat, der mit einem Reihenabstand von 35 cm und einem Abstand in der Reihe von 30 cm gepflanzt werden soll, für zwei Reihen auf einem Beet von 4 m Länge 26 Pflanzen.

**Rechnung:** 4 (m) : 0,30 = 13,3 (Pflanzen)
13(,3) x 2 (Reihen) = 26 (Pflanzen)

**Pflanzregeln**

1. Die Erde des Pflanzbeetes muß gut gelockert und feinkrümelig sein.
2. Das Pflanzen sollte nicht in praller Sonne geschehen.
3. Nachdem die Jungpflanzen aus ihrem Anzuchtbeet oder -topf herausgenommen worden sind, sollen sie möglichst schnell gepflanzt werden.
4. Kranke, beschädigte oder vergeilte Pflanzen werden vernichtet.
5. Jungpflanzen müssen genügend weit entwickelt sein; so sollten z. B. Kohlpflanzen mindestens drei bis vier, Salatpflanzen vier bis fünf Blätter haben (jeweils ohne Keimblätter zählen).
6. Schon sehr weit entwickelte Pflanzen immer nur mit großem Wurzelballen pflanzen.
7. Vorgegebene Pflanzabstände einhalten, bei Mischkultur können diese um fünf bis zehn Zentimeter verringert werden.
8. Unterschiedliche Einpflanztiefen beachten: Kohlrabi, Salat und Sellerie flach einpflanzen und fest andrücken, andere Kohlpflanzen und Porree tief pflanzen; bei Porree müssen zusätzlich Wurzel und Sproß gekürzt werden.
9. Nach dem Pflanzen ausgiebig mit der Gießkanne angießen.
10. Bei Verwendung von Torf- oder Erdtopfpflanzen müssen diese vor dem Pflanzen gut gewässert worden sein. Gleiches gilt für Pflanzenballen, die Ton- oder Plastiktöpfen entnommen wurden.
11. Beim Pflanzen festgetretene Erde wieder lockern.

## Pikieren

Das früher durchgehend übliche Pikieren wird heute häufig aus Gründen der Zeitersparnis durch direkte Aussaaten in Einzeltöpfe ersetzt. Das Pikieren, d. h. das ein- oder mehrmalige Umsetzen kleiner Sämlinge in Pikierkisten oder Einzeltöpfe, lohnt sich jedoch immer noch.

Pikieren kommt nämlich vom französischen Wort piquer, was soviel wie aufspießen, verletzen bedeutet. Verletzt wird das Wurzelsystem, das hierdurch zu einer besseren Entwicklung angeregt wird (s. S. 82).

Die Ausführung kann stattfinden, wenn die ersten Blätter, die Keimblätter, so groß sind, daß sie mit Daumen und Zeigefinger angefaßt werden können. Als Hilfsmittel dient das **Pikierholz.** Dies ist ein Holzspan, der entweder unten spitz zugeschnitten ist oder über eine Spitze mit V-förmigem Einschnitt, in den der Pflanzenstengel paßt, verfügt.

Pikiert wird in Kisten oder Töpfe, die mindestens fünf bis zehn Zentimeter tief sein sollten (s. S. 35).

**Arbeitsschritte** (s. S. 214, Abb. 2)

1. Man füllt die Pikierkiste mit einem Gemisch aus Komposterde, Torf und Sand im Verhältnis 2 : 1 : 1 und streicht die Erde glatt.
2. Kreuzweise werden jetzt Striche über die Erde gezogen, damit platzsparend und gleichmäßig umgepflanzt werden kann. Die Pflanzabstände sollten mindestens vier Zentimeter betragen.
3. Der Sämling wird mit Daumen und Zeigefinger an einem Keimblatt angefaßt.
4. Das Pikierholz schiebt man mit der anderen Hand unter die Wurzeln des Sämlings und hebt ihn so aus der Erde.
5. Mit dem Pikierholz wird in die Pikierkiste ein kleines Pflanzloch gedrückt.
6. Der Sämling kommt bis zu den Keimblättern in das Pflanzloch, und die Erde wird mit dem Pikierholz rundherum angedrückt.
7. Die Erde rund um den Sämling glättet man mit dem Pikierholz.
8. Mit feiner Brause wird anschließend gegossen.

Um rationeller arbeiten zu können, ist es zweckmäßig, nicht nur einen, sondern gleich mehrere Sämlinge aus der Saatkiste zu nehmen, sie nacheinander auf einem Holzbrettchen abzulegen und sie dann einzupflanzen.

*Abb. 1 Dicht stehende Sämlinge vor dem Pikieren*

*Abb. 2 Pikiervorgang*

# Rasen

## Die Anlage eines Rasens

### Auswahl eines Rasentyps

Am Anfang der Planung steht die Beantwortung der Frage: Welchen Rasentyp will ich eigentlich, d. h. welche Eigenschaften soll mein Rasen haben? Soll er vor allem als Zierde dienen oder mehr als Teil des Wohngartens (s. S. 10) genutzt werden? Im ersten Fall wäre ein Zierrasen, im zweiten Fall ein Gebrauchsrasen das richtige. Rasen ist also nicht gleich Rasen! Es gibt nämlich nicht nur eine Grasart, sondern viele verschiedene Rasengräser mit unterschiedlichen Eigenschaften. Entsprechend der jeweiligen späteren Nutzung (z. B. als Zier- oder Gebrauchsrasen) werden bestimmte Gräsermischungen zusammengestellt.

### Bodenvorbereitung

Beim Rasen handelt es sich um eine starkzehrende Dauerkultur dicht an dicht stehender Gräser. Anders als bei anderen Kulturpflanzen wird auf jenen gelaufen, gespielt und gefahren. An Gräser und Boden eines Rasens werden also besonders hohe Anforderungen gestellt. Berücksichtigt man noch, daß die Bodenstruktur einer fertigen Rasenfläche kaum noch verbessert werden kann, wird verständlich, daß die Bodenvorbereitung vor einer Rasenaussaat besonders gründlich erfolgen muß:

1. Schritt

Die vorgesehene Fläche wird von Unrat (Plastik, Glas, größere Steine usw.) gereinigt.

2. Schritt

Der Boden wird durch Umgraben auf 25 bis 30 cm Tiefe gelockert. Dabei werden Wurzelunkräuter (besitzen einen Wurzelstock, s. S. 139), wie z. B. Quecke, Giersch, Schachtelhalm und Huflattich, sorgfältig entfernt.

3. Schritt

Auf die gelockerte Fläche werden zur Verbesserung der Bodenstruktur und Aktivierung des Bodenlebens gut zersetzter Stallmist (300 bis 500 kg/100 m$^2$) oder Kompost (2 m$^3$ = 2000 l/100 m$^2$) ausgebracht und ca. 20 cm tief eingearbeitet. Am einfachsten geschieht dies mit einer Fräse.
Aber auch Grubber, Kultivator, Grabforke oder Spaten leisten gute Dienste.
Wer genügend Zeit hat, kann statt Verwendung der oben genannten organischen Dünger eine Gründüngung durchführen. Gerade die Bodenverbesserung durch Gründüngungspflanzen ist sehr vielfältig (s. S. 125). Im Prinzip sind alle Pflanzen geeignet, die schnell viel Blattmasse bilden, ein tiefgehendes Wurzelsystem aufbauen und deren Saat billig zu beschaffen ist.

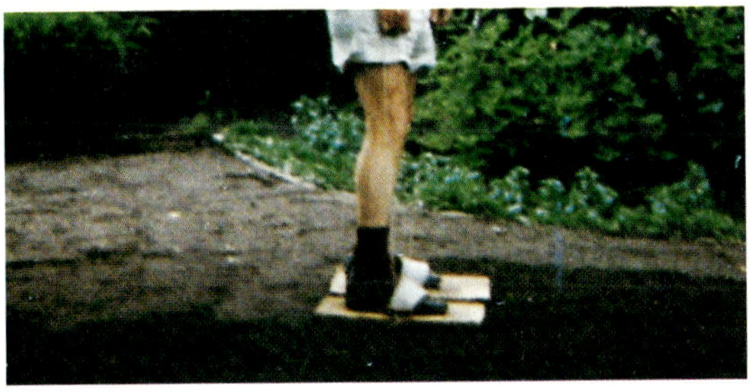

*Abb. 1 Einfache Trittbretter sind schnell selbst angefertigt*

*Abb. 2 Gänseblümchen beleben den Rasen*

Besonders gut geeignet sind Leguminosen (s. S. 125). Die Aussaatmenge sollte 1,8 kg/100 $m^2$ betragen. Nach ca. 10 Wochen können die Pflanzen in den Boden eingearbeitet werden.

4. Schritt
Mittels Krail und Holzharke wird die Fläche so eben wie möglich planiert.

5. Schritt
Die so vorbereitete Fläche wird 8 bis 14 Tage liegen gelassen. Während dieser Zeit setzt sich die Erde, und noch im Boden vorhandene Unkräuter keimen (Boden feucht halten!).

6. Schritt
Die Fläche wird noch einmal flach durchgefräst bzw. durchgehackt.

7. Schritt
Der Boden wird mit einer Handwalze angewalzt oder mit Brettern festgetreten (s. Abb. 1).

**Aussaat** (s. Abb. 3).
Rasen kann von Mitte April bis Mitte Oktober ausgesät werden. Je nach Boden sollten 15 bis 25 g/$m^2$ ausgesät werden. Die Handaussaat erfolgt in folgenden Schritten:

1. Schritt
Die erforderliche Saatgutmenge wird abgewogen und halbiert.

2. Schritt
Die eine Hälfte wird, indem man in gleichmäßigen Abständen über die Fläche hin und her geht, breitwürfig ausgestreut. Die andere Hälfte wird genauso ausgebracht, nur geht man nun quer zum ersten Mal über die Fläche.

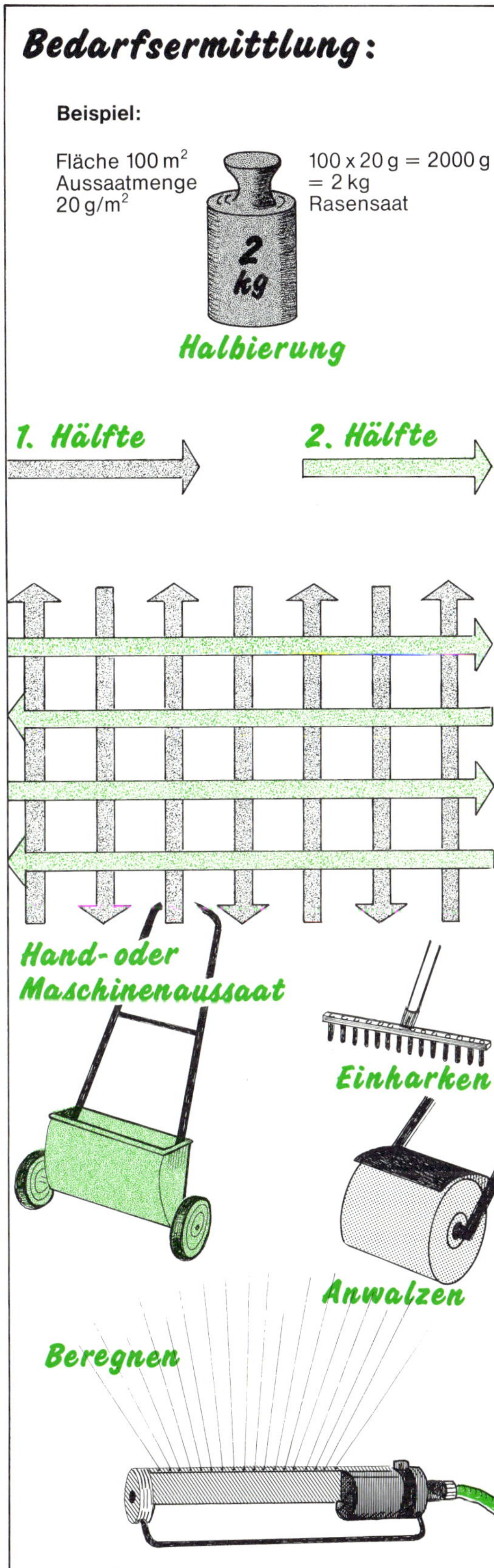


*Abb. 3 Die Rasenaussaat*

Es ist darauf zu achten, daß die Saat so gleichmäßig wie möglich verteilt wird. Lediglich an den Kanten kann etwas dichter ausgesät werden. Bei der Handaussaat muß absolute Windstille herrschen.

3. Schritt
Die Grassaat wird mit einer Holzharke oder Igelwalze flach (0,5 bis 1 cm tief, nicht zu tief!) eingearbeitet.

4. Schritt
Damit der Samen Bodenschluß und damit Feuchtigkeit zum Keimen bekommt, wird die Rasenfläche nun noch einmal abgewalzt bzw. mit Brettern abgetreten.

5. Schritt
Ist kein Regen zu erwarten, sollte die Fläche beregnet werden. Hierzu eignen sich der Gartenschlauch mit einer aufsetzbaren Düse (kein Platzregen) und auch sogenannte Langsamregner, die das Wasser in sehr feinen Tropfen verteilen (ca. 7 l pro Stunde auf dem $m^2$). Beim Bewässern ist die Regel: nicht zu oft, aber durchdringend (5 bis 10 cm tief)! Trockenheit während der Keimung führt unweigerlich zum Tode der Gräser. Es ist jedoch darauf zu achten, daß sich keine Pfützen bilden und das Saatgut zusammengeschwemmt wird. Die Keimzeit beträgt 2 bis 3 Wochen.

### Schnitt

Der erste Schnitt sollte bei einer Höhe von 8 cm auf eine Schnitthöhe von 4 cm erfolgen. Geeignet sind Sense oder Rasenmäher (Messer müssen scharf sein). Der Rasenschnitt wird kompostiert oder als Mulch verwendet.

## Die Rasenpflege

### Mähen

Soll der Rasen dicht und begehbar bleiben, muß ein regelmäßiger Schnitt erfolgen, in der Regel 1 x wöchentlich. Wird häufiger gemäht, bilden sich keine Grasschwaden, und das Mähgut kann als organischer Dünger liegen bleiben. Gemäht werden sollte bei einer Grashöhe von 6 bis 10 cm auf eine Schnitthöhe von 4 cm. Sind Blumenzwiebeln im Rasen, sollte erst nach dem Absterben der Blätter, etwa im Juni, mit dem Mähen begonnen werden. Der letzte Schnitt erfolgt im November, damit der Rasen kurz in den Winter geht.

### Düngung

Mit dem Mähgut werden dem Boden laufend Nährstoffe entzogen, die mit einer Düngung unbedingt nachgeliefert werden müssen. Bleibt das Schnittgut hingegen liegen, kann weitgehend darauf verzichtet werden (s. S. 113).

Pro Jahr sollten pro $m^2$ 15 g N; 4,5 g P und 6 g K gedüngt werden. Dem entsprechen z. B. in etwa 55 g Kalkammonsalpeter, 22 g Superphosphat und 20 g Kalimagnesia (=Patentkali). Die Düngermenge sollte auf drei Gaben aufgeteilt werden:

1. Düngung a) bei leichten Böden im Frühjahr (April), um das Wachstum anzuregen
b) bei schweren Böden im Frühjahr, wenn das natürliche Wachstum nachläßt (Ende Mai/Anfang Juni)

2. und 3. Düngung je nach Bedarf zwischen Juni und Oktober

Im Handel sind spezielle Rasendünger erhältlich, auf deren Packungen genaue Düngerempfehlungen gegeben werden.
Die Düngung sollte generell vor einem Regen bzw. während eines Regens erfolgen. Ist kein Regen zu erwarten, sollte nach der Düngung gründlich beregnet werden.
Als Humusdüngung kann eine 1/2 bis 1 cm dicke Schicht aus Kompost alljährlich im Frühjahr auf den Rasen verteilt und eingeharkt werden.

### Wässern

Der Wasserbedarf eines Rasens liegt bei 20 Liter pro $m^2$ und Woche. Fallen innerhalb einer Woche diese Mengen nicht (1 mm = 1 Liter pro $m^2$), sollte die Differenz (mindestens aber 10 Liter/$m^2$ und Gießvorgang) gegeben werden. Da gerade während der Trockenzeiten im Sommer vielfach eine Wasserverknappung besteht und die Wasserkosten auch nicht unbedeutend sind, sollte man sich überlegen, ob man nicht einen zeitweise gelben und auch braunen Rasen in Kauf nimmt. Nach den ersten Regengüssen hat er sich sehr schnell wieder erholt. Zur Beregnung (nicht nur des Rasens) sind Langsamregner (7 Liter Wasser pro $m^2$ und Stunde) am besten geeignet.

### Unkrautbekämpfung

Auf eine chemische Unkrautbekämpfung sollte verzichtet werden. Bei richtiger Ernährung, ausreichendem Wässern und regelmäßigem Mähen können sich kaum Unkräuter gegenüber den Rasengräsern behaupten. Daneben sollte man bedenken, daß die Unkräuter, besser gesagt die Wildkräuter, für viele Insekten die ersten Pollen- und Nektarquellen sind. Auch unterbrechen Wildkräuter, wie z. B. Löwenzahn und Gänseblümchen, mit ihren Blüten das eintönige Grün des Rasens und beleben ihn (s. S. 215, Abb. 2).

### Die Anlage einer Wiese

Der Trend zu naturnahen Gärten führt dazu, daß immer mehr Gartenbesitzer statt eines einheitlichen grünen Rasens eine artenreiche Blumenwiese ihr eigen nennen möchten. Im Gegensatz zum Rasen bietet sie mehr Tier- und Pflanzenarten einen Lebensraum und damit eine Überlebenschance. Ihr großer Nachteil ist jedoch, daß sie keine belastbare Grasnarbe ausbildet, d. h. nicht mehr betreten werden kann. Insofern kann für einen Wohngarten die Frage auch nicht lauten: Blumenwiese oder Rasen? Vielmehr wäre eine Kombination aus beiden anzustreben, indem Teile des Gartens, die nicht betreten werden, zur Blumenwiese umgestaltet, Rasen mit einer Blumenwiesenumrandung umgeben oder Blumenwieseninseln im Rasen angelegt werden. So kann ein begehbarer grüner Teppich erhalten werden, ohne daß auf ein Stück Blumenwiese mit all ihren Vorteilen verzichtet werden muß.

Eine Blumenwiese kann auf zwei Wegen erreicht werden: a) durch Umwandlung einer Rasenfläche oder b) durch Ansaat.

### Umwandlung einer Rasenfläche zu einer Blumenwiese

Jeder Rasen, der nicht mehr gedüngt und regelmäßig geschnitten wird, entwickelt sich im Laufe der Zeit zu einer Wiese. Entsprechend müssen folgende Maßnahmen zur Umwandlung durchgeführt werden:

1. Einstellung der Düngung
2. Verringerung der Mähgänge auf 1 bis 2 pro Jahr, worauf dabei zu achten ist, daß erst nach der Samenbildung der Wildkräuter geschnitten werden darf (Juli/August). Das Mähgut sollte an Ort und Stelle trocknen und mehrmals gewendet werden, damit die Samen auf der Fläche verbleiben.

### Ansaat einer Blumenwiese

Im Gegensatz zur Rasenaussaat wird keine Bodenverbesserung und Düngung durchgeführt. Bei schweren Böden kann eine 2 bis 3 cm dicke Sandschicht zur Vermagerung des Bodens (Verringerung der Nährstoff- und Wasserhaltekraft) eingearbeitet werden.

Im Handel sind eine ganze Reihe Kräutermischungen erhältlich, die zur Aussaat geeignet sind. Man kann Wildkräutersamen natürlich auch selbst sammeln.

Günstigste Aussaatzeiten sind Februar/März und Herbst. Zuerst werden die Kräuter (2 bis 4 g/m$^2$) 1,5 bis 2 cm tief ausgesät, danach die Grassaat (3 bis 5 g/m$^2$) 0,5 bis 1 cm tief.

Besonders schöne Kräuter für eine Blumenwiese sind z. B. Schafgarbe, Akelei, Gänseblümchen, Wilde Möhre, Wegwarte, Vergißmeinnicht, Wiesenklee, Mohn, Glockenblume und Kamille.

## Rosen

Ob auf Rabatten, entlang des Weges, an Wänden, Pergolen oder als undurchdringliche Hecke, Rosen sind seit jeher die Zierde eines jeden Gartens. Um in die unüberschaubare Vielzahl von Rosenarten und -sorten eine Ordnung zu bringen, werden Rosen in Gruppen mit ähnlichen Wuchseigenschaften und ähnlichem Verwendungszweck eingeteilt (s. S. 218).

### Standort

Rosen lieben die Wärme, d. h. einen sonnigen Standort. Der Boden sollte tief gelockert und humusreich sein. Ein Boden, auf dem bereits mehr als 7 Jahre Rosen gestanden haben, ist nicht geeignet (s. Bodenmüdigkeit S. 36). Will man dennoch nicht auf Rosen verzichten, sollte der Boden auf 50 cm Tiefe ausgetauscht werden.

### Pflanzzeiten

Geeignete Pflanzzeiten sind das Frühjahr (März/April) und der Herbst (Mitte Oktober bis Ende November), wobei die Herbstpflanzung zu bevorzugen ist.

Container-Rosen (im Topf kultivierte Rosen) können den ganzen Sommer über gepflanzt werden (Topf vor dem Pflanzen entfernen!). Nachteilig ist der wesentlich höhere Preis und das geringe Sortenangebot.

**Pflanzvorgang** (s. S. 219, Abb. 1)

1. Wässern

Vor dem Pflanzen sollten die Rosen 2 (Herbstpflanzung) bis 24 Stunden (Frühjahrspflanzung) in Wasser gelegt werden, damit sich das ausgetrocknete Pflanzengewebe vollsaugen kann.

2. Wurzelschnitt

Die Wurzeln werden auf etwa 20 cm unter der Veredlungsstelle (Verdickung am Wurzelhals) eingekürzt (nicht zu stark!). Beschädigte Wurzeln werden entfernt.

3. Rückschnitt der Triebe

Bei der Herbstpflanzung erfolgt kein Rückschnitt, da die Triebe über den Winter zurückfrieren. Der eigentliche Rückschnitt wird im Frühjahr nachgeholt. Bei der Frühjahrspflanzung erfolgt er beim Pflanzen. Es erfolgt ein starker Rückschnitt auf 3 (schwache Triebe) bis 5 Augen (kräftige Triebe). Eine Ausnahme bilden den Strauch- und Wildrosen, die auf die Hälfte eingekürzt, sowie die Kletterrosen, die auf 10 Augen zurückgeschnitten werden. Geschnitten wird 1/2 cm über ein nach außen stehendes Auge mit einer Rosenschere, wobei darauf zu achten ist, daß der Schnitt schräg nach oben und glatt verläuft.

*Abb. 1 Floribundarosen stehen im äußeren Erscheinungsbild zwischen Polyantha- und Edelrosen*

*Abb. 2 Zwergrosen sind unermüdliche Dauerblüher*

*Abb. 3 Rote Kletterrosen vor weißen Mauern sind besonders schön anzuschauen*

| Rosengruppen | Kennzeichen | Verwendung | Pflanzweiten | Jährlicher Frühjahrsschnitt |
|---|---|---|---|---|
| **Edelrosen** (=Teehybriden) | Edelgeformte, große, zumeist gefüllte und einzeln stehende Blüten auf einem langen Stiel | Einzel- oder Gruppenpflanzung, Schnittblume | 30 bis 40 cm (je nach Sorte) = 6–11 Pflanzen pro $m^2$ | Auf 3 bis 5 Augen bzw. bei sehr stark wachsenden Pflanzen auf 6 bis 9 |
| **Beetrosen** (Polyantha- u. Floribundarosen) | Zahlreiche doldenähnliche Blütenstände, einfach oder halbgefüllt (=Polyantharosen) oder mehr Edelrosen-Charakter (=Floribundarosen); Triebe stärker verzweigt (s. Abb. 1) | Beet- und Flächenbepflanzung | s. Edelrosen | s. Edelrosen |
| **Strauchrosen** | Starkwüchsiger als Edel- und Beetrosen: zwischen 1 und 4 m in Höhe und Breite; Blüte ähnelt Polyantharosen | Einzelpflanzung (Solitär), Gruppenpflanzung (3 Rosen), ungeschnittene Hecke | 1 bis 2 m, als Hecke 70 cm | Auslichtungsschnitt (Entfernung zu eng stehender Triebe) |
| **Zwergrosen** | Höhe 20 bis 30 cm; bilden eine Fülle kleiner Blüten aus (s. Abb. 2) | Einfassung, Pflanzgefäße, größere Balkonkästen, kleinere Flächen | s. Edelrosen | Leichtes Stutzen und Ausputzen |
| **Kletterrosen** (=Heckenrosen) | Triebe neigen zum Klettern; benötigen jedoch einen Halt (s. Abb. 3) | Bewachsung von Mauern, Zäunen, Pergolen, Gerüsten | 2 bis 6 m | Endspitzen abschneiden, Auslichtung |
| **Bodendeckende /bodenüberwachsende Rosen** | Triebe breiten sich über dem Boden aus und bilden im Laufe der Jahre eine geschlossene Decke; Höhe 10–120 cm; Triebe 3–6 m lang | Flächenbepflanzung, nicht zur Unkrautunterdrückung geeignet | 1 bis 4 Pflanzen pro $m^2$ | Totes, erfrorenes Holz herausschneiden |
| **Wildrosen** | Wildformen bzw. züchterisch wenig bearbeitete Arten; anspruchslos und robust; einmalige Blüte im Jahr; ungefüllte Blüte; i. d. R. reicher Hagebuttenbehang | s. Strauchrosen, daneben gutes Vogelnährgehölz u. Unterlagen für Rosenzüchtungen | s. Strauchrosen | s. Strauchrosen |

(Hochstammrosen sind auf Stämme veredelte Rosensorten. Auf Stämmchen veredelte Kletterrosen bezeichnet man aufgrund ihrer bogig herabhängenden Triebe als Trauerrosen.)

*Abb. 4 Die Vielzahl der Rosen wird in Rosengruppen zusammengefaßt*

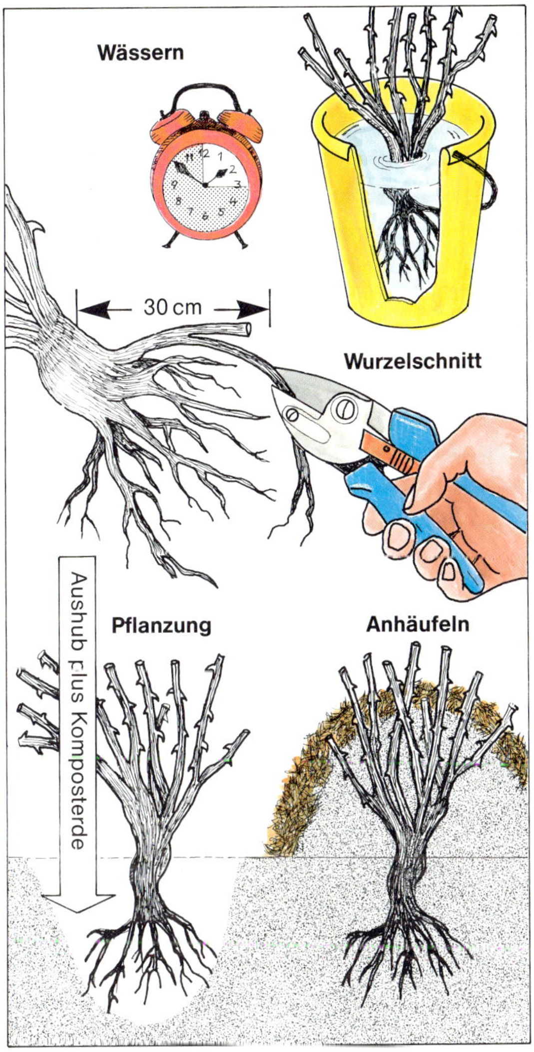


*Abb. 1 Rosenpflanzung im Herbst*

4. Pflanzloch ausheben
Das Pflanzloch muß so tief ausgehoben werden, daß die Veredlungsstelle 5 cm unter der Erdoberfläche (ca. 3 Finger breit) liegt und die Wurzeln sich gut ausbreiten können. Der Aushub sollte mit einem halben Spaten guter Komposterde gemischt werden.
5. Einsetzen der Pflanze
Die Pflanze wird mit der einen Hand in das Pflanzloch gehalten, während mit der anderen das Pflanzloch gleichmäßig mit Erde gefüllt wird. Anschließend wird die Erde angetreten und eine Gießmulde geformt.
6. Angießen der Pflanze
7. Anhäufeln
Das Anhäufeln erfolgt mittels Erde, strohigem Mist oder Laub zum Schutz vor Frost und/oder Austrocknung durch Wind/Sonneneinstrahlung. Abgehäufelt wird, wenn die Pflanzen austreiben und kein Frost mehr zu erwarten ist.

# Saatgut

*Abb. 1 Gekeimter Same*

**Keimprobe**
Aufbewahrtes Saatgut aus dem letzten Jahr prüft man mittels einer Keimprobe auf seine Keimfähigkeit. Dazu zählt man eine bestimmte Anzahl, 20 oder 30, Samen ab und legt sie einzeln auf einen flachen Teller mit feuchtem Lösch- oder Kreppapier. Mit Pappe oder Glas abgedeckt, stellt man den Teller an einen warmen Ort. Wenn nach jeweiliger Keimdauer z. B. die Hälfte des Samens gekeimt hat, liegt die Keimfähigkeit bei 50 %. Ausgehend von 100 % muß entsprechend der verringerten Keimfähigkeit mehr Saatgut verwendet werden.

**Beizung**
Das meiste zu kaufende Saatgut ist bereits gebeizt, d. h., es ist mit Pestiziden behandelt. Hierdurch sollen Bakterien und Pilze, die im Boden an das Saatgut gelangen können, getötet werden. Es gibt jedoch auch chemisch nicht behandeltes Saatgut zu kaufen, das durch eigenes Beizen widerstandsfähig gegen den Angriff von Schädlingen gemacht werden kann. Zum eigenen Beizen eignen sich im Handel erhältliche Präparate aus Eichenrinde für Salat- und Buschbohnensamen, aus Baldrian für Gurken, Möhren, Porree, Sellerie, Tomaten und Zwiebeln, aus Hornmist für Mangold, Rote Bete und Spinat oder Kamille für Erbsen, Radieschen, Rettich und Kohlpflanzen. In der Anwendung gibt es Unterschiede: Hornmist- und Baldrianpräparate können sofort verwendet werden, Eichenrinde- und Kamillepräparate müssen zuvor 24 Stunden in lauwarmem Regenwasser aufgelöst werden. Die darauf folgenden „Badezeiten“ sind für die verschiedenen Samenarten unterschiedlich: Bohnen ca. 15 Min., Kohl ca. 30 Min., Radieschen und Rettich 15 bis 30 Min. und Erbsen ca. 90 Min.; alle anderen Samen ca. eine Stunde. Der Samen sollte kurz danach ausgesät werden, weil die Keimung durch das Bad angeregt wird (s. S. 33).

**Saatgutmenge**
Saatgut wird in aller Regel in g/m² angegeben. Für Möhren sind dies z. B. 0,8 g/m². Auf einem

1,75 m langen Beet können daher bei einem Reihenabstand von 30 cm und einem Abstand in der Reihe von 10 cm zwei Reihen Möhren ausgesät werden, wenn Saatgut für 1 $m^2$ zur Verfügung steht.
**Rechnung:** 2 x 30 cm = 60 cm
60 cm x 175 cm = 105 $cm^2$ = 1,05 $m^2$
Für ein vier Meter langes Beet errechnet man einen Saatgutbedarf von 4,8 g, wenn damit fünf Reihen eingesät werden sollen.
**Rechnung:** 5 x 0,30 m = 1,50 m
1,50 m x 4,00 m = 6,00 $m^2$
6 x 0,8 g = 4,8 g

| | |
|---|---|
| Buschbohnen | 15 |
| Dicke Bohnen | 25 |
| Erbsen | 20–30 |
| Gurken | 1 |
| Kürbis | 1 |
| Mangold | 1 |
| Möhre/Karotte | |
| schlanke, zylindrische Form | 0,8 |
| runde, kurze Form | 1,5 |
| Petersilie | 2 |
| Radieschen | 5 |
| Rote Bete | 1,5 |
| Saatzwiebeln | 1 |
| Steckzwiebeln | 80–100 |
| Salat | 1 |
| Stangenbohnen | 8–12 |
| Zucchini | 0,5 |

*Abb. 1 Saatgutmengen in g/$m^2$*

| Gemüsesamen | Dauer in Jahren |
|---|---|
| Busch- und Stangenbohnen | 3–4 |
| Bohnenkraut | 2–3 |
| Borretsch (Gurkenkraut) | 5–6 |
| Dill | 2–3 |
| Dicke Bohnen | 3–4 |
| Erbsen | 4–5 |
| Gurken | 8–10 |
| Kerbel | 3–4 |
| Kohlarten | 4–5 |
| Kohlrabi | 4–5 |
| Kresse | 2–3 |
| Kürbis | 8–10 |
| Mangold | 5–6 |
| Möhren | 4–5 |
| Petersilie | 2–3 |
| Porree (Lauch) | 2–3 |
| Radieschen | 4–5 |
| Rettich | 4–5 |
| Rote (Rüben) Bete | 5–6 |
| Schnittlauch | 1–2 |
| Sellerie | 5-6 |
| Thymian | 3–4 |
| Tomaten | 4–5 |
| Zwiebeln | 2–3 |

*Abb. 2 Keimfähigkeit von Saatgut in Jahren*

**Aufbewahrung**
Da die Keimfähigkeit vieler Samen zwischen zwei und zehn Jahren beträgt, können die restlichen Samen in der Regel für die nächste Gartensaison aufbewahrt werden. Dazu müssen sie an einem kühlen, vor Frost und Feuchtigkeit geschützten Ort gelagert werden.

## Schnitt von Beerensträuchern

Ob man über Jahre hinweg hohe Johannisbeer-, Stachelbeer-, Himbeer- oder Brombeerernten erzielt oder nicht, hängt ganz entscheidend vom richtig durchgeführten Beerenobstschnitt ab. Dabei unterscheidet man zwischen Pflanz-, Aufbau-, Ertrags- oder Verjüngungsschnitt.

a) **Der Pflanzschnitt**
Er erfolgt nach der Pflanzung, wobei die Beerensträucher auf die Hälfte eingekürzt werden. Mehr als 4 bis 5 kräftige Bodentriebe (kommen aus dem Wurzelstock heraus) sollten nicht belassen werden. Zu schwache und kranke Triebe werden gleichzeitig entfernt.

b) **Der Aufbauschnitt**
Er erfolgt über die ersten 3 Jahre und dient zum Aufbau einer ertragreichen Krone. Dazu werden die Bodentriebe von schwach wachsenden Sorten stark und von stark wachsenden schwach zurückgeschnitten. Die dadurch geförderte Verzweigung führt zu mehr Fruchtholz. Neben den Bodentrieben dienen auch Seitentriebe zum Aufbau von Fruchtholz. Dabei ist darauf zu achten, daß genügend Licht und Luft in die Büsche dringen kann. Dies erreicht man, indem so geschnitten wird, daß die Beeren bequem gepflückt werden können. Störende Zweige werden entfernt. Der Aufbauschnitt erfolgt so lange, bis die gewünschte Endhöhe und Kronenform erreicht ist.

c) **Der Ertragsschnitt**
Er erfolgt nach dem Aufbau der Krone und dient zur Sicherung gleichbleibend hoher Erträge über Jahre hinweg. Bei der Durchführung des Schnitts muß berücksichtigt werden, ob die Beerensträucher am ein-, zwei- oder dreijährigen Trieb bzw. Holz Früchte tragen.

**Schnitt der Roten und Weißen Johannisbeeren**
Sie bilden ihre Früchte vor allem am zwei- und dreijährigen Holz. Entsprechend sollte der Schnitt auf die Vermehrung von zwei- und dreijährigem Holz abzielen. Ältere und nicht mehr ausreichend verzweigende Triebe werden entfernt. Der Ersatz erfolgt über neue Bodentriebe.

**Schnitt der Schwarzen Johannisbeeren**
Im Gegensatz zu den Roten und Weißen Johannisbeeren tragen die Schwarzen Johannisbeeren am einjährigen Holz Früchte. Entsprechend werden die Triebe nach der Ernte durch Rückschnitt zur Bildung neuer Triebe angeregt.

**Schnitt der Stachelbeeren**
Stachelbeeren tragen genau wie die Schwarzen Johannisbeeren am besten an den einjährigen Trieben. Da sich Stachelbeeren von Natur aus stark verzweigen, kommt dem Auslichten eine besondere Bedeutung zu. Schneidet man die Büsche so, daß gut gepflückt werden kann, dringt automatisch mehr Licht und Luft in das Innere der Büsche. Dabei sollten die Seitentriebe der Leittriebe – bis auf 3 bis 4 kräftige Triebe – auf kurze Stummelstücke zurückgeschnitten werden. Die Früchte tragenden Seitentriebe werden dann bei der Ernte mit den daran hängenden Beeren abgeschnitten. Im nächsten Jahr tragen die aus den stark zurückgeschnittenen Seitentrieben gebildeten Triebe.
Gute Ernten werden auch erzielt, wenn man jedes Jahr nur auslichtet, d. h. alle schwachen, kranken und ineinander verwachsenen Triebe entfernt und ansonsten alle anderen Triebe stehen läßt. So kann man allgemein für den Beerenobstschnitt sagen, daß es keine unumstößlichen Schnittregeln gibt. Vielmehr gilt es, durch eigene Beobachtungen und Erfahrungen die geeignetste Schnittmethode herauszufinden (s. Abb. 1).

**Schnitt der Himbeeren**
Der Schnitt der Himbeeren ist relativ einfach. Pro Meter läßt man 8 bis 12 Triebe (= Ruten) stehen. Alle anderen Triebe werden am Boden abgeschnitten. Die abgetragenen Ruten werden nach der Ernte am Boden abgeschnitten und vernichtet. Durch die Vernichtung der Triebe wird eine Verbreitung der gefährlichen Himbeerrutenkrankheit verhindert.

**Schnitt der Brombeeren**
Im Gegensatz zu den anderen Beerensträuchern erfolgt bei den Brombeeren kein Rückschnitt bei der Pflanzung. Ruten, die Früchte getragen haben, werden nach der Ernte am Boden abgeschnitten. Bei an Spalieren gezogenen Brombeeren wird dieser Platz im nächsten Jahr von den neuen Ruten eingenommen.

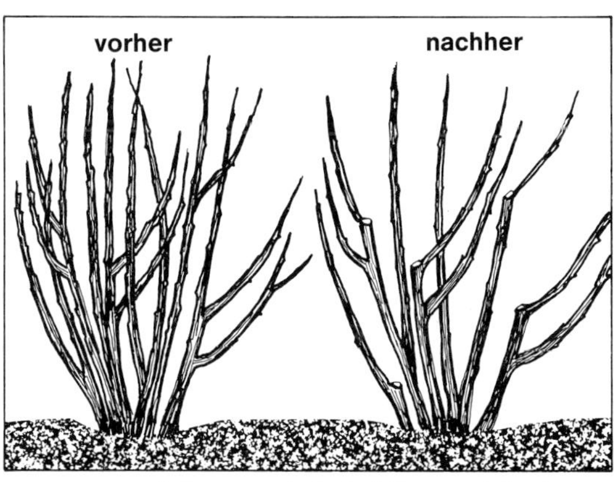

*Abb. 1 Auslichtungsschnitt bei Beerensträuchern*

## Schnittblumen und Gestecke

Beim Kauf von Schnittblumen sollte folgendes beachtet werden:
- die Blütenblätter müssen fest und kräftig in der Farbe sein;
- die Blätter müssen grün sein;
- die Schnittflächen dürfen nicht braun sein;
- gut ausgereifte, jedoch nicht zu offene Blüten kaufen;
- niemals Blumen kaufen, die in der prallen Sonne gestanden haben.

Blumen aus dem eigenen Garten sollten morgens oder nach einem Regenguß geschnitten werden.
Will man von den Schnittblumen lange etwas haben, ist es sinnvoll, sie vor dem Arrangieren folgenden Arbeiten zu unterziehen (s. auch S. 162/163):

1. **Anschneiden**
Mit einem scharfen Messer oder der Ikebanaschere schräg – im Winkel von 45 Grad – anschneiden. Dies macht man am besten unter Wasser.

2. **Einschneiden**
Fast alle Blumen werden dann noch eingeschnitten. Mit dem Messer wird ein ca. 5 cm tiefer, senkrechter Einschnitt gemacht.

3. **Stiele säubern**
Alle Blätter und Zweige, die im Wasser stehen würden, sind zu entfernen. Statt dessen kann man später beim Arrangieren fremdes Grün und Laub verwenden.

4. **Wässern**
Die Blumen möglichst eine Stunde lang bis kurz unter die Blütenköpfe in zimmerwarmes Wasser stellen.
Einige Schnittblumen verlangen eine besondere Behandlung:

**Frühjahrsblumen**

**Anemonen**
Sie eignen sich für gemischte Arrangements, bei denen Blumen gleicher Farbe verwendet werden oder aber als dicht gesteckter Anemonenstrauß in einer Glasvase. Ihre Haltbarkeit ist jedoch sehr begrenzt (ca. 5 Tage). Die Anemonen müssen an- und eingeschnitten werden. Die Schnittstellen werden für einige Sekunden in kochendes Wasser getaucht. Vor dem Arrangieren sollten die Blumen ausgiebig gewässert werden.

**Christrosen**
Damit Christrosen im Zimmer lange haltbar bleiben, müssen sie allmählich an die Raumtemperatur gewöhnt werden. Grundsätzlich lieben sie kühle Räume.

Die Kombination von Christrosen und Fichtenzweigen sieht nicht nur gut aus, sondern die ätherischen Öle der Fichte verlängern auch die Haltbarkeit der Blume. Neben dem Schräganschnitt erhalten die Christrosen auch noch einen Impfschnitt, d. h., daß das untere Stielende (ca. 2 cm hoch) mit einer Stopfnadel angestochen wird.

**Maiglöckchen**
Besonders attraktiv sehen sie in Glasvasen aus oder aber als Arrangement mit anderen weißen Blumen. Die Stengel werden an- und eingeschnitten. Bevor sie mit anderen Blumen arrangiert werden können, sollten sie ca. 24 Stunden separat gewässert werden.

**Narzissen**
Zur Gruppe der Narzissen oder auch Osterglocken gehören eine Vielzahl von verschiedenen Arten. Sollen die Narzissen mit anderen Blumen arrangiert werden, muß auf folgendes geachtet werden:
Der sich von Narzissen absondernde Schleim (genauso wie bei den Maiglöckchen) ist für andere Blumen gefährlich, deshalb sollten die Narzissen kurz in heißes Wasser getaucht oder so lange separat gewässert werden, bis sie keinen Schleim mehr absondern. Narzissen passen gut zu Weidenkätzchen, Forsythien und Tulpen. Es ist aber ebenso reizvoll, einen dicken Strauß Narzissen in einem schlichten Gefäß zu dekorieren. Narzissen sollten wie alle Zwiebelgewächse nicht zu tief ins Wasser (ca. 5 bis 10 cm) gestellt werden.

**Tulpen**
Da Tulpen in verschiedenen Formen und Farben vorkommen, sind sie für fast alle Arrangements geeignet. Die weißen Stielenden werden schräg abgeschnitten. Um Lufteinschlüsse bei Tulpen zu entfernen, wird unterhalb der Blüte mit einer Nadel mehrmals eingestochen. Schwache und gebogene Stengel werden dadurch wieder gerade, daß man sie in Zeitungspapier einwickelt und für einige Stunden in lauwarmes Wasser stellt.

**Sommerblumen**
**Gladiolen**
Diese Sommerblumen sind in den unterschiedlichsten Größen, Farben und Blüten vertreten, so daß sie für alle Arten von Arrangements geeignet sind. Der Stengel wird an- und eingeschnitten. Die Blütezeit läßt sich dadurch verlängern, daß man Eisstückchen ins Vasenwasser gibt. Welkende Blüten sollte man entfernen.

**Pfingstrosen**
Pfingstrosen bilden besonders großblumige Blüten aus und wirken deshalb häufig dominierend in Blumenarragements. Sie lassen sich gut kombinieren mit anderen roten oder rosa farbenen Blumen, wie Fingerhut und Gladiole. Nach dem Schneiden können Pfingstrosen auch ohne Wasser über einen längeren Zeitraum in kühlen Räumen lagern. Vor dem Arrangieren werden sie an- und eingeschnitten und dann in lauwarmes Wasser gestellt.

**Rosen**
Das reichhaltige Rosensortiment sorgt dafür, daß sie für alle Arrangements geeignet und das ganze Jahr über erhältlich sind. Sie werden an- und eingeschnitten und dann entblättert. Ein niedriger pH-Wert erhöht die Haltbarkeit von Rosen. Dies erreicht man durch die Zugabe von einem Eßlöffel Essig.

**Herbstblumen**
**Sonnenblumen**
Sie eignen sich zum Arrangieren mit anderen großen Blumen, mit Laub oder Früchten. Zuerst werden sie an- und eingeschnitten. Die Schnittstellen werden in kochendes Wasser getaucht und dann in lauwarmes Wasser gestellt.

**Dahlien**
Dahlien sind sehr sortenreich und lassen sich vielseitig verwenden. Entweder arrangiert man sie in einer Farbe, aber mit unterschiedlichen Blütenformen. Oder aber man nimmt z. B. rote Dahlien und andere rote Blumen, wie Rosen und Fackellilien, und steckt diese zusammen. Die Dahlien werden an- und eingeschnitten und kurz in kochendes Wasser gestellt. Über Nacht sollten sie kalt gewässert werden. Das Wasser in der Vase sollte nicht höher als 5 cm stehen. Essig erhöht auch hier die Haltbarkeit.

**Winterblumen**
**Chrysanthemen**
Chrysanthemen mit Einzelblüten lassen sich als Blickfang in einer großen Vase arrangieren. Mehrblütige Chrysanthemen eignen sich für Sträuße. Großblütige Chrysanthemen sollten mit der Hand gebrochen werden, da sie weder Stahl noch Eisen vertragen. Mehrblütige Chrysanthemen sind an- und einzuschneiden, wobei die Schnittstellen einige Sekunden in kochendes Wasser getaucht werden. Ausgiebiges Wässern vor dem Arrangieren ist wichtig.

**Schnittblumengefäße**
Die Auswahl des Gefäßes richtet sich nach Art, Farbe, Höhe und Anzahl der Blumen. Materialgerecht ist ein Gefäß dann, wenn seine Form dem Charakter des Materials entspricht. Porzellan, Glas, Plexiglas und lackiertes Korbgeflecht sind vor allem für seidig und porzellanartig wirkende Schnittblumen geeignet.

*Abb.1 Biedermeierstrauß (geschlossene Kugelform)*

*Abb. 2 Herbststrauß (offene Kugelform)*

*Abb. 3 Orchideengesteck (Dreiecksform)*

*Abb. 4 Wildblumenstrauß (rhythmisch gegliedert)*

Dazu zählen z. B. Wicken, Seerosen, Rhododendron, Magnolienblüten, Märzbecher, Hyazinthen, Maiglöckchen und Orchideen. Für robustere Materialien wie Holz, Zinn, Keramik und Weidenkörbe eignen sich eher auch rustikalere Blumen wie Disteln, Flieder, Hortensien, Sonnenblumen, Obstzweige und getrocknete Fruchtstände. Die Schnittblumengefäße sollen jedoch nicht nur stilvolle Ansprüche erfüllen, sondern auch praktischen Erfordernissen gerecht werden. Sie sollen wasserdicht und standfest sein und genügend Wasser fassen können. Bei vollen Sträußen sollten die Gefäße bauchig und weit sein (wie z. B. Kelche, Krüge, Kübel, Becher und Kugelvasen). Bei schlanken und linearen Sträußen soll die Gefäßform geometrisch streng sein, wie z. B. bei einem Zylinder oder einem Rechteck. Die farbliche Anpassung des Gefäßes kann ähnlich einem Farbton sein, der im Strauß vorhanden ist. Trübe und matte Farben des Gefäßes lassen die Blumen leuchten. Grundsätzlich gilt für die Auswahl des Gefäßes: Je schlichter das Gefäß ist, desto besser treten die Blumen in den Vordergrund.

### Verschiedene Vasenfüllungen

**Bündel:** Alle Blumen sind von der gleichen Art und von der gleichen Länge.

**Strauß:** Hierbei werden mehr Blumen verwendet als beim Bündel. Außerdem werden mehrere Arten von Blumen eingearbeitet; durch Grün und anderes Füllmaterial wird für Kontraste gesorgt. Bei den Sträußen unterscheidet man:

**Einfache Sträuße:** Hierbei ist die Blumenlänge gleich, die Straußform spindelförmig und die Straußoberfläche gleichmäßig locker und dicht.

**Runde Sträuße:** Hierbei ist die Blumenlänge leicht unterschiedlich, die Straußform kugelrund und die Straußoberfläche durch wenig Herausragendes aufgelockert.

**Rhythmisch gegliederte Sträuße:** Hierbei ist die Blumenlänge sehr unterschiedlich, die Straußform tropfenförmig, die Straußoberfläche aufgelockert durch rhythmisch Herausragendes.

**Biedermeiersträuße:** Sie sind meist sehr klein und bilden eine geschlossene Kugelform, die einen Manschettenabschluß oder Blattrand besitzt.

### Einige Grundregeln zum Arrangieren von Schnittblumen

Für die Anordnung von Gestecken und Vasenfüllungen kommen verschiedene Grundformen in Frage. Die häufigsten und wichtigsten Formen sind: Dreiecksform, Kreisform, lineare Form und die asymmetrische Form (s. S. 223).

**Beim Arrangieren ist zu beachten:**

1. Schaffung eines optischen Mittelpunkts. Der Blickpunkt kann aus verschiedenen Elementen gebildet werden (z. B. Blumen, Grün, Früchte oder Laub).
2. Mit den ersten Stengeln die gewünschte Form festlegen. Vom Mittelpunkt aus verschiedene Linien schaffen.
3. Überschneidungen vermeiden.
4. Auf Form- und Farbharmonie achten. Von der Basis her sollen erst große in dunklen Farben, dann kleine helle Blüten gesteckt werden.
5. Für einen Abschluß nach hinten sorgen. Dies bedeutet, daß hinter die höchstgesteckte Blüte noch einige weitere gesteckt werden, die tiefer liegen.
6. Auf ein ausgewogenes Größenverhältnis von Blumen und Gefäß achten (Abb. 1).
7. Pinholder oder Steckschwamm verwenden.

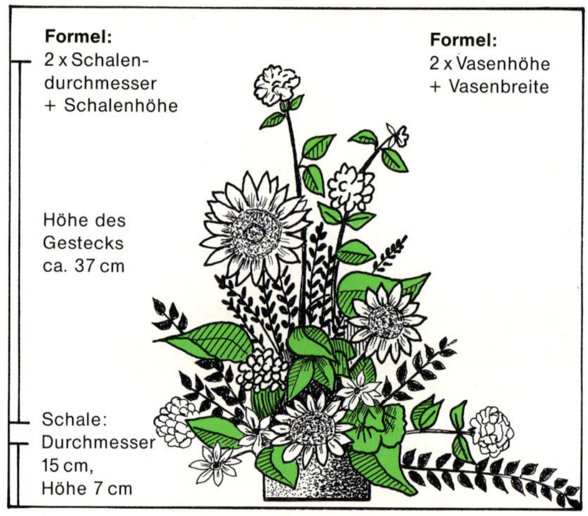


*Abb. 1 Verhältnis von Vase zu Blumenhöhe*

### Einige Regeln zur Schnittblumenpflege

- Bei Blumen mit einem hohlen Stiel (z. B. Rittersporn) füllt man Wasser ein und verschließt den Stiel mit Watte.
- Als Blumenwasser sollte in der Regel temperiertes Wasser genommen werden.
- Das Wasser ist täglich nachzufüllen, je nach Bedarf auch täglich zu wechseln.
- Gerbera nur 3 bis 4 cm tief ins Wasser stellen, da sie sehr schnell faulen.
- Die Verwendung von Frischhaltemitteln kann vermieden werden, wenn man etwas Zucker als Nahrung ins Wasser gibt und dieses täglich wechselt.
- Mimosen kurz in heißes Wasser stellen, es verhindert das vorzeitige Schrumpfen.
- Schnittblumen verwelken schneller, wenn Obst in der Nähe liegt.
- Schnittblumen mögen keine Heizungsluft und keine Zugluft.

## Sommerblumen

**Einjährige** Sommerblumen füllen Lücken in Staudenrabatten, vor Gehölzpflanzungen oder ergeben als Beetpflanzen einen reichhaltigen Vorrat an Schnittblumen.
Die meisten Einjahresblumen müssen vorgezogen werden. Bei direkter Aussaat ins Freiland empfiehlt sich die Reihensaat, damit Wildkräuter einfacher gejätet werden können. Niedrige Einjährige erhalten einen Reihenabstand von ca. 15 cm, halbhohe bis hohe Arten von 25 bis 40 cm. Bis zum Auflaufen der Saat ist es ratsam, die nur dünn oder gar nicht mit Erde bedeckten Samen anzufeuchten und mit schwarzer Folie abzudecken. Nach dem Auflaufen vereinzelt man die Jungpflanzen je nach späterer Größe auf Abstände zwischen 5 und 15 cm. Um das Lockern oder Herausziehen der anderen Pflänzchen zu vermeiden, drückt man dabei die Erde um die verbleibenden Pflanzen leicht an.
Die nachfolgende Pflege beinhaltet vor allem ein ständiges Feuchthalten der Kultur sowie eine möglichst häufige Bodenlockerung zwischen den Reihen. Verblühte Blüten werden herausgeschnitten, um dadurch die Blütezeit zu verlängern.
Einige **zweijährige** Sommerblumen wie Bellis, Stiefmütterchen oder Vergißmeinnicht sind neben Knollen- und Zwiebelpflanzen die ersten Frühjahrsblüher. Die Aussaat erfolgt im Juni/Juli auf einem geschützten Anzuchtbeet, oder besser im Frühbeet. Günstiger ist auch hier die Aussaat in Reihen, der Abstand sollte ca. 6 cm betragen. Bis zum Keimen bedeckt man die Saat ebenfalls mit schwarzer Folie. Von August bis September erhalten die Jungpflanzen dann ihren Platz auf dem Beet.
Die Samen der meisten Sommerblumen überstehen unseren Winter nicht, sie stammen nämlich aus wesentlich wärmeren Klimazonen. Nur einige unter ihnen, dazu gehören z. B. Kapuzinerkresse oder Ringelblume, sind weniger wärmebedürftig. Sie werden als „selbstwachsend" bezeichnet, weil ein Teil des von ihnen im letzten Sommer gebildeten Samens überwintert und sich daraus neue Pflanzen entwickeln.

| | Feb. | März | April | Mai | Juni | Juli | Aug. | Sept. | Okt. |
|---|---|---|---|---|---|---|---|---|---|
| Bechermalve *(Lavatera trimestris)* | | ○ | □ | ■ | | ● | ● | ● | ● |
| Begonie *(Begonia-Hybriden)* | ○ | | | ■● | ● | ● | ● | ● | |
| Dahlie *(Dahlia-Hybriden)* | | | | ■ | | ● | ● | ● | ● |
| Fingerhut *(Digitalis purpurea)* | | | | | ○ □● | ● | | | |
| Fuchsie *(Fuchsia-Hybriden)* | | | ● | ■● | ● | ● | ● | ● | ● |
| Gartenringelblume *(Calendula officinalis)* | | ○ | □ | □● | ● | ● | ● | ● | |
| Garten-/Schlafmohn *(Papaver-somniferum)* | | | □ | | ● | ● | ● | | |
| Gladiole *(Gladiolus-Hybriden)* | | | ■ | ■ | ● | ● | ● | ● | |
| Goldlack *(Cheiranthus cheiri)* | | | ● | ○● | ○● | | | | |
| Glockenrebe *(Cobaea scandens)* | | ○ | | ■ | | ● | ● | ● | ● |
| Judas-Silberling *(Lunaria annua)* | | ○ | ○ | ● | ●□ | □ | | | |
| Kapuzinerkresse *(Tropaeolum-Hybriden)* | ○ | □ | ■ | | ● | ● | ● | | |
| Königskerze *(Verbascum-Hybriden)* | | | | ○ | ○● | ●○ | ● | | ■ |
| Lobelie *(Lobelia erinus)* | | ○ | | ■● | ● | ● | ● | ● | ● |
| Löwenmaul *(Antirrhinum majus)* | | ○ | □ | ■ | ● | ● | ● | ● | |
| Mädchenauge *(Coreopsis tinctoria)* | | | □ | ■ | ● | ● | ● | ● | |
| Petunie *(Petunia-Hybriden)* | ○ | ○ | ○ | ■● | ● | ● | ● | ● | ● |
| Sommeraster *(Callistephus chinensis)* | | ○ | ○ | ■ | | ● | ● | ● | ● |
| Sommerlevkoje *(Matthiola incana)* | ○ | ○ | □■ | ■● | ● | ● | ● | | |
| Sonnenblume *(Helianthus annuus)* | | | □ | □ | | ● | ● | ● | ● |
| Schleierkraut *(Gypsophila elegans)* | | □ | □ | | ● | ● | ● | | |
| Schwarze Susanne *(Thunbergia alata)* | ○ | ○ | | ■● | ● | ● | ● | ● | |
| Stechmalve *(Alcea rosea)* | | | | □ | □ | □● | ● | ● | |
| Strohblume *(Helichrysum bracteatum)* | | | ○ | ■ | | ● | ● | ● | |
| Studentenblume *(Tagetes-Patula-Hybriden)* | | ○ | ○ | ■● | ● | ● | ● | ● | ● |
| Stiefmütterchen *(Viola-Wittrockiana-Hybriden)* | | ● | ● | ● | ○ | ○ | | | ■ |
| Verbene *(Verbena-Hybriden)* | | ○ | ○ | ■ | ● | ● | ● | ● | ● |
| Vergißmeinnicht *(Myosotis-Hybriden)* | | | | ● | ●○ | ●○ | ■ | | |
| Wucherblume *(Chrysantemum carinatum)* | | ○ | ○ | □■ | ● | ● | ● | ● | |
| Wicke *(Lathyrus odoratus)* | ○ | □ | | ■ | ● | ● | ● | ● | |

○ Aussaat ins Frühbeet, Kleingewächshaus o. ä.
□ Aussaat ins Freiland
■ Auspflanzung ins Freilandbeet
● Blütezeit

*Abb. 1 Aussaat-, Pflanz- und Blütezeiten*

Abb. 1 Ziertabak (Nicotiana sanderae)

Abb. 2 Husarenkopf (Sanvitalia procumbens)

Abb. 3 Wucherblume (Chrysanthemum carinatum)

Abb. 4 Gartenmohn (Papaver somniferum) (Anbau in der Bundesrepublik Deutschland verboten)

Abb. 5 Schmuckkörbchen (Cosmos bipinnatus)

Abb. 6 Bechermalve (Lavatera trimestris)

Abb. 7 Fingerhut (Digitalis purpurea, giftig)

Abb. 8 Gartenfuchsschwanz (Amaranthus caudatus)

*Abb. 1 Bergflockenblume (Centaurea montana)*

*Abb. 2 Tränendes Herz (Dicentra spectabilis)*

*Abb. 3 Margerite (Chrysanthemum maximum)*

*Abb. 4 Schafgarbe (Achillea filipendulina)*

*Abb. 5 Sonnenbraut (Helenium autumnale)*

*Abb. 6 Sonnenauge (Heliopsis helianthoides)*

*Abb. 7 Rittersporn (Delphinium-Hybriden)*

*Abb. 8 Phlox (Phlox-Paniculata-Hybriden)*

Stauden gehören zu den langlebigen Pflanzen, die auf Dauer in unsere Gärten gepflanzt werden. Ihre Entwicklung hängt jedoch von einer ganzen Reihe von Faktoren ab. Will man lange Freude an seinen Stauden haben, sollte man diese Faktoren bei der Pflanzung berücksichtigen.

**Auswahl der Stauden**
Die Auswahl der Stauden richtet sich nach:
- dem beabsichtigten Standort, z. B. schattiger, halbschattiger oder vollsonniger Standort,
- der Blütezeit, wobei die Auswahl so erfolgen sollte, daß vom zeitigen Frühjahr bis spät in den Herbst blühende Stauden den Garten schmücken,
- der Blütenfarbe, hier sollte der eigene Geschmack ausschlaggebend sein,
- der Wuchshöhe,
- dem Verwendungszweck, z. B. als Schnitt- oder Trockenblume, zur Flächenbedeckung oder als Solitärstaude.

**Pflanzzeiten**
Geeignete Pflanzzeiten sind der Herbst und das Frühjahr nach der Blüte. Entsprechend erfolgt die Pflanzung bei frühjahrsblühenden Stauden im Frühjahr bzw. Frühsommer, bei sommer- und herbstblühenden im Herbst bzw. Frühjahr. Containerpflanzen (in Gefäßen gezogene Pflanzen) können das ganze Jahr über gepflanzt werden (Töpfe vor dem Pflanzen entfernen!).

**Bodenvorbereitung**
Da Stauden mehrere Jahre am gleichen Standort verweilen, muß die Bodenvorbereitung besonders gründlich erfolgen. Im Herbst sollte der Boden tiefgründig umgegraben werden. Dabei ist darauf zu achten, daß Wurzelunkräuter sorgfältig herausgesammelt werden. Die Bodenverbesserung erfolgt mit gut zersetztem Stallmist oder Kompost (eine Schubkarre pro 10 $m^2$), der in die oberen 20 cm eingearbeitet wird. Zusätzlich werden 30 bis 40 g eines blauen Volldüngers (z. B. Nitrophoska blau) pro $m^2$ ausgestreut. Da die meisten Stauden einen schwach sauren pH-Wert (pH 6 bis 7) lieben, sollte eine pH-Wert-Untersuchung (s. S. 110, 120) und gegebenenfalls eine Kalkung erfolgen.

**Pflanzreihenfolge**
1. Zuerst erfolgt die Pflanzung der Leitstauden (s. S. 26), sie bilden das Grundgerüst der Pflanzung, an denen sich alle nachfolgenden Stauden in Blütezeit, Farbe und Wuchshöhe orientieren sollten.
2. Zwischen den Leitpflanzen werden die Begleitstauden (s. S. 26) angeordnet. Da sie nach der Blüte unansehnlich werden, sollten sie mehr in den Hintergrund gepflanzt werden. Auch Zwiebel- und Knollengewächse (s. S. 249) gehören zu den Begleitstauden.
3. Zwischen den Leit- und Begleitstauden werden nun flächendeckende Stauden (s. S. 26) in Gruppen angeordnet. Neben den Leitstauden sind sie das tragende Gerüst der Pflanzung.

Aufgrund der unüberschaubaren Staudenvielfalt gibt es sehr viele Möglichkeiten der Zusammenstellung. Daneben können Stauden auch sehr gut mit einjährigen Pflanzen (s. S. 225) kombiniert werden.

**Pflanzvorgang** (s. S. 229, Abb. 1)
1. Das Pflanzloch wird mit den Händen, der Pflanzkelle oder dem Spaten so ausgehoben, daß alle Wurzeln bequem Platz finden.
2. Zu lange und verletzte Wurzeln werden mit einem scharfen Messer bzw. einer scharfen Schere entfernt.
3. Die Pflanzen werden so tief eingesetzt, daß sie genauso tief stehen wie vorher.
4. Mit den Händen wird die Erde in das Pflanzloch gefüllt und gut angedrückt.
5. Zum Schluß wird gründlich angegossen.

**Pflege**
Die Pflege umfaßt folgende Tätigkeiten:
- Wässerung bei lang anhaltender Trockenheit,
- Nährstoff- und Humuszuführung mit Kompost als Mulch,
- Entfernung verblühter Blüten zur Verlängerung der Blütezeit,
- Eingrenzung stark wachsender Pflanzen mit dem Spaten,
- Jäten von Unkraut; durch eine Bodenabdeckung mit Rindenmulch (5 bis 7 cm dick) wird Unkrautwuchs weitgehend unterdrückt,
- Stützung der Stauden, die bei Regen oder Wind auseinanderzubrechen drohen,
- Abdeckung nicht ganz winterharter Stauden (z. B. Fackellilie) vor Frostbeginn mit Tannenreisig oder Laub,
- Teilung und Verpflanzung älterer Stauden bei nachlassender Wüchsigkeit und Blühwilligkeit.

**Vermehrung** (s. S. 229, Abb. 1)
Stauden können auf vielfältige Weise vermehrt werden. Die einfachste, schnellste, sicherste und damit die gebräuchlichste Art ist das Teilen der Staudenpflanzen: Die Pflanzen werden mit dem Wurzelballen aus der Erde genommen und mit der Hand oder dem Spaten in zwei oder mehrere Teile zerlegt. Dabei ist darauf zu achten, daß an jedem Teilstück mindestens ein Trieb bzw. Auge sitzt. Die so gewonnenen Pflanzen werden an einer anderen Stelle auf vorbereiteten Beeten ausgepflanzt. Zur Vermeidung von Bodenmüdigkeit und zur Erreichung einer Verjüngung sollten die meisten Stauden nach 5 bis 6 Jahren geteilt und verpflanzt werden.

Jedoch gibt es auch Stauden, die jahrzehntelang am selben Standort stehen können, ohne negativ zu reagieren. So sollten z. B. Tränendes Herz, Pfingstrosen, Schleierkraut und Mohn nach Möglichkeit am selben Standort belassen werden, da sie ein Verpflanzen nur schlecht vertragen.

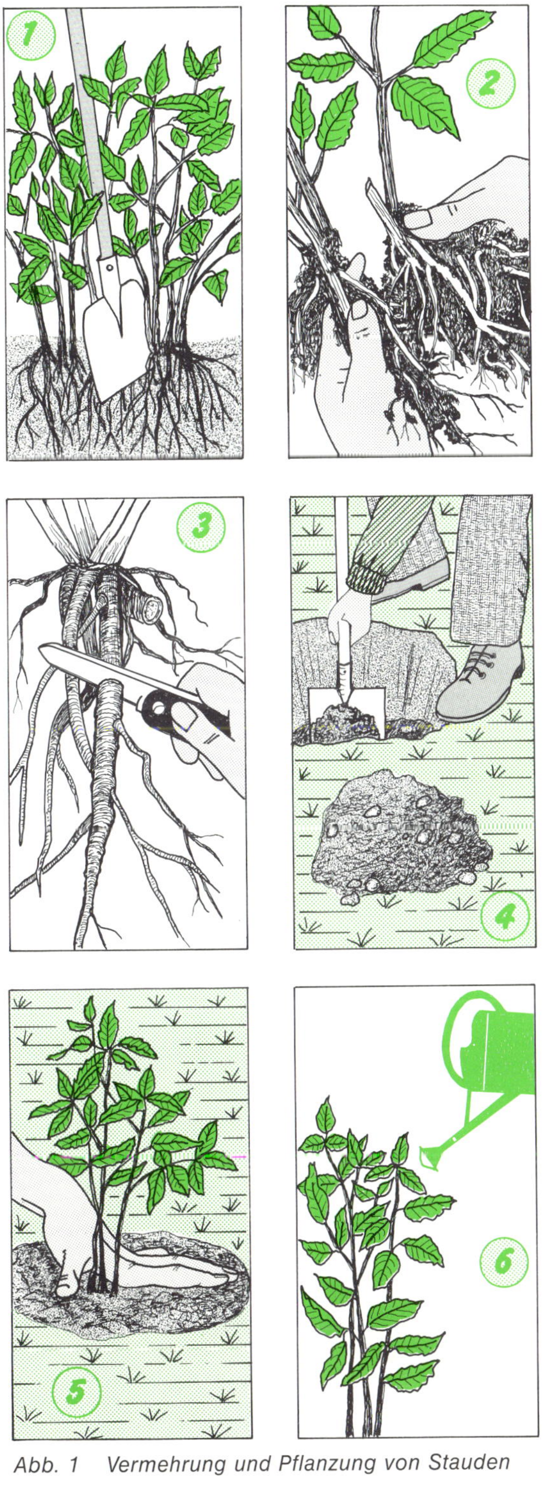


*Abb. 1 Vermehrung und Pflanzung von Stauden*

## Stützhilfen

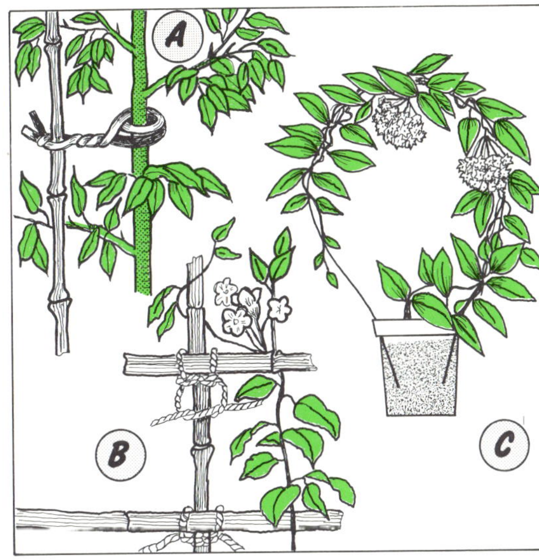


*Abb. 2 Stützhilfen: A = Stab, B = Spalier, C = Rundbogen*

Einige Pflanzen benötigen für ihr Wachstum eine entsprechende Stütze. Hochwachsende Pflanzen, z. B. Birkenfeige *(Ficus benjamina),* Gummibaum *(Ficus elastica)* und Zimmeraralie *(Fatsia japonica)* stützt man mit **Bambusstäben,** die es in verschiedenen Stärken und Längen zu kaufen gibt. Der Stab wird vorsichtig in die Erde gesteckt. Anschließend werden die Triebe mit Band oder Drahtösen befestigt (s. Abb. 2 A). Für kleine Kletterpflanzen, z. B. Porzellanblume *(Hoya bella),* Kranzschlinge *(Stephanotis floribunda)* oder Allamanda, eignen sich **Spaliere,** die entweder aus Bambus oder Kunststoff bestehen (s. Abb. 2 B). Bereits beim Eintopfen wird das Spalier mit in den Topf gesetzt, damit es ausreichende Stabilität erhält. Neue Triebe werden um das Gestänge gelegt. Ebenso geeignet für Kletterpflanzen sind die **Rundbögen** (s. Abb. 2 C). Sie werden unter Spannung in die Erde gesteckt, so daß die Triebe sich dort entlang schlingen können. Für lang wachsende Kletterpflanzen können auch **Moosstäbe** als Stütze und Lieferant für Feuchtigkeit verwendet werden, wie z. B. Kletterphilodendron *(Philodendron scandens)* oder das Fensterblatt *(Monstera deliciosa).* Moosstäbe kann man selber herstellen.

### Geräte und Materialien

Feinmaschiges Drahtgeflecht (ca. 1 m breit, Papprolle, 2 Bambusstäbe (etwas kleiner als der Durchmesser des Topfes), Blumendraht, Rundholz, Krampen oder Haarnadeln, Moos, das nicht artgeschützt ist, Einheitserde, Schaufel, Tontopf mit Untersetzer und Tonscherben.

*Abb. 1 Herstellung eines Moosstabes*

**Arbeitsschritte**

1. Um die Papprolle wird das Drahtgeflecht gewickelt und mit Draht zusammengebunden. Dann wird die Papprolle entfernt.
2. Die Bambusstäbe werden dem unteren Durchmesser des Topfes angepaßt. Über Kreuz werden sie unten in die Drahtröhre geschoben und mit Draht befestigt. Dann werden die Tonscherben in den Topf gelegt und das Drahtgestell daraufgestellt (Abb. 1A).
3. Der Topf wird zu 1/3 mit Substrat gefüllt. In die Drahtsäule wird das Moos gestopft. Zwischendurch sollte immer mit dem Rundholz nachgestopft werden.
4. Nun wird die Pflanze eingetopft. Jeder Trieb wird mit Krampen oder Haarnadeln am Moosstab befestigt (Abb. 1B). Das Moos wird kräftig angesprüht und die Pflanze gut angegossen. Der Moosstab sollte täglich besprüht werden, damit das Moos feucht bleibt. Alternativ zum Drahtgeflecht kann ein Plastikrohr (z. B. aus dem Sanitärbereich) mit Moos umgeben und mit Draht umwickelt werden. Diese Tätigkeit ist zu zweit einfacher auszuführen (Abb. 1C). Die Abb. 1D zeigt den fertigen Moosstab.

## Teich

*Abb. 2 Folienteich*

**Standortwahl**

Nach Möglichkeit sollte ein Teich so liegen, daß er täglich mindestens vier Stunden Sonne erhalten kann. Er sollte nicht unmittelbar neben Laubbäumen angelegt werden, da sonst zuviel Laub hineinfällt. Hinzu kommt, daß Wurzeln in den Teich hineinwachsen und die Folie hochdrücken oder beschädigen könnten.

**Größe**

Günstig für die Ausbildung eines ökologischen Gleichgewichts ist eine Mindestgröße von 10 $m^2$.

**Anlage**

Anschließend muß die Form festgelegt und abgesteckt werden. Ist die Entscheidung gefallen, wird die genaue Lage mit Schnur und Pflöcken abgesteckt. Vorgesehene Sumpf-, Flach- und Tiefwasserzonen werden ebenfalls markiert.
Das Ausheben des Teiches beginnt mit dem Abtragen der gesamten Fläche (ca. 30 cm tief). Die spätere Flach- und Tiefwasserzone wird nochmals um 10 bis 30 cm abgetragen. Innerhalb dieser 30 bis 60 cm tief reichenden Flachwasserzone entsteht die Tiefwasserzone, die an der tiefsten Stelle 1,20 bis 1,30 m erreichen sollte. Wichtig ist es, zum Abschluß dafür zu sorgen, daß Steine und Baumwurzeln entfernt, die Übergänge zwischen den einzelnen Zonen abgeflacht werden und die Erde festgetreten ist.

Die so modellierte Form wird dann noch zum Schutz der Folie mit einer ca. 5 cm dicken Sandschicht bedeckt.
Die Kunststoffolie sollte mindestens 1 mm stark und UV-beständig sein. Der Handel bietet sie als Rollenware oder fertig verschweißt an.
Die Folie wird so ausgelegt, daß sie sich dem Teichprofil möglichst glatt anpaßt. Dabei entstehende Falten sollten zu wenigen großen Falten zusammengelegt werden, ohne dabei jedoch die Folie zu spannen. Die Ränder der Folie werden 10 bis 20 cm hoch mit dem Aushub oder mit Steinen bedeckt. Zum Abschluß erhält der Teich einen Boden, der aus einer ca. 10 cm dicken Schicht eines Sand-Kies-Gemischs im Verhältnis 4:1 besteht.

**Berechnung der Foliengröße**
Länge: größte Teichlänge + doppelte Tiefe + 0,5 m
Breite: größte Teichbreite + doppelte Tiefe + 0,5 m
Bei einem Teich von 1,20 m Tiefe, 5 m Länge und 3 m Breite ergibt sich demnach folgende Rechnung:
Länge der Folie: 5 m + 2,40 m + 0,5 m = 7,90 m
Breite der Folie: 3 m + 2,40 m + 0,5 m = 5,90 m

**Material zur Abdichtung**
Folie ist natürlich nicht so naturnah wie eine Abdichtung aus Ton. Wo Ton abgebaut wird, kann er alternativ verwendet werden. Der Ton muß in feuchtem Zustand mindestens 20 cm dick über dem Teichboden verteilt werden. Nach ausgiebigem Festtreten werden noch verbliebene Risse mit Wasser eingeschlämmt. Damit der Ton nicht austrocknet und rissig wird, muß sofort danach Erde aufgetragen und Wasser eingefüllt werden. Denkbar ist auch eine Kombination aus Folie in den Tiefenbereichen und Ton in den Flachwasserzonen. Von **Beton** ist eher abzuraten, da spätere Formveränderungen schwierig sind. Zudem muß im Winter das Wasser abgelassen werden.

Folgende **Pflanzregeln** sind zu beachten:
1. Bepflanzung zwischen Mai und August vornehmen.
2. Pflanzen für die jeweiligen Zonen auswählen (s. S. 27).
3. Nicht zu viele Pflanzen einsetzen, ca. 6 Stück je m² im Sumpfbereich, sonst 1 Pflanze je m².
4. Spezielle Wasserpflanzenkörbe verwenden.
5. Schilf nur in Kübeln einsetzen, da es sonst zu sehr starker Vermehrung kommt.
6. Zur Beschwerung Steine in die Körbe/Kübel legen.
7. Bei der Bepflanzung von der Mitte zum Rand vorgehen.
8. Wurzeln der Pflanzen flach auf den Teichboden legen.
9. Sofort nach der Bepflanzung langsam mit Wasser auffüllen.

## Tomaten *(Lycopersicon lycopersicum)*

*Abb. 1 Tomaten im Gewächshaus*

**Bodenvorbereitung und Düngung**
Vor dem Ausbringen der Tomatenpflanzen ins Freiland muß die Erde durch Graben oder Lockern bearbeitet werden. Die Tomate gehört zu den Starkzehrern und benötigt daher höhere Düngergaben. Horn-, Blut- oder Knochenmehle können während der Kultur hinzugegeben werden. Eine Woche vor der Pflanzung sollte Kompost oder Stallmist in den Boden eingearbeitet werden.
Bei der mineralischen Düngung versorgt man den Boden vor der Pflanzung pro m² mit 70 bis 100 g Volldünger oder Tomatenspezialdünger. Zwischen Juli und September (Hauptwachstumszeit) führt man zwei bis drei Kopfdüngungen durch. Pro Kopfdüngung sind 30 g je m² eines Volldüngers notwendig.

**Sortenwahl**
Zwei Dinge sind hierbei zu bedenken. Zum einen die Verwendungsart: Große Fleischtomaten (bis zu 400 g) eignen sich für Salate oder zum Grillen, kleine Cocktailtomaten für kalte Platten und die länglichen Kochtomaten für Suppen und Soßen. Zum anderen die Eignung für Glas- oder Freilandkultur: Bei Freilandanbau müssen besonders widerstandsfähige, kälteunempfindliche Sorten ausgewählt werden, z. B. Sonatine, Harzer Kind oder Rheinlands Ruhm. Im Gewächshaus können auch weniger widerstandsfähige Sorten wie Vollendung oder Ronaclave angebaut werden.

*Abb. 1 Pflegemaßnahmen*

**Anzucht**
Von Februar bis April kann man Samen in Saatgefäßen im Abstand von 2,5 cm auslegen. Über die Samen wird eine dünne Schicht Erde gesiebt. Nach dem Angießen deckt man das Aussaatgefäß mit Folie oder Glas ab und stellt es an einen warmen Ort. Bereits nach sechs Tagen können die ersten Keimlinge an die Oberfläche gedrungen sein. Sobald sich die Keimblätter entwickelt haben, pikiert man die Sämlinge in je einen Topf von ca. 9 cm Durchmesser. Hier verbleiben die Jungpflanzen an einem warmen, hellen Ort bis zur Auspflanzung im Gewächshaus oder Freiland. Um die Pflanzen abzuhärten, stellt man sie vorher ein bis zwei Wochen tagsüber für einige Stunden ins Freie.

**Pflanzung**
Gekaufte Tomatenpflanzen sollten möglichst klein und gedrungen sein. Die Pflanzung ins Freiland sollte nicht vor Mitte Mai geschehen, da sie zu frostempfindlich sind. Wichtig ist, daß die Tomaten ausreichend Wärme und Licht bekommen. Sie werden daher möglichst in Nord-Süd-Richtung mit einem Pflanzenabstand von mindestens 50 cm gepflanzt. Sollen mehrere Reihen bepflanzt werden, sollte der Abstand zwischen den Reihen 80 cm betragen. Man setzt die Tomatenpflanze bis zum ersten Blattansatz und etwas schräg ins Erdreich, damit sich zusätzliche Wurzeln (Adventivwurzeln) ausbilden können. Dem gleichen Zweck dient das Anhäufeln (s. Abb. 1A), das bereits während der frühen Wachstumszeit durchgeführt wird. Zum Schluß wird angegossen.

**Kultur**
Die wichtigste Kulturmaßnahme ist das **Ausgeizen,** nachdem die Pflanze Seitentriebe gebildet hat. Darunter versteht man das Entfernen von Nebentrieben, die aus den Blattachsen austreiben (s. Abb. 1B).

Wenn die Tomate 6 bis 8 Trauben gebildet hat, wird die Triebspitze ausgebrochen (s. Abb. 1C). Spätestens jetzt entfernt man auch die unteren Blätter bis zum ersten Fruchtstand, damit mehr Licht und Luft an die Pflanze kommen können. Tomatenpflanzen können draußen locker an einem Stock (s. Abb. 1A) angebunden werden. Bei Buschtomaten entfällt diese Arbeitstechnik. Die Wurzeln der Tomate benötigen regelmäßig abgestandenes Wasser. Um Pilzbefall auf den Blättern vorzubeugen, gießt man nur von unten. Geplatzte Früchte weisen auf zu geringe Feuchtigkeit hin. Zur Verhinderung von Bodenverdichtung kann man neben der Pflanze ein oder zwei Blumentöpfe in die Erde einlassen und dort das Gießwasser hineingeben. Bei der Befruchtung von Treibhaustomaten kann durch Schütteln oder Besprühen nachgeholfen werden.
Als Zwischenkultur eignen sich Petersilie, Spinat, Sellerie, Salat, Knoblauch und Kohl. Ungeeignet sind Fenchel und Kartoffeln.

**Ernte**
Pro Pflanze rechnet man mit 1,5 bis 2,5 kg Ertrag. Außer bei gelben Sorten zeigt eine gleichmäßige Färbung die Reife der Frucht an. Die Frucht wird am Stiel abgeknipst oder abgeschnitten. Wenn die ersten Fröste einsetzen, verlangsamt sich der Reifungsprozeß, so daß die Tomaten grün und unreif geernet werden müssen. Am besten lagert man sie dunkel, z. B. in unbedrucktem Papier, in Eierkartons oder in einem abgedeckten Korb. Günstig auf die Reifung wirkt sich die Nähe reiferer Tomaten oder reifer Äpfel aus.

**Standort**
Eine Voraussetzung für die Kultur von Tomaten ist ein möglichst warmer Standort. Im Freiland eignet sich daher besonders die Südseite einer Garten- oder Hausmauer. Gegen zu pralle Sonne müssen die Pflanzen geschützt werden, weil ihre Blätter sonst schnell verbrennen. Zu klein bemessene Plastikhauben haben sich bislang

nicht bewährt, weil sich unter ihnen zuviel Kondenswasser ansammelt. Fäulnisbildung ist die Folge. Geeigneter ist ein groß angelegter Folienschutz, der zur Südseite offen bleibt. Wegen der schnellen Erwärmung des Bodens ist das Hügelbeet als Standort für die Freilandkultur gut geeignet. Im Gegensatz zu den meisten anderen Gartenpflanzen unterliegen die Tomaten nicht dem Fruchtwechsel. Der Boden sollte im günstigsten Fall ein humusreicher, sandiger Lehmboden sein.

| Schädlinge | Schadbild | Vorbeugung | Bekämpfung |
|---|---|---|---|
| Weiße Fliege (Gewächshaus) | Saugflecken an Blättern | Boden durch Gießen u. Mulchen feucht halten, gut lüften | Rainfarnbrühe Schlupfwespe (Encarsia formosa) |
| Botrytis (Grauschimmel) | gelbe, welkende Blätter | gut lüften, Schnittverletzungen vermeiden | rasche Entfernung beschädigter oder welkender Blätter zur Verhinderung einer weiteren Ausbreitung |
| Blattfleckenkrankheit | helle bis braune Flecken, Eintrocknen von Gewebe, absterbende Pflanzenteile | nur warmes Wasser zum Gießen verwenden. Mischkultur mit Lauch und Blumenkohl, mehrmals Aufguß aus Schachtelhalm, Baldrianblüten oder Zwiebelschalen | kranke Pflanzen vernichten, Kupfermittel spritzen |
| Älchen | gelbes, verkümmertes Wachstum | resistente Sorten verwenden, älchenfreie Gewächshauserde | – |
| Krautfäule | braune, unregelmäßige Flecken auf Blättern u. Frucht. Auf Blattunterseite oft weißlicher Pilzbelag | für gute Luftzirkulation sorgen | befallene Pflanzenteile ausreißen u. vernichten. Kupferoxychloridmittel spritzen |
| Magnesiummangel | Blätter werden zwischen den Blattadern gelb (Blattadern bleiben grün) | magnesiumreiche Düngung | Ausstreuen von Magnesiumsulfat |

*Abb. 1 Einige häufige Schädlinge und Erkrankungen*

## Trockenblumen

**Ein- und zweijährige Sommerblumen zum Trocknen**
- Papierblume *(Xeranthemum annum)*
- Jungfer im Grünen *(Nigella damascena)*
- Strohblume *(Helichrysum bracteatum)*
- Hahnenkamm *(Celosia argentes Christata)*
- Kugelamarant *(Gomphrena globosa)*
- Hasenschwanzgras *(Lagurus ovatus)*
- Meerlavendel *(Limonium sinuatum)*
- Silberling *(Lunaria annua)*

**Stauden zum Trocknen**
- Schafgarbe *(Achillea filipendulina)*
- Silbermortelle *(Anaphalis margaritacea)*
- Perlkörbchen *(Anaphalis triplinervis)*
- Katzenpfötchen *(Antennaria dioica)*
- Rittersporn *(Delphinium elatum)*
- Edeldistel *(Eryngium amethystinum)*
- Schleierkraut *(Gypsophila paniculata)*
- Lavendel *(Lavendula angustifolia)*

Auch Wildblumen und Gräser aus der freien Natur sind für die Trocknung geeignet, sofern sie nicht unter Naturschutz stehen.

### Trocknen von Pflanzen

1. **Lufttrocknen**

Dieses Verfahren ist für die meisten Blumen geeignet. Die Blumen sollen dann geschnitten werden, wenn die Knospen bereits ihre erste Farbe zeigen, d. h. kurz vor dem Öffnen. Für die Trocknung werden – bis auf wenige Ausnahmen (z. B. Strohblumen) – alle Blätter entfernt. Die Blumen werden mit den Köpfen nach unten aufgehängt, große Blumen einzeln, kleinere mit Gummi oder Bast in Sträußen. Sie müssen in einem warmen, trockenen, dunklen und gut durchlüfteten Raum gelagert werden. Nach ca. 2 Wochen kann man sie weiterverwenden. Gräser, Samenkapseln und Fruchtstände können am besten auf Zeitungspapier getrocknet werden.
Es ist auch möglich, Blumen aufrecht in der Vase zu trocknen (z. B. Meerlavendel). Diese Methode ist nur für Gräser und Blumen mit sehr zarten Blüten geeignet.

2. **Konservieren mit Silikagel oder Kieselgel**

Dieses Verfahren ist für solche Blumen geeignet, die bei der Lufttrocknung ihre Farbe verlieren würden (z. B. Rosen oder Gerbera). Sie sollten mittags geschnitten werden, da sie dann die geringste Feuchtigkeit aufweisen. Man erhält Silikagel in Blumenhandlungen, Bastel- oder Hobbygeschäften. Die Anwendung bedarf einiger Erfahrung und ist nicht gerade preiswert. Silikagel enthält eine Nickelverbindung, die im trockenen Zustand blau ist und sich nach aufgenommener Feuchtigkeit rosa färbt.

*Abb. 1 Verschiedene Trockenblumenarrangements*

Man kann dieses Konservierungsmittel auch selbst herstellen, indem man gleiche Teile Alaunpulver und Borax miteinander vermengt. Das Pulver wird ca. 3 cm hoch in eine Kunststoff- oder Metalldose gegeben. Darauf legt man Maschendraht und dann die zu trocknenden Blüten mit kurzem Stiel. Sie sollten sich nicht berühren und immer von einer Art sein, damit die Behandlung gleichzeitig abgeschlossen werden kann. Jetzt gibt man über die Blüten nochmals das Konservierungsmittel (ca. 2 cm) und verschließt dann den Behälter. Je nach Blütengröße und Feuchtigkeitsgehalt dauert der Vorgang 2 bis 4 Tage. Danach sollten die Blüten bis zu ihrer Verwendung in einem luftdicht verschlossenen Kasten aufbewahrt werden.

3. **Konservieren mit Glycerin**

Dieses Verfahren eignet sich besonders für verholzte Zweige mit Blüten und Blättern. Sie werden meist im Spätsommer geschnitten, ca. 5 cm tief eingeschnitten und dann in eine Lösung von 1 Teil Glycerin und 2 Teilen siedendem Wasser gestellt. Bei dünnem Laub reicht ca. eine Woche, dickeres Laub benötigt bis zu acht Wochen. Die Sättigung der Pflanzen mit Glycerin erkennt man daran, daß sich an den Blatträndern Glycerintropfen bilden. Jetzt nimmt man die Zweige heraus und reibt sie ab. Man sollte sie jetzt noch ca. zwei Wochen kopfüber zum Trocknen aufhängen.

4. **Trocknen durch Pressen**

Große Blätter und Farnwedel eignen sich besonders gut zum Pressen. Sie werden zwischen zwei Lagen Löschpapier gelegt und für ca. 1 Woche beschwert (z. B. mit Büchern). Für zarte Blütenköpfe gibt es spezielle Blumenpressen.

**Arrangement mit Trockenblumen**

Für das Stecken mit Trockenblumen treffen die gleichen Regeln zu wie bei den Frischblumen. Gesteckt wird ebenfalls in Trockensteckschaum oder in knetbare Steckmasse.

**Besondere Arrangements:**

- Gewürzsträuße und -kränze
- Duftpotpourris
- Bäumchen aus Trockenblumen
- Duftkugeln (Orangen mit Gewürznelken gespickt)
- Advents- und Weihnachtsdekorationen
- Gestecke und Kränze für besondere Anlässe wie z. B. Hochzeit, Geburtstag, Ostern usw.

# Umtopfen

**Allgemeine Regeln für das Umtopfen:**
- Zu Beginn der Wachstumszeit (meist Frühjahr) umtopfen.
- Nach dem Umtopfen 4 bis 6 Wochen nicht düngen.
- Frisch umgetopfte Zimmerpflanzen nicht der Sonne aussetzen.
- Der Topf sollte nicht mehr als zwei Nummern größer als der alte sein.
- Bei größeren Pflanzen, die nicht mehr umgetopft werden, nur die obere Schicht mit einer alten Gabel entfernen. Neues Substrat nachfüllen und andrücken. Dies trifft auch für Zimmerpflanzen zu, die keine Wurzelstörung vertragen, z. B. Amaryllis.
- Benutzte Tontöpfe werden mit einer Bürste und Essigwasser gereinigt.
- Tontöpfe sollten vor dem Eintopfen über Nacht (jedoch mindestens 1 Stunde) in Wasser gelegt werden.
- Beim Umtopfen von Kakteen einen langen Papierstreifen um die Pflanzen legen (s. Abb. 2 a)

Der Topf ist zu klein, wenn
- sich ein dichtes Wurzelgeflecht an der Außenseite des Wurzelballens gebildet hat,
- die Wurzeln aus dem Abzugsloch wachsen,
- die Wurzeln sich zu einer Spirale drehen,
- die Pflanze ihr Gleichgewicht verliert und umkippt.

**Wie wird umgetopft?**
1. Die Pflanze vor dem Umtopfen ca. 1 bis 2 Stunden wässern, damit sich die Wurzeln leichter von der Topfwand lösen.
2. Mit einem Messer das Substrat vorsichtig vom Topf lösen.
3. Bei kleinen Zimmerpflanzen die Hand so auf das Substrat legen, daß die Pflanze zwischen den Fingern sitzt. Den Topf umdrehen und mit der Topfwand vorsichtig an die Tischkante oder einen Holzklotz klopfen. Hilft alles nicht, muß der Tontopf mit dem Hammer zerschlagen werden.
4. Bei größeren Pflanzen ist es ratsam, den Topf auf die Seite zu legen und zu zweit an Topf und Pflanze zu ziehen.
5. Die obere Erdschicht eventuell von Moos befreien.
6. Eine Drainageschicht (Kies, Blähton, Tonscheiben) in den neuen Topf füllen und etwas Substrat daraufgeben.
7. Die Pflanze einsetzen und die Zwischenräume mit Substrat füllen. Den Topf mehrmals leicht auf eine harte Unterlage stoßen, damit keine Luftlöcher bleiben.
8. Das Substrat gut andrücken, einen Gießrand lassen und gut angießen.

*Abb. 1 Wurzeln drücken die Pflanze hoch*

*Abb. 2 Austopfen von kleineren Pflanzen und Kakteen*

Manchmal ist ein Zurückschneiden des Wurzelballens erforderlich:

| Zustand des Wurzelballens | Maßnahme |
|---|---|
| Wurzelballen hebt die Pflanze hoch (s. Abb. 1) | Anzeichen für das Umtopfen |
| hellbraune Wurzeln mit fast weißen Spitzen (Pflanze ist gesund) | Wurzeln müssen nicht beschnitten werden |
| verfilztes Wurzelwerk (Anzeichen, daß Umtopfen bereits früher hätte erfolgen müssen) | Von unten her einen Teil der Wurzeln abschneiden |
| dunkelbraune bis schwarze Wurzeln (Wurzeln krank) | kranke Wurzeln sofort ausschneiden |
| faule, von Schädlingen befallene, angeknickte oder beschädigte Wurzeln | beschädigte Wurzeln ausschneiden, da sich sonst möglicherweise Krankheitsherde bilden |
| großer Wurzelballen (bei älteren Pflanzen) | Verkleinern des Wurzelballens durch Ausschneiden eines Sektors, ein Stutzen um den Wurzelballen herum würde die Pflanze ihrer wichtigsten Wurzeln berauben |

*Abb. 3 Wurzelschnitt*

*Abb. 1 Beispiel: Usambaraveilchen (Saintpaulia ionantha)*

**Blattstecklinge** (Abb. 1)

1. Mit einem scharfen Messer werden Blätter mit ihrem Stiel von der Pflanze abgeschnitten; ein Topf wird mit Torf-Sand-Gemisch gefüllt.
2. Mit einem Pflanzholz werden kleine Pflanzlöcher vorbereitet. Die Blattstiele werden in die Löcher gesteckt, wobei die Blätter den Boden nicht berühren dürfen.
3. Die Erde wird mit den Fingern oder dem Pflanzholz angedrückt. Nach einigen Wochen bilden die Blattstecklinge Wurzeln.
   Weitere Pflanzen, die durch Blattstecklinge vermehrt werden können, sind Weihnachtskaktus, Gloxinia, Philodendron, Dickblatt, Flammendes Kätchen.

*Abb. 2 Beispiel: Begonie (Begonia-Rex-Hybriden)*

**Blattabschnittstecklinge** (Abb. 2 und 3)

1. Ein Blatt mit Stiel wird abgeschnitten.
2. Die Hauptadern auf der Unterseite des Blattes werden in der Nähe des Stiels angeschnitten.
3. Das Blatt wird mit der Unterseite auf ein Torf-Sand-Gemisch gelegt und mit Drahthäkchen befestigt oder mit Steinen beschwert. An den eingeschnittenen Stellen entstehen nach 4 bis 6 Wochen Wurzeln und kleine Pflanzen.
4. Statt der unter 2. und 3. beschriebenen Schritte kann vom Stiel ausgehend ein schmales Dreieck aus dem Blatt geschnitten werden. Der Stiel wird bis zum Blattansatz, an dem sich die neuen Blätter bilden, in ein Torf-Sand-Gemisch gesteckt.

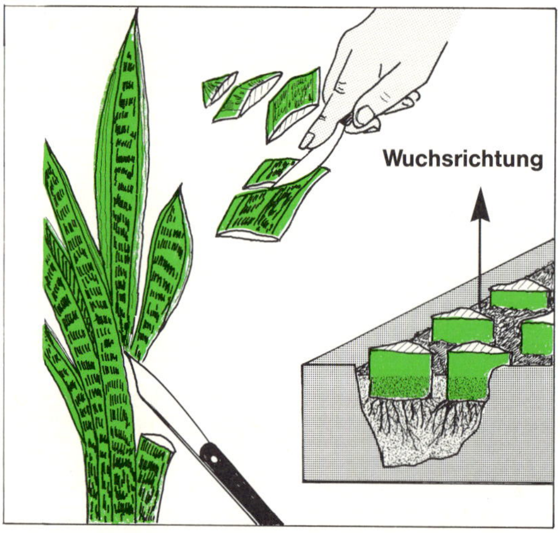


*Abb. 3 Beispiel: Bogenhanf (Sansevieria trifasciata)*

1. Das Blatt wird von der Mutterpflanze abgeschnitten.
2. Ein Blatt wird in ca. 5 cm große Stücke zerschnitten. Nach dem Antrocknen der Schnittstellen kann die Oberseite kurz in Holzkohlenstaub getaucht werden.
3. Die Blattstücke werden senkrecht in ihrer alten Wuchsrichtung in ein Torf-Sand-Gemisch gesteckt.

Alle Blattabschnittstecklinge benötigen viel Wärme und Feuchtigkeit. Daher deckt man die Töpfe oder Schalen mit einer Folienhaube ab und stellt sie an einen warmen Ort.

## Absenken

*Abb. 1 Absenken in Bögen (oben), Absenken der Sproßspitze (unten)*

Einige Pflanzen (z. B. die Brombeere) vermehren sich, indem sich ihre Triebe zu Boden senken und dort Wurzeln schlagen. Was bei diesen Pflanzen auf natürliche Art geschieht, läßt sich bei vielen Sträuchern (z. B. der Johannisbeere) auf künstliche Weise erreichen.

### Vermehrung durch Absenken

Ein vorjähriger Trieb wird in kurzem Bogen zur Erde geführt. An der Stelle, wo der Trieb die Erde berührt, wird er gedreht (s. Abb. 2A) oder flach eingeschnitten (s. Abb. 2B), um die Wurzelbildung zu fördern. Der so vorbereitete Trieb wird in einen gelockerten, feinkrümeligen Boden gedrückt (s. Abb. 2C) und dort mit einer Drahtschlinge befestigt (s. Abb. 2D). Die Absenkstelle wird mit weiterer Erde bedeckt und angedrückt. Der aus der Erde ragende Teil des Triebes wird an einem Bambusstab befestigt (s. Abb. 2E). Der Absenker muß regelmäßig gegossen werden. Wenn die Wurzelbildung weit genug fortgeschritten ist (bis zu einem Jahr), kann die Jungpflanze von der Mutterpflanze getrennt werden (s. Abb. 2F).

### Absenken in Bögen

Bei dieser Methode können von einem Trieb gleich mehrere Jungpflanzen gewonnen werden (s. Abb. 1). Besonders geeignet sind Kletterpflanzen, z. B. Jasmin, Geißblatt und Wilder Wein.

### Absenken der Sproßspitze

Die Vermehrung von Himbeeren erfolgt durch das Einsenken der Sproßspitze (s. Abb. 1).
Absenker, die schnell Wurzeln bilden (ca. 2 Monate): Forsythie, Flieder, Pfeifenstrauch, Liguster, Weigelie, Judenbart, Jasmin, Himbeere.
Absenker, die langsam Wurzeln bilden (bis zu zwei Jahren): Magnolie, Virginische Zaubernuß, Azalee, Kamelie, viele Beerensträucher.

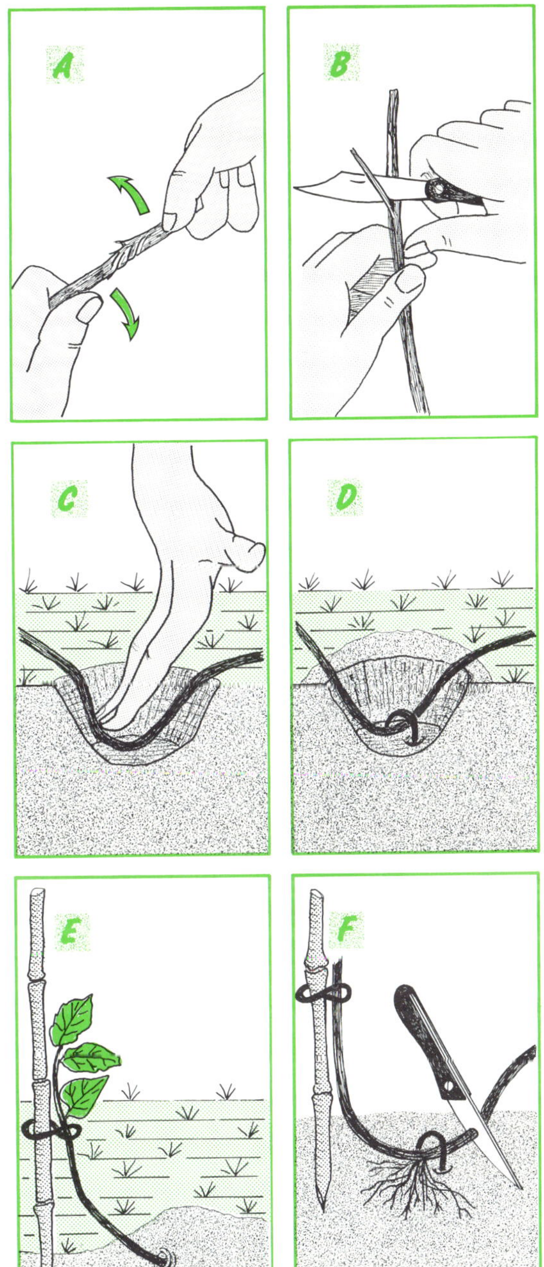


*Abb. 2 Arbeitsschritte beim Absenken*

### Abmoosen

Abmoosen ist eine Vermehrungsart, die besonders bei Zimmerpflanzen mit langen, dicken Stämmen angewendet wird. Vor allem Schefflera und Gummibaum, Zimmeraralie, Wunderstrauch oder Philodendron lassen sich so problemlos vermehren.
Mit dieser Methode kann man auch zu große Zimmerpflanzen kürzen. Eine Pflanze, die ihre unteren Blätter weitgehend verloren hat, wird durch Abmoosen wieder verjüngt.

1 A

2 A 2 B

*Abb. 2 A, B Zuschneiden eines Steckholzes*

1 B

*Abb. 1 A, B Arbeitsschritte beim Abmoosen*

**Arbeitsgang**

1. Der Stamm wird 30 cm unterhalb der Sproßspitze eingeschnitten. Die Einkerbung muß schräg von unten nach oben durchgeführt werden. Zwischen dem Schnitt und den nächsten Blättern müssen mindestens 5 cm Abstand eingehalten werden (bei zu geringem Blattabstand ein Blatt abschneiden!). Um ein Zusammenwachsen der Schnittflächen zu vermeiden, wird ein Hölzchen oder ein kleiner Stein dazwischen geklemmt (Abb. 1A).
2. Unterhalb des Einschnitts wird eine Klarsichtfolie tütenartig um den Stamm gelegt und unten mit Schnur oder Klebeband befestigt.
3. In die „Plastiktüte" gibt man angefeuchtetes Moos oder Torf (Abb. 1B).
4. Nach ausreichender Wurzelbildung, dies kann mehrere Wochen bis mehrere Monate dauern, wird der Stamm unterhalb der neuen Wurzeln durchtrennt.
5. Die neue Pflanze kann jetzt eingetopft und angegossen werden.

**Vermehrung durch Steckhölzer**

Für die Anlage einer Hecke benötigt man viele Pflanzen. Das Anfertigen und Pflanzen von **Steckhölzern** ist dazu eine geeignete Vermehrungsform. Im Spätherbst, wenn die Gehölze ihre Blätter abgeworfen haben, schneidet man lange, möglichst unverzweigte Triebe ab (Abb. 2A). Von einem Trieb lassen sich mehrere Steckhölzer schneiden. Jedes Steckholz ist ca. 15 cm lang und enthält mindestens zwei Knospen bzw. zwei Knospenpaare (Abb. 2B). Unmittelbar über der obersten Knospe, die stehenbleiben soll, wird gerade abgeschnitten. Der Schnitt am unteren Ende wird schräg ausgeführt. Das untere Ende sollte kurz in ein Bewurzelungspräparat gestippt werden.

Die fertig geschnittenen Steckhölzer bündelt man etwa zu je einem Dutzend und legt sie in eine Kiste mit einem angefeuchteten Torf-Sand-Gemisch (Verhältnis 1 : 4), mit dem sie auch bedeckt werden.

Während der Aufbewahrung an einem kühlen frostfreien Ort bildet sich bis zum Frühjahr Wundgewebe (Kallus) an den Schnittflächen.

Im März und April können die Steckhölzer gesteckt werden. Dazu wird eine ca. 10 cm tiefe Furche ausgehoben. Nach dem Glätten des Randes werden dort die Stecklinge im Abstand von 15 cm in den gelockerten Boden gesteckt. Die Furche wird zugeschüttet und die Erde angedrückt. Die Stecklinge ragen jetzt mit einem Augenpaar ca. 3 cm aus dem Boden.

Bereits nach wenigen Wochen beginnen sie Wurzeln zu bilden und auszutreiben. Im Herbst können sie dann an den vorgesehenen Ort verpflanzt werden.

*Abb. 1 Zugeschnittener Kopfsteckling (Oleander)*

*Abb. 2 Steckling unter Folienhaube*

**Kopf- und Teilstecklinge**

Eine der beliebtesten Balkonpflanzen, die Pelargonie, läßt sich durch **Kopfstecklinge** vermehren. Diese erhält man durch Abschneiden noch weicher Triebenden. Den geraden Schnitt führt man direkt unterhalb einer Knospe durch. Die untersten Blätter und Blüten werden entfernt und die Kopfstecklinge in ein Torf-Sand-Gemisch gesteckt.

Der Pflanzabstand muß so groß sein, daß sich die Blätter nicht berühren. Bei großen Pflanzen wie der Zimmerlinde kürzt man die Blätter. Bei den übrigen Pflanzen wird nur dann eingekürzt, wenn keine Möglichkeit besteht, mit einer Folienhaube für ausreichende Luftfeuchtigkeit zu sorgen. In jedem Fall gießt man die Stecklinge kräftig an und wählt einen vor direkter Sonne und Kälte geschützten Standort.

Aus längeren weichen Trieben können außer Kopfstecklingen auch **Teilstecklinge** geschnitten werden. Hierzu sind zwei Schnitte erforderlich, der eine direkt oberhalb einer Knospe, der andere direkt unterhalb einer Knospe. Die Teilstecklinge sollten eine Länge von ca. 10 cm haben. Sie werden in Töpfe oder ins Freibeet gesteckt. Für eine schnelle Bewurzelung empfiehlt sich eine Abdeckung mit Folie oder Glas. Nach 4 bis 6 Wochen sind dann bereits Wurzeln ausgebildet. Die Jungpflanzen können jetzt umgesetzt werden.

Zeiten für Kopf- und Teilstecklingsvermehrung von:

| | |
|---|---|
| Pelargonie | August |
| Chrysantheme | Februar bis Mai |
| Azalee | Februar bis April<br>Juni bis September |
| Oleander (stark giftig) | außer Dezember und Januar ganzjährig |
| Hibiskus | Frühjahr |
| Fuchsie | Dezember bis Februar |

**Sproß mit gegenständigen Blättern**

Bei Pflanzen mit gegenständigen Blättern, d. h. Blätter, die sich genau gegenüberstehen, z. B. bei Oleander oder Pilea, wird der Sproß dicht über einem Blatt oder einer Knospe und ca. 5 cm darunter gerade abgeschnitten. Danach wird der Steckling entweder der Länge nach mit einem scharfen Messer geteilt, oder eines der beiden verbliebenen Blätter wird entfernt.

Nach dem Einstippen in ein wachstumsförderndes Präparat wird der Steckling wie die anderen Kopf- und Teilstecklinge behandelt.

*Abb. 3 Kopfsteckling (Schefflera)*

**Arbeitsschritte** (Schefflera)

1. Ein Seitentrieb mit vier bis fünf Blättern (Blattrosetten) wird mit einer scharfen Schere abgeschnitten.
2. Die unteren Blätter des Triebes werden entfernt.
3. Das untere Ende des Stecklings wird in Bewurzelungspulver getaucht (Abb. 3).
4. Der Steckling wird in einen Topf mit Torf-Sand-Gemisch gesteckt und mit einer Plastikhaube abgedeckt.

**Wurzelschnittlinge**

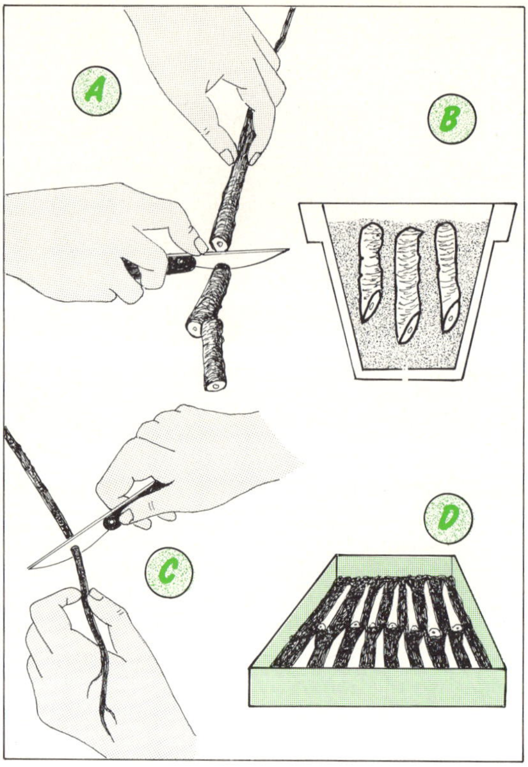

*Abb. 1 Vermehrung durch Wurzelschnittlinge*

**Bewurzelung im Wasser**

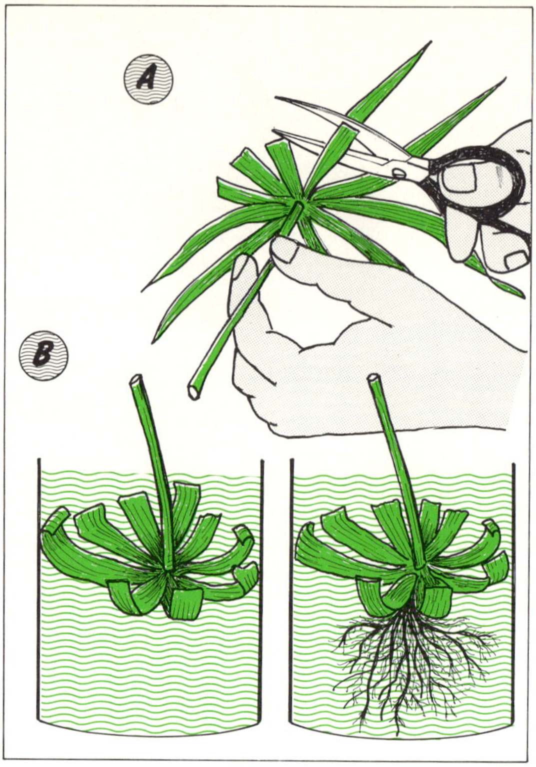

*Abb. 2 Vermehrung von Zypergras*

Der Löwenzahn läßt sich nicht kleinkriegen. Bleibt auch nur ein Wurzelrest im Boden, so treibt er immer wieder aus. Die Eigenschaft, aus Wurzeln neue Pflanzen auszutreiben, macht sich der Gärtner für die Vermehrung von Stauden zunutze. Zur Herstellung von Wurzelschnittlingen eignen sich z.B. Anemonen, Nelken, Kugeldisteln und Tränendes Herz.

**Arbeitsschritte**

1. Die Mutterpflanze wird im Spätherbst ausgegraben, einige Wurzeln werden abgeschnitten.
2. Die **dickeren Wurzelteile** werden in 5 bis 7 cm lange Stücke geschnitten (Abb. 1A). Denken Sie daran, die unteren Enden durch Schrägschnitt zu kennzeichnen!
2. Dicke Wurzelschnittlinge werden mit der schrägen Seite nach unten in ein Torf-Sand-Gemisch gesteckt (Abb. 1B).
4. Die **dünnen Wurzelenden** werden ebenfalls in 5 bis 7 cm lange Stücke geschnitten (s. Abb. 1C).
5. Die Schnittlinge werden in eine Schale mit Torf-Sand-Gemisch gelegt (s. Abb. 1D) und mit dem Gemisch auch leicht abgedeckt.
6. Im nächsten Frühjahr werden die beblätterten Schnittlinge einzeln in Blumenerde getopft.

**Arbeitsschritte zur Vermehrung von Zypergras**

1. Ca. 10 cm unterhalb des Schopfes wird der Stengel abgeschnitten (s. Abb. 2A). Ist der Blattschopf groß, so kann er um die Hälfte eingekürzt werden.
2. Der Blattschopf wird umgekehrt in ein Wasserglas auf die Fensterbank gestellt (s. Abb. 2B). Nach 2 bis 3 Wochen kann die Pflanze aus dem Wasser genommen werden und der Blattschopf in einen wasserdichten Behälter gepflanzt werden. Das Gefäß kann ständig mit Wasser bedeckt sein, in jedem Fall sollte die Pflanze sehr feucht gehalten werden.

Andere Pflanzen wie Rotblatt *(Secreasea purpurea)*, Grünlilie *(Chlorophytum comosum)*, Efeu oder Buntnessel *(Coleus-Blumei-Hybride)* bewurzeln ebenfalls durch Einstellen in ein Wasserglas.

**Teilung**

Farne und eine Reihe anderer Zimmerpflanzen sowie viele Stauden lassen sich durch Teilung vermehren. Bei Zimmerpflanzen ist dies am zweckmäßigsten mit dem Umtopfen im Frühjahr durchzuführen.
Die Staudenteilung wird auf der Seite 229 näher beschrieben.

## Vermehrung von Zwiebeln und Knollen

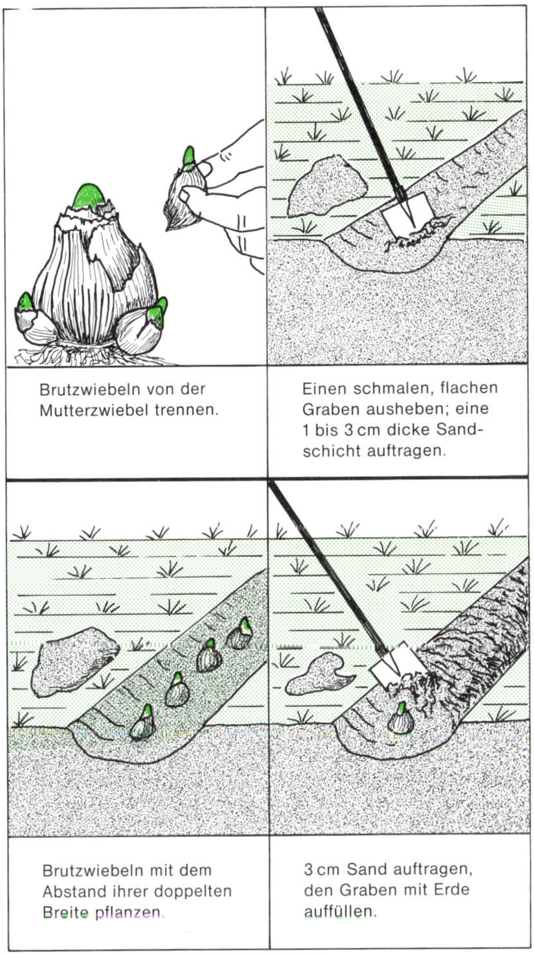


*Abb. 1 Arbeitsschritte bei der Vermehrung von Brutzwiebeln*

Wer eine Narzissenzwiebel oder andere Zwiebelpflanzen ausgräbt, entdeckt häufig weitere kleinere Zwiebeln. Diese Zwiebeln, die sogenannten Brutzwiebeln, sitzen seitlich an der Mutterzwiebel.

Die Vermehrung von Zwiebelpflanzen ist daher sehr einfach: Nach der Blüte wird die Pflanze ausgegraben, um die kleineren Brutzwiebeln von der Mutterzwiebel zu trennen. Die Zwiebeln von Krokus, Narzisse und Tulpe können bis zum Herbst trocken aufbewahrt werden. Schneeglöckchen, Winterling und Scilla sollten gleich wieder gepflanzt werden.

Die Pflanzfläche, dies gilt vor allem bei schweren Böden, muß man mit einer Sandschicht drainieren. Wichtig ist auch die richtige Pflanztiefe. Für Lilien beträgt sie z. B. 25 cm, für die meisten anderen Zwiebeln ca. das Dreifache ihres Durchmessers.

Gladiolen, Dahlien und einige andere Pflanzen bilden einen zwiebelartigen unterirdischen Sproß, der jedoch nicht aus den charakteristischen dünnen, schalenartig übereinandergreifenden Blättern besteht. Statt dessen ist es ein fester Sproß, der nur von einigen dünnen Schalen umgeben wird. Es handelt sich daher botanisch gesehen um eine **Knolle.** Bei der Vermehrung von Knollenpflanzen geht man genauso vor wie bei der Vermehrung von Zwiebelpflanzen.

*Abb. 2 Brutzwiebeln einer Gladiole*

*Abb. 3 Kindelbildung einer Agave*

### Kindel und Ausläufer

Hierbei handelt es sich um eine sehr einfache Art der Vermehrung, da sich die neue Pflanze bereits an der Mutterpflanze entwickelt hat. Es genügt, die Jungpflanze mit einem Messer von der Mutterpflanze zu trennen und sie anschließend in einen mit Erde gefüllten Topf zu pflanzen. Grünlilie, Erdbeere, Lanzenrosette oder die Agave gehören zu diesen einfach zu vermehrenden Pflanzen.

### Wurzelförderung

Durch bestimmte Präparate, die z. B. auf Meeralgenextrakten basieren, kann die Wurzelbildung bei Blatt-, Kopf- oder Teilstecklingen gefördert werden. Folgende Arbeitsschritte fallen hierbei an:

1. Wurzelförderndes Präparat in eine Schale geben.
2. Steckling kurz mit dem Stielende in das Präparat tauchen (s. S. 239, Abb. 3).
3. Steckling in Substrat einpflanzen.

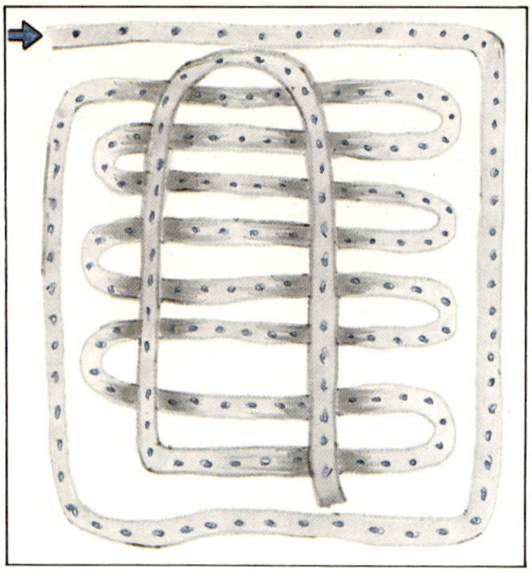

*Abb. 1 Aussaat in eine Saatkiste*

*Abb. 2 Anzucht einer Avocado*

Sommerblumen, Zimmerpflanzen, aber auch Gemüse- und Salatpflanzen lassen sich vor dem Anbau im Garten auf der Fensterbank oder in einem beheizten Gewächshaus vorziehen. Für diese **Vorkultur** werden **Saatkisten** oder Blumentöpfe verwendet.

Auf den Boden des Aussaatgefäßes legt man zunächst einige Tonscherben, die der Drainage dienen. Die darüber liegende Füllung sollte aus einem feinkrümeligen Erdgemisch, das zu gleichen Teilen aus Komposterde, Torf und Sand zusammengesetzt ist, bestehen. Falls diese Substanzen dem Garten entnommen wurden, ist eine Keimtötung vor der Aussaat zu empfehlen. Daher sollte das Gemisch ca. 30 Minuten bei 150 °C im Backofen bleiben. Danach fallen die folgenden Arbeitsschritte an:

1. Mit einem Brett streicht man die Erde glatt.
2. Die Samentüte wird aufgerissen und an der geöffneten Seite gefalzt, bis nur ein Schlitz übrigbleibt.
3. Zunächst sät man am Rand der Kiste (des Topfes) entlang aus, danach in Schlangenlinien einmal der Länge und der Breite nach (s. Abb. 1).
4. Wenn dünn genug gesät wurde, kann der Sävorgang wiederholt werden.
5. Über grobes Saatgut siebt man eine dünne Schicht feiner Erde, feines Saatgut wird nur mit einem Holzbrettchen angedrückt.
6. Mit einer feinen Brause muß die Saat anschließend angefeuchtet werden.
7. Bis die Keimung eingesetzt hat, sollte die Kiste oder der Topf mit Folie, Zeitung oder einer Glasscheibe abgedeckt werden, je nachdem, ob es sich um Licht- oder Dunkelkeimer handelt.
8. Man stellt die Saat an einen warmen Ort und hält sie feucht.

Größere Samen, z. B. von Zucchini, Melone oder Kürbis, legt man als Einzelkorn oder zu zweit in einen mit Anzuchterde gefüllten Topf. Auch hier wird befeuchtet, nachdem ca. 1 cm Erde über den Samen gegeben wurde. Den Topf stellt man ebenfalls mit einer Abdeckung an einen warmen Ort. Haben sich zwei Sämlinge entwickelt, entfernt man vorsichtig den schwächeren aus dem Topf. Damit bei dieser Aktion der andere Sämling nicht herausgezogen wird, drückt man beim Herausziehen die Erde etwas an.

Auch in der Küche anfallende Samen von gut ausgereiften Früchten eignen sich für die eigene Anzucht. So kann man aus Tomaten, Gurken, Zucchini, Datteln oder Zitrusfrüchten die Kerne lösen und sie gründlich von Fruchtfleisch reinigen. Anschließend läßt man sie auf saugfähigem Papier im Schatten trocken, um sie danach in das vorbereitete Aussaatgefäß zu säen.

Sehr interessant und zugleich einfach ist z. B. die Anzucht einer Avocadopflanze. Man entnimmt dazu einer vollreifen Frucht den Kern und befestigt ihn mit Zahnstochern oder Nadeln so über einem Wasserglas, daß die Unterseite ca. einen halben Zentimeter im Wasser steht (s. Abb. 2). Nach vier bis acht Wochen schiebt sich ein Trieb durch den schmalen Spalt des sich öffnenden Kerns (s. Abb. 2). Voraussetzung dazu ist, daß der Wasserstand immer möglichst konstant gehalten wird. Nach dem Keimen braucht der Sämling viel Licht. Wenn sich die ersten kräftigeren Wurzeln gebildet haben, pflanzt man ihn in einen Topf mit sandiger Erde. Sollen sich Seitenzweige an der Jungpflanze bilden, müssen die obersten zwei Zentimeter der jungen Triebe abgeschnitten werden.

*Abb. 1 Kalkanstrich an Obstbäumen*

**Obstgarten**
Stämme von Obstbäumen müssen gegen Frostschäden geschützt werden. Nicht nur extrem niedrige Temperaturen können den Baum schädigen, sondern auch eine hohe winterliche Sonneneinstrahlung kann die Rinde zum Platzen bringen.
Ein guter Schutz besteht im Umwickeln mit einer Bastmatte oder dem Einstreichen mit einem Kalkpräparat (s. Abb. 1). Tote Borke muß vorher mit einer Drahtbürste entfernt werden.

**Gemüsebeete**
Spinat- und Feldsalatreihen werden mit Fichten- oder Tannenreisig abgedeckt. Dort, wo eine schützende Decke aus Wintergemüse oder Gründüngungen fehlt, sollte der Boden mit angerottetem Kompost bedeckt werden. Auch gefallenes Laub kann auf Beeten und unter Gehölzen als natürliche Bodenbedeckung liegenbleiben.

**Kompost**
Der Kompost sollte, damit die Umwandlungsprozesse nicht gänzlich abgebrochen werden, mit Stroh und bei hoher Feuchtigkeit auch mit Folie abgedeckt werden.

**Ziergarten**
Ohne schützende Schneedecke müssen empfindliche Pflanzen vor Frost geschützt werden. Bei Rhododendren und anderen immergrünen Gehölzen geschieht dies durch eine Laubpackung im Wurzelbereich. Einige Stauden (z. B. Steingartenstauden) und Rosen sind besonders frostempfindlich. Sie werden mit Erde angehäufelt und erhalten eine Abdeckung aus Tannen- oder Fichtenreisig (s. S. 219).
Statt Reisig können auch Jutesäcke oder gelochte Plastikummantelungen Verwendung finden. Junge Hochstammrosen lassen sich herunterbiegen, mit Haken am Boden befestigen und werden dann über der Krone mit Erde angehäufelt.
Staudengräser sollten ebenfalls mit Tannenreisig abgedeckt werden, bei größeren Staudengräsern wie dem Pampasgras bindet man die Halme im unteren Bereich locker, im oberen Bereich fest zusammen. Auf diese Weise warm und trocken gehalten, kommt es nicht zur Fäulnis.

**Nützlinge**
Vogelnistkästen werden mit heißem Wasser gereinigt und wieder aufgehängt. Reisig- und Holzhaufen sollten jetzt nicht mehr weggeräumt werden, da sie Igeln zur Überwinterung dienen.

**Teich und andere „Gewässer"**
Da sich gefrorenes Wasser um ca. 10 % ausdehnt, müssen die meisten Wassergefäße gegen Frostsprengung geschützt werden. Bei Schalen, Tonnen und anderen kleineren Gefäßen geschieht dies, indem sie entleert und auf den Kopf gestellt oder abgedeckt werden. Im Freien verlegte Wasserleitungen läßt man leerlaufen, nachdem zuvor die Zuleitung abgesperrt wurde.
Bei Teichen aus Beton oder Mauerwerk muß das Wasser ebenfalls abgelassen werden. Bei Teichen, deren Wände aus Kunststoffmaterialien bestehen, muß das Wasser im Becken bleiben, da sie sonst von der sie umgebenden Erde zusammen- und hochgedrückt würden. Um ein gänzliches Zufrieren zu verhindern und den Luftaustausch zu erhalten, setzt man einen mit Styropor gefüllten Holzkasten auf das Wasser. Die meisten Wasserpflanzen sind winterhart, lediglich Seerosen sind frostempfindlich; man läßt sie daher in einem Eimer mit Wasser im Keller überwintern.
Sämtliche Schutzvorrichtungen müssen im Laufe des Winters überprüft werden, da sie vor allem durch Windeinwirkung zerstört werden könnten. Ebenfalls den gesamten Winter über muß man bei Trockenheit die Gehölze, besonders die immergrünen, wässern.

**Symbolerläuterungen für die Pflegekarten**

**Sonnig:** starke direkte Sonneneinstrahlung vom späten Vormittag bis zum frühen Nachmittag (Südfenster)
**Halbschattig:** direkte Sonneneinstrahlung am Vormittag oder am Nachmittag (West- und Ostfenster)
**Schattig:** keine direkte Sonneneinstrahlung (Nordfenster)

**Wenig:** Die Erde wird kaum befeuchtet. Vor jedem erneuten Gießen muß die Erde durch und durch trocken sein
**Mäßig:** Die Erde wird gut durchfeuchtet
**Viel:** Die gesamte Erde und die Oberfläche müssen ständig feucht gehalten werden, so daß es nie zu Austrocknungen kommt

Pflanzen, die eine höhere als die normale **Luftfeuchtigkeit** (40–70 % im Zimmer) benötigen. Bei mittlerem und hohem Feuchtigkeitsanspruch sollte deshalb gesprüht werden.

**Anspruchslos:** Die Pflanzen wachsen ohne großen Arbeitsaufwand
**Anspruchsvoll:** Hierbei müssen die erforderlichen Pflegemaßnahmen und die individuellen Wachstumsbedingungen berücksichtigt werden
**Sehr anspruchsvoll:** Für diese Pflanzen sind besondere Kenntnisse und Geschick erforderlich
Die **Temperatur** bezieht sich auf die Überwinterung

**Bergpalme** 15–21 °C
*(Chamaedorea elegans)*

Heimat: Mexiko
Größe: nach mehreren Jahren ca. eine Höhe von 90 cm
Düngen: von Frühjahr bis Herbst einmal im Monat
Umtopfen: im Frühjahr, bevorzugt Lehmsubstrat
Pflanzenschutz: bei richtigem Standort keine besonderen Krankheiten und Schädlinge
Besonderheiten: im Winter sparsam gießen

**Bogenhanf** 15–21 °C
*(Sansevieria trifasciata)*

Heimat: Westafrika
Größe: bis zu 1 m lange Blätter
Düngen: von Februar bis Oktober einmal monatlich
Umtopfen: im Frühjahr oder Frühsommer, 2/3 Lehmsubstrat, 1/3 Sand
Pflanzenschutz: Staunässe leicht möglich, Gefahr von Wurzelfäule

**Birkenfeige** 15–21 °C
*(Ficus benjamina)*

Heimat: Indien
Größe: max. 2,5 m Höhe und etwa 1,2 m ⌀
Düngen: von April bis Oktober alle zwei Wochen einmal
Umtopfen: im Frühjahr, Lehmsubstrat verwenden
Pflanzenschutz: bei schlechtem Standort Blattfall, bei Trockenheit Rote Spinne und Schildläuse
Besonderheiten: im Winter sparsam gießen

**Dieffenbachie** 15–21 °C
*(Dieffenbachia picta)*

Heimat: Brasilien
Größe: bis zu 2,5 m hoch
Düngen: von Frühjahrsbeginn bis Herbstmitte alle zwei Wochen einmal
Umtopfen: im Frühjahr, Lehmsubstrat verwenden; ab 20 cm Topfdurchmesser nur noch die obere Erdschicht erneuern
Pflanzenschutz: bei zu geringer Luftfeuchtigkeit Wolläuse und Rote Spinne
Besonderheiten: der Pflanzensaft ist giftig und kann bei Berührungen mit der Haut zu Entzündungen führen

**Drachenbaum** 15–21 °C
*(Dracaena marginata)*

Heimat: Madagaskar
Größe: bis ca. 2,5 m hoch
Düngen: von März bis September
Umtopfen: Einheitserde verwenden
Pflanzenschutz: kaum Befall mit Schädlingen
Besonderheiten: empfindlich gegen übermäßiges Gießen

**Fensterblatt** 15–21 °C
*(Monstera deliciosa)*

Heimat: Mexiko
Größe: bis ca. 2,5 m hoch
Düngen: im Frühjahr und Sommer alle zwei Wochen
Umtopfen: jedes Frühjahr, 2/3 Lehmsubstrat und 1/3 Lauberde verwenden
Pflanzenschutz: bei trockener und zugiger Luft Befall mit Schildläusen
Besonderheiten: entwickeln Luftwurzeln, ältere Blätter regelmäßig mit Wasser säubern

**Flammendes Kätchen**
15–21 °C
*(Kalanchoe blossfeldiana)*

Heimat: Madagaskar
Größe: bis max. 35 cm
Düngen: während der Blüte von Mai bis August einmal im Monat
Umtopfen: nicht notwendig
Pflanzenschutz: bei großer Feuchtigkeit Mehltau und Stammfäule

**Fingeraralie** 15–21 °C
*(Dizygotheca elegantissima)*

Heimat: Australien
Größe: bis ca. 2 m hoch und 60 cm breit
Düngen: im Frühjahr und Sommer alle zwei Wochen
Umtopfen: jedes zweite Frühjahr, Lehmsubstrat verwenden
Pflanzenschutz: nicht anfällig
Besonderheiten: zur Erhöhung der Luftfeuchtigkeit nassen Kies in den Untersetzer geben

**Frauenhaarfarn** 15–21 °C
*(Adiantum raddianum)*

Heimat: Süd- und Mittelamerika
Größe: bis ca. 40 cm hoch und breit
Düngen: April bis September einmal im Monat
Umtopfen: im Frühjahr; humoses, torfhaltiges Substrat
Pflanzenschutz: bei trockener Luft Schildläuse
Besonderheiten: mit nassem Kies gefüllter Untersetzer erhöht die Luftfeuchtigkeit

**Glockenblume** 7–10 °C
*(Campanula isophylla)*
Heimat: Norditalien
Größe: max. 30 cm hoch
Düngen: während der Blütezeit alle zwei Wochen
Umtopfen: bei einjährigen Pflanzen nicht erforderlich, sonst im Frühjahr, vertragen kalkhaltige Erde
Pflanzenschutz: zu warmer Standort begünstigt Blattläuse
Besonderheiten: nach der Blüte zurückschneiden; Überwinterung an kühlem, aber frostfreiem Standort

**Gummibaum** 15–21 °C
*(Ficus elastica)*

Heimat: Ostindien
Größe: bis ca. 3 m hoch
Düngen: im Frühjahr und Sommer alle zwei Wochen
Umtopfen: im Frühjahr, Lehmsubstrat verwenden
Pflanzenschutz: Rote Spinne und Schildläuse sind möglich
Besonderheiten: auf saubere Blätter achten und für hohe Luftfeuchtigkeit sorgen

**Hortensie** 10–15 °C
*(Hydrangea macrophylla)*

Heimat: Japan und Korea
Größe: bis ca. 1 m hoch
Düngen: von März bis Oktober jede Woche
Umtopfen: im Frühjahr, torfhaltige, kalkfreie Erde verwenden
Pflanzenschutz: bei Trockenheit Blattlausbefall
Besonderheiten: mit kalkfreiem Wasser gießen. Während der Winterruhe im Keller bei 5 bis 10 °C überwintern

1

2

3

4

5

6

7

8

Abb.1–8: *1* Gummibaum (*Ficus elastica*), *2* Zimmertanne (*Araucaria heterophylla*), *3* Bogenhanf (*Sansevieria trifasciata*), *4* Hortensie (*Hydrangea macrophylla*), *5* Lanzenrosette (*Aechmëa fasciata*), *6* Fingeraralie (*Dizygotheca elegantissima*), *7* Fensterblatt (*Monstera deliciosa*), *8* Birkenfeige (*Ficus benjamina*)

1

2

3

4

5

6

7

8

Abb. 1–8: 1 Flammendes Kätchen (Kalanchoe blossfeldiana), 2 Dieffenbachie (Dieffenbachia picta), 3 Passionsblume (Passiflora caerulea), 4 Glockenblume (Campanula isophylla), 5 Orangenbäumchen (Citrus microcarpa), 6 Zimmerlinde (Sparmannia africana), 7 Korbmarante (Calathea crocata), 8 Drachenbaum (Dracaena marginata)

**Klivie** 10–12 °C
*(Clivia miniata)*

Heimat: Südafrika
Größe: bis zu 50 cm hoch
Düngen: von Januar bis Juli wöchentlich
Umtopfen: nach der Blüte mit humoser Erdmischung
Pflanzenschutz: bei zu warmem Standort Wolläuse
Besonderheiten: zur Blütenbildung zweimonatige Ruhepause (November/Dezember) einhalten

**Korbmarante** 15–21 °C
*(Calathea crocata)*

Heimat: Südamerika
Größe: bis ca. 40 cm hoch
Düngen: von April bis August einmal im Monat
Umtopfen: Azaleenerde verwenden
Pflanzenschutz: bei zu trockenem Standort Spinnmilben
Besonderheiten: verträgt keine Zugluft und Staunässe

**Lanzenrosette** 15–21 °C
*(Aechmea fasciata)*

Heimat: Brasilien
Größe: bis zu 60 cm hoch, wobei die Blütenstände ca. 15 cm über die Blätter hinausragen können
Düngen: im Frühjahr und Sommer einmal im Monat, sowohl in den Trichter als auch auf die Wurzeln
Umtopfen: nicht notwendig
Pflanzenschutz: bei der Kindelgewinnung nicht die Pflanze verletzen, da sonst Fäulnis entstehen kann
Besonderheiten: den Trichter ständig mit Wasser auffüllen, einmal pro Monat das Wasser wechseln

**Orangenbäumchen**
Sommer 15–21 °C,
Winter ca. 5 °C
*(Citrus microcarpa)*

Heimat: China
Größe: bis ca. 50 cm hoch
Düngen: das ganze Jahr über
Umtopfen: nur alle vier bis sechs Jahre
Pflanzenschutz: bei zu hoher Luftfeuchtigkeit und Ballennässe Blatt- und Fruchtabfall. Bei starker Trockenheit Schildläuse und Spinnmilben

**Passionsblume** 15–21 °C
*(Passiflora caerulea)*

Heimat: Südamerika
Größe: bis zu 10 m lange Triebe
Düngen: von Frühjahr bis Herbst alle zwei Wochen
Umtopfen: im Frühjahr, Lehmsubstrat verwenden
Pflanzenschutz: keine besonderen Schädlinge
Besonderheiten: Abwerfen von Blüten und Knospen zeigt Nährstoffmangel

**Wunderstrauch, Croton** 10–15 °C
*(Codiaeum variegatum)*

Heimat: Südseeinseln
Größe: bis zu 90 cm hoch
Düngen: vom Frühjahr bis Herbst alle zwei Wochen
Umtopfen: im Frühjahr, Lehmsubstrat bevorzugen
Pflanzenschutz: bei zu lufttrockenem Standort werden Blätter glanz- und farblos, Spinnmilbenbefall
Besonderheiten: mit nassem Kies gefüllter Untersetzer erhöht die Luftfeuchtigkeit

**Zimmerlinde** 10–15 °C
*(Sparmannia africana)*

Heimat: Südafrika
Größe: bis ca. 3 m hoch
Düngen: während der Wachstumszeit wöchentlich
Umtopfen: im Frühjahr mit Lehmsubstrat, ab 30 cm Topfdurchmesser nur noch die obere Erdschicht erneuern
Pflanzenschutz: bei schattigem Standort und überheizten Zimmern bekommt die Zimmerlinde gelbe Blätter
Besonderheiten: im Winter sparsam gießen

**Zimmertanne** 7–10 °C
*(Araucaria heterophylla)*

Heimat: Norfolk-Insel (östlich von Australien)
Größe: nach 10 Jahren etwa 1,8 m hoch
Düngen: von Juni bis September alle zwei Wochen
Umtopfen: jedes dritte Frühjahr mit Lehmsubstrat
Pflanzenschutz: keine besonderen Schädlinge
Besonderheiten: im Winter sparsamer gießen

## Zwiebel- und Knollengewächse

| Name | Blütezeit Wuchsform | Blütenfarbe | Wuchshöhe in cm | Pflanzzeit Pflanztiefe | Winter-hart | Bemerkungen |
|---|---|---|---|---|---|---|
| Anemone *(Anemonea coronaria)* | III–V Knolle | weiß, rot, gelb, blau, violett, zweifarbig | 20–30 | Frühjahr oder Herbst 5 cm | ja | vertragen Halbschatten; vor dem Pflanzen 12 Std. in Wasser legen |
| Blaustern *(Scilla sibirica)* | III–IV Zwiebel | blau | 10 | Herbst 10 cm | ja | in Gruppen zu 25 stecken |
| Dahlie *(Dahlia-Hybriden)* | VII–X Knolle | alle Farben | 15–150 | Frühjahr 15 cm | nein | schön als Dreier- oder Fünfergruppen |
| Freesie *(Freesia-Hybriden)* | VII–IX Knolle | alle Farben | 30–50 | Frühjahr 5 cm | nein | verlangen warmen, geschützten Platz |
| Gladiole *(Gladiolus-Hybriden)* | VI–IX Knolle | alle Farben | 50–150 | Frühjahr 10 cm | nein | benötigen eine Stütze |
| Hyazinthe *(Hyacinthus orientalis)* | III–IV Zwiebel | blau, rosa, rot, weiß | 25 | Herbst 15 cm | ja | alle 2 Jahre den Standort wechseln |
| Krokus *(Crocus-Hybriden)* | II–IV Zwiebel | alle Farben | 10–15 | Herbst 7 cm | ja | auch im Rasen geeignet |
| Lilien *(Lilium-Hybriden)* | VI–VIII Zwiebel | orange, gelb, weiß | 50–200 | Herbst oder Frühjahr 20–23 cm | ja | Madonnenlilie im Herbst flach pflanzen; lieben einen beschatteten Boden |
| Märzbecher *(Leucojum vernum)* | II–III Zwiebel | weiß | 20 | Herbst 10 cm | ja | verbreiten sich selbst |
| Osterglocke *(Narcissus pseudonarcissus)* | III–V Zwiebel | gelb, weiß | 10–40 | Herbst 15–20 cm | ja | nach 4 bis 5 Jahren teilen und Standortwechsel |
| Schneeglöckchen *(Galanthus nivalis)* | II–III Zwiebel | weiß | 15 | Herbst 8 cm | ja | werden von Ameisen verbreitet |
| Traubenhyazinthe *(Muscari botryoides)* | III–V Zwiebel | blau | 15 | Herbst 6 cm | ja | passen gut zu Scilla und Schneeglöckchen |
| Tulpe *(Tulipa-Hybriden)* | IV–VI Zwiebel | alle Farben | 20–80 | Herbst 10 cm | ja | sehr viele Sorten; Bodenmüdigkeit beachten |
| Winterling *(Eranthis hyemalis)* | II–III Zwiebel | dottergelb | 10 | Herbst 8 cm | ja | ungestört wachsen lassen |

*Abb. 1 Kennzeichen beliebter Zwiebel- und Knollengewächse*

Abb. 1 Osterglocken

Abb. 2 Pompondahlien (Sommermargeriten)

Abb. 3 Knollenbegonien

Abb. 4 Tulpen/Traubenhyazinthen (Bellis)

Abb 5 Märzbecher

Blumenzwiebeln und -knollen verschönern mit ihrem Blütenflor den Garten das ganze Jahr über: die Blumenzwiebeln im Frühjahr als erste Frühlingsboten, die Blumenknollen im Sommer und Herbst als Sommerblumen. Beide sind in der Regel ausgezeichnete Schnittblumen. Beim Schneiden sollte jedoch darauf geachtet werden, daß nicht alle Laubblätter mit entfernt werden. Je länger die Blätter an der Pflanze bleiben, desto besser wird die Blüte im nächsten Jahr. Bereits beim Kauf von Zwiebeln sollte man berücksichtigen: Je größer die Zwiebel, desto besser ist die Qualität.

Die überwiegende Mehrzahl der Blumenzwiebeln und -knollen liebt einen sonnigen Standort. Der Boden sollte locker sein und nicht zur Nässe neigen. Gegebenenfalls sollte eine Handvoll Sand mit ins Pflanzloch gegeben werden. Bevor man pflanzt, sollte man die Zwiebeln bzw. Knollen austeilen, um einen Überblick zu bekommen. Dabei sollten Wuchshöhe (kleinere nach vorne, größere nach hinten), Blütezeit und Blütenfarbe berücksichtigt werden (s. S. 249, Abb. 1). Am schönsten wirken Pflanzen in Gruppen von 10 bis 25 pro $m^2$. Dazu kann man eine flache Grube schaufeln und die Zwiebeln bzw. Knollen darin auslegen. Die Pflanztiefe richtet sich nach der Zwiebel- bzw. Knollengröße (s. S. 249, Abb. 1). Um jedoch nicht ständig mit dem Zollstock herumlaufen zu müssen, kann man auch nach einer Faustregel pflanzen: etwa dreimal so tief, wie die Zwiebel bzw. Knolle hoch ist. Eine Kennzeichnung der Pflanzstellen erleichtert die weitere Bodenbearbeitung.

Im Gegensatz zu den Blumenzwiebeln sind die Knollen nicht winterhart. Sie müssen im Herbst, wenn die ersten Fröste das Laub zerstört haben, aus dem Boden genommen und an einem luftigen, frostfreien Ort überwintert werden. Zuvor sollten sie an der Sonne getrocknet und ausgeputzt werden. Die Pflanzzeit für Blumenzwiebeln ist der Herbst (September bis Dezember, je früher, desto besser); für Knollen das Frühjahr (März bis Mai).

# Sachwortverzeichnis

## F



## G



## H



## I



## J



## K

## L



## M



## N



## O



## P

# Weiterführende Literatur


**Brauner/Bukatsch:** Das kleine pflanzenphysiologische Praktikum. Stuttgart, 1973
**Brauns, A.:** Praktische Bodenbiologie. Stuttgart, 1968
**Bund für Naturschutz in Bayern e. V.:** Ökologischer Garten. Frankfurt am Main, 1981
**Cervat, H. N.:** Was fehlt denn meinen Zimmerpflanzen? München, 1984
**Daute, H.:** Bonsai. München, 1980
**Encke, F./Schiller, H.:** Dachgärten, Terrassen und Balkone. Stuttgart, 1979
**Franz, F. u. a.:** Balkon- und Terrassengärten. München, 1983
**Geisler, G:** Pflanzenbau in Stichworten (Die Kulturpflanzen). Kiel, 1970
**Grub, H.:** Grün zwischen Häusern. München, 1984
**Gugenhan, E.:** Sommerblumen. Stuttgart, 1983
**Gugenhan, E.:** Gartenstauden. Stuttgart, 1984
**Hecht, H.:** Kakteen und andere Sukkulenten. München, 1984
**Herwig, R.:** Das praktische Handbuch der Zimmerpflanzen. München, 1987
**Heynitz, von Krafft, Merckens, G.:** Das biologische Gartenbuch. Stuttgart, 1983
**Hochrein, R.:** Fachstufe Gärtner. Münster-Hiltrup, 1983
**Jacobi, K./Mierswa, D.:** Gärtnern unter Glas und Folie. München, 1978
**Jansen, H.:** Gärtnerischer Pflanzenbau. Stuttgart, 1984
**Janssen, A.:** Der Umgang mit Pflanzen in Haus und Garten. Hamburg, 1988
**Jessen, H./Schulze, H.:** Botanisches Wörterbuch. Hannover, 1984
**Jorek, N.:** Gemüse und Salat. Stuttgart, 1983
**Kleeberg, J.:** Häuser begrünen. Stuttgart, 1985
**Kohstall, H.:** Laubgehölze für den Garten. Berlin, 1985
**Krüger, L.:** Gartenbau in kleinen Schritten. Hamburg, 1988
**Larcher, W.:** Ökologie der Pflanzen. Stuttgart, 1976
**Lesniewicz, P.:** Bonsai für die Wohnung. Heidelberg, 1983
**Loose, H.:** Obstbaumschnitt: Kern-, Stein- und Beerenobst. München, 1980
**Müller, P.:** Grundlagen der Pflanzenproduktion. Lehrbuch für Agraringenieurschulen. Berlin, 1975
**Nengelken, P. H.:** Wintergärten und Überdachungen. München, 1986
**Oldale, P.:** Garten- und Zimmerpflanzen richtig vermehren. München, 1983
**Pfeiffer, E/Riese, E.:** Der erfreuliche Pflanzgarten. Frankfurt am Main, 1982
**Ruge, U.:** Angewandte Pflanzenphysiologie als Grundlage für den Gartenbau, Stuttgart, 1966
**Sachweh, U.:** Der Gärtner. Bd. 1, Stuttgart, 1985
**Schmidt, O./Henggeler, S.:** Biologischer Pflanzenschutz im Garten. Stuttgart, 1984
**Schopfer, P.:** Pflanzenphysiologie. Band 1. Berlin, 1986
**Stamm, E.:** Erfolgreiches Gärtnern auf Hochbeeten. Berlin, 1986
**Steiner, H.:** Nützlinge im Garten. Stuttgart, 1985
**Straßburger, E./Koernicke, M.:** Das kleine botanische Praktikum für Anfänger. Stuttgart, 1970
**Straßburger, E./Noll, F./Schenk, H./Schimper, A.:** Lehrbuch der Botanik für Hochschulen. Stuttgart, 1971
**Türich, H.:** Botanik im Gartenbau. Berlin, 1987
**Vernazza, C.:** Unser Kräutergarten, Berlin 1982
**Wolff, P. C.:** Der gesunde Gartenboden. München, 1982
**Zehdnicker, G.:** Hydrokultur. München, 1981
**Zeitschrift Unterricht Biologie:**
Heft 68, 4, 1982 Formenkenntnis
Heft 79, 3, 1983 Naturnaher Garten
Heft 81, 5, 1983 Heilkräuter
Heft 116, 7, 1986 Hecken – Feldgehölze
Heft 118, 10, 1986 Samen und Früchte
Heft 131, 1, 1988 Bioindikatoren
**Zinkernagel, G.:** Gartenblumen (Stauden – Sommerblumen – Blumenzwiebeln). München, 1986


# Bildquellennachweis

Bonsai Centrum Heidelberg, Paul Lesniewicz, Heidelberg, Abb. S. 176/2, 177/3
Rüller, Rheinberg, Abbildungen Seite: 8/1–3, 9/1–3, 16/1–4, 18/1 u. 2, 19/1, 22/1, 30/2, 31/2 u. 3, 33/1, 41/1, 46/1–4, 48/1, 49/2, 52/1 u. 2, 56/1–8, 57/9–17, 60/1–8, 61/1–8, 70/1–9, 72/1, 73/1–6, 76/1, 77/1, 78/1, 81/1, 93/1, 2, 96/1, 97/1 (Bild 2–4), 98/1–3, 102/2, 110/1, 111/1, 146/1 u. 2, 147/1, 150/1–6, 151/1–6, 154/1–3, 155/1 u. 2, 156/1 u. 2, 157/1 u. 2, 158/1 u. 2, 159/1–6, 163/1 u. 2, 171/3, 174/1–8, 175/1 u. 2, 182/1, 186/1 u. 2, 187/1 u. 3, 194/1, 198/1, 199/1, 206/1–4, 212/1 u. 2, 214/1 u. 2, 219/1, 223/1–4, 226/1–8, 230/2, 231/1, 234/1, 235/1, 238/1 u. 2, 239/1–3, 241/2 u. 3, 242/2, 243/1, 246/1–8, 247/1–8
Seipel, Oldenburg, Abbildungen Seite: 97/1, 117/1, 120/2 u. 3, 130/1–3, 131/1–9, 132/2, 134/1–12, 135/1–12, 138/1 u. 2, 139/1 u. 2, 179/2, 202/1, 3, 4, 203/1, 210/1–10, 215/1 u. 2, 218/1–3, 227/1–8, 250/1–5
Verbraucher-Zentrale Baden-Württemberg e. V., Stuttgart, S. 51